Síntesis del Likutey Moharán

(*Kitzur Likutey Moharán*)

por el

Rabí Natán de Breslov

Traducción al Español
Guillermo Beilinson

Publicado por
BRESLOV RESEARCH INSTITUTE
Jerusalem/New York

Copyright © 2011 Breslov Research Institute
ISBN 978-1-928822-61-5

Ninguna parte de esta publicación podrá ser traducida, reproducida o archivada en ningún sistema o transmitida de ninguna forma y de ninguna manera, electrónica, mecánica, fotocopiada o grabada o de cualquier otra manera, sin el consentimiento previo, por escrito, del editor.

Título del original:
Kitzur Likutey Moharan

Para más información:
Breslov Research Institute
POB 5370
Jerusalem, Israel.

Breslov Research Institute
POB 587
Monsey, NY 10952-0587
Estados Unidos.

Breslov Research Institute
c\o G.Beilinson
calle 493 bis # 2548
Gonnet (1897)
Argentina.
e-mail: abei2ar@Yahoo.com.ar

Impreso en Argentina
Diseño de cubierta: Ben Gasner
Revisión del original: Betzalel Retyk

Para la Elevación del Alma de

Margalit bat Abraham

Quien con su calidez y profunda comprensión
de las palabras de nuestro maestro,
Rabeinu Najmán ben Feiga,
hizo de su vida una brillante joya
que iluminó a todos los que la conocieron
con el verdadero mensaje de alegría y amor al Creador.

Prefacio del Editor

"La persona siempre debe enseñarles a sus alumnos una versión abreviada".
(*Pesajim* 3b)

Incluso antes de que se imprimiese el *Likutey Moharán*, el Rebe Najmán le pidió al rabí Natán que comenzase a recopilar los consejos prácticos de cada una de sus lecciones y los presentase en un formato abreviado. Después de escribir algunas páginas, el rabí Natán se las mostró al Rebe quien no estuvo satisfecho. El rabí Natán encaró entonces un enfoque distinto y el resultado de sus esfuerzos formó la base de esta obra, el *Kitzur Likutey Moharán*. El Rebe Najmán quedó muy satisfecho con la nueva versión (*A través del Fuego y del Agua*, p.98).

El *Likutey Moharán* es un texto muy intrincado. Contiene tanto ideas simples como esotéricas, generalmente en un mismo párrafo. El Rebe puede tomar un texto de la Biblia o del Midrash y luego conectar una enseñanza Talmúdica con una idea del Ari - pero a no ser que el lector se mantenga concentrado en el flujo de la lección, es posible que no perciba la intención principal, que siempre es aconsejar cómo acercarse a Dios.

El *Kitzur Likutey Moharán* contiene todos los consejos prácticos que surgen de las enseñanzas del Rebe. El rabí Natán fue capaz de profundizar en la complicada estructura de cada lección y presentar el consejo en un formato similar al de la lección, pero que se centra en una o dos frases que contienen la conclusión lógica de toda la enseñanza del Rebe. Unos veinte años más tarde, el rabí Natán ordenó las mismas enseñanzas de acuerdo a sus temas; su resultado fue el libro *Likutey Etzot*, traducido al español como *Consejo*.

*

El Breslov Research Institute se honra en presentar esta primera traducción al español del *Kitzur Likutey Moharán*.

En el esquema de la historia, el ser humano tiene una vida muy corta. Quiera Dios bendecir a todos aquellos que estuvieron dedicados a este proyecto para que este "estudio abreviado" -transmitido por el Rebe Najmán a través del rabí Natán- provea del necesario consejo para dirigir nuestras vidas. Que nuestros lugares en la historia puedan asentarse con el conocimiento de Dios y con nuestras subsiguientes buenas acciones y podamos así merecer ser testigos del momento final de la historia con la Venida del Mashíaj, la Redención de la nación judía y la reconstrucción del Santo Templo, pronto y en nuestros días. Amén.

Jaim Kramer
Jeshvan 5770
Octubre 2009

Introducción del Autor

Este volumen es una colección abreviada de los consejos prácticos contenidos en el libro *Likutey Moharán*, recopilación de las enseñanzas puras y santas de nuestro grande y santo *Rav*, la "luz oculta", el Rebe Najmán de Breslov, que su memoria sea para bendición.

Pues el Rebe mismo me ordenó compilar este volumen, siendo que la esencia de sus santas intenciones, en todos sus discursos y en todas las asombrosas y tremendas enseñanzas que él le reveló al Pueblo Elegido, era sólo en aras de la acción - dado que "No es el estudio lo más importante sino la acción" (*Avot* 1:17). Esto era algo claro para todos aquellos que tuvieron el privilegio de refugiarse a la sombra de su santidad. Todo su anhelo y deseo era llevar a los hombres por el camino de la acción recta: para abrir los ojos de los ciegos y para liberar a aquellos que están atrapados, diciéndoles a los cautivos, "¡Sean libres!" (cf. Isaías 43:6-8); para rescatar a aquellos que están prisioneros de sus deseos y atrapados en la red de las vanidades de este mundo, y para enseñarles el sendero por el cual deben andar y las acciones que deben realizar - "que, si el hombre las hace, *vivirá* en ellas" (Levítico 18:5)... ¡Vivirá la vida de la eternidad! Ésta fue la intención del Rebe en todas las enseñanzas y discursos que reveló, al igual que en todas sus conversaciones y cuentos y en todos los consejos que le ofreció a cada persona. Ése fue su único propósito.

Fue por ello que me instruyó a recopilar, a partir de sus discursos y enseñanzas, una versión resumida de todo aquello que tuviera relevancia para la práctica y preparar con ello un libro, para que podamos ser dignos de guardar, practicar y cumplir con todo lo que salió de sus labios. Pues todos sus maravillosos discursos y enseñanzas poseen una profundidad y una amplitud inconmensurables y están plenos de un maravilloso consejo y de una sólida guía. No existe consejo sabio en el mundo que no pueda encontrarse en las palabras de nuestro santo *Rav*. Pues todas sus palabras poseen un aspecto universal más allá de toda comparación, y todo aquel que acepte sus palabras con inteligencia podrá tomar de ellas una sólida guía y un correcto consejo para todo lo que necesite. Sea lo que fuere que su alma requiera, nada le faltará en las palabras del Rebe, que son más profundas y más amplias que el mar.

Sin embargo no hay dos rostros iguales (*Pri HaAretz, Shoftim*) y no todos son capaces de buscar por sí mismos y encontrar lo que necesitan. Por ese motivo, hemos ordenado aquí la mayor parte de los consejos prácticos que surgen de las enseñanzas del Rebe de acuerdo al significado simple de las palabras, haciendo notar al comienzo de cada discurso el tópico de la enseñanza sobre la cual el Rebe construye el fundamento de su lección en el *Likutey Moharán*. Así sea que esos tópicos provengan de las Escrituras o de las palabras de los Sabios, todos proceden de los lugares sagrados y fluyen desde la fuente de aguas vivas. Entonces, todo aquel que desee agregar a nuestra selección podrá hacerlo. Pues la persona de conocimiento perfecto podrá encontrar muchas más cosas como éstas en cada discurso y en cada una de las enseñanzas que se encuentran en el *Likutey Moharán*. Pues las palabras de ese libro son en verdad profundas y cada discurso está dividido en muchas explicaciones y temas maravillosos y tremendos, al igual de estar plenos de consejos, de una guía sólida y de maravillosas y notables ideas para inspirar a la persona en el servicio a Dios. Es digno de notar que la mayor parte de los contenidos de este volumen fueron examinados por el mismo Rebe y encontraron favor a sus ojos.

La verdad testificará por sí misma. "Hasta que el espíritu de arriba descanse sobre nosotros" (cf. Isaías 32:15), "para renovar nuestros días como el águila" (cf. Salmos 103:6) para que podamos "alcanzar la sabiduría para seguir tras el conocimiento de Dios" (cf. Hoshea 6: 3) en verdad y con simpleza, tal como lo desea nuestro corazón, hasta que el Redentor venga a reunir a nuestros exilados, rápido y en nuestros días. Amén.

Éstas son las palabras de aquel que aguarda la salvación, el insignificante Natán, hijo de mi maestro, mi padre, el rabí Naftalí Hertz de Nemirov; yerno del renombrado *Rav* y *Gaón*, nuestro amo y maestro, el rabí David Zvi, que la memoria del Tzadik sea para bendición en el Mundo que Viene.

Prólogo al *Likutey Moharán*

¡Ven y observa las obras de Dios! Una asombrosa revelación concerniente al misterio de la grandeza del santo sabio, Rabí Shimón ben Iojai, de bendita memoria

Rabí Shimón ben Iojai aseguró que por su intermedio la Torá no sería olvidada por el pueblo de Israel. Como enseñan nuestros maestros (*Shabat* 138b): Cuando nuestros sabios entraron en la Ieshivá de Iavne, dijeron: «Un día la Torá será olvidada por los judíos». Pero el Rabí Shimón ben Iojai afirmó que no sería olvidada, como está escrito (Deuteronomio 31:21), «No será olvidada de la boca de su simiente». Como está explicado en el *Zohar* (III, 124b): Debido a este libro, el Libro del *Zohar*, [los judíos] serán redimidos del exilio.

Ahora ven, observa y comprende las ocultas maravillas de nuestra santa Torá. Pues es debido a esto que el Rabí Shimón ben Iojai se basó en ese versículo: «No será olvidada de la boca de su simiente». Pues, en verdad, este misterio está aludido y oculto en este mismo versículo.

A través de la simiente de Iojai, que es *Rashbi*, la Torá no será olvidada por los judíos. Esto se debe a que las letras finales de las palabras de este versículo «kI loA tishajaJ mipI zarO» son las mismas letras que *IOJAI*.

Esto es a lo que el versículo alude y lo que revela: «No será olvidada de la boca de su simiente», específicamente «de la boca de *su* simiente». Esto es, «de la boca de la simiente» de aquél que está aludido y oculto en este versículo, es decir, el sabio Iojai. Debido a la simiente de Iojai, a quien se alude en las letras finales de las palabras de este versículo, que es *Rashbi*, la Torá no será olvidada; pues con este *Zohar* serán redimidos del exilio, como dice más arriba.

¡Debes saber! El misterio del mismo Rabí Shimón se encuentra aludido en otro versículo. Pues debes saber que el santo sabio Rabí Shimón corresponde a (Daniel 4:10): «*Ir Vekadish Min Shmaia Najit* (Un ángel santo descendió del Cielo)», cuyas iniciales conforman SHIMON....

SÍNTESIS DEL LIKUTEY MOHARÁN

Parte I

Lección 1

1 Tishrei

1 - "Felices de aquéllos cuya senda es de simpleza"

(Salmos 119:1)

1. Mediante el estudio de la Torá son aceptadas todas las plegarias y los pedidos, se realza y se eleva la gracia y la importancia del pueblo judío ante la estima de todos aquellos de los cuales se pueda necesitar, así sea en temas espirituales como materiales.

2. Al dedicarse al estudio de la Torá con energía y entusiasmo, la persona le da poder al Reinado de Santidad de modo que éste se vuelve dominante y hace que prevalezca la buena inclinación sobre la mala inclinación.

3. Dedicándose al estudio de la Torá es posible llegar a ser digno de comprender las alusiones provenientes de todas las cosas del mundo, y así unirse a Dios mediante ellas. Incluso en un lugar de oscuridad y de tinieblas, donde da la impresión de que es muy difícil acercarse a Dios - también allí, el verdadero intelecto brillará su luz para uno, de modo que incluso allí se podrá encontrar a Dios y acercarse a Él desde ese mismo lugar.

4. La persona no transgrede a no ser que haya sido poseída por un espíritu de locura. Por lo tanto, cada persona -en relación directa con las transgresiones que haya cometido y con los daños espirituales que haya causado- está literalmente demente. Y es por ello que la mayor parte de la gente tiene toda clase de rarezas y de conductas extrañas. El estudio de la Torá constituye la rectificación para esa locura. Pues la Torá está compuesta enteramente por los Nombres del Santo, bendito sea, y esos Nombres anulan la mala inclinación y eliminan la demencia y el espíritu de locura que se aferran a la persona como resultado de sus pecados.

5. El estudio de la Torá también puede salvar de los astutos engaños de la mala inclinación - que, en la mayoría de los casos, no incita a la persona a transgredir de manera directa. Más bien, primero se disfraza de *mitzvot*, etc., para engañar a la persona. Al dedicarse al estudio de la Torá la persona merece una verdadera comprensión y ser salvada de todo ello.

6. Las plegarias no son aceptadas cuando las palabras carecen de gracia. Por lo tanto, es necesario esforzarse para que las palabras tengan verdadera gracia. Y esto se logra mediante el estudio de la Torá, que hace que las plegarias sean aceptadas.

2 Tishrei

7. El judío debe siempre buscar el intelecto en cada cosa y conectarse con la sabiduría y el intelecto que se encuentran en cada cosa, para que el intelecto en cada elemento lo ilumine y pueda acercarse a Dios a través de esa misma cosa. Pues la vitalidad esencial de cada cosa es el intelecto y la sabiduría que contiene, como está escrito, "La sabiduría le da vida a quien la posee" (Eclesiastés 7:2). El intelecto es una gran luz y, al igual que el sol, brilla sobre la persona en todas sus actividades. Aunque la persona caiga a un lugar de oscuridad y de tinieblas, Dios no lo permita, si logra ver el intelecto y la vitalidad en cada cosa, éste la iluminará y la acercará a Dios. Así es como Iosef mereció mantenerse firme frente a la prueba - él buscaba el intelecto que hay en cada cosa.

8. Sólo es posible alcanzar la luz de ese intelecto a través de Maljut (Reinado). En otras palabras, uno debe aceptar sobre sí el Reinado del Cielo con verdad y con una fe perfecta; es necesario controlar la mente y dejar de lado por completo lo que uno sabe, como si no se tuviese intelecto propio. Se debe aborrecer toda sabiduría y pensamiento secular y sólo esperar, anhelar y desear recibir luz y vitalidad del verdadero intelecto y sabiduría - es decir, del intelecto sagrado superior que es la esencia de la santa vitalidad que existe en cada cosa.

9. La esencia de la lucha entre la buena inclinación y la mala inclinación se encuentra precisamente en esta área. Pues la buena inclinación incita a la persona a aborrecer todo conocimiento y pensamiento secular al igual que todos los deseos físicos que son pura necedad y locura; e impele a la persona a conectarse sólo con la luz del intelecto sagrado. Pero la mala inclinación incita a la persona hacia lo opuesto, como en, "El insensato no desea la comprensión" (Proverbios 18:2). Ello está personificado en Esaú quien despreció la primogenitura, que es el concepto de la sabiduría y del intelecto sagrado. Es necesario fortalecer la buena inclinación en contra de la mala inclinación, como dijeron nuestros Sabios, de bendita memoria, "La persona debe siempre incitar a la buena inclinación en contra de la mala inclinación" (Berajot 5a). Y esto se logra dedicándose al estudio de la Torá con energía y entusiasmo.

3 Tishrei

10. Cuando uno merece alcanzar todo lo anterior, se logra una gran unificación espiritual en todos los mundos; la "luz de la luna se vuelve como la luz del sol" (Isaías 30:26); y se alcanza la gracia. Entonces todas las plegarias y pedidos son aceptados.

11. La mala inclinación desea volver loca a la persona, literalmente, Dios no lo permita. Porque aquel que peca es un demente, como dijeron nuestros Sabios, de bendita memoria, "La persona no comete una transgresión a no ser que esté poseída por un espíritu de locura" (Sotá 3a). Pero, ¿cómo es posible que la mala inclinación llegue a la persona y la vuelva súbitamente loca, Dios no lo permita? La manera de actuar de la mala inclinación es disfrazarse primero de *mitzvot* y engañar a la persona, como si la estuviese incitando a cumplir con una mitzvá. Luego, la engaña y la incita más aún hasta que la persona llega a transgredir voluntariamente, Dios no lo permita.

Esto es precisamente lo que sucede con la locura. Poco a poco, la mente se confunde y se trastorna hasta que finalmente la persona llama a lo malo, "bueno" y a lo bueno, "malo". Sin embargo, aún mantiene alguna traza de intelecto y de sanidad, porque incluso en su demencia y en su insensatez, sigue comprendiendo y sabiendo que no debería hacer semejantes locuras. Aun así, continúa con su comportamiento. Debido a ello, se utilizan dos métodos para curar al demente. Primero, es necesario golpearlo para vencer el deseo de hacer el mal - de modo que al menos no le sea agradable comportarse de esa manera y no haga cosas que él mismo sabe que son demencia y locura. Más aún, es posible que también sea necesario colgarle nombres místicos y amuletos para eliminar el espíritu malo que está confundiendo y trastornando su mente, Dios no lo permita, al punto en que distorsiona lo que es correcto y llama al mal, "bien" y al bien, "mal".

De manera similar, cuando se trata de curar a una persona de la locura de la mala inclinación también se deben emplear ambos métodos. Es necesario vencer la tendencia del pecador hacia el mal, de modo que al menos no haga aquello que él mismo comprende y sabe que es malo y pecaminoso, Dios no lo permita. Más aún, se debe eliminar de él el espíritu malo, el espíritu de locura, que se disfraza de *mitzvot* y lo engaña, como si lo estuviese incitando a llevar a cabo una mitzvá. Ello sólo puede lograrse plenamente dedicándose al estudio de la Torá, que incluye ambos métodos.

12. La franqueza y la simpleza son las formas fundamentales para conectarse con el intelecto sagrado, como en, "Iaacov era un hombre simple" (Génesis 25:27) - pues Iaacov mereció lograr a la perfección la luz del intelecto.

Lección 2

4 tishrei

2 - "Habla a los sacerdotes"
(Levítico 21:1)

1. La plegaria es el arma principal del judío. Todas las batallas que la persona deba librar -así sean las batallas en contra de la mala inclinación u otras batallas en contra de aquellos que desean obstaculizarla u oponérsele- todas se combaten mediante la plegaria. Más aún, toda la vitalidad de la persona proviene de la plegaria. Por lo tanto, aquel que aspire a alcanzar la verdadera santidad deberá dedicarse con frecuencia e intensidad a la plegaria, a la súplica y a la conversación con Su Hacedor. Ésta es el arma principal para ganar la guerra.

2. Aquel que cuida la pureza sexual se vuelve digno de orar. Por el contrario, la persona que daña su pureza sexual se ve privada de la capacidad de orar.

3. Uno debe dar caridad antes de orar. Ello hará que su plegaria sea fluida. Dar caridad también lo salvará de los pensamientos ajenos que suelen surgir durante la plegaria y podrá orar apropiadamente sin desviarse ni a la derecha ni a la izquierda. Sus palabras serán mesuradas.

4. Es imposible alcanzar una plegaria perfecta si no es mediante el cuidado de la pureza sexual a la perfección. Por lo tanto, toda persona debe unir sus plegarias a los verdaderos Tzadikim de la generación, dado que ellos saben cómo elevar cada plegaria a su lugar apropiado. Más aún, esos Tzadikim edifican con esas palabras la estructura de la Presencia Divina, acelerando así la venida del Mashíaj.

5. El estudio de la Torá y la plegaria se fortalecen y se iluminan mutuamente, de modo que es necesario dedicarse a ambas actividades. Toda la Torá que la persona estudia con la intención de guardarla y de cumplirla, cuyas letras son "chispas de almas", se inviste en su plegaria y allí se renueva como el embrión en el vientre materno. Como resultado de su

renovación, también la luz de la plegaria se hace mucho más plena. Sin embargo la perfección de la plegaria se logra al unirla al Tzadik de la generación.

5 Tishrei

6. Si uno se ha dedicado durante muchos años a la plegaria y a la conversación con Dios y sin embargo siente que aún está muy lejos de Él y le parece que Dios, por así decirlo, Le oculta Su Rostro, Dios no lo permita - no debe confundirse y pensar que Dios no oye en absoluto sus plegarias y sus conversaciones con Él. Más bien, debe creer con una fe perfecta que Él escucha, oye y presta atención a cada palabra de cada plegaria, de cada pedido y de cada conversación. Ni una palabra se pierde, Dios no lo permita. Por el contrario, cada palabra va dejando arriba una impresión y despierta la compasión de Dios. Lo que sucede es que aún no está completa la construcción de santidad que necesita la persona para poder entrar. Después de muchos días y de muchos años, si no se deja desalentar, si apela a todas sus fuerzas, se fortalece y se dedica una y otra vez a la plegaria, entonces, mediante sus oraciones, se despertará la compasión de Dios y Él se volverá hacia la persona y le hará brillar Su rostro, cumpliendo con su deseo y con su voluntad, mediante el poder de los verdaderos Tzadikim, acercándola a Él con una gran compasión y misericordia.

7. No es apropiado pensar en recibir una recompensa por cosa alguna, pues todas nuestras buenas acciones y todas las plegarias nos son dadas por Dios. Por lo tanto, aunque la persona merezca ocasionalmente alguna salvación y aunque logre acercarse un poco más a la santidad, etcétera, no debe pensar que lo ha merecido como resultado de su estudio de la Torá, de sus plegarias o de sus buenas acciones. Pues todo proviene de Dios y si no fuera por Su gran bondad, la persona ya se habría ahogado en aquello en lo cual debería haberse ahogado, Dios nos salve.

Lección 3 6 Tishrei

8. La esencia de la mala inclinación es el impulso hacia la transgresión sexual. Ésa es la fuente principal de contaminación espiritual. Por lo tanto, es necesario saber que la principal prueba en este mundo es la batalla con ese deseo. ¡Afortunado aquél que merece ganar la guerra!

9. El verdadero Tzadik de la generación está asociado con el concepto de la "luminaria mayor". Él brilla e ilumina a la plegaria, que es el concepto de la "luminaria menor".

6 Tishrei

3 - "Yo mismo vi esa rana"
(Bava Batra 73b)

1. Mediante la canción sagrada, la persona realza y eleva el Reino de Santidad y merece una posición de autoridad. También sucede lo opuesto. Los que ofician como cantores y cantantes del Otro Lado [i.e., las fuerzas de la impureza] dañan el Reinado de Santidad y prolongan el exilio. Debido a ellos, la gente tropieza y queda atrapada como pájaros en una red. Por lo tanto, es necesario ser muy cuidadosos y no escuchar las canciones de un cantante del Otro Lado, cuya intención al cantar no es en absoluto en aras del Cielo, sino más bien por dinero, honor o vanidad. Escuchar el cantar de tal persona es dañino para el servicio a Dios. Por otro lado, oír el canto de una persona recta y digna es bueno para el servicio a Dios.

2. Estudiar el Talmud por la noche es el remedio que le permite a la persona no ser dañada por la voz de la canción del Otro Lado.

3. Por medio de la canción sagrada es posible alcanzar algo en el aspecto de la profecía. Pues la canción es el medio esencial para unirse a Dios, como se detallará más adelante.

4. Al estudiar el Talmud por la noche, la persona recibe un hilo de bondad protector y es rescatada de los pensamientos que la

llevan a buscar motivos ulteriores en el estudio de Torá. Rectifica entonces la voz de la canción, de modo que ya no es dañada al escuchar el cantar del Otro Lado, que es muy dañino para el servicio a Dios. También merece elevar la canción de santidad y unirse a Dios por medio de las canciones y de las melodías. Entonces realzará y elevará el Reinado de Santidad, merecerá una posición de autoridad y podrá gobernar sobre lo que desee. También podrá alcanzar algo en el aspecto de la profecía.

5. Cuando la persona rectifica la voz de la canción y alcanza el gobierno y el dominio, es capaz entonces de regir sobre lo que desee. Puede quitarle la vida a una persona y hacer que otra viva. Sin embargo debe ser muy cuidadosa y juzgar a todos de manera favorable, para no destruir el mundo. Pues Dios desea la bondad y quiere que el mundo exista.

7 Tishrei

6. Cuando la persona oye una canción alegre y con ello se une a Dios con un corazón quebrantado, se eleva esa canción -aunque el cantante sea una persona indigna- y se realza el Reinado de Santidad. El estudio de la Torá Oral -el Talmud- por la noche es el medio para lograr plenamente esta rectificación (ver también más adelante, Lección #226).

4 - "Yo Soy Dios tu Señor"
(Éxodo 20:2)

1. Es apropiado que la persona que se une al verdadero Tzadik sepa que todo lo que le sucede es para su propio bien. Cuando uno sabe esto, esa percepción es un "anticipo del Mundo que Viene". Este conocimiento se alcanza mediante la confesión verbal delante de un estudioso de Torá. Entonces la persona llega a saber que todo lo que le sucede, todos los días de su vida, es sólo para su bien y que ello se debe al amor que el Santo, bendito sea, siente por ella. Ésta es la esencia de un saber

completo: que la persona no debe irritarse ni confundirse a causa de los sinsabores que pueda experimentar. En su lugar, debe tener fe en que todo es para su bien eterno.

2. Al confesarse delante de un verdadero estudioso de Torá, la persona eleva el Reinado de Santidad hacia su raíz; anula a su vez el gobierno de las naciones y merece entonces saber que todo lo que le sucede es para su propio bien. Entonces dirá la bendición "Quien es bueno y hace el bien" sobre todo lo que le suceda (ver *Shuljan Aruj, Oraj Jaim* 222:1) - y ello es un "anticipo del Mundo que Viene". [Ver *Tzelaj (Tzion LeNefesh Jaia), Pesajim* 50a: "En el Mundo que Viene, la persona comprenderá que debía haber dicho la bendición 'Quien es bueno y hace el bien' incluso ante las así llamadas situaciones 'malas'; si es así, la persona que posee ese conocimiento en este mundo también debería decir esa misma bendición incluso ahora".]

8 Tishrei

3. La rectificación principal de todos los pecados se lleva a cabo gracias al verdadero Tzadik. La persona que desee merecer un final bueno y duradero deberá esforzarse por estar cerca de los verdaderos Tzadikim y de sus discípulos. Deberá contarle al Tzadik todo lo que hay en su corazón - es decir, deberá confesarse delante de él. De esa manera todos sus pecados serán perdonados. Pues los pecados de la persona están grabados en sus huesos. Dado que cada transgresión está compuesta por una combinación específica de letras [opuesta] a la prohibición de la Torá que se ha transgredido, cuando uno comete un pecado en particular una mala combinación de letras se graba en sus huesos. Eso hace que la expresión verbal de esa prohibición de la Torá que ha transgredido se hunda en el ámbito de la impureza espiritual. Y esto hace que el Reinado de Santidad caiga en el exilio del Otro Lado y que la mala combinación de letras grabada en los huesos ejerza su venganza sobre la persona. Al confesarse delante de un erudito de Torá, la persona extrae las letras grabadas en sus huesos y rectifica todo.

4. La tremenda humildad de los verdaderos Tzadikim -al punto

en que ellos son como "nada"- les permite expiar los pecados.

5. La persona que desee andar en la senda de la santidad deberá quebrar todos los rasgos negativos que derivan de los cuatro elementos, tal cual ha sido enseñado. También deberá abrir su corazón ante un estudioso de Torá -es decir, deberá confesarse ante él- y éste le explicará y le aclarará el sendero que debe seguir de acuerdo a la raíz de su alma.

6. Existen tres pasos en la unión con los Tzadikim por medio de los cuales todo alcanza su rectificación. El primer paso es cuando uno ve al Tzadik. Al hacerlo se anulan los rasgos negativos que derivan del elemento "mineral" y del elemento "vegetal" - es decir, la tristeza, la indolencia con sus rasgos asociados y los deseos negativos [del cuerpo]. De esa manera se alcanza la alegría, el entusiasmo y la diligencia.

9 Tishrei

7. El segundo paso es la caridad que la persona le da al estudioso de Torá. Esto la rescata de los rasgos negativos asociados con el elemento "animal" y con el elemento "humano" - que son las palabras vanas, la calumnia, el orgullo y los rasgos relacionados.

8. El tercer paso es que la persona se confiese delante del estudioso de Torá. Mediante ello, el estudioso la dirige por el sendero correcto de acuerdo a la raíz de su alma. Ello es lo más importante, pues esto la salva de todo.

9. La pobreza es producto de las palabras vanas, de la calumnia y del orgullo. Mediante la caridad que se le da al estudioso de Torá la persona rectifica todo eso y se hace digna de la riqueza.

10. Aunque la persona ya se encuentre delante del estudioso de Torá y le haya dado caridad, no sabrá aún en qué sendero anda pues para ello deberá confesarse y abrir su corazón delante

Lección 4   10 Tishrei

de él. Pues "Hay un sendero que a la persona le parece correcto y en última instancia es el sendero de la muerte" (Proverbios 14:12). Pero cuando se confiesa delante del estudioso de Torá, éste la dirige por el sendero correcto de acuerdo a la raíz de su alma y así todo se rectifica.

11. Cada vez que uno vaya a ver a un estudioso de Torá, deberá abrir su corazón delante de él. De esa manera uno se incluye en el Infinito y merece saber que todo lo que le sucede es para su propio bien. Entonces dirá la bendición "Quién es bueno y hace el bien" sobre todas las cosas y ello es un "anticipo del Mundo que Viene".

10 Tishrei

12. Mediante la humildad uno merece deshacerse de la materialidad y quedar incluido en el Infinito. También se llega a saber que todo lo que sucede es para el propio bien, lo que es un "anticipo del Mundo que Viene".

13. Son muy pocos los Tzadikim que pueden otorgarles una vislumbre de la luz del Infinito a aquellos que se acercan a ellos y que están incluidos en sus nombres. Esto explica porqué a veces la persona se siente súbitamente entusiasmada en medio de las plegarias y recita algunas palabras de la oración con gran fervor. Ello se debe a que Dios, en Su compasión, le ha abierto la luz del Infinito y brilla para ella. Cuando la persona tiene esa vislumbre -"y aunque uno no vea, su *mazal* ve" (Meguilá 3a)- su alma se enciende con anhelo por unirse a la luz del Infinito. Mientras dure la revelación del Infinito en las palabras en las que [esa luz] se le ha abierto y brilla para ella, la persona recitará las oraciones en unión con Dios, con total autotrascendencia y con la anulación de todas las facultades sensoriales. Todo esto se merece gracias a los más grandes de los verdaderos Tzadikim, porque sólo ellos saben de Dios, de la luz del Infinito, y sólo ellos hacen brillar sobre nosotros esa hermosa

Lección 4 10 Tishrei

vislumbre que "cada uno experimenta de acuerdo a la propia comprensión de su corazón" (*Zohar* I, 103b).

14. Durante el tiempo en que la persona se anula en el Infinito, se encuentra en el aspecto de "Ningún hombre supo" (Deuteronomio 34:6, refiriéndose al lugar de inhumación de Moisés), dado que ni ella misma es consciente de sí misma. Pero ese estado debe ser experimentado en el aspecto de "correr y retornar", para que la persona continúe existiendo como un ser "separado" de Dios y no expire antes de su tiempo, Dios no lo permita. Pues el Santo, bendito sea, desea nuestro servicio; por lo tanto, no debe mantenerse en ese estado, sino que "debe esperar" hasta el tiempo en que el Santo, bendito sea, tome Él Mismo su alma [cuando fallezca]. Entonces quedará completamente anulada y absorbida en el Infinito en el grado que haya merecido.

15. Mediante la unión de la persona con el Infinito en el aspecto de "correr y retornar" -de modo que no quede completamente anulada- y al volver, más tarde, a su propia conciencia en el estado de "separación de Dios", permanecerá en ella un remanente de la maravillosa luz de ese estado de unión. Ese remanente le mostrará entonces a la mente consciente de la persona la unidad y la bondad del Infinito, de modo que ahora sabrá que todo es bueno y que todo es uno. Esa conciencia es un "anticipo del Mundo que Viene". La persona merece todo esto al confesarse delante de un verdadero estudioso de Torá.

16. Cuando un judío despierta en arrepentimiento debido a que siente alguna pequeña impureza espiritual que lo distrae durante sus plegarias y devociones, su arrepentimiento hace que también los judíos que son completamente malvados y que se han alejado del pueblo judío debido a sus malas acciones, se transformen en un trono para la santidad y vuelvan en arrepentimiento. Entonces también ellos ayudarán, a aquellos que están sirviendo a Dios, a construir "edificios de santidad". Amén, que así sea Su voluntad.

Lección 5   11 Tishrei

11 Tishrei

5 - "Con trompetas y sonido de shofar"
(Salmos 98:6)

1. Cada uno está obligado a decir, "El mundo entero fue creado sólo para mí" (*Sanedrín* 37a). Por lo tanto, cada uno debe contemplar y considerar en todo momento cómo rectificar el mundo, para proveer lo que falte y orar por él.

2. Cada persona debe llevar a cabo las *mitzvot* con tanta alegría como para no desear ninguna recompensa por ello en el Mundo que Viene. Más bien, sólo debe desear que el Santo, bendito sea, le envíe otra mitzvá como recompensa por esa mitzvá - dado que su alegría proviene de la mitzvá misma. Mediante esa alegría, la persona puede llegar a saber lo decretado sobre el mundo, así sea antes de que el decreto se haya emitido como después de habérselo emitido y sobre quién recaerá, Dios se apiade. También sabrá cómo orar por el mundo. Pues después de que el decreto final ha sido emitido, los Tzadikim deben investir sus plegarias dentro de cuentos. Todo esto se logra realizando la mitzvá por la mitzvá misma, con una gran alegría.

3. La esencia de la alegría está en el corazón. Pero es imposible que el corazón se regocije a menos que la persona enderece su "corazón torcido" y logre un "corazón recto". Entonces merecerá la alegría. El "corazón torcido" se corrige por medio del "trueno" - es decir, orando con energía y entusiasmo, con temor y amor a Dios y con una intensa concentración.

4. La alegría se logra orando con energía y entusiasmo y con gran temor y amor por Dios.

5. La persona debe orar con todas sus fuerzas y recitar las plegarias con gran energía. Esto hará que la voz golpee su mente y así podrá concentrarse. En otras palabras, su corazón oirá lo que está diciendo. De esa manera merecerá enderezar su "corazón torcido" y llegar a la alegría, al punto en que llevará a

Lección 5 · 12 Tishrei

cabo las *mitzvot* por las *mitzvot* mismas, con una gran alegría. Entonces será capaz de investir sus plegarias en cuentos y anular todos los decretos, incluso luego de haber sido emitidos.

6. La persona que en Rosh HaShaná oye el shofar hecho sonar por un hombre piadoso y temeroso de Dios, ciertamente no necesitará preocuparse por los "truenos" durante todo el año.

12 tishrei

7. Para lograr plenamente el "trueno" mencionado más arriba es necesario limpiar la mente de toda clase de saberes seculares, de pensamientos indeseables y de malas cavilaciones.

8. La persona debe ejercer el máximo cuidado y limpiar su mente del saber secular y de los pensamientos indeseables -del "*jametz*" (levadura)- para no "fermentar" su propio intelecto con ideologías que no son de la Torá y con deseos [físicos]. Pues ello embota y contamina la mente, haciendo imposible concentrarse en las plegarias y alcanzar la alegría. También debe cuidarse mucho de los temores externos - lo que significa no temerle a nada excepto a Dios. Pues los temores externos impiden concentrarse en las plegarias y son un impedimento para la alegría.

Lo más importante es cuidar la mente del "fermento" - es decir, no albergar cavilaciones malsanas ni pensar en deseos [físicos], algo que se asemeja al *jametz* y que proviene del lado de la muerte. La persona debe repeler esos pensamientos que proceden del lado de la muerte -las fuerzas del Otro Lado- y alejarlos de su mente, para que no puedan entrar en ella. Debe cuidarse y estar muy atenta para que esos pensamientos no penetren en su mente, Dios no lo permita. También es necesario unir el amor a Dios con el temor a Dios. Entonces se podrá purificar la mente y orar con intensa concentración, hasta que la plegaria se transforme en "trueno" y se merezca la alegría.

Lección 5   13 Tishrei

9. Es necesario cuidarse de los temores externos para no temerle a nada en el mundo. Más bien, al experimentar algún temor o miedo, se debe recordar inmediatamente el temor a Dios y Su tremenda grandeza y temer a Dios durante todo el día, continuamente. De esa manera se podrá orar con fuerza, recitar las plegarias con gran energía y la oración será como un "trueno". Se merecerá oír, fuerte y claro, lo que sale de la boca, y mediante ello, se alcanzará la alegría - cumplir con todas las *mitzvot* por las *mitzvot* mismas, con una verdadera alegría. De esa manera, se merecerá saber cómo anular todos los decretos incluso luego de haber sido emitidos, Dios no lo permita.

10. Para merecer lo antedicho es necesario también unir el amor a Dios con el temor a Dios, dado que la mejor manera de vencer [a los enemigos] es mediante el amor. Sin embargo, el temor debe estar primero.

13 Tishrei

11. Todo aquél que se apiade de su vida no deberá escuchar ni prestarle atención a los conflictos entre los Tzadikim que han alcanzado la perfección; en cambio, deberá tener fe en todos ellos. Cuando oiga algo concerniente a las disputas entre los Tzadikim deberá tomarlo como una amonestación personal y juzgarse a sí mismo: quién es y qué es en realidad. Pues con ello lo están reprendiendo por haber malgastado las "gotas" de su mente, pues si su mente no hubiera estado dañada de seguro no habría oído nada sobre ese conflicto entre Tzadikim y no habría tenido ninguna duda sobre ellos, en absoluto. La esencia de ese conflicto es sólo para él -es decir, para el propósito ya explicado más arriba- para que pueda comprender y recordar por medio de los conflictos entre los Tzadikim quién es él y qué es en realidad, y para que comprenda que, mediante ese conflicto, se encuentra en peligro de ser arrastrado fuera de la verdadera vida - que son los verdaderos Tzadikim. Ello se debe al hecho de que dañó las "gotas" de su mente, sobre lo cual está escrito, "Todos aquellos que entren no retornarán; no

Lección 5   13 Tishrei

alcanzarán los senderos de la vida" (Proverbios 2:19; ver *El Tikún del Rabí Najmán*, especialmente págs. 88-90).

El insensato que no quiera comprenderlo se verá alejado como resultado de ello y desperdiciará su vida. Por el contrario, todo aquel que verdaderamente desee apiadarse de sí, despertará y recordará quién es y qué es en realidad. Comprenderá que todo ello es la prueba que debe pasar, no escuchando ni prestándole atención al conflicto. Entonces y precisamente debido a ello, se acercará a los verdaderos Tzadikim, que es la manera de alcanzar su rectificación eterna. Pues la esencia del conflicto entre los Tzadikim es principalmente en aras de esa prueba - para que la persona que quiera alejarse pueda hacerlo. En verdad, es apropiado alejarla, dado que ha dañado las "gotas" de su mente. Pero si se mantiene firme ante la prueba y comprende la enormidad del daño que ha hecho y no le presta atención alguna a ese conflicto, entonces es precisamente a través de ello que podrá acercarse. Pues dado que ha hecho un daño tan grande es imposible que se acerque a no ser por esa prueba en particular. Comprende esto. Pues en verdad, Dios desea hacer el bien y acercar a aquellos que están lejos de Él, aunque no lo merezcan. Pero ellos sólo pueden acercarse mediante esta prueba.

12. Los pensamientos extraños y las cavilaciones malsanas provienen del lado de la muerte, representado por el *jametz*. Cuando esos pensamientos extraños corren tras la mente, tratando de penetrar en ella, y la persona los repele luchando con ellos e impidiéndoles pasar, se ve rescatada entonces del *jametz* - el lado de la muerte. Más aún, merecerá alcanzar elevados niveles de comprensión, representados por la *matzá*, que está asociada con la vida. (Se comprende que las *mitzvot* de destruir el *jametz* y de comer *matzá* en Pesaj son eficaces para lograr todo lo expresado más arriba.)

13. El conflicto que existe entre los Tzadikim que han alcanzado la perfección también se debe a esto - para expulsar a las fuerzas del Otro Lado y para que no puedan acercarse al Tabernáculo de Santidad. Por lo tanto, la disputa entre ellos está representada

Lección 6 14 Tishrei

por la *matzá*. [La palabra hebrea *matzá* puede significar tanto "conflicto" como "pan sin levadura".]

14 Tishrei

6 - "Llama a Ioshúa"
(Deuteronomio 31:14)

1. Es necesario que cada persona minimice su propio honor y maximice el honor dado a Dios. No debe perseguir el honor, sino huir de él. De esa manera merecerá "el honor de Dios". Entonces la gente no indagará sobre el honor que se le demuestra para comprobar si lo merece o no. Pero aquel que persigue el honor no obtiene "el honor de Dios". Por lo tanto, aunque tal persona disfrute del honor, todos la examinan e inquieren sobre ella, preguntando, "¿Quién es esa persona que es así honrada?". Ellos se le oponen diciendo que no merece tal honor.

2. Mediante la humildad, uno merece el arrepentimiento. Pues la esencia del arrepentimiento se manifiesta cuando la persona oye que la avergüenzan y sin embargo se mantiene firme y en silencio. Sufre los insultos y el "derramamiento de sangre", aceptando su propia bajeza y pequeñez, reconociendo el gran daño que ha hecho y comprendiendo que es adecuado que sufra esos insultos. De esa manera disminuye la sangre en el ventrículo izquierdo del corazón y aniquila su mala inclinación, mereciendo así "el honor de Dios".

3. Antes de arrepentirse la persona aún no tiene "ser"; es como si aún no existiese en el mundo, dado que "habría sido mejor si no hubiera sido creada". Pero cuando viene a purificarse y a arrepentirse, entonces se prepara a "ser" en el mundo. Por lo tanto, el arrepentimiento está asociado con el [Nombre Divino] *EHIéH* (Seré) - es decir, "estoy preparado para existir".

4. El arrepentimiento también está asociado con el concepto de Keter, dado que *KeTeR* es una expresión de "esperar", como está escrito, "Espérame (*KaTaR*) y hablaré contigo" (Job 36:2).

Lección 6   15 Tishrei

"Esperar" está relacionado con la idea del arrepentimiento, como dijeron nuestros Sabios, de bendita memoria, "Aquel que viene a purificarse es ayudado... es como alguien que viene a comprar aceite perfumado de *afarsimon* y se le dice que espere" (*Ioma* 38b-39a). En otras palabras, la persona necesita saber que cuando viene a purificarse y a arrepentirse, "se le dice que espere". Incluso aunque es necesario que actúe rápidamente para salvar su vida y huir de la oscuridad, sin embargo, no deberá desanimarse cuando vea cuán lejos está de la plegaria y de todas las prácticas sagradas. Pues es necesario esperar antes de alcanzar una completa rectificación y proceder paso a paso, de acuerdo a las instrucciones del verdadero Tzadik, dado que es imposible llegar a la santidad de manera inmediata.

15 Tishrei

5. Es necesario trabajar constantemente en el arrepentimiento. Pues incluso en el momento en que la persona está diciendo, "He pecado, he transgredido, he actuado con desenfreno" (plegaria confesional del *Vidui*), es imposible que lo diga con un corazón puro y sin un motivo ulterior. Así, uno debe arrepentirse de su arrepentimiento anterior - es decir, del "He pecado, he transgredido, he actuado con desenfreno" que había dicho anteriormente.

6. Aunque la persona sepa que su arrepentimiento ha sido completo, sin embargo, necesitará arrepentirse de sus arrepentimientos anteriores. Pues originalmente, cuando se arrepintió, lo hizo de acuerdo a la concepción [de Dios] que tenía en ese momento. Subsecuentemente y luego de haberse arrepentido, alcanzó indudablemente un reconocimiento y una concepción de Dios mucho más perfectos. De acuerdo a la concepción que ahora tiene, su comprensión previa era, en comparación, ciertamente tosca. Así, ahora debe arrepentirse por haber hecho burda la exaltada naturaleza de Dios. ¡Feliz de aquel que merece esta clase de arrepentimiento!

Lección 6   16 Tishrei

7. El verdadero Tzadik se dedica al arrepentimiento durante toda su vida. Pues incluso aunque sabe que se ha arrepentido por completo, continúa arrepintiéndose de sus previas concepciones de Dios, que ahora considera rudimentarias comparadas con su presente percepción de la grandeza de Dios. Y así continúa toda su vida, pasando de un nivel de comprensión al siguiente y arrepintiéndose de sus anteriores niveles de entendimiento. Ésa es la idea del Mundo que Viene, que será "enteramente Shabat", enteramente arrepentimiento. Pues la esencia del Mundo que Viene es la percepción de la Divinidad [que se experimenta allí]; y cada vez que la persona alcance un nivel adicional de percepción se arrepentirá del nivel anterior de entendimiento. Todo aquel que tenga un cerebro en la cabeza podrá comprender a partir de esto la grandeza del Creador y la grandeza de los Tzadikim. ¡Felices de ellos y felices de aquellos que los siguen!

8. La persona que desee retornar a Dios deberá ser muy experta en la ley judía, para que nada en el mundo la aleje ni la distancie de su búsqueda, sin importar si se está "elevando" espiritualmente o si está "cayendo" espiritualmente. No importa lo que le suceda, se fortalecerá y se "mantendrá firme". De esa manera cumplirá con el versículo, "Si asciendo al Cielo, Tú estás allí; si hago mi lecho en el Infierno, aquí estás Tú" (Salmos 139:8). Pues hasta en el infierno más profundo es posible acercarse a Dios - dado que allí también Dios está presente, como en, "si hago mi lecho en el Infierno, aquí estás Tú".

16 Tishrei

9. Aquel que desee andar en el sendero del arrepentimiento, deberá ser experto en la ley judía. Deberá tener dos clases de pericias - es decir, "correr" y "retornar", en el sentido de "elevarse" y de "caer", como se expresa en el versículo, "Si asciendo al Cielo, Tú estás allí; si hago mi lecho en el Infierno, aquí estás Tú". En otras palabras, la persona que desee retornar a Dios deberá prepararse y fortalecerse en los caminos de Dios, a cada momento, así sea que esté espiritualmente "arriba" o

Lección 6   16 Tishrei

"abajo". Ésa es la idea de "Si asciendo al Cielo, Tú estás allí; si hago mi lecho en el Infierno, aquí estás Tú". Esto quiere decir que si la persona llega a merecer un ascenso espiritual hacia otro nivel, así sea grande o pequeño, no deberá permanecer allí y quedar satisfecha con ello. Es necesario ser muy experto en esto, sabiendo y creyendo que siempre se debe avanzar más y más. Esto es lo que significa "saber cómo correr".

Por otro lado, aunque uno caiga allí donde caiga, Dios no lo permita -incluso al infierno más profundo- tampoco allí deberá renunciar, Dios no lo permita, no importa lo que le suceda. Más bien, deberá buscar a Dios y fortalecerse allí donde esté y de la manera en que pueda. Pues Dios se encuentra incluso en el pozo más profundo del infierno y también allí es posible unirse a Él. Ésta es la idea de "si hago mi lecho en el Infierno, aquí estás Tú", y esto es lo que quiere decir "saber cómo retornar".

Es imposible alcanzar el arrepentimiento si no se poseen estas dos clases de pericias. Y en verdad, es algo extremadamente grande ser experto en ello y saber que uno debe esforzarse y luchar constantemente en el servicio a Dios, anhelando continuamente alcanzar niveles superiores y no dejándose caer por motivo alguno. Pues, no importa lo que suceda, Dios no lo permita, la persona nunca debe desanimarse en lo más mínimo y debe siempre comprender que "si hago mi lecho en el Infierno, aquí estás Tú". Cuando uno es experto en esas dos clases de pericias camina entonces por el sendero del arrepentimiento, la mano derecha de Dios se extiende para aceptar su arrepentimiento y uno merece "el honor de Dios"; y mediante ello se vuelve un "hombre" que se sienta sobre el trono (cf. Ezequiel 1:26). ¡Feliz de él!

10. El arrepentimiento debe tener tres componentes. La persona debe "ver con sus ojos, oír con sus oídos, comprender con su corazón y [entonces] se arrepentirá" (Isaías 6:10). Pues es necesario que dirija los ojos y el corazón para examinar cuidadosamente su vida y buscar su propósito eterno; debe

Lección 7   17 Tishrei

reflexionar profundamente y escuchar con atención todas las palabras de nuestros santos Sabios. Entonces merecerá el genuino arrepentimiento.

17 Tishrei

11. La humildad es el elemento crucial del arrepentimiento. En otras palabras, uno debe "dejarse pisotear como un desierto" (*Eruvin* 54a) y no prestarle la mínima atención a la oposición y a los insultos que reciba. Más bien, deberá apoyarse en el atributo del silencio y ser "uno de aquellos que oyen que los avergüenzan y no responden" (*Shabat* 88b). Entonces será llamado verdaderamente "sabio" y merecerá el arrepentimiento, que es el concepto de Keter. Con ello se hará digno del honor verdadero y eterno -que es "el honor de Dios"- y de una buena porción en el Mundo que Viene. Ése es su arrepentimiento esencial y la rectificación para todas sus transgresiones. Con ello merecerá quedar incluido en "el hombre que se sienta sobre el trono", del cual surgen los juicios para juzgar a todos los habitantes del mundo.

12. Es necesario buscar siempre el mérito y el bien en el pueblo judío y juzgar a todo judío de manera favorable - incluso a aquellos que se nos oponen y nos humillan. Entonces uno se verá libre de la disputa y construirá, de esa manera, una corona preciosa para Dios, con toda clase de joyas.

7 - "Y éstas son las leyes"
(Éxodo 21:1)

1. La Redención del pueblo judío depende principalmente de la fe, dado que es la falta de fe el principal motivo del exilio.

2. La plegaria está unida intrínsecamente con la fe. La plegaria se fundamenta en la creencia -en la fe- de que existe un Creador Quien tiene el poder de generar fenómenos enteramente nuevos

Lección 7 — 18 Tishrei

de acuerdo a Su voluntad. Sobre la base de esa fe, la persona Le ora entonces a Dios para que Él cumpla con sus pedidos. La persona es capaz, a su vez, de generar milagros en el mundo que desafían las leyes de la naturaleza.

3. La esencia de la fe y también la esencia de la plegaria y de los milagros sólo se encuentra en la Tierra de Israel. Ella es el conducto a través del cual ascienden las plegarias, permitiéndole a la persona lograr, mediante sus oraciones, todo aquello que necesita y generar verdaderos milagros y maravillas en el mundo.

4. La fe, la plegaria, los milagros y la Tierra de Israel son un solo concepto y dependen uno del otro.

18 Tishrei

5. Cuando se daña la Tierra de Israel -que está intrínsecamente unida con la fe y con la plegaria- ello da como resultado el exilio. Ese exilio es esencialmente el exilio de la plegaria, cuando es imposible orar o generar milagros en el mundo.

6. Hay personas que ocultan todos los milagros explicándolos en términos de leyes naturales. El Mashíaj llegará cuando desaparezcan esos heréticos que no creen en los milagros y aumente la fe en el mundo. Pues la esencia de la Redención depende principalmente de ello - es decir, de la fe.

7. Es imposible llegar a la fe si no es a través de la verdad. (La explicación de esto es como sigue: La fe sólo puede existir en conexión con aquellas cosas que el intelecto no puede comprender. La persona ciertamente no necesita de la fe en aquello que entiende intelectualmente. Pero si es así, ¿qué sucede en aquellas áreas en donde no se comprende intelectualmente? ¿Cómo es posible creer en lo que se supone que uno debe creer? La respuesta es que la fe depende esencialmente de la verdad. Si la persona está dispuesta a tomar en cuenta la verdad *real*, comprenderá por sí misma que es

Lección 7 19 Tishrei

correcto creer en la sagrada fe en Dios, en los verdaderos Tzadikim y en Su santa Torá - aunque ello sea imposible de entender de manera apropiada con nuestras mentes, apegadas como están a lo material. Pues si se contempla sinceramente la verdad, se comprenderá indudablemente que ésta es de hecho la verdad. Lo que sucede es que se trata de algo imposible de comprender intelectualmente. Uno debe fortalecerse sólo con una fe perfecta. ¡Comprende bien esto!).

8. Sólo es posible llegar a la verdad acercándose a los verdaderos Tzadikim y siguiendo sus consejos, sin desviarse de sus palabras ni a la derecha ni a la izquierda. De esa manera la verdad quedará grabada en la persona y merecerá entonces la fe, la plegaria, la Tierra de Israel y los milagros. Mediante ello, llegará la Redención.

9. El consejo que la persona recibe de los Tzadikim es análogo a una relación marital y a una unión sagrada. Pues uno acoge las "gotas" del intelecto del Tzadik junto con el consejo que recibe de él. Ello implica la rectificación de la transgresión sexual. Por otro lado, el consejo de aquellos que se oponen [a los Tzadikim], de aquellos que les impiden a los otros acercarse a ellos y demás, que hablan con astucia para atraer y seducir a la gente, alejándola del punto de la verdad, representa un daño en la pureza sexual. Por lo tanto, aquél que haya dañado su pureza sexual deberá cuidarse y ser muy vigilante frente al falso consejo de aquellos que se oponen a la verdad, para no perder toda su vida en un instante, Dios no lo permita.

19 Tishrei

10. Es necesario evitar cuidadosamente el consejo de la gente en general, dado que prácticamente todas sus propuestas son malasanas. Esto se aplica más aún al consejo de los malvados y de aquellos que atacan y se oponen a la verdad - es necesario huir de ellos mucho más todavía. Pues todas las maldades y los daños, Dios nos salve, emanan de esa clase de falso consejo, cuyo precursor es el consejo de la serpiente primordial que

Lección 7 19 Tishrei

sedujo a Eva. Cuando uno acepta el consejo de esas personas malvadas, Dios no lo permita, ellas le inyectan su repugnante veneno, lo que es análogo a una relación ilegítima y a un matrimonio impuro. Este concepto se encuentra aludido en el versículo [donde Eva dice], "La serpiente me engañó (*hiShiAni*)" (Génesis 3:13) [en hebreo, las letras de la raíz de esta palabra, N, Sh, A, forman vocablos que significan tanto "casarse" como "engañar"]. Tal relación [implicando dar y recibir un mal consejo] es equivalente a un daño sexual y hace que la persona se mantenga alejada de la verdad, de la sagrada fe e incapaz de llegar a la Tierra de Israel. Siendo así, es necesario evitar cuidadosamente el consejo de tales personas, Dios no lo permita. En su lugar, uno debe unirse a los verdaderos Tzadikim y a aquellos que siguen sus senderos, dado que todos sus consejos son la "simiente de una verdad inalterada" (Jeremías 2:21). Esta relación implica la rectificación de la pureza sexual y mediante ese consejo, uno merece todo lo bueno, la verdad, la fe, la plegaria y la Tierra de Israel, al igual que la capacidad de realizar milagros.

11. La inmoralidad sexual depende principalmente de los ojos y la mitzvá de los *tzitzit* funciona como una rectificación y una protección contra ese tipo de pecado. Mediante el cumplimiento de esta mitzvá uno se salva del mal consejo y merece recibir el consejo verdadero de los verdaderos Tzadikim. Es necesario, por lo tanto, observarla escrupulosamente. Al envolverse con los santos *tzitzit* y recitar la bendición por ellos se deberá anhelar y tener la intención de cuidar la pureza sexual y de recibir un consejo bueno y verdadero - mereciendo así la fe, la Tierra de Israel y la Redención. Al llevar a cabo esta santa mitzvá también deberá anhelarse alcanzar la plegaria, ser capaz de realizar milagros y maravillas y ganarse el sustento - dado que el sustento depende principalmente de la pureza sexual. De esa manera, también se hará digno de comprender con claridad todo lo que estudie y se le revelarán todos los ámbitos de la sabiduría, como sobre una mesa servida.

12. La plegaria está intrínsecamente unida a la fe; mejora

Lección 8   20 Tishrei

la memoria y salva del olvido, dado que el olvido es producto de un daño en la fe.

13. Antes de que la persona se acerque al Tzadik puede ser descrita por el versículo, "Será embotado el corazón de este pueblo y serán pesados sus oídos y cerrados sus ojos" (Isaías 6:10). En otras palabras, su corazón está sellado, sus oídos están tapados y sus ojos ciegos frente a la verdad y el arrepentimiento. Pero cuando se une a los Tzadikim y recibe el consejo de ellos, entonces se abren sus ojos, sus oídos y su corazón, como en, "El verá con sus ojos, oirá con sus oídos y comprenderá con su corazón [aludiendo a las tres partes del intelecto] y se arrepentirá y será curado" (Ibid.). En otras palabras, ve, oye y comprende la verdad y merece así el arrepentimiento.

14. Debido al daño en la pureza sexual se vuelve escaso el sustento.

15. Es muy beneficioso para un enfermo mirar los *tzitzit*.

20 Tishrei

8 - "Miré y he aquí un candelabro de oro"
(Zacarías 4:2)

1. El suspiro y el gemido de un judío son muy valiosos, pues ello trae plenitud en donde hay carencia. En otras palabras, cuando la persona carece de algo y suspira debido a ello, mediante el suspiro colma esa falta.

2. Todo lo que le falte a la persona -así sea el sustento, la salud o algo más- sólo puede lograrse mediante la unión con el verdadero Tzadik y *Rav*. Ello se debe a que las carencias se colman mediante el suspiro, dado que cuando la persona suspira por aquello que le falta, atrae el aliento de vida [Divino, mediante el cual todas las cosas fueron creadas y que es la vitalidad de

todas ellas] y así completa la carencia por la cual suspira. Sin embargo, ese aliento de vida capaz de proporcionar aquello de lo que se carece sólo puede ser recibido del Tzadik y del *Rav* de la generación, quien está completamente unido a la Torá - dado que en la Torá se encuentra el aliento de vida. Por tanto, es necesario estar conectados con el Tzadik para recibir ese aliento.

3. Los opositores y los malvados que se levantan en contra de los verdaderos Tzadikim reciben el aliento de vida del *Rav* de las fuerzas de la impureza. Pues en verdad existe un *Rav* de las fuerzas de la impureza y del Otro Lado, en contraposición con el *Rav* de la santidad, pues "Dios creó a uno en contraposición al otro" (Eclesiastés 7:14). Por tanto, esos malvados gozan de poder durante un momento, dado que su aliento de vida proviene del *Rav* de las fuerzas de la impureza que es como un "viento tormentoso" que es poderoso durante un momento. Pero es efímero. Finalmente se acaba y se pierde, destruyendo a aquellos que se han aferrado a él, tanto física como espiritualmente. Se dice por lo tanto de los malvados y de los que se oponen a los Tzadikim que están muertos incluso mientras están con vida (*Berajot* 18a). Porque no tienen el verdadero santo aliento de vida que sólo los verdaderos Tzadikim pueden dar.

4. Cuando la persona suspira, el verdadero Tzadik expía por sus pecados. Y ello se debe a que, al suspirar, la persona atrae del Tzadik el aliento de vida que colma las carencias [siendo los pecados la deficiencia más grande]. Como está escrito, "El sabio expía" (Proverbios 16:14).

21 Tishrei

5. Está prohibido para cualquiera, excepto para un Tzadik perfecto, el desafiar a los malvados y a los opositores. Ese Tzadik debe ser alguien que ha separado y eliminado por completo el mal asociado a los cuatro elementos que engloban a todos los rasgos de carácter, con la certeza de que ya no tropezará con

Lección 8 — 21 Tishrei

ninguna transgresión. Sólo un Tzadik así, y también aquellos que están unidos a él, puede provocar a los malvados. Pero aquel que no haya anulado por completo el mal en sí mismo - y aunque no cometa de hecho ninguna transgresión, todavía existe la posibilidad de que lo haga- no es un Tzadik perfecto y le está prohibido desafiar a los malvados. Ello se debe a que tal persona puede ser dañada, Dios no lo permita, por el profundo suspiro de los malvados, cuyo aliento proviene del Otro Lado y que, durante un momento, es extremadamente poderoso, que Dios nos salve. Pero el Tzadik perfecto puede descender hacia el canal a través del cual los malvados reciben su aliento de vida, quebrarlo y anularlo, produciendo su total desaparición.

6. Mediante el estudio de la Torá y por medio de la plegaria es posible separar el bien del mal en uno mismo. Más específicamente, es mediante el estudio de los Códigos y aclarando la ley que la persona separa el bien del mal. También expele y anula el mal asociado a los cuatro elementos que engloban todos los rasgos de carácter. Esto es lo principal para el perfeccionamiento de la persona. Pero es mediante la plegaria que se merece [el intelecto necesario] para aclarar la ley. Cuando la persona ora por algo, aunque la plegaria vaya a colmar su pedido, aquello que ha solicitado aún existe en potencia. Mediante el estudio de la Torá, ese pedido se completa y pasa de la potencia al acto. De esa manera se cumple su voluntad y se colma su pedido, haciéndose digna de la anulación total de los enemigos y de los opositores.

7. La fuente de la sabiduría de la Torá emana de la plegaria y ésta es la única manera de llegar a ser dignos de aclarar la ley. [Cuando la persona estudia de esa manera,] es considerada como si hubiese creado nuevamente el mundo. Más aún, merece separar el bien del mal en los cuatro elementos, lo que efectivamente constituye la rectificación total. Es capaz entonces de vencer completamente a quienes se le oponen.

8. Los *tzitzit* encarnan el concepto del santo aliento de vida. Mediante la mitzvá de los *tzitzit* la persona puede completar,

Lección 9   22 Tishrei

suspirando, todo aquello que le falta. También anula el aliento de vida de las fuerzas de la impureza, el "viento tormentoso" y el aliento de la contaminación espiritual, y separa el mal del bien en todos sus rasgos de carácter. A su vez, puede vencer a los opositores y a los malvados y anularlos por completo.

[De aquí puede comprenderse que es muy bueno que la persona suspire al envolverse con el *talet*, dado que ese momento es particularmente propicio para tomar el aliento de vida y completar aquello que falta.]

9. El Tzadik oye los suspiros de todos aquellos que están unidos a él, dado que de él surge la vida para cada uno de ellos. Él es "un hombre que posee aliento (*rúaj*)" (Números 27:18), sobre quien enseñaron nuestros Sabios, de bendita memoria, "Él sabe cómo acercarse a cada persona de acuerdo a su propio espíritu (*rúaj*)" (Rashi sobre Números 27:18). En otras palabras, él provee y completa aquello que falta en el aliento de vida de cada uno de ellos.

22 Tishrei

9 - "Los abismos los cubrieron"
(Éxodo 15:5)

1. La esencia de la fuerza vital proviene de la plegaria. Por lo tanto, uno debe orar con todas sus fuerzas, para que esa fuerza penetre en las letras de las palabras de las plegarias y allí se renueve. De esa manera se logra la fe.

2. La relación del hombre con su esposa, al igual que el sustento, están determinados por la calidad de su plegaria. Por lo tanto, al orar con energía, la persona merece tener un buen matrimonio y un buen sustento.

3. La plegaria, cuando alcanza su perfección, le da vitalidad a las tres partes del universo: al mundo físico inferior; al mundo de las esferas; y al mundo de los ángeles.

Lección 9   22 Tishrei

4. Cuando uno está por orar, se hacen presentes pensamientos extraños y fuerzas impuras que lo rodean y lo dejan en la oscuridad, quitándole la capacidad de orar. La mejor medida contra ello es asegurarse de decir las palabras de la plegaria con total honestidad. Entonces las palabras sinceras que salgan de tus labios harán una brecha en la oscuridad en la cual te encuentras atrapado y merecerás orar. Comprende muy bien este punto, pues es una regla fundamental y es el cimiento de todas las facetas en el servicio a Dios, y todo depende de ello. Aunque la persona se encuentre hundida en la oscuridad más profunda y en la impureza espiritual, Dios no lo permita, aprisionada y encerrada tras muros y obstáculos que la rodean por todos lados y que no la dejan acercarse a la santidad - lo esencial de su rectificación es simplemente orientarse hacia la verdad. Debe fijar su vista en la verdad absoluta y sólo buscar la verdad. Lo mismo se aplica a las plegarias, aunque uno no pueda orar debido a la profunda oscuridad que lo rodea, debe asegurarse de decir las palabras con honestidad, por más bajo que sea su nivel. Por ejemplo, deberá decir con sinceridad, "¡Dios, sálvame!". Y aunque no pueda decir algo así con el entusiasmo y la inspiración apropiada, deberá forzarse al menos a decir las palabras con sinceridad y simpleza, de acuerdo a quién es. Entonces merecerá ver las brechas en la oscuridad.

Pues si uno desea sinceramente la verdad, no habrá oscuridad en el mundo que se la pueda ocultar, pues la verdad es la luz de Dios Mismo. La mentira aleja la luz de Dios, por así decirlo - dado que aquel que dice mentiras no parará delante de los ojos de Dios (cf. Salmos 101:7)- pero con la verdad, el Santo, bendito sea, mora con la persona. El gran deseo de Dios es sólo por la verdad y de acuerdo al nivel de verdad que posea la persona, en ese grado el Santo, bendito sea, morará con ella y le hará brillar un camino para salir de la oscuridad y de las fuerzas impuras que le impiden orar y dedicarse a sus devociones. Con este método, la verdad hará brillar su luz sobre la persona y con la gran misericordia de Dios podrá orar y, a su vez, rectificar y sustentar a todos los mundos.

Lección 9   23 Tishrei

23 Tishrei

5. Hay personas que merecen decir las palabras de sus plegarias con una honestidad tal que emiten luz como una piedra preciosa, que ilumina con luz propia. Pero hay otras cuya habla es sólo como una ventana, que no tiene luz propia y que meramente permite recibir la luz a través de ella; [ese tipo de persona] sólo puede ser iluminada por otra. Debes saber que todo esto es de acuerdo al nivel de la verdad.

6. Cuando la persona despierta verdaderamente a Dios, merece con ello quebrar las barreras y los obstáculos que la separan de la santidad y encontrar las brechas para salir desde la oscuridad hacia la luz. Mediante ello también merece despertar a otros e inspirar a otras personas hacia el arrepentimiento, sacarlas de la oscuridad y llevarlas de retorno a Dios.

7. Es necesario que cada uno eleve sus plegarias a través del portal de su propia tribu [de entre las doce tribus de Israel]; sin embargo, hace falta un gran mérito para ello. Por lo tanto, cada uno debe unir sus plegarias al Tzadik de la generación, pues el Tzadik sabe cómo relacionar los portales con las plegarias y enviar a cada plegaria hacia el portal apropiado. [Esos doce portales están representados por las doce ventanas que es costumbre construir en una sinagoga y que aluden a las doce tribus.]

8. Cada uno debe trabajar para alcanzar el nivel en el cual pueda llegar a derramar su corazón como agua delante de Dios, pues mediante ello llegará el Mashíaj. Que sea pronto y en nuestros días. Amén.

9. Las personas que niegan los milagros y que dicen que todo es meramente una consecuencia de las fuerzas naturales - quienes, cuando son testigos de un milagro, lo ocultan explicándolo en términos de leyes naturales- rechazan y minan todo el concepto de la plegaria. Pues la plegaria está íntimamente asociada con los milagros, pues la plegaria cambia

Lección 10

aquello que dicta la naturaleza [lo que llamamos un milagro]. Tales personas también dañan profundamente la fe en Dios, pues no creen que el Creador gobierne Su mundo. Más aún, dañan la Tierra de Israel, el lugar de los milagros - produciendo la caída en el exilio en Egipto y otros destierros, y prolongando el presente exilio, que Dios nos salve.

24 Tishrei

10 - "Y estas son las leyes"
(Éxodo 21:1)

1. Bailar y aplaudir produce un endulzamiento de los juicios severos.

2. El honor más grande de Dios es cuando aquéllos que están lejos de Él se acercan a servirlo. Pues "en ese momento, el Nombre del Santo, bendito sea, se enaltece y se honra arriba y abajo" (Zohar 69a) y Su honor se acrecienta y se eleva. Por lo tanto, cada uno debe ocuparse de llevar hacia Dios a aquellos que están lejos de Él. Más aún, nadie debe perder la esperanza de acercarse a servir a Dios debido al hecho de estar muy lejos de Él como resultado de sus pecados - y esto se aplica aunque haya cometido muchas malas acciones, Dios no lo permita. Por el contrario, cuanto más alejado se encuentre, más se ensalzará el honor de Dios cuando trate de retornar y de acercarse a Él - dado que ése es el honor más grande de Dios. Pero es sólo a través de los Tzadikim de la generación que la persona alejada de Dios puede acercarse de la manera correcta.

3. Los verdaderos Tzadikim elevan la plegaria hacia niveles extremadamente exaltados, al punto en que pueden revelarles la Divinidad y el Reinado de Dios a los habitantes del mundo, incluso a aquellos que están extremadamente lejos -es decir, a los [judíos] malvados y a los gentiles- y esta revelación es el testimonio más poderoso de la grandeza del Santo, bendito sea. Pues el mejor testigo de la grandeza del Santo, bendito sea, es el hecho de que incluso aquellos que están muy lejos de Él -

incluso los paganos- llegan a saber que hay un Dios Quien controla y gobierna el mundo, como dice en el santo *Zohar* (II, 69a). Por lo tanto, "Si alguien tiene un enfermo en su casa o algún otro problema, que vaya a ver al sabio quien despertará la misericordia para él" (*Bava Batra* 116a) - dado que los únicos que realmente conocen la plegaria son los Tzadikim de la generación. Dios siente un gran deleite por todo esto, dado que "El Santo, bendito sea, desea las plegarias de los Tzadikim" (*Iebamot* 64a) y Él siente placer por todas ellas.

4. Hay gente orgullosa y arrogante que se mantiene lejos de los Tzadikim y que no permite que los demás se acerquen a los Tzadikim para que éstos puedan orar por ellos; así impiden que se cumpla el deseo de Dios.

25 Tishrei

5. Esas personas arrogantes piensan que también son capaces de orar. Dado que han ayunado y se han mortificado creen que son Tzadikim de por sí. Pero la verdad es que no lo son. Si se examinan, verán que pese a los ayunos y a otras prácticas similares, aún tienen apegados a sus cuerpos todos los deseos físicos. Más aún, todavía sigue adherida a sus cuerpos la contaminación de la pasión de sus padres en el momento de su concepción, dado que sus progenitores no se santificaron durante las relaciones maritales. Si contemplasen esto, indudablemente comenzarían a temblar y no cometerían el error de pensar que son Tzadikim o que son capaces de orar o de realizar redenciones. De la misma manera, cada uno debe reflexionar sobre ello y no cometer el error de pensar que es un Tzadik. Más bien, debe ocuparse de entregar sus plegarias a los verdaderos Tzadikim y de retornárselas a ellos, porque sólo ellos saben cómo orar y elevar las plegarias de la manera apropiada. El Santo, bendito sea, desea las plegarias de los Tzadikim y les envía a sus bocas plegarias fluidas para que Él pueda sentir placer en ellas.

Lección 10   25 Tishrei

6. El mejor consejo para anular el orgullo -que se asemeja a la idolatría, como está escrito, "Abominación para Dios es todo altivo de corazón" (Proverbios 16:5)- es acercarse a los Tzadikim.

7. Al acercarse a los Tzadikim uno anula el orgullo que se asemeja a la idolatría. También se merece una fe perfecta, se elimina el ateísmo y se alcanza el espíritu sagrado de profecía. Se siente a su vez una gran alegría, al punto en que uno llega a aplaudir y a bailar en santidad. Esto entonces mitiga los juicios severos y lo hace merecedor de la sabiduría, de la vida, de la longevidad y de la comprensión de la Torá, tanto en sus niveles revelados como ocultos.

8. Regocijarse en Purim, aplaudiendo y bailando, hace que la Torá pueda ser recibida y aceptada tanto en sus niveles revelados como ocultos - que son la tremenda luz de Mordejai y de Esther. [Ésa clase de alegría en Purim también] permite que la persona lleve a cabo con propiedad la mitzvá de la Cuenta del Omer, que subyuga las fuerzas impuras de Hamán-Amalek, que sus nombres sean borrados. Entonces se anula el orgullo, la idolatría y el ateísmo; y surge una gran fe, una sabiduría sagrada, vida y longevidad; y son mitigados y anulados todos los juicios y los decretos severos que penden sobre el pueblo judío. Amén, que así sea Su voluntad.

9. Con la eliminación del orgullo, la sabiduría alcanza su rectificación y la persona merece vida y longevidad. Todos los juicios severos son entonces anulados y la persona merece la fe, una gran alegría, la comprensión de la Torá en sus niveles revelados y ocultos y el espíritu de profecía.

10. El arrepentimiento tiene su raíz en *Rosh Jodesh* (el comienzo del mes lunar). De acuerdo con ello, en *Rosh Jodesh* el arrepentimiento desciende sobre todas las criaturas del mundo y las lleva a tener pensamientos de arrepentimiento. Hasta los malvados en el Gueinom deben inevitablemente sentir algún remordimiento en *Rosh Jodesh*, momento en el que se arrepienten, lamentan, admiten sus malas acciones y se

Lección 11   26 Tishrei

avergüenzan. Pues aunque los tormentos del Gueinom se suspenden durante el *Rosh Jodesh* (Zohar II, 150a), esa misma vergüenza y pesar *son* su Gueinom. (Está escrito en el *Likutey Moharán* I, 22 que la vergüenza que la persona siente por sus pecados es incluso más dolorosa que los castigos en el Gueinom, que Dios nos salve.)

26 Tishrei

11 - "Yo soy Dios, ése es Mi nombre"
(Isaías 42:8)

1. Cuando la persona estudia la Torá en voz alta, el habla la esclarece con respecto a todas las áreas en las cuales necesita arrepentirse, hasta que merece llevar a cabo el arrepentimiento exacto que le corresponde. De manera similar, en cada ocasión, cada vez que se arrepiente, la persona asciende de un nivel a otro hasta que sale de su nivel inferior y llega a la comprensión de la Torá.

2. Cuando uno es cuidadoso y se preocupa de que el honor a Dios no sufra ningún daño -al tiempo en que uno mismo se considera despreciable y odioso a sus propios ojos al punto en que su honor no significa nada en comparación con el honor de Dios- merecerá entonces decir palabras radiantes de Torá que le iluminen el camino hacia el perfecto arrepentimiento. De esa manera merecerá profundos niveles de comprensión en la Torá.

3. Pero sólo es posible lograr esa clase de habla radiante quebrando el orgullo y la vanidad. No se debe estudiar la Torá buscando el honor o la disputa, Dios no lo permita, o en aras de recibir una posición rabínica o un rango elevado. Quebrar el orgullo y la arrogancia también depende de cuidar la pureza sexual.

4. El orgullo es equivalente a la idolatría. Como resultado del orgullo la persona carece de un habla con la cual decir palabras que iluminen y no puede abrir sus labios. Cuando la Torá llega

Lección 11 27 Tishrei

a su boca, las palabras de Torá no sólo no le iluminan el camino para retornar hacia el bien, sino que ella misma se vuelve material y oscura al salir de su boca, que Dios nos salve.

5. El orgullo y la inmoralidad sexual van juntos. Así, cuando uno cuida la pureza sexual se salva del orgullo y se hace digno de la luz que le iluminará el camino hacia el arrepentimiento, hasta que llegue a alcanzar profundos niveles de comprensión de la Torá.

27 Tishrei

6. La amargura experimentada en la lucha por el sustento es producto de un daño en la pureza sexual. Para la persona que cuida la pureza sexual -aunque esté ocupada con las treinta y nueve clases de tareas y el comercio- su trabajo se encuentra en el nivel de las treinta y nueve clases de tareas realizadas en la construcción del Tabernáculo y es como "un rocío de luces" (Isaías 26:19). [La palabra hebrea para "rocío", *tal*, tiene el valor numérico de treinta y nueve. El rocío también connota la idea de sustento, dado que el sustento de los judíos en el desierto les llegaba en forma de maná, que caía por la mañana con el rocío, como en Números 11:9.] Por otro lado, aquel que daña su pureza sexual se ve acosado por la pobreza. Hace caer sobre sí la carga de ganarse la vida con mucha dificultad y amargura, y ello se asemeja a los treinta y nueve latigazos (*Makot* 22a), que Dios nos salve.

7. El cuidado de la pureza sexual tiene dos niveles. Primero está la persona cuyas relaciones maritales se llevan a cabo durante los días de la semana (ver *Shuljan Aruj, Oraj Jaim* 240:1), pero que cuida sin embargo la pureza sexual de acuerdo a las leyes de la Torá. Las relaciones maritales de esa persona están en el ámbito de lo permitido y también ello es llamado cuidar la pureza sexual, siempre y cuando se mantenga lejos de la transgresión, que Dios nos salve. La persona debe ejercer mucha vigilancia en esa área. El [primer nivel de cuidar la pureza sexual] es llamado la unificación inferior" y mediante ella uno merece aprehender las áreas legales de la Torá, que son llamadas "secretos".

Lección 11   27 Tishrei

Hay un segundo tipo de persona cuyas relaciones maritales son exclusivamente en el Shabat (*ibid.*). Esa persona se encuentra en el aspecto de la "unificación superior" y por medio de ello, también puede aprehender la Kabalá [el aspecto místico e interno de la Torá], que es conocida como los "secretos de los secretos" (Isaías 24:16). Incluso la persona cuyas relaciones maritales son exclusivamente en el Shabat debe ser muy cuidadosa y comportarse con santidad, para poder ser contada entre aquellos que guardan la pureza sexual. En cuanto a las personas pequeñas, cuyas relaciones maritales también se llevan a cabo durante los días de la semana - ciertamente, ellas necesitan cuidarse mucho más para no dañar la pureza sexual, Dios no lo permita, y no transgredir al menos la ley de la Torá en esa área, Dios no lo quiera. Cuando se cuida la pureza sexual en esos dos niveles, el honor de Dios se completa y uno merece todos los atributos y los logros antes mencionados, hasta alcanzar profundos niveles de comprensión en la Torá.

8. Existe una clase de humildad cuya finalidad es en verdad la arrogancia. Esto hace referencia específicamente a la persona que es humilde porque sabe que el orgullo es un rasgo muy despreciable; por lo tanto, actúa con humildad para ser honrada y respetada. En efecto, se muestra humilde para alcanzar posiciones y honor. Por lo tanto, es necesario vigilar cuidadosamente nuestro comportamiento y alejarse totalmente del orgullo, ubicándose en el extremo opuesto, como dijeron nuestros Sabios, de bendita memoria, "Sé muy, muy humilde" (*Avot* 4:4). Pues el orgullo corresponde a las siete casas de idolatría, debido a las cuales el pueblo judío fue exilado de su tierra. Más todavía, aún no hemos podido retornar a nuestra Tierra debido a esa gente que persigue el honor en aras de su propio orgullo y vanidad, que Dios nos salve.

Lección 12   28 Tishrei

28 Tishrei

12 - "Un salmo de David"
(Salmos 145:1)

1. El motivo por el cual la mayor parte de los eruditos se opone a los Tzadikim es porque estudian con gran arrogancia la Ley Oral - es decir el Talmud y los códigos. Consecuentemente, la Ley Oral [así llamada por que era transmitida de manera oral] les da a sus bocas el poder de "decir palabras arrogantes contra el justo, con soberbia y desprecio" (cf. Salmos 31:19). Sin embargo, los verdaderos Tzadikim elevan y rectifican todas esas malvadas palabras y reordenan sus letras transformándolas en leyes. Es precisamente mediante ello que los Tzadikim producen grandes deleites que se elevan hacia Dios.

2. Aquellos que estudian la Torá por motivos ulteriores - especialmente la Ley Oral, es decir, el Talmud y los Códigos- son inducidos a hablar de manera arrogante en contra de los verdaderos Tzadikim. Ése es el motivo detrás de la oposición a los verdaderos Tzadikim por parte de los eruditos.

3. Cuando esos eruditos que se oponen a los Tzadikim atacan y hablan mal del Tzadik, están odiando y persiguiendo al mismo tiempo al Tzadik en el mundo superior - es decir, el Tzadik que originó las enseñanzas de Torá que el Tzadik en este mundo inferior está ahora estudiando. La fuente principal del poder del atacante es, de hecho, el ser un erudito en el Talmud y en los Códigos - que es la Ley Oral. Pero "Aquel que estudia sin comprensión (daat), [y lo hace para vanagloriarse y disputar,] es peor que una res muerta" (Vaikrá Rabah 1:15). Cuando la Ley Oral -que es la Presencia Divina- llega a la boca de ese erudito, ello se denomina "el exilio de la Presencia Divina". Un erudito de Torá así es un "demonio judío" - no busca la verdad y se vuelve un enemigo y un opositor del verdadero Tzadik.

Lección 12

29 Tishrei

4. Hay numerosas personas que estudian mucha Torá y que aun así no se arrepienten; por el contrario, se oponen incluso a los Tzadikim. Ello se debe a que no estudian la Torá por sí misma, sino con la finalidad de obtener honor, una posición rabínica, un cierto rango o para poder discutir. Ésa clase de estudio de Torá pervierte aun más a la persona, dado que la naturaleza de la Torá es que "los Tzadikim andarán en ella y los pecadores en ella tropezarán" (Hoshea 14:10). Así, la Ley Oral que estudian se transforma en palabras dichas en contra de los Tzadikim - dado que ellos sólo ven un significado negativo en la Torá, como en "los pecadores en ella tropezarán", [y dado que la persona misma está pervertida,] sólo ven un significado pervertido en la Torá.

5. Cuando la persona estudia en santidad y pureza una enseñanza de Torá o una decisión legal originada por uno de los *Tanaim* (Sabios de la Mishná) o por algún otro Tzadik, se produce un fenómeno denominado "besar". Lo que sucede es que el espíritu del *Taná* se une con el espíritu de la persona que está estudiando y es como si la persona que está estudiando estuviese "besando" al *Taná*. Y esa unión le da un gran placer al *Taná*, como dijeron nuestros Sabios, de bendita memoria, "[Cuando alguien en este mundo estudia las palabras de un estudioso de Torá ya fallecido,] los labios de este último se mueven en la tumba" (*Iebamot* 97a).

6. Por tanto, la persona debe saber delante de quién estudia y que en el momento en que se sienta a estudiar, ese Tzadik en el Jardín del Edén escucha su voz, como está escrito, "¡Oh tú que habitas en los jardines, los compañeros escuchan tu voz; házmela oír a mí!" (Cantar de los Cantares 8:13; *Zohar* I, 92b). La persona debe unirse al *Taná* o al Tzadik que originó y reveló la enseñanza de Torá que está estudiando, para que pueda tener lugar ese "besar". Entonces merecerá arrepentirse y revitalizar su vida que hasta el momento había transcurrido en la oscuridad.

Lección 12

30 Tishrei

Todo ello se produce cuando uno estudia la Torá por sí misma -es decir, para cumplir con la mitzvá de estudiar Torá, que es igual en importancia a todas las otras *mitzvot*- y para merecer, mediante el estudio, la realización de aquello que ordena la Torá. La persona que estudia de esa manera percibe entonces en la Torá sólo el significado positivo, dado que sabe que Dios dejó a propósito un lugar en la Torá para que también pudiese ser interpretada en el sentido opuesto.

Pero cuando la persona estudia sólo para ser llamada "erudita" y demás, entonces "es peor que una res muerta" y es incapaz de unirse con el espíritu del *Taná*. Está escrito sobre alguien así, "Profusos son los besos de un enemigo" (Proverbios 27:6). Pues el Taná no puede soportar que su espíritu se una al espíritu del erudito de Torá que es un "demonio judío".

30 Tishrei

7. Por ello es bueno estudiar los Códigos junto con las notas del *Beer HaGolá* [un comentario que cita las fuentes de cada ley del *Shuljan Aruj*], para que uno pueda mencionar el nombre del *Taná* o del codificador que generó la decisión que está estudiando. Así será capaz de unir su espíritu con el espíritu del Tzadik que originó esa enseñanza.

8. Y debes saber que es precisamente la intención de Dios el que el erudito hable mal del Tzadik. Pues el Santo, bendito sea, arroja al Tzadik verdadero a la boca de ese erudito para que el Tzadik extraiga a la Presencia Divina -que es la Ley Oral- de su exilio en la boca del erudito. Pues los más grandes y elegidos de los Tzadikim saben cuáles leyes se han transformado en un habla malvada en contra de los Tzadikim [por parte del erudito] y pueden elevar esas palabras y volver a reordenarlas en la forma de leyes, logrando así grandes y maravillosas unificaciones espirituales (ver más en esta lección del *Likutey Moharán*).

9. Conservando la alegría en medio del sufrimiento (*Shabat* 88b)

Lección 13   1 Jeshvan

y aceptando con amor la humillación que le causan sus enemigos, uno eleva a la Presencia Divina hacia el nivel de "besar".

10. Cuando un erudito, que es digno, estudia las enseñanzas del *Taná*, hace que el alma del *Taná* vuelva a su cuerpo.

1 Jeshvan

13 - "Feliz el pueblo que conoce el sonido del shofar" (Salmos 89:16); Providencia Divina

1. Al quebrar el deseo de dinero se atrae una Providencia Divina completa. El deseo de dinero se quiebra mediante la caridad, que enfría el ardiente deseo de dinero y quebranta el deseo de riquezas y de bienes, ayudando a la persona a ser digna de llevar a cabo sus tratos comerciales con honestidad y con fe. Tal persona está contenta con lo que tiene y satisfecha con lo que Dios le ha otorgado; no corre para enriquecerse. Así se salva de la maldición [de Adán], "Comerás el pan con el sudor de tu frente" (Génesis 3:19). Por otro lado, esa maldición se cumple en aquellas personas que están sumidas en el deseo de dinero, que constantemente están luchando y corriendo y nunca obtienen satisfacción alguna de su riqueza, que Dios nos salve. Pero la caridad rescata a la persona de esa maldición y le es considerado como si hubiera llevado al Templo una ofrenda de incienso.

2. La pasión por el dinero es literalmente idolatría; y en la medida en que exista una adoración idólatra por el dinero también habrá ira Divina en el mundo. Por el contrario, en la medida en que se anule esa pasión, igualmente se anulará la ira Divina y la bondad llegará al mundo. Mediante ello se obtiene el conocimiento, que es análogo a la construcción del Santo Templo. La anulación de la pasión por el dinero también está relacionada con la revelación del Mashíaj, dado que en ese

Lección 13   2 Jeshvan

tiempo dejará de existir el deseo por el dinero.

3. Quebrando la pasión por el dinero mediante la caridad se mitigan los juicios severos, uno es rescatado de todos los problemas y recibe el nombre de "sabio". Como resultado de todo ello, es posible elevar las almas judías, renovarlas y traer al mundo enseñanzas de Torá. Esas enseñanzas de Torá provienen de la Torá que será revelada en el futuro, que es conocida como la Torá Oculta del Anciano. Al quebrar el deseo de dinero mediante la caridad, también se efectúa la unificación del Santo, bendito sea con la Presencia Divina.

4. Mediante ello el sabio recoge almas y asciende con ellas y "hace descender la fortaleza en la que ella confía" (Proverbios 21:22) -es decir, genera las enseñanzas de Torá mencionadas más arriba- y así se rectifican las "dos carrozas". Esto es denominado la "rectificación de la carroza superior y la rectificación de la carroza inferior".

2 Jeshvan

5. Cada una de las personas que acude a ver al sabio de la generación tiene algún buen anhelo o deseo. El Tzadik eleva todos esos deseos y así renueva las almas de las personas que han ido a verlo; y de esa manera, "hace descender" las revelaciones de Torá que les enseñará a ellas. Así, cada uno de los presentes tiene una parte en sus enseñanzas de Torá de acuerdo a la intensidad y a la naturaleza de sus propios deseos y, en ese mismo grado, también experimentará una renovación espiritual positiva.

Por lo tanto, es necesario fortalecerse y esforzarse por acudir al Tzadik llevando buenos deseos y un gran anhelo por Dios, para poder lograr la mejor renovación espiritual posible. También le oímos decir [al Rebe Najmán] que el momento crucial para ello sucede cuando el sabio se está preparando para decir Torá. En ese momento, cada uno debe examinar sus acciones, tener buenos deseos por Dios y ofrecer plegarias para ello. Entonces el sabio podrá tomarlo de la mano y hacerlo ascender desde el lugar en donde está, renovándolo con una buena y nueva vitalidad, de acuerdo al deseo que tenga en ese momento.

6. A partir de esto podrás comprender la gran diferencia que hay entre la persona que está con el Tzadik en el momento en el que el Tzadik da una enseñanza de Torá y aquella que oye esa enseñanza a través de otra persona. Pues cuando la persona misma está presente, tiene de hecho una parte en la enseñanza que está siendo dada y en ese momento se renueva su alma. Hay muchas otras diferencias, aparte de ésta, que están tratadas en otro lugar.

7. Cuando la gente acude al Tzadik se atrae la Providencia Divina completa. Pues las enseñanzas de Torá que el sabio "hace descender" atraen sobre nosotros la providencia y la supervisión de Dios. Ello se debe a que la Torá está compuesta por signos musicales, por vocales, por coronas [sobre las letras] y por las letras mismas, y esos cuatro niveles corresponden a su vez a los tres colores del ojo y a la pupila. Por lo tanto, a través de la Torá revelada por el sabio, desciende sobre nosotros el poder de la visión de la providencia de Dios. Cuanto más cerca esté la persona de la Torá, más plenamente recibirá la providencia de Dios.

3 Jeshvan

8. Cuando uno ansía llevar a cabo algún deseo físico, ese deseo es daño y amargura para el alma. En ese momento, el alma se encuentra en la condición descrita por el versículo, "Ella estaba amargada en su alma", (Samuel I, 1:10) y "Su alma está amargada" (Reyes II, 4:27). Ése es un estado de "dispersión espiritual" y, en ese estado, el alma no brilla; es llamada más bien "un alma hambrienta" (Salmos 107:9). Para rectificar esto es necesario acudir al sabio de la generación. Es él quien rectificará y elevará

Lección 13   3 Jeshvan

esos malos deseos, junto con los buenos deseos que posee la persona. Al acudir al sabio se cumplirá el versículo, "Él ha saciado de bien un alma hambrienta" (ibid.) y "Él aplacará la sed de tu alma" (Isaías 58:11). Más aún, la juventud de la persona se "renovará como un águila" - en otras palabras, los días de su juventud, pasados en la oscuridad, estarán plenos de una nueva vitalidad y serán rectificados. Entonces podrá ser llamado "ser humano". Además de todo esto, al ir a ver al sabio, el cuerpo de la persona se eleva y rejuvenece.

9. Aquellas personas que acuden al sabio de la generación, cuyas almas -es decir, sus buenos deseos- son recolectadas por el sabio y elevadas "como el embrión en el vientre materno", renovándolas para bien y con las que el sabio retorna subsecuentemente hacia este mundo haciendo descender revelaciones de Torá - esas almas corresponden a los "animales de la carroza" (Ezequiel 1) y sus cuerpos corresponden a los "ángeles-ruedas". El alma del sabio y su conocimiento sagrado corresponden, respectivamente, al "trono" y a "aquel que se sienta sobre el trono". De manera similar, dentro de las enseñanzas de Torá que hace descender también hay cuatro partes - correspondientes a "los animales", "los ángeles-ruedas", "el trono" y "aquel que se sienta sobre el trono".

10. Es necesario buscar y esforzarse por encontrar un Tzadik así. Es necesario pedirle a Dios que nos haga dignos de encontrar un sabio así, quien recolecta las almas, las eleva y las renueva "como el embrión en el vientre materno", haciendo descender de esa manera enseñanzas de Torá. Porque sólo un sabio así es capaz de rectificar a la persona y de sacarla de todos los daños espirituales que le han causado los deseos físicos. El Tzadik lo logra utilizando dos clases de intelectos, representados por la letra *Shin* con tres cabezas y por la letra *Shin* con cuatro cabezas [tal cual aparecen en los dos lados de los *tefilín* de la cabeza].

Lección 13

4 Jeshvan

11. Cuanto mayor sea el número de almas que acudan al verdadero Tzadik para recibir Torá, más disminuirá y se anulará el "viento generado sobre la tierra". Ese viento maligno hace referencia a los cuestionamientos de los heréticos cuando se preguntan por qué los rectos sufren y los malvados prosperan. Cuando muchas almas se reúnen alrededor de los verdaderos Tzadikim, se silencia el "viento" de esas preguntas.

12. Aquellos que han viajado para estar con el verdadero Tzadik deberán acrecentar el amor que sienten entre ellos y conversar entre sí para ayudarse a despertar y a tener presente el servicio a Dios. [Cuando ello ocurre,] es señal de que durante el tiempo en que estuvieron con el verdadero Tzadik, sus intenciones fueron aceptadas y han comenzado a transitar una renovación espiritual positiva. [Esta lección implica que la persona podrá recibir la salvación que necesita contándole todos sus secretos a un buen amigo, tal cual se afirma en la literatura sagrada.]

13. Existen almas que están extremadamente dañadas y que incluso al acudir al Tzadik siguen sumidas en los deseos físicos y no pasan de lo profano hacia lo sagrado, ni siquiera en el espesor de un cabello. En verdad no es posible elevar y renovar tales almas en el aspecto "del embrión en el vientre materno".

Pero hay Tzadikim que han alcanzado niveles espirituales tan tremendos y maravillosos que son capaces de elevar "como el embrión en el vientre materno" incluso a esas almas dañadas y efectuar para ellas una renovación espiritual positiva. Por lo tanto, aquel que sabe en lo profundo de su propia alma que ha hecho un gran daño espiritual y que quiera apiadarse de sí y retornar a Dios, deberá pedirle y rogarle a Dios que le permita, en Su bondad, acercarse a un Tzadik así - uno lo suficientemente fuerte como para elevar y renovar para bien incluso su alma. ¡Feliz de aquél que merece encontrar un Tzadik así!

Lección 14   5 Jeshvan

14 - Para Traer Paz

1. El honor más grande de Dios tiene lugar cuando aquellos que están muy alejados comienzan a acercarse a Él. Pues en ese momento, "El Nombre del Santo, bendito sea, asciende y es glorificado, arriba y abajo" (*Zohar* II, 69a) y aumenta así el honor de Dios en el mundo. Por lo tanto, es deber de cada uno el esforzarse para acercar a aquellos que están lejos de Dios. Más aún, nadie debe decir, "¿Cómo puedo acercarme a Dios cuando, debido a mis muchas y malas acciones, estoy tan lejos de Él?". Pues en verdad sucede todo lo contrario: Cuanto más alejada esté la persona, más se exaltará el honor de Dios al retornar y acercarse a Él. Pues ése es el honor más grande de Dios.

5 Jeshvan

2. Cuando la gente que está afuera se acerca y entra a la santidad, así sean prosélitos que se convierten al judaísmo o judíos alejados que retornan a la fe - ello constituye el honor más grande de Dios y "El Nombre del Santo, bendito sea, asciende y es glorificado, arriba y abajo". El honor se eleva entonces a su raíz, que es el temor sagrado y ello, a su vez, trae paz al mundo.

3. Mediante la Torá es posible acercar a los prosélitos y a todos aquellos que retornan a la fe y hacerles conocer el sendero que deben tomar.

4. Al estudiar la Torá en santidad, la persona despierta a los pecadores judíos y a los prosélitos, llevándolos al arrepentimiento. Pero para ello hace falta la humildad más grande. Con esa cualidad, uno merece estudiar verdaderamente la Torá, llegando a ser capaz, mediante sus estudios, de iluminar y de despertar las raíces de las almas del pueblo judío - incluso las almas de aquellos que se encuentran a muchos kilómetros de distancia. Esto también se aplica a los pecadores judíos, "mientras sigan siendo llamados 'judíos' - pues aunque han pecado, aún siguen siendo judíos" (*Sanedrín* 44a). Mediante el

estudio de la Torá es posible hacer brillar sobre ellos la luz proveniente de la raíz de sus almas, allí en donde se encuentren y de esa manera, llevarlos al arrepentimiento.

5. Cada persona -y en particular el estudioso de la Torá- debe ocuparse, mediante su estudio, de iluminar y de llevar bendiciones a las raíces de las almas - es decir, hacia el "primero en el pensamiento [de la creación]". Con ello, podrá acercar y despertar al arrepentimiento a los malvados y a los prosélitos - incluso a aquellos que se encuentran muy lejos, físicamente, de la persona [en el momento en el que está estudiando]. Entonces merecerá también tener un hijo que llegue a ser un estudioso de la Torá. Pero si no estudia de esa manera, su hijo no será un erudito de la Torá (ver *Nedarim* 81a).

6. Sólo se es digno de la Torá mediante la humildad, quebrando el orgullo en las cuatro categorías de la humildad. Es necesario considerarse menos que aquellos que son más grandes que uno; menos que sus iguales; menos que aquellos que son inferiores a uno; e incluso, si uno mismo es el más pequeño de los pequeños, debe considerase menos que su propio nivel, considerándose a sí mismo como menos de lo que es en realidad.

7. Es necesario cuidarse de aquellos atributos sobre los cuales la gente suele enorgullecerse. Existen tres de esos atributos: la sabiduría, la fuerza y la riqueza, como está escrito, "Que el sabio no se enorgullezca de su sabiduría ni el fuerte de su fuerza ni el rico de su riqueza" (Jeremías 9:22). En otras palabras, es necesario quebrar el orgullo que la persona siente debido a esos atributos y ser humilde en ellos.

8. En la medida en que se quiebre el orgullo, en el mismo grado se merecerá la Torá. Entonces, mediante la Torá, uno se hará digno de acercar a Dios a aquellos que están distantes; a su vez,

el honor de Dios se exaltará y ascenderá, elevando así el honor hacia su raíz. De esa manera merecerá el temor sagrado, que lo llevará a alcanzar la paz en su hogar o "la paz en los huesos" (como en Salmos 38:4). La paz en el hogar le permitirá orar y así merecer la paz completa, que es la paz en todos los mundos.

[Con respecto al concepto de "paz en los huesos", ver el párrafo #12, más adelante. Esto describe la situación en la cual el cuerpo sigue los deseos del alma. Esta lección en el *Likutey Moharán* implica que en la medida en que la persona merece liberarse de sus "vestimentas sucias", de la misma manera se hace digna de la santidad de la Tierra de Israel.]

9. Incluso después de haber sido iluminados y despertados hacia el arrepentimiento, los pecadores siguen muy lejos de la santidad y pueden experimentar grandes obstáculos. Esas personas deben esforzarse tremendamente para liberarse de las "vestimentas sucias" que han estado llevando (cf. Zacarías 3:4), dado que esas "vestimentas sucias" les impiden retornar al Santo, bendito sea. Esas vestimentas bloquean a las personas como un río que es imposible atravesar. Por lo tanto no te desanimes si ves que, pese a tu deseo de acercarte a Dios, surgen enormes obstáculos que te lo impiden. Pues inevitablemente deberás experimentar muchas y enormes barreras que son el resultado de las "vestimentas sucias" creadas por tus pecados; deberás simplemente sufrir las batallas y las amarguras hasta que puedas deshacerte de esas "vestimentas sucias". Luego de ello, desaparecerán todos los obstáculos y las barreras que te separaban de la santidad.

10. De acuerdo al honor que uno le demuestre a las personas temerosas de Dios, así se elevará el honor a su raíz. Lo más importante es honrar de todo corazón a las personas temerosas de Dios; de esta manera, se rectifican los daños producidos al propio temor a Dios y uno se hace digno de la paz.

11. Existen dos clases de "paz". Primero, está la "paz en los huesos" - dado que inicialmente la persona debe ocuparse de tener "paz en los huesos", pues a veces no hay tal paz, como está escrito, "No hay paz en mis huesos debido a mi pecado" (Salmos 38:4). Mediante

Lección 14   7 Jeshvan

el temor sagrado, la persona merece tener "paz en sus huesos" y orar. Por medio de la plegaria se hace digna [de una segunda clase de paz, que es] "la paz general" o la paz en todos los mundos. Uno llega a ese temor sagrado mediante la humildad y la Torá.

7 Jeshvan

12. El temor sagrado a Dios es el factor esencial en la plegaria. Pues la plegaria sustituye a los sacrificios y está escrito con respecto a los sacrificios, "Todo aquel que tenga un defecto no podrá acercarse" (Levítico 21:18). [Por otro lado,] cuando la persona no tiene defecto alguno, ello corresponde al concepto del temor sagrado, como está escrito, "Nada les falta a aquellos que Le temen" (Salmos 34:10). Mediante el temor sagrado, la persona merece plenitud y paz (Zohar II, 79) -es decir, tener "paz en los huesos"- y armonía entre su cuerpo y su alma. Entonces podrá acercarse al servicio puro e intachable a Dios y su plegaria estará completa. Mediante la plegaria, se hará digna de "la paz general", que es la perfección de todos los mundos. Es por ese motivo que la plegaria es denominada *KoRBan* (sacrificio) - dado que produce un *KeRuV* (un "acercamiento"), acercando los mundos hacia su perfección. Esto es lo que significa la "paz general" o paz en todos los mundos, y es por ello que concluimos la plegaria [de la *Amidá*] con la palabra *BaShalom* (con paz).

[Esta idea está ejemplificada en Pinjas, quien alcanzó "la paz completa", como está escrito "He aquí, Yo le he dado Mi pacto de paz" (Números 25:12). El profeta Elías también viene para hacer la paz, y Elías es la misma persona que Pinjas. Todo esto se produce debido a la plegaria, como está escrito, "Y Pinjas se puso de pie y oró" (Salmos 106:30).]

13. Todos deben asegurarse de lograr esa "paz en los huesos" de la manera más completa - en otras palabras, debe haber verdadera paz entre el cuerpo y el alma. Entonces ciertamente no se querrá tener ninguna conexión con los asuntos de este mundo y sólo se aspirará a actuar en aras del alma. Más aún, todas las plegarias serán sólo en aras de conectar el alma [con

Lección 14   7 Jeshvan

su fuente]. Incluso al recitar aquellas partes del servicio de la plegaria que tratan explícitamente de las necesidades físicas, tales como "Cúranos" y "Bendícenos [en nuestro sustento]" [en la plegaria de la *Amidá*], y [en las plegarias que tratan de] otras necesidades físicas, la intención no será para el cuerpo, sino más bien para el "sustento" y la "salud" del alma. Pues en verdad, cuando uno se rectifica en el ámbito espiritual, automáticamente se rectifica en el ámbito físico y Dios le provee de todas sus necesidades, graciosamente y en abundancia. Pero la intención de la persona al orar sólo debe ser en aras del alma.

14. A veces vemos que hay Tzadikim que indudablemente han rectificado en ellos todo lo espiritual, pero que no reciben abundancia en el ámbito físico. Ese fenómeno se debe a los factores conectados con la reencarnación de las almas, como se explica en el santo *Zohar* (II, 216) y en el *Tikuney Zohar* (#69).

15. Las palabras de las plegarias rectifican el conflicto y traen la "paz general" o la paz en todos los mundos.

16. La persona debe acostumbrarse a orar por todo aquello que le falte - así sea el sustento o los hijos o por alguien enfermo en su hogar, Dios no lo permita. En todos esos casos, la estrategia esencial debe ser solamente orarle a Dios. La persona debe tener fe en Dios, en que el Santo, bendito sea, es bueno para todo -así sea para curación, sustento o alguna otra cosa- y la esencia de sus esfuerzos [para obtener aquello que necesite] debe estar dirigida hacia el Santo, bendito sea. No debe correr detrás de otras clases de estratagemas, dado que la mayor parte de ellas no son efectivas; e incluso si una pequeña fracción de ellas suelen dar resultado, es muy probable que la persona no sepa cuáles son o sea incapaz de dar con ellas. Pero clamar al Santo, bendito sea, es bueno y efectivo para todo el mundo - y ese método está siempre accesible, dado que Dios siempre está accesible.

Lección 14   8 Jeshvan

8 Jeshvan

17. Es muy bueno sólo apoyarse en Dios. Pues si uno no se afirma en Dios debe luchar y buscar toda clase de estratagemas. Por ejemplo, si necesita una cura, debe correr detrás de toda clase de hierbas medicinales. Pero a veces las hierbas que necesita no pueden conseguirse en su país, mientras que aquellas que sí son accesibles no son buenas para esa enfermedad en particular. Pero el Santo, bendito sea, es bueno para curar todas las aflicciones, como está escrito, "Dios es bueno para todo" (Salmos 145:9). Más aún, Dios es siempre accesible para cada persona, como está escrito, "Pues ¿qué gran nación tiene a Dios tan cerca como el Señor nuestro Dios cada vez que Lo llamamos?" (Deuteronomio 4:7; ver *Devarim Rabah, Parashat VeEtjanan*, sobre el versículo, "Pues qué gran nación" y *Ierushalmi, Berajot* 9).

Por lo tanto, si alguien tiene a un enfermo [en su hogar], Dios no lo permita, debe apoyarse completamente en la plegaria y en las súplicas. Esto es algo que es muy fácil de hacer y ciertamente siempre ayuda. Pero para que uno pueda ser curado por los remedios de los doctores debe [dedicarle mucho tiempo a buscar y a consultar] para llegar a encontrar un médico que lo pueda curar. Más aún, la verdad es que en la mayoría de los casos no hay médicos así y, en general, los médicos hacen más mal que bien. (Ver *Pesajim* 113a: "Rav le dijo a su hijo, el rabí Jiá, 'No tomes remedios'". Rashi explica allí: "No te acostumbres a tomar remedios, pues 'Los remedios que son buenos para esto son malos para eso otro'" [*ibid.*, 42b]. Como explica Rashi: Lo que es una cura para una enfermedad agrava otra).

18. Mediante la plegaria perfecta -que trae a su vez la "paz general"- todas las criaturas llegan a sentir compasión entre sí, generando la paz entre ellas. Éste es el estado que prevalecerá en el futuro, como está escrito, "El lobo habitará con la oveja" (Isaías 11:6). Entonces Dios les mostrará compasión a todos, como en el versículo, "Su compasión está sobre todas Sus obras" (Salmos 145:9). Como dijeron nuestros Sabios, de bendita memoria, "Todo aquel que se compadece de los demás, el Cielo

Lección 14   9 Jeshvan

se compadece de él, como está escrito, 'El te dará compasión y será compasivo contigo'" (Deuteronomio 13:18; Shabat 151b).

9 Jeshvan

19. Mediante la mitzvá de encender las velas de Jánuca, el honor de Dios brilla y es elevado y exaltado en el mundo, despertando a aquellos que están lejos de Él y haciéndolos retornar. Entonces uno se hace digno del temor sagrado a Dios, de la armonía en su hogar y de la plegaria. También se elimina el conflicto y las habladurías y les llega a los mundos la "paz general".

20. Existen calumniadores y personas que promueven el conflicto. Estos están descritos en el versículo, "El calumniador separa a un hombre de su amigo" (Proverbios 16:28). Tales personas andan difundiendo habladurías y calumnias e incitan a la disputa y al conflicto entre amigos y entre el esposo y la esposa. Todo esto sucede en el ámbito físico, en el nivel mundano. Un fenómeno similar también se produce en el nivel espiritual, donde el Otro Lado y las fuerzas impuras tratan de tentar a la persona y de crear enormes conflictos entre su cuerpo y su alma, hasta que la persona llega al punto en que "No hay paz en mis huesos debido a mi pecado" (Salmos 38:4). Pero cuando uno merece acercar al servicio a Dios a aquellos que están lejos de Él -mediante lo cual el honor de Dios brilla y asciende, retornando a su raíz, que es el temor sagrado- entonces todos los calumniadores desaparecen y la paz y la armonía aumentan en el mundo. De manera similar, el encender las velas de Jánuca en el momento apropiado también produce el mismo resultado.

21. Cuando aumente esa maravillosa paz en el mundo -tal como será en el futuro- desaparecerán el comercio y los negocios. Éste es el significado de "La mitzvá del encendido de las velas de Jánuca puede ser cumplida sólo hasta que no haya un pie en el mercado" (Shuljan Aruj, Oraj Jaim 672:2). En otras palabras, por medio de la paz que resulta del retorno del honor a su raíz, que es el temor sagrado, cesarán todas las transacciones comerciales

Lección 14   10 Jeshvan

y "no habrá un pie en el mercado". Éste es también el significado del versículo, "Los cananeos ya no estarán más" (Zacarías 14:21). (Esto puede comprenderse a la luz de la traducción al arameo de este versículo, en el cual *cananeos* se traduce como *tagará* [que significa tanto "mercader" como "conflicto"]. Pues el comercio [i.e. *tagará*] es resultado del conflicto, como se indicó más arriba).

10 Jeshvan

22. Todas las enfermedades, Dios no lo permita, son una forma de discordia, en donde "no hay paz en los huesos". En ese estado, los cuatro elementos básicos [del cuerpo] están en conflicto entre sí y no coexisten de manera armoniosa y equilibrada. La cura, por otro lado, es un aspecto de armonía y de paz.

23. Dijeron nuestros Sabios, de bendita memoria, "Aquel que avergüence a un erudito de Torá se verá afligido por una enfermedad incurable" (Shabat 119b). El medio fundamental para traer la paz -que es la esencia de toda curación- es demostrarles un sincero honor a las personas temerosas de Dios. De esa manera, uno hace retornar el honor a su raíz, que es el temor sagrado y, a su vez, se hace digno de la paz y de la curación.

24. El honor de Dios sólo brilla en el mundo gracias a los Tzadikim. Ellos llevan a la gente hacia la rectitud y trabajan para acercar a aquellos que están lejos de Dios, volviéndolos al arrepentimiento. Todo esto es la fuente principal del honor de Dios. Ésta es la idea que subyace en la elegía fúnebre que debe ser dicha al fallecer los Tzadikim, que Dios nos salve.

25. Hablar con un amigo sobre las enseñanzas morales y el temor al Cielo, despertándolo al arrepentimiento, sirve como rectificación para las emisiones nocturnas (*KeRI*). [Vemos la expresión de esta realidad en el versículo,] "Si separas lo precioso (*IaKaR*) de lo vil" (Jeremías 15:19) y dado

Lección 15   10 Jeshvan

que *KeRI* y *IaKaR* tienen las mismas letras hebreas [ello indica una conexión conceptual].

15 - La Luz Oculta

1. Aquel que desee experimentar el sabor de la "luz oculta" -es decir, los misterios de la Torá que serán revelados en el futuro- deberá elevar el aspecto del temor hasta su raíz. Esa elevación se logra mediante el "juicio" - es decir, mediante el *hitbodedut* y la conversación con el Creador, en la cual la persona derrama su corazón delante de Dios y se evalúa y se juzga a sí misma en todas sus actividades. De esta manera, se eliminan todos los temores y se eleva al temor desde donde esté sumido.

Pues si la persona no se evalúa ni se juzga a sí misma, es entonces evaluada y juzgada desde arriba. Subsecuentemente, su juicio se "inviste" en [toda clase de] cosas y todo en el mundo se vuelve un agente de Dios para ejecutar el juicio decretado contra ella. Consecuentemente, esa persona recibe su castigo y su juicio a través de cualquier cosa en el mundo. Podemos percibir empíricamente este fenómeno. Pues cuando alguna clase de juicio severo o de sufrimiento, Dios no lo permita, cae sobre una persona, en la mayoría de los casos ello viene a través de una circunstancia menor, algo pequeño de lo cual nunca se hubiera pensado que terminaría desarrollándose en una enfermedad o en un sufrimiento como ése, Dios no lo permita. Todo ello ocurre debido a que el veredicto emitido sobre la persona desde arriba se ha "investido" en esa cosa en particular, para ejecutar el juicio apropiado.

Todo esto sucede si la persona no se evalúa ni se juzga a sí misma. Pero cuando la persona se juzga a sí misma, entonces se anula el juicio emitido desde arriba y ya no necesita temer ni tener miedo de nada - dado que su juicio no está "investido" en ninguna cosa. Pues, al juzgarse a sí misma, ya ha anulado el juicio, y el temor no se "inviste" en ninguna cosa, pues su finalidad había sido despertarla y ella ya se ha despertado a sí misma. De esa manera,

Lección 15   11 Jeshvan

la persona eleva el temor a su raíz, de modo que sólo temerá a Dios y a nada más, y así merecerá saborear la "luz oculta".

11 Jeshvan

2. La persona que desee experimentar el sabor de la "luz oculta" deberá dedicarle mucho tiempo al *hitbodedut*, a la conversación con Su Creador. Deberá evaluarse y juzgarse en todo momento -en todas sus actividades y comportamientos- considerando si es adecuado y correcto actuar y comportarse de esa manera delante de Dios, Quien constantemente la favorece. Deberá "ordenar sus asuntos mediante el juicio" (Salmos 102:5), juzgarse a sí misma sobre todo lo que está haciendo, evaluándose y juzgándose en todas sus actividades y comportamientos.

De esta manera eliminará de sí todos los temores y se verá libre de los "temores caídos". Es decir, no le temerá a ningún oficial, señor, animal salvaje, bandido o demás cosas del mundo, sino que sólo Le temerá a Dios. Así elevará el temor a su raíz, que es el conocimiento y merecerá un conocimiento completo en la medida en que llegue a saber qué debe temer en verdad, es decir, sólo el temor de la exaltación del honrado Nombre de Dios.

Como resultado de ese conocimiento, alcanzará la comprensión de la Torá Revelada, que está integralmente conectada con el atributo de la humildad, y merecerá la verdadera humildad. A su vez, se hará digna [mediante esa humildad] de elevar una plegaria con total autotrascendencia, anulando al orar su yo y su materialidad, orando sin ningún tipo de interés personal. No se considerará como "algo". Más bien, anulará su yo y su corporeidad y será como si no estuviese en el mundo, como está escrito, "Por Ti somos muertos cada día" (Salmos 44:3). Como resultado de esa plegaria comprenderá los secretos de la Torá - que son la "luz oculta" que será revelada en el futuro. Y todo esto se logra a través del *hitbodedut*.

Lección 15   12 Jeshvan

3. La esencia del conocimiento se encuentra en el corazón. Los gentiles también poseen conocimiento, pero su conocimiento no tiene corazón. Sin embargo lo esencial del conocimiento es cuando éste existe en el corazón, como está escrito, "Dios no te dio el corazón para conocer" (Deuteronomio 29:3). El asiento del temor también está en el corazón. En otras palabras, la esencia del conocimiento es conocer a Dios en el corazón y no sólo en la mente. La persona debe hacer descender el conocimiento de Dios y unirlo a su corazón, hasta sentir verdadero temor reverencial ante la grandeza de Dios - hasta despertar a Su servicio en verdad y hasta merecer finalmente el nivel más elevado de temor, que es el temor a la exaltación de Dios, y entonces sabrá a Quién debe temer. Todo ello se logra mediante el *hitbodedut* -al juzgarse a uno mismo- mediante ello, uno merece la "luz oculta". ¡Feliz de aquél que es digno de ello!

12 Jeshvan

4. Cuando clamamos a Dios con imágenes que se aplican a carne y hueso [i.e. descripciones antropomórficas tales como "Con mano fuerte y brazo extendido" (Deuteronomio 26:8), con nombres tales como "Compasivo y Gracioso" (Éxodo 34:6)], y Él está allí para nosotros cada vez que Lo llamamos, todo ello sólo se debe a Su bondad. Pues si no fuese por Su bondad, sería totalmente inapropiado clamar a Dios o describirlo con imágenes, alabanzas, palabras y letras - pues todo ello se debe simplemente a la bondad de Dios. A la luz de esto, es adecuado que la persona se inspire y ore con un gran entusiasmo al pensar en la grandeza del Creador tal cual Lo percibe en su propio corazón. Pues Dios es mucho más exaltado y sublime que cualquier alabanza o imagen. Es sólo debido al amor de Dios, a su compasión y a su gran bondad que Él nos ha dado permiso para llamarlo mediante todos esos nombres y para orar delante de Él, para que podamos ser dignos de unirnos a Él. Por lo tanto, es adecuado que la persona diga al menos esas palabras con todo su corazón, con un gran sentimiento y con total auto trascendencia, para poder llegar a merecer, gracias al amor de

Lección 15   12 Jeshvan

Dios, llamarlo mediante esos nombres y descripciones.

5. Existe una "serpiente" que tienta a la persona y la lleva a orar por su propio beneficio personal, como en, "¡Danos vida! ¡Danos pan!" y bienes similares. Es necedario superar todo ello e intentar orar sin ningún tipo de intención de ganancia personal, como si no se estuviese en el mundo. De esa manera, uno se hará digno de alcanzar la "luz oculta" que está guardada para los Tzadikim.

6. El Santo, bendito sea, desea las plegarias del pueblo judío. Cuando el pueblo judío ora delante de Él, cumple con Su deseo. En ese momento, Dios se torna como una "mujer" (*ISHáH*), si así pudiera decirse, en el sentido de que Él recibe placer de nosotros, como está implícito en el versículo, "Una ofrenda quemada (*ISHéH*), un aroma agradable para Dios" (Números 28:8). Mediante "el aroma agradable" que recibe Dios, Él se vuelve como una "mujer". Más aún, otro versículo afirma, "La mujer cortejará al hombre" (Jeremías 31:21). Ello quiere decir que el Santo, bendito sea, [cuando Él recibe placer y se torna como una "mujer",] Se hace como una "vestimenta que envuelve" - o en otras palabras, Se hace revelado [como una vestimenta]. Surge que, por medio de la plegaria, Dios, Quien inicialmente estaba oculto, ahora está revelado. Y dado que "el Santo, bendito sea y la Torá son Uno" (*Zohar* III, 73a), se desprende que mediante la plegaria se revela la Torá - específicamente, los secretos de la Torá.

7. Sólo se puede llegar a ser digno de los secretos de la Torá "oscureciendo el rostro como el cuervo" y mostrando una cierta clase de "crueldad" para con sus hijos, al igual que el cuervo, como han dicho nuestros Sabios, de bendita memoria (*Eruvin* 22a). En otras palabras, la persona debe demostrar un total autosacrificio, como está escrito, "Por Ti somos muertos cada día" (Salmos 44:23) - y debe orar con una completa anulación de su propia corporeidad.

Lección 16   13 Jeshvan

13 Jeshvan

8. Los secretos de la Torá son llamados "santos", y "Ningún extraño comerá de lo que es santo" (Levítico 22:10) - de aquello que es "primero". Sólo podrán comerlo aquellos que se han santificado y que son llamados en Él. Esos secretos de la Torá son también el concepto del Santo Templo, que sea reconstruido y establecido pronto y en nuestros días. Amén.

16 - "Contó el rabí Iojanan"
(Bava Batra 74a)

1. A veces interrumpir el estudio de la Torá es la manera de cumplir con ella (Menajot 99b). Pues incluso la persona que se dedica constantemente al estudio de la Torá y a la devoción religiosa no puede permanecer unida a Dios y a Su Torá de manera constante y sin interrupción; a veces debe dejar de hacerlo. A veces necesita salir para ocuparse de las cuestiones mundanas, para que las distracciones del Otro Lado no se vuelvan demasiado abrumadoras llevándola a dejar de ocuparse de la sabiduría, Dios no lo permita. Por ese motivo, es necesario que la persona suspenda a veces su estudio de Torá y sus devociones. Pero cuando llegue Mashíaj, ya no será necesario interrumpir esa unión.

2. Cuando el Tzadik está abocado a la sabiduría superior, sus ojos brillan como el sol. Ésta es la idea detrás de la frase: "Si nuestros ojos brillasen como el sol y como la luna" (Nishmat, Plegaria de la Mañana del Shabat). En otras palabras, a veces nuestros ojos brillan como el sol - es decir, cuando estamos unidos a la sabiduría. Y a veces nuestros ojos brillan como la luna -es decir, cuando dejamos de estar ocupados con la sabiduría- dado que la luna sólo brilla cuando desaparece el sol. En el futuro, los dos Mashíaj redimirán al pueblo judío del yugo de las naciones que están incluidas en las naciones de Esaú y de Ishmael, "las dos nubes que oscurecen los ojos" (Zohar III, p. 252). Entonces el Tzadik no necesitará interrumpir su unión con la sabiduría superior y se cumplirá el versículo, "La luz de la luna será como

Lección 17   14 Jeshvan

la luz del sol" (Isaías 30:26). Que sea pronto y en nuestros días. Amén.

14 Jeshvan

17 - "Y sucedió cuando estaban vaciando sus bolsas"
(Génesis 42:35)

1. Es imposible recibir el temor y el amor a Dios si no es por intermedio de los Tzadikim de la generación.

2. El Tzadik está constantemente buscando maneras de revelar la voluntad de Dios. Más específicamente, el Tzadik busca revelar la voluntad de Dios en la creación del mundo - es decir, la voluntad general que Lo motivó a crear el mundo como un todo. Más aún, el Tzadik también busca revelar la voluntad de Dios al crear cada tipo individual de criatura, al igual que cada detalle en cada una de esas criaturas. Pues cada cosa creada es única en su aspecto, en su fortaleza, en su naturaleza y en su comportamiento. De manera similar, con respecto a sus detalles, cada criatura también es única y absolutamente diferente de las otras criaturas en lo referente a sus diversos miembros y demás. Existe un número incontable de diferencias entre todas las clases de cosas creadas - en lo mineral, en lo vegetal, en lo animal y en lo humano. Esto también es así con respecto a cada uno de los detalles particulares de cada tipo de criatura. Todo ello es resultado de la voluntad de Dios, por el hecho de que Él deseó que una cosa fuese de una manera y que otra cosa fuese de una manera diferente.

El Tzadik busca constantemente esa voluntad y la comprende y la encuentra en el orgullo y en el deleite que siente por el pueblo judío en general, en cada individuo en particular y en cada característica de cada individuo particular. Pues el mundo entero sólo fue creado debido a que Dios previó el orgullo y el deleite que Él recibiría del pueblo judío. La creación en general fue traída a la existencia debido al orgullo que Dios sentiría por

Lección 17   15 Jeshvan

el pueblo judío de manera colectiva y general; y los detalles de la creación se debieron al orgullo que Dios sentiría por cada judío en particular. De manera similar, las diferencias que existen en los detalles de cada criatura fueron creados de acuerdo al orgullo que Dios sentiría por cada judío en particular - es decir, por cada buena acción llevada a cabo por cada judío. De modo que el Tzadik busca constantemente ese orgullo y lo encuentra en el pueblo judío como grupo, como individuos y en las características particulares de cada judío. Entonces el Tzadik conoce y comprende la voluntad que Dios tuvo en la creación como un todo, al igual que Su voluntad al crear las diversas criaturas, y en todos los detalles de esas criaturas. Y cuando el Tzadik revela el orgullo que Dios siente por el pueblo judío -como resultado de lo cual se manifiesta la voluntad que se encuentra detrás de toda la creación- se revela entonces el temor y el amor a Dios.

15 Jeshvan

3. La persona debe saber que Dios se enorgullece incluso del más pequeño de los judíos. Incluso un pecador judío, mientras siga siendo llamado "judío", tiene su propia belleza individual, de la cual Dios se enorgullece. Por lo tanto, está prohibido que la persona desespere de Dios - aunque haya cometido grandes males y haya producido tremendos daños, Dios no lo permita. Pues ni siquiera así Él le retirará Su afecto y aún podrá por lo tanto retornar a Dios. Lo más importante es el hecho de que los hombres de verdad -debido a que son capaces de encontrar el bien y la belleza incluso en el más pequeño de los judíos- pueden hacer que todo retorne a Dios.

4. Es indudable que todos temen y tiemblan ante la presencia de un rey. Pero en el cumpleaños del rey, cuando él lleva sus vestimentas más hermosas [literalmente, sus "vestimentas de orgullo"], ese temor se revela más aún - dado que ver algo afecta a la persona más profundamente que el solo hecho de saber de ello.

La revelación del orgullo, que es también la revelación del temor, lleva a su vez a la revelación de la voluntad y del amor. Porque es la manera del rey el que en sus cumpleaños lleve las vestimentas más hermosas y que un gran temor se apodere de sus súbditos, que todos tiemblen y se inclinen a sus pies. Subsecuentemente, el rey le revela su voluntad a cada persona y le da regalos de acuerdo a su posición y a la voluntad del rey y al amor que siente por ella. Esta última etapa corresponde al amor. Pues inicialmente, al revelarse el orgullo y el esplendor del rey, se apodera de todos el miedo y el temor. Pero más tarde, cuando la gente percibe la buena voluntad del rey y lo cerca que él se siente de cada persona, todos se allegan a él y lo aman.

Cuando el Tzadik revela el orgullo que Dios siente por el pueblo judío, ello es análogo al cumpleaños del rey, a la coronación real - en otras palabras, al nacimiento del Reinado de Dios. Pues el Reinado de Dios sólo se sustenta en el pueblo judío que acepta Su Reinado, dado que "No hay rey sin una nación" [en otras palabras, si no hay alguien que Lo obedezca, Dios no es un Rey]. Así, en la coronación del rey -es decir, cuando hay una revelación del orgullo que Dios siente por el pueblo judío- en ese momento, especialmente, la persona que ve al rey se siente profundamente emocionada y el temor al rey se revela y se apodera de cada uno, incluso de los ángeles Celestiales. Al revelar ese orgullo, los Tzadikim también revelan la voluntad de Dios en cada una de las cosas. De acuerdo a ello, en la coronación del rey -que corresponde a la revelación del orgullo- también se revela la voluntad de Dios. Pues subsecuentemente, el rey le revela su voluntad a cada persona, distribuye regalos y honra a cada uno de acuerdo con su voluntad. Ello corresponde a la revelación del amor. Se comprende entonces que el temor y el amor a Dios son provocados por el Tzadik que revela ese orgullo.

Lección 17   16 Jeshvan

16 Jeshvan

5. Si el temor y el amor a Dios están ocultos para la persona, ello se debe a que la luz del Tzadik -de la cual se recibe el temor y el amor a Dios- se ha oscurecido para ella. Aunque el Tzadik irradia luz en todos los mundos, y más aún en este mundo, sin embargo, el Tzadik no brilla para esa persona debido a la gran oscuridad que la rodea. Aunque la persona se encuentre en presencia del Tzadik y esté sentada precisamente a su lado, será incapaz de saborear, de comprender y de ver la gran luz del Tzadik, mediante la cual merecería llegar al bien eterno.

6. Todo ello es consecuencia de las malas acciones de la persona, debido a las cuales su intelecto se ha oscurecido con la insensatez o más específicamente, con ideas confusas. Pero esa persona cree que es sabia y alberga cuestionamientos sobre el verdadero Tzadik. Pero todas esas falsas opiniones, cuestionamientos e ideas confusas no son más que absoluta estupidez y locura. Lo que sucede es que la impureza de sus acciones le ha oscurecido el intelecto con ese desatino. Consecuentemente, la luz del Tzadik le está oculta y por ello no siente temor ni amor a Dios.

7. Al comer de la manera apropiada -es decir, al comer lentamente y con moderación, no atiborrándose de comida- se realza el intelecto y se suprime la insensatez. Pero si se come como un glotón y se bebe como un borracho, se fortalece el poder de la insensatez sobre el intelecto. Entonces la luz del Tzadik se le oscurece y la persona es incapaz de recibir de él el temor y el amor a Dios.

8. Los prosélitos se generan debido a la caridad dada a los verdaderos Tzadikim y a las personas pobres y rectas. Ello a su vez corrige el daño producido por un comer inapropiado y de esa manera el intelecto llega a la perfección y se rectifica. Como resultado, la persona merece ver la luz del Tzadik y recibir de él el temor y el amor a Dios.

Lección 17   17 Jeshvan

9. La caridad que se les da a los verdaderos Tzadikim y a las personas pobres y rectas es considerada como caridad dada a muchas personas, a muchas almas judías.

17 Jeshvan

10. La caridad que se le da a un verdadero estudioso de Torá aumenta y expande el concepto de "aire claro y tranquilo". Entonces, cuando la persona que sabe cómo hablar con "un habla judía" -es decir, un habla sagrada- emite sus palabras, ellas se inscriben y se graban en el aire, salen y son oídas a la distancia. Esas palabras se inscriben en los libros de los gentiles, en la escritura de cada país. Debido a ello los gentiles encuentran en sus libros conceptos que contradicen su fe y consecuentemente se convierten al judaísmo. Se han contado historias sobre muchos prosélitos que se convirtieron debido a ello, y todo como resultado de este fenómeno.

11. Pero, ¿por qué son precisamente esos individuos los que encuentran ideas que contradicen su fe y son llevados a reconocer la fe judía, mientras que otros no encuentran nada? Debes saber que ello se debe al bien -es decir, a las partes de las almas judías- que los gentiles retienen cautivo. Pues como resultado de los decretos [antijudíos] de los gentiles, de los impuestos y demás, ellos retienen el bien del pueblo judío al impedir que los judíos cumplan con las *mitzvot* de Dios. Ese bien que impiden llegar a la existencia es así "retenido cautivo" en su dominio. Al comienzo de su cautiverio ese bien recuerda que proviene de un lugar muy elevado y exaltado. Sin embargo, más tarde, los gentiles abruman a ese bien y lo suprimen dentro de su dominio, hasta que es capturado y encadenado a ellos y olvida su verdadero y exaltado nivel.

Pero cuando el "habla judía" sale y queda inscrita en los libros de los gentiles, ese bien la descubre allí en la forma de ideas que contradicen la fe de los gentiles. Entonces, el bien rememora su verdadero nivel y recuerda cómo cayó desde un lugar

Lección 17 — 18 Jeshvan

extremadamente santo y exaltado - en otras palabras, reconoce que está compuesto por partes de las almas judías debido a las cuales todos los mundos llegaron a la existencia, que el Santo, bendito sea, consultó con las almas judías para crear el mundo y que las almas del pueblo judío se encuentran por sobre todos los mundos. Sin embargo, ahora está cautivo en semejante exilio, enfrentando quizás la aniquilación y la destrucción, Dios no lo permita. Ese bien comienza a lamentarse, a añorar y a sentir piedad de sí por haber caído desde un lugar tan elevado hacia semejante abismo. Como resultado, retorna y vuelve hacia la santidad. Y todo ello se logra mediante la caridad que se le da a un verdadero estudioso de Torá.

12. A partir de esto, cada persona puede comprender cuánto necesita apiadarse de sí, al recordar la elevación de su innata raíz espiritual. Debe decirse a sí misma, "Yo provengo de la simiente del pueblo judío, que se encuentra por sobre todos los mundos y que fue el 'primer pensamiento' de Dios [cuando decidió crear el mundo]. ¡En qué estado tan degradado me encuentro ahora! Y, Dios no lo permita -¡Dios no lo permita!- ¿quién sabe qué me depara el futuro? Pues el Malo quiere destruirme, Dios no lo permita". De esa manera, la persona tendrá piedad de sí y se ocupará de retornar a Dios.

18 Jeshvan

13. Pero ese bien aún se encuentra muy apegado y unido a los gentiles. Consecuentemente, al comenzar el retorno hacia su lugar, el bien también arrastra consigo algo del mal de los gentiles. Ese fenómeno se manifiesta en la forma de los prosélitos que llegan a convertirse. Ellos representan el mal que fue arrastrado por el bien, cuando éste retornó hacia su lugar. Pues, debido a la gran unión que lo mantuvo conectado y apegado a ese lugar, fue imposible que el bien retornase solo e inevitablemente arrastró también consigo algo del mal - y ese mal llega con los prosélitos.

Lección 17

14. Sin embargo, debes saber que a veces cuando el mal ve que el bien está añorando y deseando retornar a su lugar, los gentiles lo abruman aún más y lo llevan hacia un ocultamiento todavía mayor - más específicamente, lo llevan hacia los ámbitos más internos de sus pensamientos. En otras palabras, comienzan a pensar sobre ese bien, lo que lo lleva hacia un ocultamiento más profundo dentro de los ámbitos más internos de sus mentes. Más tarde, ese bien emerge en la forma de los hijos o descendientes de esos gentiles. Pues ese bien está encerrado y oculto en los ámbitos más internos de sus pensamientos y de sus mentes, origen del proceso de la reproducción. [La simiente se origina en el cerebro y luego desciende hacia los órganos de la reproducción (*Zohar Jadash* 15a; ver también más arriba, Lección #7).] Ese bien emerge consecuentemente en la simiente pues el mal en sus descendientes no tiene ya la fuerza como para vencer al bien dentro de ellos. Así, el bien emerge a través de esos descendientes y ellos se vuelven prosélitos.

15. La revelación de la luz del Tzadik -mediante la cual la persona merece saber sobre él y comprender, saborear y percibir su gran luz- depende del nivel de perfección de las acciones de la persona y de la purificación de su intelecto. Los instrumentos de la acción son los factores más importantes y son los responsables del embotamiento de la mente y del intelecto, dado que una acción impropia debilita y arruina el intelecto, Dios no lo permita. El principal camino para rectificar esos instrumentos de la acción es la caridad, que depende de la "acción", tal cual está aludido en el versículo, "Y el acto de caridad trae paz" (Isaías 32:17). Mediante la caridad también se perfecciona la luz del intelecto y la persona se hace digna de percibir la luz del Tzadik y de recibir de él el temor y el amor a Dios.

19 Jeshvan

16. Los daños al altar se corrigen mediante los prosélitos. Pues todo el poder que tiene la idolatría proviene de los daños en el

altar - es decir, de las chispas sagradas del altar que cayeron hacia los lugares de idolatría. Cuando el prosélito abandona su propia fe y sigue la fe judía, subyuga a la idolatría que proviene de los daños en el altar y las chispas de las partes del altar retornan a su lugar. Entonces, el altar -que se asemeja a la mesa de la persona (Berajot 55a)- vuelve a estar libre de defecto alguno; en otras palabras, la persona merece comer con la santidad apropiada.

Agregados a la Lección Precedente

El sentido del oído funciona de la siguiente manera. Las letras del habla de la persona se graban en el aire. Ese aire "golpea" entonces más aire el cual a su vez "golpea" más aire todavía, hasta que las letras alcanzan el oído del oyente. De modo que si el aire está calmo, tranquilo y claro, el habla puede ser oída a la distancia. Pero si sopla un viento tormentoso, se vuelve imposible oír incluso el sonido de la voz de otra persona y menos aún sus palabras.

De la misma manera, cuando el amor reina entre las personas -que es el concepto de "aire calmo y tranquilo"- y cuando hay armonía entre ellas, sus palabras son oídas a la distancia. Eso es así tanto en el nivel individual como en el nivel colectivo. En el nivel individual, las buenas palabras de cada persona son oídas por sus amigos. De manera similar, en el mundo en general, las palabras verdaderas y santas del verdadero Tzadik pueden ser oídas y aceptadas incluso a grandes distancias, como está aludido en el versículo, "Su fama salió hacia todas las provincias" (Esther 9:4) - al punto en que incluso aquellos que están muy lejos vuelven y se acercan a Dios, en la forma de prosélitos y como judíos que retornan a la fe. Pero cuando hay enemistad entre la gente, Dios no lo permita, ese odio es similar al "viento tormentoso", un viento malo que crea divisiones entre las personas. Como resultado, el aire se vuelve turbulento de modo que el habla no puede ser oída ni siquiera en el lugar [del hablante] ni cerca de él, y menos aún a la distancia. La principal

Lección 18   20 Jeshvan

rectificación para crear un "aire calmo y tranquilo" es la caridad dada a los verdaderos Tzadikim y a la gente pobre y recta.

20 Jeshvan

18 - "Contó el rabí Ionatán - un canasto"
(Bava Batra 74)

1. Todo tiene un objetivo o propósito que debe alcanzar. El propósito de algo tiene otro propósito superior [y el propósito superior tiene otro propósito, más elevado aún,] y así en más. Sin embargo, lo más importante es el objetivo final, que es el deleite del Mundo que Viene. Ése es el propósito final y el objetivo de toda la creación y la razón de la existencia de todo en el mundo. Pero nadie es capaz de comprender o de aferrar ese objetivo con su pensamiento, salvo los Tzadikim. Y cada judío, de acuerdo a la raíz que tenga en el alma del Tzadik, recibe de él esa concepción del objetivo, en la medida en que haya quebrado su ira mediante la compasión. De esa manera, se hará digno de alcanzar y de comprender el propósito de todo en el mundo - siendo ello lo más importante.

2. La persona debe quebrar su ira mediante la compasión. En otras palabras, al montar en cólera, no debe actuar con crueldad. Más bien, por el contrario, debe sobreponerse con una gran compasión hacia aquello que lo ha hecho encolerizar y atemperar la ira con la compasión. De esa manera se forma una corona para la gente humilde que huye del honor y de las posiciones de autoridad y que se ven entonces compelidas a aceptar ese honor y esa autoridad.

3. En la medida de la disminución de la fe, del mismo modo se oculta el rostro de Dios y se manifiesta Su ira, Dios no lo permita. Entonces los Tzadikim huyen de las posiciones de autoridad y del honor, y el mundo carece de un verdadero líder. Pero cuando la gente quiebra su ira mediante la compasión, se atempera la ira Divina y los verdaderos Tzadikim aceptan el honor y las

Lección 18 — 21 Jeshvan

posiciones de liderazgo. Entonces la gente merece un líder verdadero que puede mostrarles compasión y guiarlos de la manera apropiada, llevando a cada persona hacia el objetivo final.

21 Jeshvan

4. A veces existe una carencia en el mundo debida al hecho de que la fe de la gente no está completa, [aunque aún existe algo de fe]. Consecuentemente, la ira de Dios y el ocultamiento de Su rostro, Dios no lo permita, no son fácilmente discernibles, dado que la falta de fe no es total. Cuando esa falta de fe "se filtra" y alcanza a los Tzadikim, estos "ocultan sus rostros" del mundo y no quieren guiarlo. Pero dado que la ira de Dios es entonces mínima -sólo dura una fracción de segundo- los Tzadikim no piensan que es esa ira la que les hace ocultar sus rostros. En su lugar lo atribuyen a su propia insignificancia, diciendo que no son aptos para liderar el mundo. La verdad es que no saben de esa traza infinitesimal de ira ni la sienten. Pero cuando la furia y la ira Divina se atemperan mediante la misericordia, entonces la ira Divina que hay en los Tzadikim se ve mitigada por la compasión. Consecuentemente, la misericordia prevalece sobre ellos y se apiadan del mundo. Desean entonces tomar el liderazgo y el mundo merece así un líder verdadero que los guiará con compasión.

[Cuando hay idolatría y ateísmo en el mundo, hay ira Divina en el mundo, como han enseñado nuestros Sabios, de bendita memoria; y ello consiste en el ocultamiento del rostro de Dios. Pero cuando no hay idolatría ni ateísmo, sino sólo una fe imperfecta, entonces la ira Divina y el ocultamiento del rostro de Dios no son fácilmente discernibles. Sin embargo, cuando esa ira "se filtra" y llega a los Tzadikim, éstos se ocultan.]

5. Al aplacar la ira mediante la compasión, uno se hace digno de la fe y se mitigan los juicios severos. Por otro lado, cuando la fe es perfecta, la persona se vuelve digna de la compasión y puede quebrar la ira.

6. Uno no debe aceptar una posición de liderazgo y de autoridad a no ser que su fe sea absolutamente perfecta. Pues la compasión es la cualidad esencial para el liderazgo y ésta depende principalmente de la anulación de la idolatría. Aun así, si existe un mínimo rasgo de idolatría y se cree en alguna clase de augurio como en "un ciervo se me cruzó en el camino" (ver *Shuljan Aruj, Iore Dea* 179:3) o en alguna otra cosa que pueda ser denominada "la costumbre de los Amorreos" [i.e., superstición] -aunque también crea en Dios- su compasión no estará completa y no deberá aceptar una posición de autoridad. Aunque crea que siente compasión por el mundo y que por eso quiere guiarlo, en verdad, de hecho está persiguiendo el honor y meramente lo atribuye a su compasión. Tal líder puede llevar a la gente hacia la herejía y el ateísmo, Dios no lo permita, pero el Cielo es misericordioso y no le permite retener su posición de autoridad.

7. Mediante el amor a los sabios se establece el reinado y el liderazgo. Por el contrario, si el rey o el líder sienten odio por los sabios, podemos estar seguros de que el Cielo les quitará su reinado - pues el mundo no puede existir sin sabiduría.

8. Las palabras y el habla alcanzan su perfección gracias a la fe.

22 Jeshvan

19 - "Una plegaria de Habakuk"
(*Habakuk* 3:1)

1. La inmoralidad sexual es el mal general que incluye a los males de las setenta naciones [gentiles]. Pues cada nación y cada lengua tienen un rasgo malo en particular -es decir, algún rasgo negativo o alguna mala pasión que es propia de esa nación- y cada nación se encuentra unida a ese deseo. Sin embargo, la pasión sexual es el mal que engloba a todos los otros males, dado que en ese deseo se reúnen y se agrupan todos los males, al igual que el mal de todas las naciones, lo

Lección 19 — 22 Jeshvan

que incluye a todos los malos deseos. Esos males arden juntos, creando una gran conflagración. Ese fuego es la ardiente pasión por el sexo que ruge dentro de la persona.

Pero Dios nos ha distinguido de entre todas las naciones y nos ha elevado por sobre todas las lenguas. Debemos abstenernos de todos sus males - es decir, de todos los malos deseos que les son particulares y que no tienen nada que ver con nosotros, de manera alguna. Esto es especialmente así en el caso de la pasión sexual, que es el mal que engloba el mal de todas las naciones. Pues la diferencia y la distinción esencial entre nosotros y las naciones es que nosotros nos abstenemos de la inmoralidad sexual, siendo ésta, en esencia, la santidad judía. Pues la persona tiene el poder de alejar su mente de ese deseo y de quebrarlo; ésta es la esencia de nuestra santidad.

2. La pureza sexual es la esencia de la santidad. Uno merece alcanzar esa cualidad mediante el lenguaje sagrado y el habla sagrada, santificando el habla al decir palabras santas. Es por ese motivo que nuestra lengua es llamada el Lenguaje Sagrado, pues "Allí donde encuentres una barrera ante la inmoralidad sexual, allí encontrarás la santidad" (Rashi sobre Levítico 19:2). La perfección del Lenguaje Sagrado significa decir solamente palabras de Torá, de plegaria y hablar con nuestro Creador (*hitbodedut*). (Y aunque la persona hable con su Creador en su lengua natal, tal como lo hacen en nuestro país, ello también es llamado el Lenguaje Sagrado. En verdad, al expresarnos ante nuestro Creador, debemos hacerlo específicamente en el idioma en el cual acostumbramos a hablar [Likutey Moharán II, 25]. Lo más importante es cuidar el lenguaje para santificarlo con palabras de santidad, que representan la perfección del Lenguaje Sagrado). La perfección del Lenguaje Sagrado también significa cuidarse de no decir cosas malas tales como calumnias, mentiras, frivolidades y demás -todo lo cual daña el Lenguaje Sagrado- de esa manera el habla y la lengua alcanzarán el nivel de "perfección del Lenguaje Sagrado". Ésta es la clave para subyugar y quebrar todos los deseos - en particular el deseo sexual, que es la principal pasión que es necesario anular.

Lección 19   23 Jeshvan

23 Jeshvan

3. La pureza sexual conlleva una conexión integral con el espíritu sagrado de profecía (*rúaj hakodesh*) y con el Lenguaje Sagrado. Mediante la pureza sexual se anula el espíritu de locura que corresponde al daño sexual, que Dios nos salve.

4. La construcción y la perfección del Lenguaje Sagrado depende principalmente del temor a Dios, tal cual se alude en el versículo, "El temor a Dios es su tesoro" (Isaías 33:6).

5. La pureza sexual y la perfección del Lenguaje Sagrado son interdependientes, pues ninguno puede existir sin el otro. En otras palabras, cuantas más palabras de santidad se digan -lo que está incluido en el concepto del Lenguaje Sagrado- más será la pureza sexual que se merezca. Por otro lado, en la medida en que la persona haya alcanzado la pureza sexual, así mismo merecerá la perfección del Lenguaje Sagrado. La misma relación existe también en conexión con los daños en esas áreas, Dios no lo permita. Pues la persona que daña su pureza sexual pierde el Lenguaje Sagrado, mientras que la persona que posee el Lenguaje Sagrado es capaz de mantener la pureza sexual.

6. Todos los insultos, la vergüenza y la humillación que experimenta la persona son resultado de su daño a la pureza sexual. Por el contrario, mediante la pureza sexual, la persona merece el honor.

7. La pasión sexual, que es el mal general, está encarnada en la serpiente primordial que sedujo a Eva y la contaminó con su veneno. Ella es el "viento tormentoso", el espíritu de locura, la "mujer insensata" (Proverbios 9:13). Continuamente seduce al espíritu sagrado -que es el Lenguaje Sagrado, la "mujer sabia" y la pureza sexual- y lo contamina con su veneno. Ello está expresado en el versículo, "El pecado agazapado a la puerta" (Génesis 4:7). "La Puerta" son "las puertas de tu boca" (Mija 7:5), que se expresan en el Lenguaje Sagrado. Ese pecado -que es la serpiente- yace agazapado con la intención de absorber la

Lección 19 24 Jeshvan

vitalidad de la persona, tentándola a dañar su pureza sexual. Pues ese deseo es la principal herramienta de la mala inclinación para hacer que la persona transgreda.

8. Ahora bien, debido a nuestros muchos pecados, el arte de la retórica en el Lenguaje Sagrado ha caído terriblemente - al punto en que, en general, el arte de la retórica sólo ha quedado en manos de la gente más baja que se encuentra profundamente hundida en el deseo sexual, que es el mal general y lo diametralmente opuesto a la santidad del Lenguaje Sagrado. Esas personas están aludidas en el versículo, "Tus oradores han pecado contra mí" (Isaías 43:27), que Dios nos salve. Usando su elocuencia, ellos arrastran los corazones de muchos jóvenes judíos llevándolos hacia un completo ateísmo, Dios no lo permita. Ello está expresado en los versículos, "Los labios de la extraña gotean miel" (Proverbios 5:3) y "Las palabras lisonjeras de la extraña" (ibid., 2:16). Todo ello está encarnado en la serpiente primordial que sedujo a Eva (quien representa el habla del Lenguaje Sagrado) y que la contaminó con su veneno, que Dios nos salve.

24 Jeshvan

9. El Árbol del Conocimiento del Bien y del Mal es sinónimo del lenguaje del *Targúm* [i.e., la lengua aramea]. El *Targúm* es una interfase entre el Lenguaje Sagrado -que es la "mujer sabia" y enteramente buena- y las lenguas de las setenta naciones - que son completamente malas, dado que todas las lenguas de los gentiles son ahora puro mal. Cuando ella -es decir la serpiente- desea absorber la vitalidad del Lenguaje Sagrado, sólo puede hacerlo por medio del lenguaje del *Targúm*, que es una mezcla de bien y de mal. Pues es sólo mediante la lengua del *Targúm* que las fuerzas de la impureza obtienen su poder.

[Cuando la persona aún tiene una mezcla de rasgos buenos y malos, se encuentra en el aspecto del lenguaje del *Targúm* asociado con el Árbol del Conocimiento del Bien y del Mal. Consecuentemente, el mal general puede arrastrarla, dado que aún no ha perfeccionado su propio Lenguaje Sagrado. Pero cuando anula por completo el mal en sí misma y eleva el bien, se

Lección 19 — 24 Jeshvan

perfecciona así su Lenguaje Sagrado y merece guardar la pureza sexual. Todo ello es el significado profundo del hecho de que la serpiente tentó a Eva a través del Árbol del Conocimiento del Bien y del Mal].

Por el contrario, el principal medio para construir y perfeccionar el Lenguaje Sagrado es anular los componentes malos del *Targúm* y elevar hacia el Lenguaje Sagrado sus componentes buenos. De esa manera, el Lenguaje Sagrado alcanza su estado de perfección y caen así las setenta lenguas, como en la frase "Un lenguaje cae sobre el otro" (Plegarias de las Festividades). Ése es el significado de "El Señor Dios hizo caer un sueño profundo (*vaiapel tardema*)" (Génesis 2:21). El Ari, de bendita memoria, indica que *TaRdeMa* (sueño) tiene el mismo valor numérico que *TaRGUM* y que *VaIaPeL* es un acrónimo para "*Pe Lahem Velo Idaberu* - Ellos tienen boca pero no hablarán" (Salmos 135:16). Ello alude al hecho de que mediante el sueño, que es el mismo concepto que el lenguaje del *Targúm* -que es el medio a través del cual se construye a Eva (que es conceptualmente el Lenguaje Sagrado) cuando la persona eleva los componentes buenos del Targúm y subyuga sus componentes malos- caen las setenta lenguas, como en, "Ellos tienen boca pero no hablarán". Y esa misma frase forma el acrónimo *VaIaPeL* (hizo caer).

10. Los sueños ocurren principalmente al dormir - es decir, en *tardema*. Se enseñó que lo que la persona sueña está determinado por lo que ha comido. La explicación de esto es que cada cosa contiene las letras con las cuales fue creada. [El mundo fue creado mediante el habla de Dios y cada creación individual está compuesta por un grupo único de letras utilizadas para crear esa cosa]. Cuando la persona duerme, los vapores de lo que ha comido se elevan hasta su cerebro y las letras presentes en el alimento se combinan unas con otras formando así los sueños. La persona que posee la perfección del Lenguaje Sagrado conoce las letras contenidas en cada cosa y puede así interpretar los sueños que ocurren al dormir. Ése fue el caso de Iosef el Tzadik, quien mereció la perfección del Lenguaje Sagrado. Pues la esencia de su perfección se produjo por medio del dormir, que es el mismo concepto del *Targúm*. Y Iosef mereció purificar el lenguaje del *Targúm*, elevando sus componentes buenos hacia el Lenguaje Sagrado y anulando

Lección 19   25 Jeshvan

sus componentes malos; por ello sabía cómo distinguir y separar el bien y la verdad en los sueños, dado que ellos son el mismo concepto que el *Targúm*.

25 Jeshvan

11. Esto también está conectado con el fenómeno de la emisión seminal nocturna, Dios nos salve, en donde el espíritu de locura encarnado en las lenguas de las setenta naciones gentiles asciende a través del *Targúm* -mediante el sueño- y toma su vitalidad del Lenguaje Sagrado, del espíritu sagrado de profecía y del santo pacto. Ahora bien, aquel que posee la perfección del Lenguaje Sagrado enfría los deseos ardientes del cuerpo mediante el habla sagrada. Sin embargo, cuando no se posee la perfección del Lenguaje Sagrado, entonces el "viento tormentoso" -es decir, el lenguaje de las setenta naciones gentiles- lo enfrían con una emisión nocturna, que Dios nos salve. Ello está aludido en la frase "que te enfrió en el camino" (Deuteronomio 25:18). "En el camino" alude a la impureza sexual, como en, "Éste es el camino de una mujer adúltera" (Proverbios 30:20). El "viento tormentoso" entra por medio del *Targúm*, que está asociado con la fuerza impura de *noga* [la interfase entre la santidad y las tres fuerzas completamente impuras] y por medio de ello, absorbe la vitalidad del *jashmal*, que está asociado con el Lenguaje Sagrado. Pero mediante la perfección del Lenguaje Sagrado -en otras palabras, al refinar el lenguaje del *Targúm*, que es el ámbito del sueño- la persona se salva de la emisión nocturna. Por lo tanto, es necesario enfriar el ardiente deseo del cuerpo con palabras sagradas -que representan la perfección del Lenguaje Sagrado- y de esa manera, uno se verá libre de esas emisiones, que Dios nos salve, de modo que ya no será el "viento tormentoso" el que lo enfríe sino más bien su hablar sagrado.

12. Bañarse con agua caliente en la tarde del viernes está conectado con la pureza sexual. De manera similar, recitar dos veces la porción semanal de la Torá [en su original hebreo] y una vez en el *Targúm* [i.e., en su traducción al

arameo] (ver *Shuljan Aruj, Oraj Jaim* 285:1) también está asociado con la pureza sexual.

13. Al elevar los componentes buenos del *Targúm* y perfeccionar el Lenguaje Sagrado con el cual fue creado el mundo -lo cual representa quebrar y anular la pasión sexual- se fortalece y se despierta el poder de las letras del Lenguaje Sagrado que están presentes en cada cosa y que son el poder de Dios en toda la creación.

14. La persona que alcanza esa perfección del Lenguaje Sagrado merece entonces comer, beber y participar de los otros placeres como corresponde. Pues la esencia de lo que la persona disfruta en su comer, beber y en los otros placeres debe provenir de la iluminación de las letras que están presentes en cada cosa y no de la materia física del alimento mismo. Ese nivel de santidad está aludido en el versículo, "Él comió y bebió y estuvo bien su corazón (*lev*)" (Ruth 3:7). En otras palabras, su comer y su beber provenían del brillo y de la iluminación de las treinta y dos veces que aparece en el relato de la creación el Nombre de Dios *ELoHIM* (Génesis 1) - dado que esas son las letras presentes en cada cosa. [Treinta y dos es el valor numérico de la palabra *LeV*]. Todo ello está íntimamente asociado con las Gracias Después de las Comidas (*Zohar* II, 218), dado que la comida se bendice mediante la perfección del Lenguaje Sagrado, pues el Lenguaje Sagrado despierta e ilumina las letras que están presentes en cada cosa.

26 Jeshvan

15. La persona que es justa y sabia [pero que no es un Tzadik] puede comprender todo eso utilizando su sabiduría. Puede saber cuáles son las letras que están presentes en cada cosa (como se explica en esta lección del *Likutey Moharán*). Pero le será imposible experimentar y derivar placer exclusivamente de esas combinaciones de letras -correspondiente a "Él comió y bebió y estuvo bien su corazón"- y merecer que todos sus placeres

Lección 19　　　　　　　　　　26 Jeshvan

deriven sólo de las letras contenidas en cada cosa, a no ser que haya alcanzado la perfección del Lenguaje Sagrado. En otras palabras, sólo podrá hacerlo si ha merecido quebrar su deseo sexual por completo y ha perfeccionado el Lenguaje Sagrado al punto de traer nuevas iluminaciones al Lenguaje Sagrado - específicamente a las letras que están contenidas en cada cosa. Esa persona merece entonces lo que está expresado en la frase "Él te sustentará desde Sión (*Tzion*)," (Salmos 20:3). El sustento de esa persona -es decir, su comer, beber y todos sus placeres- provendrán de *tzion*, de la marca de las letras que están grabadas dentro de cada cosa.

16. Cuando se ha alcanzado este nivel, el corazón brilla debido a ello. Pues el corazón (*lev*) es llamado así debido a que recibe y se nutre de "lo mejor de lo mejor" (*Zohar* III, 221) - de las treinta y dos [veces en que aparece en el relato de la creación el Nombre de Dios] *ELoHIM*. Mediante la iluminación de la luz que su corazón recibe de las treinta y dos [veces en que aparece el Nombre de Dios] *ELoHIM*, el rostro de la persona irradia con esa luz y se vuelve tan claro que puede llevar a otras personas hacia el arrepentimiento con el solo hecho de mirar su rostro. Pues cada uno se ve entonces a sí mismo en el rostro de esa persona como en un espejo, y puede ver cuán hundido está en la oscuridad. Así, sin amonestaciones ni reproches, esa persona despertará a las demás hacia el arrepentimiento con meramente mirar la luz de su rostro.

17. La gente encuentra difícil comprender por qué es necesario viajar hacia el Tzadik para oír Torá directamente de sus labios. ¿No es posible estudiar en los libros palabras de instrucción moral? En verdad, hay una gran diferencia. Pues la persona que oye de los labios del Tzadik recibe el habla del Lenguaje Sagrado en su forma perfecta - es decir, con temor a Dios. Como resultado, el oyente merece anular y vencer el mal general -es decir la pasión sexual- al punto de alcanzar la pureza sexual, que es la rectificación de todo. Todo depende de esa clase de pureza, que es una rectificación para los otros deseos y rasgos de carácter de la persona. Todo ello se produce sólo cuando la

persona recibe directamente de los santos labios del Tzadik. Pero aquel que oye las palabras del Tzadik de segunda mano, de alguien que las oyó del Tzadik, o más aún, cuando oye de tercera mano, por boca de una persona que oyó de una tercera persona que a su vez las oyó del Tzadik – esta persona se encuentra muy alejada en verdad de esa perfección. Pues con cada persona adicional desciende cada vez más de un nivel a otro. Más aún, existe una diferencia más radical todavía entre la persona que oye directamente de la boca del Tzadik y la persona que estudia las palabras del Tzadik en un libro. Pues un libro sólo tiene el objetivo de hacerle recordar [al lector aquello que fue dicho] y la memoria está enraizada en el poder de la imaginación. Por lo tanto, el libro es un medio totalmente diferente y no tiene ninguna de las ventajas de oír directamente de los santos labios del Tzadik.

27 Jeshvan

18. Cuando los Tzadikim desean oír una palabra de Dios, primero crean y hacen esa expresión por medio de sus buenas acciones; subsecuentemente, merecen oír el habla proveniente de Dios. Ese proceso está aludido en el versículo, "Haciendo Su palabra, para oír el sonido de Su palabra" (Salmos 103:20). Es decir, los Tzadikim hacen primero la palabra [la expresión], y luego oyen a Dios decírsela a ellos. Y cuando el Tzadik oye esas palabras de Torá de la boca de Dios, ellas poseen perfección. Pues la perfección del habla depende del temor y "el temor depende de los oídos", como en, "Dios, he oído Tu palabra, estoy atemorizado" (Habakuk 3:2). En otras palabras, cuando la persona oye directamente de boca del Tzadik quien, a su vez, oye de boca de Dios Mismo, ése es el sentido de "Tu palabra" - significando, aquello que el Tzadik oye de Ti- y entonces, "estoy atemorizado" - porque el temor depende principalmente de los oídos. En ese momento [cuando la persona oye esas palabras del Tzadik], éstas poseen la perfección del Lenguaje Sagrado.

Lección 20   28 Jeshvan

19. Dios llevó a cabo toda la creación en aras del hombre, quien posee libertad de elección, específicamente para que éste pudiera rectificar todas las cosas extrayendo y separando el bien en el Árbol del Conocimiento. De esa manera, el hombre completa y corrige todo. Por lo tanto, la persona debe llevar a cabo la rectificación de la circuncisión y su correspondiente rectificación [en el nivel espiritual] logrando la pureza sexual, precisamente en este mundo. Conceptualmente, esa tarea es paralela al logro de la perfección del Lenguaje Sagrado, extrayendo el bien que está presente en el *Targúm* [pues este mundo, al igual que el *Targúm*, contiene una mezcla de bien y de mal]. Pues el Lenguaje Sagrado que proviene de arriba aún carece de rectificación y sólo se perfecciona cuando lo completamos por medio de la separación del bien en el *Targúm*. Sólo entonces perfeccionamos el Lenguaje Sagrado.

20. La elevación del bien en el *Targúm* se logra por medio de la corrección de todos los pecados no intencionales. De esa manera, la persona merece la perfección del Lenguaje Sagrado. Pues los pecados no intencionales son sinónimo del Árbol del Conocimiento del Bien y del Mal - nuestras acciones eran malas pero sus intenciones eran buenas.

28 Jeshvan
20 - "Nueve Rectificaciones"
(*Zohar* II, 176b)

1. Todos aquellos que exponen la Torá reciben sus elucidaciones del alma cuyas palabras son como carbones ardientes, como está expresado en el versículo, "¿Acaso no es Mi palabra como fuego?" (Jeremías 23:29). Esa alma está agobiada por los sufrimientos, como en, "Éste es el sendero de la Torá: Pan con sal comerás y agua en medida beberás" (*Avot* 6:4). Y cuando esa alma cae del nivel de "¿Acaso no es Mi palabra como fuego?" y se enfría, entonces expira y con ella se van las explicaciones de la Torá que se revelaban gracias a ella. En ese momento aquellos que exponen la Torá, quienes recibían de esa alma,

Lección 20   28 Jeshvan

son incapaces de comprender una sola explicación de Torá y estallan las controversias en contra de los Tzadikim. Esto se debe a que la esencia de las controversias proviene de la partida de las explicaciones de la Torá. Porque las explicaciones son una respuesta a las dificultades y a las controversias.

2. La persona que desee originar lecciones de Torá deberá primero traer sobre sí palabras candentes como carbones ardientes. Ahora bien, el habla proviene del corazón superior, como en, "La roca de mi corazón" (Salmos 73:26). Antes de recibir esas palabras, la persona debe primero derramar su corazón en una plegaria delante de Dios. Pues mediante sus plegarias se despierta la compasión de Dios y se abre el corazón superior. La compasión se encuentra en el corazón y desde allí surgen palabras candentes por medio de las cuales también se traen de allí lecciones de Torá. Por lo tanto, todo aquel que desee exponer la Torá deberá rogarle a Dios antes de enseñar, para despertar el corazón superior y ser inspirado con palabras como carbones ardientes; sólo después podrá comenzar a exponerlas.

3. Al enseñar Torá en público y antes de la lección, el verdadero Tzadik se une con las almas de su audiencia y derrama su corazón y su plegaria delante de Dios. Entonces, debido a que está unido con las almas de sus oyentes, su plegaria es considerada como la plegaria de una congregación y es aceptada de inmediato, como está escrito, "Dios es grande y no desprecia las plegarias de los muchos" (Job 36:5; *Berajot* 8a dice que ello hace referencia a las plegarias de una congregación). Esa plegaria aumenta la santidad Arriba y despierta el corazón superior. De esa manera, el Tzadik suscita las explicaciones de la Torá que le transmite a su audiencia.

Se desprende de aquí que cada una de las personas presentes tiene en verdad una parte en la enseñanza de Torá que el Tzadik revela en ese momento. Pues cuanto más grande sea el número de personas presentes en ese momento, más grande será el número de almas con las cuales el sabio se aúne al recitar su plegaria y más santidad aumentará Arriba. Más aún, la plegaria

Lección 20   29 Jeshvan

del Tzadik despierta sobremanera al corazón superior trayendo mayores revelaciones de Torá. Todo depende de la cantidad de gente presente en la audiencia.

Esta dinámica establece una diferencia entre la persona que estudia una lección de Torá de un libro y la persona que la oye directamente de labios del mismo sabio. Pues de seguro, el alma de la persona que oyó directamente estuvo unida al alma del sabio en el momento de su plegaria y, por lo tanto, tiene una parte en la explicación. Más aún, las personas que están presentes en el momento de la lección ven anulado el mal en ellas, derrotado por el bien en el sabio que está dando la lección. Y en la medida en que se anula ese mal, de la misma manera se anulan los enemigos - es decir, las fuerzas impuras que asedian el corazón superior. De esa manera, el Tzadik los saca del dominio del Otro Lado y los coloca bajo el dominio de la santidad.

29 Jeshvan

4. Cuando el Tzadik eleve una plegaria antes de dar la lección deberá hacerlo mediante súplicas. Deberá rogarle al Santo, bendito sea, poder recibir un regalo inmerecido y no invocar para ello sus propios méritos, en absoluto. Aunque ahora se haya despertado su "vara de poder" (Salmos 110:2), dándole al Tzadik un cierto poder proveniente de sus propias devociones religiosas, esa vara no debe ser utilizada para su propia gloria, Dios no lo permita, sino sólo para vencer el mal en la congregación. Pues en toda comunidad existen personas buenas y malas - y es necesario vencer el mal en las malas. Sin embargo, delante de Dios, el Tzadik deberá presentarse como un pobre, expresándose meramente mediante ruegos y sin mencionar en absoluto sus propios méritos.

5. Por ese motivo, nunca se debe forzar ningún tema con Dios - más bien, es necesario pedir con simpleza, en la forma de súplicas. Si Dios otorga lo que se le pide, lo otorga y si no, no.

Pero nunca se debe insistir tercamente para que Dios haga precisamente lo que uno desea.

6. En mérito a las enseñanzas de Torá que son suscitadas de esa manera, la persona se hace digna de la Tierra de Israel. Por el mismo motivo, cuando uno se encuentra en presencia del Tzadik en el momento en el que éste hace descender una lección de Torá y la revela en público, también tiene una parte en la enseñanza que el Tzadik revela; y consecuentemente también merece ir a la Tierra de Israel, como está escrito, "Y Él les dio la Tierra de las naciones" (Salmos 105:44). [Este versículo aparece dos líneas después del versículo que afirma, "Él abrió la roca y fluyó el agua", reflejando la secuencia enseñada en esta lección. Ver más en esta lección en el *Likutey Moharán*].

7. Pero la Tierra de Israel es una de las tres cosas que sólo se obtienen a través del sufrimiento (*Berajot* 5a), y sólo mediante el sufrimiento puede uno llegar a la Tierra de Israel. El principal sufrimiento proviene de aquellos malvados que se oponen, de aquellos "que difunden un informe maligno sobre la Tierra" (Números 14:37). Al hacer que desciendan enseñanzas de Torá, el Tzadik se vuelve digno de atenuar todos los obstáculos y los sufrimientos. Cuanto más perfecta sea la enseñanza de Torá que sea digno de evocar, más merecerá vencer a los opositores y a los malvados, y llegar a la Tierra de Israel.

30 Jeshvan

8. Aquel que verdaderamente desee ser un judío -es decir, elevarse constantemente de un nivel a otro- sólo podrá lograrlo mediante la santidad de la Tierra de Israel. Pues todos los pasos que la persona deba dar en su camino hacia la santidad sólo se concretan gracias a la Tierra de Israel. De manera similar, el ascenso de las plegarias se produce exclusivamente en la Tierra de Israel.

9. Para poder ir a la Tierra de Israel, es necesario primero anular a los malvados que "difunden un informe maligno sobre la

Lección 20   30 Jeshvan

Tierra" y castigarlos con la espada y con la muerte. Sin embargo, el poder para hacerlo debe recibirse de Edom, quien está encargado de los castigos y de la espada, como está escrito, "De tu espada vivirás" (Génesis 27:40). Mediante las letras de la enseñanza de Torá originada por el Tzadik se crean poderes espirituales. Esos poderes son ángeles en el sentido más literal - son ellos quienes reciben de Edom el poder para castigar.

Pero esos poderes espirituales varían de acuerdo a la enseñanza de Torá que está siendo revelada y en relación a la luz de esa enseñanza que, en sí misma, está determinada por cuánta santidad se esté agregando Arriba. Cuanto más poderosa sea la enseñanza de Torá, mayor será el número de ángeles creados. Por el contrario, cuando esa santidad es pequeña, los ángeles creados a partir de la nueva enseñanza de Torá son débiles. No tienen poder en sí mismos, sino que sólo pueden recibirlo de Edom, en medida suficiente como para subyugar a los malvados e intimidarlos pero no para deshacerse de ellos.

10. Sin embargo, a veces, esos ángeles ni siquiera tienen suficiente poder como para subyugar a los malvados y sólo tienen la fuerza como para invocar en su contra el poder de las naciones gentiles. Ésta es en verdad la situación actual, en esta época de exilio, cuando no tenemos el poder de castigar a los malvados. A veces Dios genera impedimentos, sufrimientos y persecuciones provenientes de los malvados que atacan a los hombres rectos, quienes no tienen el poder de enfrentarlos excepto utilizando las cortes de los gentiles; en casos así se requiere incluso por ley de la Torá, que la persona recurra a sus cortes. Entonces es una gran mitzvá acudir a sus cortes y abocarnos con todas nuestras fuerzas y nuestro dinero a vencer a los malvados para que, de esa manera, el juicio sagrado pueda elevarse de entre las fuerzas de impureza y del Otro Lado. [En otras palabras, cuando las cortes gentiles emiten un veredicto verdaderamente recto, el juicio sagrado que ha caído en medio de ellos, entre las fuerzas de la impureza, vuelve a elevarse hacia la santidad]. Ése es el significado del versículo, "Así saldrá un juicio

pervertido" (Habakuk 1:4) - es decir, el juicio emergerá de su distorsión y perversión entre los gentiles y volverá a ser recto.

1 Kislev

11. A veces esos ángeles ni siquiera tienen ese poder y sólo son lo suficientemente fuertes como para silenciar a los malvados que calumnian a la Tierra, para que no puedan expresar su maldad delante de nosotros o a oídos de la multitud. Y hay veces en que esos ángeles ni siquiera tienen ese poder. Todo depende de la cantidad de santidad que haya.

12. El daño en la sexualidad trae la espada [i.e., la violencia y la guerra], como está escrito, "Una espada vengadora para vengar Mi pacto" (Levítico 26:25).

13. Clamar en voz alta trae la rectificación de la pureza sexual y hace que uno se vuelva digno de una revelación del conocimiento (*daat*). Pues inicialmente, al dañar esa área, también se dañó el conocimiento.

14. Es por ese motivo que la Hagadá de Pesaj se recita en voz alta. Pues la Redención de Egipto se produjo gracias a la voz, como está escrito, "[Dios] oyó nuestra voz" (Números 20:16). Y es por ese motivo que es llamada *HaGaDá*, para aludir a su conexión con la pureza sexual (*tikún haBRIT*), como en, "Él les habló (*vaiaGueD*) sobre Su pacto (*BRIT*)" (Deuteronomio 4:13). La manera más apropiada de cumplir con la mitzvá de recitar la Hagadá es sobre una copa de vino, dado que el vino rectifica el conocimiento, como en, "El vino y los perfumes hacen sabio al hombre" (*Sanedrín* 70a). Pues el exilio en Egipto fue producto del daño en la sexualidad -que es un daño del conocimiento, tal cual se enseñó- y el vino de las Cuatro Copas rectifica el conocimiento - que es la pureza sexual.

15. El Santo, bendito sea, examina muy detenidamente a los Tzadikim (*Iebamot* 121b). Y ante la mínima falla pierden el poder de originar enseñanzas de Torá.

Lección 21

16. Cuando uno alcanza el concepto de la Tierra de Israel, puede ser llamado entonces un hombre poderoso. Porque antes de llegar a ese concepto de la Tierra de Israel, es como dice el versículo, "aquel que se ciñe la espada antes de la batalla no debe vanagloriarse como aquel que se la desciñe" (Reyes 1, 20:11). Pero más tarde, cuando sale victorioso, puede entonces ser llamado un guerrero.

(Por lo tanto y también en estos días, la mayor victoria en la batalla es poder llegar a la Tierra de Israel en el sentido más literal, tal como los judíos que en la actualidad viajan allí para vivir en sus casas y edificios. Uno debe desear llegar allí aunque deba atravesar dificultades - aunque signifique viajar a pie, como está escrito, "Ve [*Lej lejá*]... [a la Tierra que Yo te mostraré]" (Génesis 12:1) - específicamente, caminando [*haLijá*] a pie).

2 Kislev

21 - "El Anciano está escondido y oculto"
(*Zohar* II, 178a)

1. El entusiasmo en el corazón nace del movimiento del intelecto; y de acuerdo a la velocidad del movimiento del intelecto así será el calor generado en el corazón - dado que naturalmente el movimiento produce calor. En términos prácticos, cuando la persona moviliza su intelecto para pensar sobre la Torá y la devoción, eso hace que su corazón se caldee y se encienda por Dios. Así, cuando uno merece un influjo Divino de conocimiento que le llega rápidamente y de manera instantánea, sin requerir de ninguna preparación intelectual previa de su parte, la misma velocidad de su entrada en la mente hace que una constante llama de entusiasmo arda en el corazón, en todo momento.

Nota del copista: He insertado aquí lo que está escrito en la Lección #156, "Un Corazón Puro", porque así es como nuestro maestro, el rabí Natán, de bendita memoria, ordenó las lecciones en la antigua [i.e., original] versión del *Kitzur Likutey Moharán*, y no quise alterarlo.

2. Mediante ese entusiasmo, la persona se hace digna de eliminar de sí el espíritu de impureza, el espíritu de insensatez, y purificar así su corazón. Pues en respuesta a la excitación y al ardiente deseo que existe en el corazón de la persona para pecar o para algún deseo maligno, Dios no lo permita, mediante el cual el corazón se mancilla, en respuesta a ello su corazón debe inspirarse y arder con fervor por Dios. Así como es natural que el fuego desplace al aire, como podemos observar empíricamente en numerosos casos, de la misma manera la persona debe utilizar el fervor de su corazón, como está escrito, "Todo lo que haya pasado por el fuego, deberás hacerlo pasar por el fuego" (Números 31:23). Al orar y al estudiar con fervor, la persona purifica su corazón del espíritu de insensatez y logra un corazón puro. Así se hace digna de hablar con su Creador con palabras siempre nuevas lo que es, literalmente, lo mismo que el espíritu sagrado de profecía (*rúaj hakodesh*).

3. El movimiento genera calor - más específicamente cuando, al meditar sobre la grandeza del Creador y la sagrada Torá, la persona pasa de un pensamiento a otro, produce calor o fervor en su corazón. De manera similar, en un sentido general, la esencia del calor, que corresponde al elemento "fuego", consiste de lo que éste recibe del movimiento de las estrellas, dado que el elemento "fuego" está en estrecha cercanía con las esferas celestes. De la misma manera, cada esfera celeste recibe de la otra que está directamente por sobre ella. Por lo tanto, al "justificar a los muchos" -es decir, al acercar a la gente al servicio a Dios o al juzgar a todas las personas de manera favorable, que también puede ser llamado "justificarlas"- uno genera fervor y entusiasmo por Dios, como está escrito, "Aquellos que justifican a los muchos son como las estrellas" (Daniel 12:3). Aquel que hace esto recibe el calor proveniente de lo que está por encima de él y también puede canalizarlo hacia abajo, hacia alguien más, al igual que las estrellas que reciben de arriba y canalizan hacia abajo.

Lección 21   3 Kislev

3 Kislev

4. Cuando el corazón está encendido, la persona merece la pureza del corazón. Entonces puede cumplir con el versículo, "Dios, crea en mí un corazón puro y renueva un espíritu recto dentro de mí" (Salmos 51:2). Pues las palabras que la persona le dice a su Creador de manera privada, cada uno de acuerdo a quién es, son equiparables al espíritu sagrado de profecía (*rúaj hakodesh*). Y cuando la persona adopta esa práctica [del *Hitbodedut*] y se esfuerza y se prepara para hablar delante de Dios, Él le envía entonces palabras a su boca, que son una forma del espíritu sagrado de profecía. En verdad, éste fue precisamente el fundamento que el rey David estableció en el Libro de los Salmos. Es necesario que la persona se renueve constantemente y clame a Dios, en cada ocasión, con nuevas súplicas y ruegos. Entonces merecerá un corazón puro (ver también *Midrash Ialkut Tehilim* 87).

5. Para que el intelecto de la persona pueda recibir el influjo Divino de conocimiento -que es el espíritu sagrado de profecía- deberá santificar su boca, su nariz, sus ojos y sus oídos. Deberá cuidarse de no decir mentiras y deberá poseer temor a Dios, lo que corresponde a la nariz. También deberá tener fe en los sabios, creyendo en ellos y cumpliendo con todo aquello que ellos digan, que es lo que santifica los oídos. De esa manera, alcanzará ese intelecto, al igual que el estado de completo conocimiento (*daat shalem*) del cual todo depende.

6. La boca, la nariz, los ojos y los oídos son las siete aberturas de la cabeza y funcionan en estrecha conjunción con la mente. Cuando las siete aberturas están santificadas, llevan a la mente a un estado de "hacia adelante" que es llamado el "rostro". Esas siete aberturas corresponden a las siete lámparas de la Menorá, siendo la mente el cuerpo mismo de la Menorá. El rostro radiante de la Menorá es el influjo Divino de conocimiento. Ése influjo Divino de conocimiento también corresponde a la *SuKá*, como en, "Ella vio (*SaJtá*) con el espíritu sagrado de profecía" (Rashi sobre Génesis 11:29). Esa suká, ese espíritu sagrado, está

Lección 21   4 Kislev

conformada a su vez por las siete Nubes de Gloria que acompañaron a los judíos en el desierto (ver *Shulján Aruj, Oraj Jaim* 625, que identifica a la suká como recuerdo de las Nubes de Gloria). Por lo tanto, al cumplir con la mitzvá de la suká, la persona merece el influjo Divino de conocimiento -el espíritu sagrado de profecía- que es lo mismo que el espíritu de sabiduría, que es denominado "sagrado" (*Zohar* III, 61).

Esto quiere decir que [al santificar las siete aberturas de la cabeza, como ha sido explicado,] la persona se hace digna de comprender y de introducir en la mente los exaltados niveles de intelecto que circundan a la mente desde afuera (*makifim*). Más aún, es capaz de comprenderlos sin necesidad de una preparación intelectual previa; más bien, los recibe como un súbito influjo Divino. Todo el trabajo espiritual de la persona en este mundo es para esto - para comprender esos niveles de conocimiento circundante que son el principal deleite del Mundo que Viene. Mediante la mitzvá de la suká, la persona obtiene un corazón puro y eso, a su vez, le permite expresarse de manera fluida delante de Dios - lo que es una forma del espíritu sagrado de profecía.

4 Kislev

7. Los niveles de intelecto circundante son tan extremadamente exaltados que la mente no puede sostenerlos, por lo que no pueden entrar en ella. Por el contrario, circundan a la mente desde afuera. Podemos ver ejemplos de ese fenómeno en ciertos profundos problemas intelectuales que la mente humana simplemente no puede comprender. Por ejemplo, existen numerosas paradojas que se nos escapan por completo, tales como la presciencia de Dios frente a la libertad de elección, algo que la mente humana no puede comprender. Esa paradoja es un ejemplo de un nivel de conocimiento circundante que no puede entrar en la mente. Más aún, los niveles de intelecto que sí pueden entrar a la mente (*sejel hapnimi*) reciben su vitalidad de esos niveles circundantes superiores.

8. Debes saber que el hecho de que no podamos comprender el concepto de la presciencia de Dios frente a la libertad de elección constituye la esencia de nuestro libre albedrío - dado que, en ausencia de ese conocimiento, la persona tiene la capacidad de elegir la vida o su opuesto. Pero cuando ese nivel de conocimiento circundante penetre en la mente y cuando el intelecto humano se expanda y esa paradoja se les revele a todos, en ese punto, la libertad de elección dejará de existir. Esto es lo que sucederá en el futuro, cuando el intelecto se elevará hasta un nivel tan exaltado de percepción que la persona dejará la categoría de "humano" y se elevará a la categoría de "ángel" [un ser espiritual superior] y entonces dejará de existir el libre albedrío. Con esto podrás comprender que no es correcto preocuparse por la paradoja de la presciencia de Dios frente a la libertad de elección, ni por ninguna otra paradoja, porque es imposible ahora comprender de manera alguna el concepto de la presciencia de Dios frente a la libertad de elección. Porque ése es uno de los niveles de conocimiento circundante que no puede entrar en la mente en este mundo, que es el mundo del libre albedrío.

9. Éste es el significado del dicho de nuestros Sabios, de bendita memoria: "En el futuro, cada Tzadik será quemado por la *jupá* [literalmente, 'palio nupcial'] de su compañero" (Bava Batra 75a). Pues los niveles de conocimiento circundantes corresponden a la *jupá* - ellos son *KoDeSH* (santos) y el matrimonio es llamado *KiDuSHin*. Ahora bien, el nivel de intelecto que "circunda" la mente de un Tzadik es algo ya "internalizado" en la mente de otro Tzadik. Cuando un Tzadik comprende un concepto que no conocía previamente, para él eso es algo nuevo que lo "enciende" y lo hace arder con fervor por la luz de ese nuevo nivel de conocimiento - dado que el fervor sagrado se genera cuando la mente obtiene nuevos niveles de conocimiento. Así, se dice que el primer Tzadik es "quemado" por esa nueva percepción. Sin embargo, para el Tzadik que se encuentra en un nivel más elevado, ése mismo concepto no es un logro en absoluto, y no es "quemado" ni "encendido" por él. Más bien, deberá cubrirse (*leJaPot*) con algún otro concepto más elevado,

para entibiarse con él. Así como la *JuPá* -que corresponde a la luz de esos niveles circundantes de conocimiento- actúa para cubrir o vestir literalmente a alguien [dándole así calor], lo mismo sucede con la percepción de esos niveles circundantes de conocimiento que generan calor y entusiasmo.

Para continuar con el paralelismo, los siete días de celebración observados después de la *jupá* [del matrimonio] corresponden a las "siete luminarias". La misma idea también está presente en los siete días de duelo [el período de *shivá*], que Dios nos salve. Esos siete días sirven para elevar hacia la "Luz del Rostro" el alma de la persona fallecida. Por lo tanto, se requiere que el deudo rasgue su vestimenta (ver *Shuljan Aruj, Iore Dea* 340), que Dios nos salve - dado que la palabra *Kerá* (rasgar) es numéricamente equivalente a 370, correspondiente a las "370 iluminaciones de la Luz del Rostro". El número 370 es también dos veces el valor de las letras *Alef* y *Lamed* [cuando esas letras se deletrean como *ALeF* y *LaMeD*], dado que el Nombre Divino *EL* [que se deletrea *Alef-Lamed*] corresponde a la "Luz del Rostro".

5 Kislev

10. Éste es el motivo por el cual se saliva en la ceremonia del levirato, como está escrito, "Ella deberá salivar hacia su rostro" (Deuteronomio 25:9). Con esa saliva el hombre es avergonzado y la vergüenza se muestra principalmente en el rostro. Esto es en verdad perfectamente apropiado, dado que él no quiso desposarse con la mujer de su hermano fallecido [sin tener hijos] mediante el matrimonio de levirato, para hacer descender al mundo el alma de su hermano y rectificar así la "Luz del Rostro". Pues ésta es la insuficiencia de la persona que fallece sin tener hijos, que Dios nos salve - no dejar tras de sí una bendición, para traer al mundo "el intelecto del rostro" mediante las buenas acciones de sus hijos.

11. La persona que daña el honor del verdadero Tzadik hace

Lección 21 — 5 Kislev

que el conocimiento y la luz del intelecto se le oculten. Es incapaz de originar o de comprender enseñanzas de Torá y también se la considera como si estuviera muerta.

12. Cuando la persona es humilde, modesta y paciente y no se encoleriza al ser insultada, santifica de esa manera la nariz [dado que atrae "el aliento extendido de la paciencia"]. Cuando la persona es "de espíritu fiel y encubre el caso" (Proverbios 11:13), de modo que cuando alguien le confiesa un secreto, lo guarda celosamente y no se lo revela a los demás, santifica de esa manera sus oídos. Entonces, de esa manera, hace descender el influjo Divino de conocimiento mencionado más arriba.

13. Si uno estudia Torá y no entiende nada nuevo, ello se debe a que los conceptos involucrados le están ocultos, como el embrión en el vientre materno. Ese estado es un aspecto de "Iaacov", como en el versículo, "En el vientre materno aferró [Iaacov] el talón de su hermano" (Hoshea 12:4). Entonces se hace necesario clamar setenta veces, como la parturienta que clama setenta veces antes de dar a luz - y en un momento así es bueno que la persona clame con la plegaria y en el estudio de la Torá. Esos setenta clamores corresponden a las setenta "voces" que el rey David menciona "sobre las aguas" (Salmos 29), cada uno de los cuales consta de diez "voces" independientes [totalizando así setenta]. Cuando la persona clama de esa manera, es como si la misma Presencia Divina estuviese clamando; de esa manera, uno "da nacimiento" a esos conceptos que previamente le estaban ocultos. Ésta misma idea está expresada en la frase, "La voz despierta la concentración" (Shuljan Aruj, Oraj Jaim 61:4) - [significando que la voz despierta el intelecto de la manera arriba descrita]. Todo esto se encuentra aludido en el versículo, "La voz es la voz de Iaacov" (Génesis 27:22) - o en otras palabras, cuando la persona se encuentra en el aspecto de "Iaacov", necesita esas "voces", esos clamores, para sacar al intelecto de su ocultamiento, para darle nacimiento y revelarlo.

Lección 21

6 Kislev

14. La persona que estudia Torá sin entender y que no origina ninguna nueva interpretación, no debe exponer la Torá en público. Aunque el Santo, bendito sea, se deleita en su estudio, aun así no debe enseñarlo, porque su estudio de Torá se encuentra en el aspecto de "Iaacov" - es como el embrión en el vientre materno. Ésta es la interpretación del versículo, "Pues Dios eligió a Iaacov para Sí, a Israel como Su tesoro especial" (Salmos 135:4). En otras palabras, aquel estudio de Torá que está como en el estado de "aún no nacido" de "Iaacov", es elegido por el Santo, bendito sea, "para Sí" [y Él se deleita en ello]. Pero cuando ese estudio está en el estado de *ISRAeL*, cuyas letras pueden reordenarse para deletrear *LI RoSH* ("tengo cabeza"), entonces es adecuado enseñárselo a "Su tesoro especial". En otras palabras, *LI RoSH* alude a la revelación del intelecto y al hacer descender al mundo la "Luz del Rostro" [i.e., el influjo Divino de conocimiento], y "Su tesoro especial" hace referencia a la Torá que será enseñada al "pueblo especial" [i.e., el pueblo judío].

15. Dios nos tomó como Su pueblo santo, "una nación de en medio de otra nación" (Deuteronomio 4:34), pese al hecho de que en la Apertura del Mar Rojo, el atributo Divino del juicio estricto levantó la acusación: "¡Este pueblo [los egipcios] adora ídolos y este pueblo [los judíos] adora ídolos!" (*Shmot Rabah* 21). Vemos por lo tanto que todo el tema [de Dios tomándonos como Su pueblo especial] es como un remedio maravilloso (*segulá*) que no se basa en ningún principio físico natural y que funciona en un nivel más allá de la comprensión del intelecto humano. Esto concuerda con la idea de los niveles circundantes de conocimiento, en la medida en que no comprendemos intelectualmente por qué un cierto remedio es eficaz para curar. La persona que sea digna de "dar nacimiento" a esos niveles circundantes de conocimiento e internalizarlos en su mente, de modo que ahora entienda ese remedio, ciertamente tiene el deber de revelarle y de explicarle el funcionamiento de ese "remedio especial" al "pueblo especial", y compartir con los

Lección 21 — 7 Kislev

demás el bien que ha alcanzado. Cada persona, en su propio nivel, posee tanto conocimientos "internalizados" [i.e., cosas que comprende] como niveles circundantes de conocimiento [que no comprende]. En la medida en que Dios la favorezca y le permita internalizar en su mente esos niveles circundantes de conocimiento y comprender algo nuevo, así mismo deberá pasarles ese bien a los demás.

16. Todos los problemas, los sufrimientos y los exilios que la persona deba experimentar, y todo aquello de lo que carezca - así sea el sustento, los hijos, la salud y demás- todo ello está en relación directa con su propia falta de conocimiento. Por el contrario, si su conocimiento es completo, nada le faltará, como en, "Si tienes conocimiento, ¿qué es lo que te falta? Y si careces de conocimiento, ¿qué es lo que tienes?" (Nedarim 41a). Aunque hay personas que carecen de conocimiento parecería que tienen de todo, pero en verdad, no tienen nada. Lo opuesto también es verdad. Si la persona tiene un conocimiento completo, aunque tenga alguna deficiencia, en realidad no carecerá de nada. Pues la deficiencia y la plenitud dependen totalmente del conocimiento.

17. La esencia de la vida eterna que habrá en el futuro será resultado del conocimiento. Esto se debe a que en ese tiempo, "El mundo estará lleno del conocimiento de Dios" (Isaías 11:9) y consecuentemente, todos estarán incluidos en la Unidad de Dios. Entonces todos vivirán una vida eterna tal cual Él lo hace, dado que al conocer a Dios, uno se incluye en Él - y ésa es la principal delicia del Mundo que Viene. Esto es precisamente lo que el sabio quiso significar al decir, "Si yo Lo conociese, yo sería Él" (Kuzari 5:21). Debido a ese conocimiento, ningún bien faltará y todo será completamente bueno, como han afirmado nuestros Sabios, de bendita memoria (Pesajim 50a).

7 Kislev

18. En el futuro, incluso los gentiles conocerán a Dios, aunque

no como nosotros. Entonces todos sabrán y comprenderán que todas las satisfacciones mundanas y todo el bien que los gentiles disfrutan ahora no es nada en verdad; más bien, toda su posición y su bien son para nuestro beneficio. En el futuro, cuando el mundo esté lleno de conocimiento, incluso las naciones del mundo comprenderán por sí mismas todo esto, aunque ahora es algo imposible de comprender dado que no podemos negar lo que está sucediendo. Y aunque el hecho de comprender que la jerarquía de la que ellos disfrutan actualmente es de hecho nuestra jerarquía y que ello es su deshonra, aunque esa comprensión pareciera ser un nivel muy elevado de conocimiento, sin embargo, incluso ese nivel de entendimiento será como una burla y una broma para nosotros en comparación con los exaltados niveles de conocimiento que habremos de obtener entonces.

19. También entre los mismos judíos habrá una gran diferencia en el nivel de conocimiento, incluso entre un Tzadik y otro, y de hecho entre los rectos y los malvados. Pues cada persona en el Mundo que Viene alcanzará el conocimiento de acuerdo a cuánto haya trabajado y se haya esforzado por Dios en este mundo, y en proporción a la amargura que haya sufrido aquí en aras de Dios. De modo que, pese al hecho de que todos serán purificados -incluso los gentiles- no todos serán iguales. Más bien, habrá una vasta disparidad entre ellos y nosotros y también entre los mismos judíos. Porque lo que será un nivel de conocimiento circundante para una persona será un conocimiento internalizado para otra, como describe el dicho de nuestros Sabios, "Cada Tzadik será quemado por la *jupá* de su compañero" (*Bava Batra* 75a; ver el párrafo #9, más arriba), significando que será quemado por el conocimiento circundante de su compañero. Considera con cuidado estas palabras y asegúrate de prepararte para la vida eterna. "Si fueres sabio, para ti mismo serás sabio" (Proverbios 9:12).

20. Hay conocimientos circundantes y conocimientos que circundan a éstos. El conocimiento es el principal consuelo para todo sufrimiento; nuestra esperanza más grande y la esencia

Lección 21   8 Kislev

de la vida y del deleite en el Mundo que Viene es el logro del conocimiento sagrado, que significa conocer verdaderamente a Dios.

21. El intelecto y la mente son la esencia de la persona. Por lo tanto, allí adonde esté el intelecto, allí estará la persona. De modo que es necesario huir de los malos pensamientos para no terminar morando allí, Dios no lo permita. Más bien, debemos anular tales pensamientos y forzarnos a albergar pensamientos buenos, para que merezcamos conocer y alcanzar el conocimiento de Dios. Entonces la persona se encontrará literalmente allí, con Dios, y estará incluida en Él. Cuanto más conocimiento de Dios tenga la persona, más incluida estará en su fuente, que es Dios. Entonces merecerá la vida eterna, alcanzará la plenitud del conocimiento y se verá libre de todas las carencias.

8 Kislev

22. Todos los juicios severos, Dios no lo permita, al igual que la ira y la crueldad, son resultado de una falta de conocimiento, como está escrito, "La cólera descansa en el regazo de los insensatos" (Eclesiastés 7:9). Es por ello que una persona enferma tiende a enojarse con facilidad, dado que los juicios severos - que representan una conciencia restringida- pesan sobre ella, haciéndola irritable. Pero en el futuro, mediante la expansión del conocimiento, todos los juicios serán "endulzados" y anulados, al igual que la ira y la crueldad, prevaleciendo una gran compasión - al punto en que, en última instancia, hasta los animales dañinos perderán su furia. Así es como será en el futuro debido a la enorme revelación del conocimiento que tendrá lugar en esos tiempos, como está escrito, "El lobo habitará con la oveja y el leopardo yacerá junto al cabrito... pues el mundo estará lleno del conocimiento de Dios" (Isaías 11:6-9). Entonces bendeciremos "Quien es bueno y hace el bien" por todo lo que suceda (*Pesajim* 50a), pues todos sabrán que realmente no hay mal alguno en el mundo, sino que todo es

bueno y todo es Uno. Entonces sabremos que todo lo que le acontece a cada uno es para bien. También la Redención Final llegará principalmente mediante el conocimiento, tal como sucedió con la Redención de Egipto, dado que ella tuvo lugar mediante Moisés, que era la encarnación del conocimiento.

23. Cuando, al estudiar Torá y al dedicarse a las devociones, uno tiene buenos pensamientos, se vuelve digno de conocer y de comprender cada vez más y es salvado de todos los agresores y acusadores. Todas las fuerzas de la corrupción huyen de la persona y ésta no le teme en absoluto a ninguna de ellas; salvándose de todas las dificultades.

24. El mes de Elul es el momento más propicio para obtener el conocimiento antes mencionado - es decir, mereciendo comprender los niveles de conocimiento circundante y pudiendo introducirlos en la mente, reemplazando los niveles circundantes con nuevos niveles de conocimiento circundante más elevados, comprendiendo así lo que no se podía comprender. De esa manera, la persona recibe nuevas "vestimentas" para su alma y es salvada de todos los problemas, de los agresores y de los acusadores. Todo ello se encuentra aludido en el versículo, "Fuerza y esplendor son su vestimenta y ella se ríe de los días por venir (*Oz vehadar Levusha Vatizjak Leiom Ajarón*)" (Proverbios 31:25); las iniciales de las cuatro palabras hebreas deletrean *ELUL*. Pues un nivel circundante de conocimiento es como un *MaLBuSH* (vestimenta) que tiene el mismo valor numérico que *JaSHMaL*, una vestimenta fuerte y hermosa de la cual huyen todas las fuerzas de la corrupción. [La palabra *jashmal* aparece en la visión de la Carroza de Ezequiel (Ezequiel 1) y significa literalmente un "brillo". Se la comprende como una fuerza que quema y vence a las fuerzas de la impureza.]

25. Para la persona que merece el verdadero conocimiento -es decir, el conocimiento de Dios- no hay ninguna diferencia entre estar viva o estar muerta. Tal persona se encuentra unida e incluida en Dios, tanto en vida como en la muerte; la diferencia

Lección 22 9 Kislev

es que ahora, cuando está viva, habita aquí en este mundo, entre los vivos, mientras que después, su ámbito estará allí, entre los que habitan en el polvo. Dado que se encuentra verdaderamente incluida en Dios, vive por tanto una vida eterna tal como Dios, por así decirlo, y está incluida en el Uno y es una con Dios, Quien vive por siempre, bendito sea.

9 Kislev

22 - Un Sello Dentro de Otro Sello

1. Hay Tzadikim que son llamados los "maestros de Dios" porque ellos, por así decirlo, Le "enseñan" y Le aconsejan a Dios. Esos Tzadikim se acercan al pueblo judío como emisarios de Dios, para amonestarlos y hacerlos retornar a Dios. Además, esos mismos Tzadikim son llamados "pies", pues ellos aconsejan, como explica Rashi sobre el versículo, "'El pueblo que está a tus pies' (Éxodo 11:8) - esto significa la gente que sigue tu consejo". Ellos también son llamados "pies" en virtud de que "van" como emisarios de Dios hacia el pueblo judío. Ahora bien, cuando Dios decreta algún tipo de juicio sobre el mundo, ese juicio debe estar de acuerdo con la Torá. Y dado que esos Tzadikim son, por así decirlo, los "maestros de Dios", Dios Se aconseja con ellos y les revela los juicios de Torá que han sido decretados sobre la generación. Sin embargo, esos Tzadikim, tapan y cubren el decreto de Torá, como está expresado en la frase "una fuente sellada" (Cantar de los Cantares 4:12), para que las fuerzas externas no se puedan nutrir de allí, y no se transforme así en un decreto severo, Dios no lo permita.

Cuando el juicio de Torá les es revelado a esos Tzadikim, ellos van y amonestan a la generación para que mejoren su comportamiento y se pueda así mitigar el decreto. Incluso al amonestar al pueblo, los Tzadikim son muy cuidadosos en sellar y ocultar el juicio para que las fuerzas externas no se alimenten de allí, Dios no lo permita. Así, esos Tzadikim constituyen un sello - es decir, el "sello de los pies", el "sello interno". Más aún, esos "maestros de Dios" -aquellos que amonestan a la

Lección 22   10 Kislev

generación- aumentan la paz en el mundo, como está escrito, "Todos tus hijos serán los maestros de Dios y grande será la paz de tus hijos" (Isaías 54:13). Pues ellos van y median entre el pueblo judío y su Padre en el Cielo, para hacer la paz.

2. La única manera de recibir las amonestaciones y la instrucción moral proveniente de esos maestros que reprenden de verdad es a través de la fe, pues la fe constituye las "manos" con las cuales uno recibe esa instrucción. Esa fe es el segundo sello que se encuentra sobre el primer sello - es decir, es el "sello de las manos", el "sello exterior". Ese sello -es decir, la fe- debe ser cuidado con el mayor esmero, para que no sea dañado. Si llega a dañarse, Dios no lo permita, también puede dañarse el "sello interno" y existe el riesgo de que se destruya la paz del mundo, Dios no lo permita. Cuando la fe sufre un daño, Dios no lo permita, la persona se vuelve entonces hacia la herejía, hacia las falsas creencias y hacia la burla y el sarcasmo, y no oye siquiera el reproche. Debido a que se arruina la amonestación y la instrucción moral, se produce el exilio. Entonces la gente se ve forzada a vagar de un lugar a otro y el conflicto estalla en el mundo - lo opuesto a la paz. Se comprende por lo tanto que lo más importante es la fe. La fe es la esencia del "sello superior de la santidad" e incluye a toda la santidad, dado que cuando la fe está intacta, la persona puede oír y aceptar el reproche y la instrucción moral y volver a Dios, Quien tendrá compasión de ella. Es así que la fe salvaguarda a toda la santidad.

10 Kislev

3. Sólo acercándose a los verdaderos Tzadikim de la generación es posible alcanzar una fe perfecta. Porque son ellos quienes le traen a la generación la esencia de la fe judía. Esos Tzadikim incluyen en sí a todos los líderes de la generación y encarnan la fe y la santidad. El Tzadik más importante es aquel que cumpla la fe como un pastor cuida su rebaño, trabajando para rectificar el papel de Moisés, que es llamado el "pastor fiel", porque cuida la fe y llevarla hacia la perfección. Él es uno de

Lección 22   10 Kislev

los Siete Pastores presentes en cada generación (ver *Bava Metzía, Perek 7, Rabí Jia u-Banav*).

4. Sólo mediante la audacia es posible llegar hasta esos pastores y acercarse a la santidad, como afirmaron nuestros Sabios, de bendita memoria, "Sé audaz como un leopardo" (*Avot* 5:20), y como está escrito, "Con audacia los guiaste a Tu santa morada" (Éxodo 15:13). Pues existen pastores del Otro Lado que también son famosos y que fuerzan a la gente a someterse a su control. El poder de esos pastores proviene esencialmente de la osadía, dado que "La osadía es un reinado sin corona" (*Sanedrín* 105a). Son como perros en su osadía y están descritos en la frase, "El rostro de la generación es como el de un perro" (*Sotá* 49b) y en el versículo, "Los perros son osados... ellos son pastores" (Isaías 56:11). Consecuentemente, la única manera de escapar al dominio de esos pastores y enfrentar su osadía malvada es mediante una gran audacia; siendo muy audaces frente a su osadía. De manera similar, sólo mediante la audacia sagrada es posible escapar de todos los que obstruyen, atacan y se oponen, y acercarnos así a la verdad (ver *Shuljan Aruj, Oraj Jaim* 1).

5. De la misma manera, la persona debe actuar con una audacia sagrada consigo misma - en otras palabras, ante la osadía de su cuerpo que es muy osado y fuerte en sus deseos físicos y que no tiene vergüenza alguna delante de Dios. Debido a la osadía del cuerpo, el alma no puede acercarse a él para informarle de sus percepciones. Pues sin lugar a dudas, el alma de cada persona percibe y concibe constantemente las cosas más exaltadas - pero el cuerpo no sabe nada de ello pues el alma está muy alejada de él, dado que el cuerpo es muy osado y fuerte en sus deseos físicos.

Por lo tanto, es necesario ser muy compasivos con el cuerpo físico, ocupándose de purificarlo y de quebrar su osadía malvada engendrada por los deseos. Pues de esa manera el alma podrá acercarse al cuerpo y mostrarle todas las iluminaciones y concepciones espirituales que ha alcanzado, para que también el cuerpo pueda saber de ellas. Se requiere por lo tanto que la

Lección 22   11 Kislev

persona tenga una audacia sagrada para enfrentar la osadía del cuerpo. Esa audacia sagrada se manifiesta en sonidos sagrados - pues todos esos sonidos, así sea el sonido del clamar a Dios, el suspiro, el sonido del shofar, la canción, las voces de los verdaderos Tzadikim, o cualquier otro sonido sagrado, todos se encuentran en la categoría de audacia sagrada. Incluso el tintinear de las monedas para caridad es considerado audacia sagrada. Mediante todos esos sonidos se quiebra la osadía del cuerpo.

11 Kislev

6. La verdadera esencia de la persona -aquello a lo cual la persona hace referencia como "yo"- es el alma (*neshamá*), que es la esencia eterna de la persona. Sin embargo, el alma se encuentra extremadamente lejos de la carne y del cuerpo, debido a la osadía de este último en sus deseos físicos. Pero si se quiebra la osadía del cuerpo, el alma puede acercarse al cuerpo, dado que ya no corre el riesgo de quedar atrapada allí, en los placeres físicos de este último. Entonces, a través de los placeres del cuerpo, el alma puede retornar a su propio nivel y a sus propios placeres.

Todo esto es muy bueno para el alma, porque a veces el alma cae de su nivel y, si el cuerpo está limpio e iluminado, ella puede elevarse y retornar hacia su nivel original mediante los placeres del cuerpo. Pues dado que, en ese caso, también el cuerpo es bueno y recto y no está atrapado en los placeres físicos, el alma puede retornar a través de sus placeres hacia su nivel original.

Además, por medio de la impresión que ha quedado en el cuerpo debido a las luces con que el alma lo iluminó previamente, el alma puede ahora recordar su nivel anterior, ascender y retornar hacia donde estaba. Éste es el significado de "Desde mi carne veré a Dios" (Job 19:26) - específicamente, desde mi *carne*, significando que la persona verá desde su cuerpo y desde su carne las exaltadas concepciones que el alma está percibiendo constantemente. Mediante el sonido del suspiro -que es audacia sagrada- se quiebra la osadía del cuerpo y la esencia (*ETZeM*) se acerca y se une a la carne - o, en otras palabras, el alma se une al cuerpo. Éste es el significado profundo del versículo, "Por el sonido de mis suspiros, mi hueso (*ATZMi*, que también significa 'mi esencia') se pegó a mi carne" (Salmos 102:6).

7. De manera similar, también en la categoría general de los seres humanos existen los conceptos de "esencia" y de "carne". Pues el sabio verdadero es análogo al *ETZeM* ("hueso" o "esencia") y es el alma de aquellos que están por debajo de él. Ahora bien, cuando la gente es como "carne" frente al sabio que es el "hueso", puede oir entonces el sonido del suspiro -es decir, la voz del sabio- y ese sonido quiebra sus cuerpos. Como resultado, el sabio puede acercarse a ellos y, como se explicó en el versículo anterior, "Por el sonido de mis suspiros, mi hueso se pegó a mi carne".

Sin embargo, a veces predomina la osadía del Otro Lado, Dios no lo permita, tanto en el nivel individual como en el nivel colectivo. Consecuentemente, el sabio verdadero se mantiene muy lejos de la gente y es incapaz de iluminarla y de informarla de las asombrosas percepciones que tiene - dado que, debido a la osadía del Otro Lado, la gente no está íntimamente unida a él como "carne al hueso". Igualmente, en el nivel individual, el cuerpo está tan lejos del alma que tampoco es como "carne al hueso" y no oye en absoluto la voz de la santidad, aunque suspire y Le clame a Dios. Pues el cuerpo está tan lejos del alma que sólo oye un eco y con ese sonido no merece quebrar la osadía. De manera similar, en el nivel colectivo, la osadía de la gente no logra quebrarse mediante el sonido del suspiro y del reproche del sabio verdadero, pues la gente sólo escucha un eco.

Ese eco proviene del hecho de que cuando surge el sonido de santidad en respuesta a ello se despierta el sonido del Otro Lado. Este último es el clamor de los pecados de la persona que se despiertan y gritan sus acusaciones, Dios no lo permita. En ese caso hace falta servir y atender a las necesidades del sabio. Con ello, uno se vuelve como "carne" del sabio, uniéndose a él - y, como resultado, merece oír la voz del sabio, anulando así la audacia del Otro Lado. De manera similar, cuando el cuerpo sirve y atiende a las necesidades del alma, mediante el cumplimiento de las *mitzvot* prácticas, se une entonces al alma como "carne al hueso". A su vez, el cuerpo "oye" el sonido de sus suspiros y clamores y merece quebrar la osadía. Por medio de esto la persona se hace digna de llegar a una fe perfecta, que es la esencia de la santidad que recibe de los verdaderos Tzadikim de la generación.

12 Kislev

8. La audacia sagrada se alcanza mediante la alegría. Pues la alegría y el regocijo son la fuente principal de la audacia y del arrojo para acercarse al servicio a Dios, como en el versículo, "¡El regocijo en Dios es nuestra fortaleza, nuestra audacia!" (Nehemías 8:10).

9. La Torá y la plegaria son el medio para alcanzar la alegría, pues corresponden respectivamente a "haremos" -que es el concepto de lo revelado- y a "oiremos"- que es el concepto de lo oculto. Como enseñaron nuestros Sabios, "'Una eterna alegría en sus cabezas' (Isaías 51:11) - esto hace referencia a las dos coronas que fueron puestas sobre la cabeza de cada judío en el momento en que proclamaron sobre la Torá: '¡Haremos y oiremos!'" (Éxodo 24:7; *Shabat* 88a).

10. Ahora bien, cada persona tiene su propio e individual nivel de revelado y de oculto, de Torá y de plegaria. Y cada uno debe ascender constantemente de un nivel a otro y de un mundo espiritual a otro, para merecer alcanzar, una y otra vez, el subsecuente nivel de "haremos y oiremos". En otras palabras, la persona debe transformar su nivel de "oiremos", su concepto de "oculto", su "plegaria", sus "palabras de Torá que acompañan a

Lección 22   12 Kislev

cada mitzvá y con las cuales no se sabe cómo servir a Dios", su "Torá de Dios" tal cual está aludida en el versículo, "Las cosas ocultas son del Señor nuestro Dios" (Deuteronomio 29:28) - todo eso debe transformarlo en "haremos", su concepto de "revelado", su "Torá," el concepto de "su Torá" como opuesto a la "Torá de Dios". En ese punto, cuando se vuelve revelado aquello que estaba oculto, etcétera, alcanza un nivel más elevado de "oiremos", un nivel más elevado de cosas que están ocultas para ella.

Pues cuando la persona se eleva al siguiente nivel, lo que antes era su "oiremos" se transforma ahora en su "haremos", y recibe entonces otro nivel, superior, de "oiremos". Ese proceso se repite una y otra vez, en la medida en que se asciende de un nivel a otro. La persona debe estudiar Torá y rogarle mucho a Dios, hasta que Dios le revele lo que está oculto y ello se vuelva revelado. Luego, deberá seguir orando hasta que también le sea revelado el siguiente nivel de "oculto". De esa manera y a cada instante, la persona debe pasar de un nivel a otro nivel, cada vez más elevado, rogándole constantemente a Dios que le permita aprehender el subsecuente nivel de "oculto" - hasta alcanzar el punto del principio de la creación que es el comienzo del mundo superior de *Atzilut* (Cercanía).

También allí existen esos niveles de "haremos" y de "oiremos". Sin embargo, el nivel de "haremos" que hay allí corresponde a la "Torá de Dios" en sentido absoluto. Pues en cada mundo y en cada nivel la "Torá de Dios" que existe allí es llamada de esa manera sólo en sentido figurativo. Es llamada "Torá de Dios" debido a que está oculta de la persona - pero cuando la persona alcanza el nivel subsecuente, lo que era "Torá de Dios" se transforma entonces en "su Torá". Pero, por otra parte, el nivel de "oiremos" que se halla al comienzo de Atzilut es en verdad la "Torá de Dios", dado que en ese punto, no hay nada más elevado - sólo lo que es literalmente la "Torá de Dios". Después de ello, la persona se incluirá en el Infinito y entonces su "haremos" literalmente será la "Torá de Dios" y su "oiremos" será la "plegaria de Dios". Así, "su Torá" será literalmente la "Torá de Dios" y "su plegaria" será literalmente la "plegaria de Dios".

En verdad existe la "Torá de Dios", como afirmaron nuestros Sabios, de bendita memoria, "Yo [dice Dios] la cumplí [i.e., la Torá] primero" (Ierushalmi, Bikurim 3:3). De la misma manera, también hay algo así como la "plegaria de Dios", como afirmaron nuestros Sabios, de bendita memoria, "¿Cómo sabemos que el Santo, bendito sea, ora? Porque está escrito, 'Yo los haré alegrar en Mi casa de plegaria'" (Isaías 56:7; Berajot 6a). Al pasar de un nivel a otro, se alcanza la alegría.

13 Kislev

11. Sin embargo, la perfección de la alegría se logra mediante el temor a Dios, como está escrito, "Regocíjate con temor y temblor" (Salmos 2:11). El temor a Dios está asociado, a su vez, con la vergüenza, que hace que la persona sienta temor y embarazo de pecar delante de Dios, Dios no lo permita, como enseñaron nuestros Sabios, de bendita memoria (Nedarim 20a) - pues la vergüenza es una cualidad realmente valiosa. Esa [asociación entre el temor y la vergüenza también está aludida en la primera palabra de la Torá,] BeRESHIT (En el comienzo), [cuyas letras pueden ordenarse para deletrear] IaRE BoSHeT (temor-vergüenza) (Tikuney Zohar #2). Estas dos cualidades están íntimamente relacionadas con el concepto de la plegaria, tal cual se alude en el versículo, "El temor a Dios será alabado" (Proverbios 31:30). Pues la persona llega a la plegaria gracias, principalmente, a las cualidades del temor y de la vergüenza. Entonces es capaz de orar con una concentración y una sinceridad perfectas y ello incluye a todo lo demás.

[Se alcanza la plegaria perfecta -es decir, la capacidad de orar con una concentración perfecta- a través del temor y de la vergüenza delante de Dios. A su vez, también con ello se logra todo lo anterior -es decir, alegría y audacia sagrada- mediante lo cual uno entra en la santidad y se acerca a los verdaderos Tzadikim, para recibir de ellos una fe completa y perfecta. Con esto, uno merece las "manos" para recibir el reproche de aquellos que "amonestan a la generación". (En otras palabras, dado que uno tiene fe en

Lección 22   13 Kislev

los Tzadikim, acepta su amonestación aunque sea hecha de una manera humillante). Entonces se eliminarán del mundo la discordia y el conflicto, habrá paz entre el pueblo judío y su Padre en el Cielo, y la santidad será sellada con un "sello dentro de un sello". Todo esto se logra mediante la plegaria, pues la plegaria "incluye a todo"].

12. Se enseñó, "*Bereshit* (En el comienzo) - ésta es una declaración" (*Zohar* II, 177) - significando una "declaración completa". Esto explica por qué la fe es llamada *Ierushalaim* (Jerusalén), dado que la fe se construye principalmente a través de *BeRESHIT* [que tiene las mismas letras que] *IaRE BoSHeT* (temor-vergüenza); y éste último es el concepto de *IRa SHaLeM* (temor completo), [que contiene las mismas letras que *IeRuSHaLaiM*], una "declaración completa". Surge entonces que la principal construcción de la fe se efectúa a través del temor a Dios, que está asociado con el concepto de una "declaración completa" y con el concepto de la plegaria. Pues mediante la plegaria, uno alcanza todo lo que ha sido tratado más arriba [es decir, "haremos" y "oiremos", la "Torá de Dios", etc.], y de esa manera se logra la alegría. Mediante la alegría la persona merece alcanzar la audacia; mediante la audacia es posible acercarse a los Siete Pastores; y al acercarse a ellos, se alcanza la fe, que es *Ierushalaim*, la "ciudad fiel" (Isaías 1:21).

13. Pero cuando la persona desea dejar un nivel y ascender al nivel siguiente, debe inevitablemente experimentar alguna clase de caída previa al ascenso, dado que "El propósito de la caída es el ascenso que le sigue". Ése es el significado de la enseñanza, "'Que este obstáculo esté bajo tu mano' (Isaías 3:6) - esto hace referencia a las palabras de Torá que la persona no comprende con claridad hasta no tropezar con ellas" (*Shabat* 120a; *Guitin* 43a). El "obstáculo" referido aquí es el descenso. A partir de esto, cada uno puede llegar a comprender lo necesario de fortalecerse con gran determinación en el servicio a Dios y nunca perder la esperanza, sin importar cuántas caídas y descensos pueda experimentar. Pues si se fortalece y recurre a todas sus energías, para no abandonar frente a esas caídas, no importa lo que pueda llegar a sucederle, entonces, finalmente merecerá que todos sus descensos se transformen en grandes ascensos. Pues "El

propósito de la caída es el ascenso". Hay mucho para decir sobre esto, pues cada persona, habiendo caído allí adonde ha caído, imagina que estas palabras no están dirigidas a ella, sino a la gente de niveles más elevados, quienes están constantemente ascendiendo de un nivel a otro. En verdad, debes saber y creer que todas estas palabras también están dirigidas al más pequeño de los pequeños - porque Dios es bueno para todos, en todo momento.

14 Kislev

14. Como resultado del orgullo, la persona es llevada en cautiverio, como afirmaron nuestros Sabios, de bendita memoria (*Meguilá* 13b).

15. El rasgo de la osadía-audacia es extremadamente malo - pues "Los desvergonzados están destinados al Gueinom" (*Avot* 5:20)- a no ser que sea utilizado en aras de la santidad. Esto es particularmente así cuando la persona se comporta de manera desvergonzada con la gente temerosa de Dios y demás. Se enseñó que Abraham, nuestro padre, canjeó todos los castigos debidos a los pecados [penados con el Gueinom] por el yugo bajo las otras naciones (ver *Bereshit Rabah* 44:21) - sin embargo, el castigo por la osadía sigue siendo exclusivamente el Gueinom. Pero es necesario saber que, así como esa clase de osadía es un rasgo extremadamente malo, al mismo tiempo, uno debe tener audacia sagrada como para poder enfrentarse a las personas descaradas de cada generación que impiden que la gente se acerque al verdadero Tzadik y no la dejan entrar en la santidad. Pues sólo es posible ingresar a la santidad mediante la audacia, como está indicado en la afirmación de nuestros Sabios, de bendita memoria, "La Torá sólo le fue dada al pueblo judío debido a su audacia" (*Beitza* 25a; ver también más adelante, Lección #147).

16. Los dos sellos mencionados anteriormente -es decir, el "sello dentro de un sello"- se establecen y se rectifican en Iom Kipur

Lección 22 15 Kislev

y en Hoshana Rabah, como es sabido a partir de los escritos del Ari. Esa rectificación se logra por medio de los sonidos sagrados antes mencionados, pues es precisamente en esos días que el pueblo judío clama con sonidos de santidad. Por lo tanto, *TiSHRei* [el mes en que caen Rosh HaShaná, Iom Kipur, Sukot y Hoshana Rabah] tiene el valor numérico de dos veces la palabra "sello", con dos unidades más agregadas por las dos palabras mismas. Tishrei es también llamado "el mes de los poderosos" (Reyes I, 8:2), por el hecho de estar asociado con la fuerza y la audacia. En ese mes, hacemos sonar el shofar, cuyo sonido también es el concepto de la audacia sagrada. Mediante los sonidos del shofar, al igual que mediante todos los otros sonidos sagrados, se quiebra la osadía del Otro Lado, tanto en el nivel individual como colectivo. De acuerdo a ello, Tishrei es un tiempo de alegría para el pueblo judío, dado que es a través de la alegría que uno alcanza la audacia sagrada, como está escrito, "¡El regocijo en Dios es nuestra fortaleza, nuestra audacia!" (Nehemías 8:10). Más aún, este versículo hace referencia especialmente a Rosh HaShaná (ver Rashi, *ad loc.*).

15 Kislev

17. Uno debe sentir verdadera vergüenza delante de Dios al hacer algo que esté en contra de Su voluntad, Dios no lo permita, y ni mencionar si comete algún pecado u otra transgresión, Dios no lo quiera. Si uno no posee esa vergüenza sagrada en este mundo, será avergonzado más tarde en el Mundo que Viene - y ello es más duro aún que todos los otros castigos. Pues el dolor de la vergüenza experimentado en el futuro es excesivamente grande - más grande aún que el castigo más amargo del Gueinom mismo, que Dios nos proteja. Incluso entre los Tzadikim, cada Tzadik sentirá vergüenza frente a un compañero que haya alcanzado un nivel espiritual superior al suyo. Nuestros Sabios, de bendita memoria, dicen con respecto a ello, "¡Ay! ¡Qué vergüenza! ¡Ay! ¡Qué deshonra!" (*Bava Batra* 75a). ¡Cuánto más aún serán avergonzados los pecadores, Dios no lo permita! Es simplemente imposible imaginar en este

Lección 23   16 Kislev

mundo el enorme dolor y la amargura de esa vergüenza en el Mundo que Viene, que Dios nos salve. Sin embargo, si la persona posee vergüenza sagrada merecerá entonces la plegaria, la alegría y la audacia sagrada, se hará digna de acercarse a los verdaderos Tzadikim, quedará incluida en ellos y recibirá de ellos una fe absolutamente completa y perfecta.

23 - "Has ordenado juicios justos"
(Salmos 119:138)

1. Existe un rostro de santidad - un rostro radiante, el aspecto de la vida, como está escrito, "En la Luz del rostro del Rey hay vida" (Proverbios 16:15). Ese rostro también está asociado con la alegría. Esos tres conceptos están conectados con la verdad y con la fe; mediante estas últimas dos cualidades uno merece una larga vida. Por el contrario, la mentira acorta los días de la persona, dado que la mentira está identificada con el rostro oscurecido, el rostro del Otro Lado, con la depresión, la idolatría y con otros dioses - todo lo cual está asociado con la muerte y la tristeza, que Dios nos salve.

16 Kislev

2. La gente que sucumbe a la pasión por el dinero; que no cree que el Santo, bendito sea, puede sustentarla con sólo un mínimo esfuerzo de su parte; que corre detrás de la subsistencia con enorme fervor; que "come su pan en la tristeza" (cf. Génesis 3:17) y que está llena de melancolía y depresión - esas personas están unidas al rostro del Otro Lado, el rostro oscurecido, la melancolía, la tristeza y la muerte, que Dios nos salve. Por otro lado, aquellas personas que llevan a cabo sus negocios con fidelidad; que están satisfechas con lo que poseen; que verdaderamente saben y creen con una fe perfecta que el sustento y la riqueza sólo provienen de Dios, y que Dios simplemente quiere que hagan algún mínimo esfuerzo para ganarse el sustento, aunque el sustento y el dinero provengan esencialmente sólo de Dios - esas personas están unidas a la luz

Lección 23   17 Kislev

del rostro de la santidad, a un rostro radiante, que es vida y alegría.

3. La persona que está hundida en el deseo de dinero, algo que es equivalente a la idolatría, no venera solamente a un ídolo, sino que sirve a todos los ídolos de las setenta naciones gentiles. Pues todas las idolatrías de las setenta naciones se basan en el dinero - lo que explica por qué las naciones idólatras tienen grabada en su moneda la imagen de su dios. En Su lamento por aquellos que han sucumbido a la pasión por el dinero, la Presencia Divina emite dos veces setenta clamores - es decir, ciento cuarenta clamores, correspondientes al valor numérico de *MaMON* (dinero), agregando una unidad más por cada una de las cuatro letras de la palabra. La Presencia Divina clama dos veces setenta (y no sólo una vez setenta) pues cada forma de idolatría incluida en el deseo de dinero despierta dos clases de clamores - es decir, "¡Mi cabeza está pesada!" y "¡Mi brazo está pesado!" (*Sanedrín* 46a). Cada uno de esos dos clamores es entonado setenta veces para corresponder a los setenta clamores de la parturienta cuando atraviesa los dolores de parto; ella debe clamar setenta veces antes de dar a luz (ver más arriba, Lección #21). Por lo tanto, dijeron nuestros Sabios, "Ganarse el sustento es dos veces más difícil que dar a luz" (*Pesajim* 118a).

17 Kislev

4. Antes de poder obtener alguna ganancia financiera se deberá atravesar y experimentar el sendero de esos ciento cuarenta clamores y ser probado y refinado allí. Es necesario clamar mucho y orarle a Dios para poder superarlos en paz y verse libre de ellos. Pues en verdad, toda ganancia puede ser denominada "nacimiento" y todo influjo de abundancia sólo desciende al mundo al quebrar el deseo de dinero. Quebrar el deseo de dinero, a su vez, es el concepto de la verdad, el concepto de "La verdad se mantiene" (*Shabat* 104a). Como dijeron nuestros Sabios, de bendita memoria, "'El sustento que está a sus pies' (Deuteronomio 11:6) - ello hace referencia al dinero de la persona, que la hace sostenerse sobre sus pies" (*Pesajim* 119a). Y

Lección 23 17 Kislev

la persona se sostiene sobre sus pies mediante la verdad como en, "La verdad se mantiene".

Por otro lado, "La mentira no se sostiene" (*Shabat* 104a), dado que la mentira es idolatría, que es lo mismo que la pasión por el dinero, como han dicho nuestros Sabios, de bendita memoria, "Cuando la persona no cumple con su palabra, es como si hubiese adorado a un ídolo" (*Sanedrín* 92a). Así, mediante la mentira -que es la pasión por el dinero- la persona carece de subsistencia y de sustento, pues la idolatría es "otro dios, un eunuco, que no da frutos" (*Zohar* II, 103). En otras palabras, [todos los "frutos" cosechados por la gente que está hundida en la pasión por el dinero no son más que] una mentira - ellas se imaginan que están obteniendo ganancias, pero esas no son ganancias y corren detrás del dinero con enorme energía. Más aún, incluso si poseen temporalmente dinero, en verdad, su dinero no es dinero en absoluto. Porque no disfrutan para nada de él, dado que no pueden satisfacer sus ansias en la vida. Cuanto más dinero hacen, más sienten que les falta. Entonces, más tarde, mueren como deudores. Por lo tanto, es imposible atraer un influjo de abundancia hacia el mundo y hacer dinero -es decir, dinero santo, mediante el cual la persona está "satisfecha con su porción", que es el verdadero significado de la riqueza, como dijeron nuestros Sabios, de bendita memoria (*Avot* 4:1)- excepto quebrando el deseo de dinero. Esto está conectado con el concepto de la verdad, pues la persona debe llevar a cabo sus negocios con veracidad y fidelidad, debe quebrar y anular todos los persistentes pensamientos sobre el dinero y todos esos deseos que se agolpan al dedicarse a los negocios. En su lugar, toda su intención al hacer dinero sólo debe ser en aras de Dios, para ser capaz de servirlo con el dinero que obtenga, para dar caridad, para mantener a aquellos que sirven a Dios en el estudio de la Torá y en la plegaria, para educar a sus hijos en el estudio de la Torá y para poder llevar a cabo otras *mitzvot*.

Lección 23 — 18/19 Kislev

18 Kislev

5. Debes saber que mediante la pureza sexual la persona es rescatada del rostro del Otro Lado, que es la pasión por el dinero, la idolatría, la oscuridad, el rostro oscurecido y la muerte. En su lugar, se une a la Divinidad, como está escrito, "Desde mi carne veré a Dios" (Job 19:26). Tal persona está "saciada de alegría, con el Rostro de Dios", pues "La Luz del Rostro del Rey, que es vida" irradia y brilla sobre ella. Lo más importante es acercarse a los verdaderos Tzadikim, quienes mantienen esa clase de pureza con absoluta perfección; entonces la persona se verá libre del deseo de dinero.

6. Por lo tanto, cuando la gente se opone al verdadero Tzadik, el Santo, bendito sea, que desea eliminar a los enemigos del Tzadik, los hace caer en el ansia de dinero - pues no hay mayor caída que ésa, que Dios nos salve. El principio general es que, cada vez que hay un conflicto entre los judíos, todo aquel que posea un nivel más elevado de pureza sexual podrá hacer caer en el deseo de dinero a su oponente. Ello se debe a que los judíos son llamados "Tzadikim", dado que están circuncidados (*Zohar* I, 93a) [y así, en cierta medida, también ellos tiene la misma capacidad que los Tzadikim]. Sin embargo, el paradigma de este principio es que el Tzadik verdadero, que mantiene la pureza sexual en absoluta perfección, y también todos aquellos que están cerca de él, puede hacer caer de su nivel a sus oponentes - y al caer se hunden en el deseo de dinero. Por lo tanto, es necesario ser extremadamente cuidadosos al enfrentar la oposición de otras personas y evitar sucumbir al deseo de dinero, Dios no lo permita; [pues es posible que la persona que se nos oponga represente el rostro de santidad en comparación con uno mismo y que, por lo tanto, nuestro adversario tenga el poder para hacernos caer en el deseo de dinero].

19 Kislev

7. El deseo de dinero está descrito en el versículo, "He

Lección 23   19 Kislev

encontrado a la mujer más amarga que la muerte" (Eclesiastés 7:26). Ese deseo está asociado con el bazo; con *Lilit* [la fuerza de impureza espiritual de la inmoralidad sexual], quien es la madre de la multitud mezclada; y con el juego de un idiota. Pues todo el dinero y los bienes de esos ricos que no se comportan como debieran, que no dan la suficiente caridad considerando la riqueza que poseen, y que están atrapados en el amor por el dinero - todo su dinero y toda su riqueza son como el juego de un idiota. Inicialmente, su dinero juega con ellos, como uno divierte a un niño con monedas, pero subsecuentemente, el dinero los mata. Ése es el significado de la enseñanza, "'El juego del idiota' - ¿quién es el idiota? Es otro dios... es la difteria que aflige a los niños malos. Ella les sonríe con la riqueza en este mundo y seguidamente los mata. Y, ¿por qué son llamados 'niños'? Porque no tienen la sabiduría como para huir. Pero el corazón que comprenda huirá de allí. Ése es el Tzadik. El secreto subyace en el versículo, 'Aquél que es bueno delante de Dios escapará de ella, y el pecador será atrapado'" (Eclesiastés 7:26; *Tikuney Zohar,* Agregado #3, p.140a).

La explicación de esto es que el verdadero Tzadik, que es digno de la sabiduría y del conocimiento, sabe cómo salvarse de la pasión por el dinero. Pues incluso los grandes requieren de una tremenda sabiduría y conocimiento cuando se trata de la lucha por el dinero y por el sustento, para no malgastar y derrochar sus vidas corriendo tras ello, Dios no lo permita. Sin embargo, la mayor parte del mundo está atrapado en esa trampa (ver *Bava Batra* 165b; "La mayor parte de la gente es culpable de robo", donde Rashi explica, "Encuentran sutiles justificaciones y caen en la prohibición de no robar") y consecuentemente, sufren de una terrible amargura durante todas sus vidas, perdiendo en ello ambos mundos.

Es necesario saber que este mundo está repleto de ilimitada amargura -denominada "La amargura del mundo" (*Zohar* I, 241b)- y la esencia de esa amargura es la preocupación, la lucha y el ansia de dinero y de sustento que resulta del hecho de que la persona ha dañado su pureza sexual, que Dios nos salve. Si no

Lección 23 20 Kislev

fuese por el poder de los grandes Tzadikim que realmente cuidan la pureza sexual -aquellos que son llamados "el pacto eterno de sal"- el mundo no podría existir en absoluto, debido a esa enorme amargura, que es el deseo de dinero. Por lo tanto, cada uno, en la medida en que merezca acercarse a los verdaderos Tzadikim, endulzará para sí esa amargura. Sin embargo, la persona que está lejos de los Tzadikim y lejos de la pureza sexual, tal como cada uno lo sabe en su propio corazón -y que por supuesto también ataca y se opone al verdadero Tzadik y a sus seguidores, Dios no lo permita- esa persona se verá abrumada más y más por la amargura del mundo, que es la lucha por el dinero y la preocupación que ello conlleva, hasta que esto termine consumiendo toda su vida, que Dios nos salve.

Presta cuidadosa atención a estas palabras, porque muchas almas se han hundido de esta manera. Quizás puedas huir hacia el verdadero Tzadik, salvándote de las turbulentas aguas de la pasión por el dinero que sigue al deseo de inmoralidad sexual, para que la inundación no te arrastre. Entonces habrás salvado tu vida y serás digno de la verdadera vida en este mundo y en el Mundo que Viene.

20 Kislev

8. Y el sustento en santidad está descrito en el versículo, "Aquel que encuentra una mujer ha encontrado el bien", (Proverbios 18:22) - que es el aspecto del verdadero Tzadik, como está escrito, "Dí del Tzadik que es bueno" (Isaías 3:10). Para explicar: El sustento es análogo a una mujer, como se evidencia en la afirmación de nuestros Sabios, de bendita memoria, "Cuando alguien interfiere con el sustento de otra persona, es como si yaciera con su esposa" (Sanedrín 81a), y el bien está identificado con la luz, como está escrito, "La luz era buena" (Génesis 1:4). Esa luz es la "Luz del Rostro", que es la fe en Dios, como está escrito, "Dios brillará sobre ti" (Isaías 60:2). La Fe, a su vez, es el concepto del "después de los días", dado que todos los otros rasgos de carácter se basan en ella, como dijeron nuestros Sabios, de

bendita memoria, "Vino Habakuk y las apoyó en un solo fundamento: 'El Tzadik vivirá por su fe'" (Habakuk 2:4; *Makot* 24a). La fe es el fundamento y la raíz de toda la santidad, y es mediante la verdad que la persona llega a la fe. Específicamente, ésta es la fe con la cual la persona lleva a cabo sus negocios con fidelidad, y esta fe se merece al fortalecerse y acercarse al verdadero Tzadik.

9. Además, al cumplir con la mitzvá de la mezuzá, se anula el deseo y la atracción por el dinero, y el sustento de la persona "vuela hacia ella", llegándole fácilmente. Esto se encuentra aludido en la enseñanza de nuestros Sabios, de bendita memoria, "Los Diez Mandamientos están aludidos en el *Shemá* y en el décimo mandamiento, 'No codiciarás', correspondiente a 'Las escribirás en las jambas de las puertas de tu casa'" (*Ierushalmi, Berajot* 1:5) - pues mediante la mitzvá de la mezuzá, se anula el amor por el dinero. Por ese motivo, la mezuzá se coloca en el tercio superior de la jamba de la puerta (*Shuljan Aruj, Iore Dea* 289:2). Pues dijeron nuestros Sabios, de bendita memoria, "La persona debe siempre dividir su dinero en tercios - un tercio en los negocios, un tercio en tierras y un tercio en efectivo" (*Bava Metzía* 24a). El tercio superior de la jamba de la puerta corresponde al tercio invertido en los negocios, como afirmaron nuestros Sabios, de bendita memoria, "Cincuenta produciendo es mejor que doscientos sin hacer nada" (*Ierushalmi, Peá* 8:8) [así, el tercio invertido en los negocios es el más productivo - es decir, el "tercio superior"]. La esencia de la fe de una persona está en cómo conduce sus negocios, como dijeron nuestros Sabios, de bendita memoria, "Cuando la persona se enfrenta al juicio, le preguntan, '¿Llevaste a cabo tus negocios con fidelidad?'" (*Shabat* 31a). Surge que el "tercio superior" es el área de los temas monetarios que más necesita de la fe - es decir, el tercio que está invertido en los negocios.

10. Con respecto a las *mitzvot* que la persona realiza sin gastar de su dinero -es decir que no quiere gastar dinero para llevar a cabo la mitzvá- esas *mitzvot* carecen de perfección, dado que ello no es aún un aspecto de la fe. Pero cuando la mitzvá le es

Lección 23 21 Kislev

tan valiosa que no le preocupa la pérdida monetaria que conlleva y gasta su dinero libremente - eso es llamado fe. Pues la fe se encuentra primordialmente en el dinero -específicamente, cuando la persona quiebra su deseo de dinero- que es donde está el rostro de santidad.

21 Kislev

11. En cuanto a aquellos que están hundidos en el deseo de dinero, cuanto más dinero tienen, más tristes, deprimidos y preocupados están, como dice la enseñanza, "Cuanto más dinero, más preocupaciones" (Avot 2:7). Es así que el dinero acorta y consume los días de esas personas y, en verdad, toda su vida, dado que nada desgasta más la vitalidad que la preocupación y la tristeza, como es bien sabido por los estudiosos de la salud. De esa manera, la persona está unida al "rostro del Otro Lado", a otros dioses, a la muerte, a la depresión y a la idolatría, que es llamada una deuda u obligación (ver Rashi sobre Génesis 14:15) pues lleva todo hacia el lado de la deuda; dado que todos aquellos que se aferran a ese deseo están en deuda constante. Podemos ver cómo esa carga cuelga de sus cuellos al punto en que, no satisfechos con el dinero que poseen, toman prestado de los demás. Imaginan que están obteniendo grandes ganancias y, subsecuentemente, mueren sumidos en la deuda. Y si no mueren como deudores en el sentido literal de que en verdad están debiendo dinero a otra gente, sin embargo son deudores de sus deseos idólatras y de sus ansias de grandes riquezas.

Podemos observar también que incluso la gente que tiene suficiente dinero como para vivir -en verdad, incluso los ricos y los enormemente acaudalados- aun así malgastan sus días corriendo con gran esfuerzo detrás de las ganancias. Se exponen a empresas peligrosas, viajan frecuentemente de un lugar a otro y soportan grandes dificultades y problemas en aras del dinero, como si tuviesen una enorme deuda que cuelga de sus cuellos. En realidad, la única deuda que tienen es con ellos mismos -es decir, con sus ansias, con su idolatría- dado que están tan

Lección 24   22 Kislev

poseídos por el deseo de dinero que ello es como si tuvieran una gran deuda. Son deudores a lo largo de toda la vida y mueren siendo deudores - de su propio deseo. Pues todos sus días no son suficientes para pagar la deuda que tienen con su deseo, dado que el ansia de dinero no tiene límites, como en, "La persona fallece con sólo la mitad de sus deseos satisfechos" (*Kohelet Rabah* 1:34). Toda esta idea está expresada en el versículo, "Ellos no vivirán la mitad de sus días", pero "yo confiaré en Ti" (Salmos 55:24). En otras palabras, la persona sumida en el deseo de dinero no confía en Dios, dado que adora a un ídolo; pero "yo confiaré en Ti", que Tú me proveerás de mi sustento incluso con un mínimo esfuerzo de mi parte, y yo estaré satisfecho con mi porción y no caeré en el deseo de dinero.

12. De hecho, hay otra manera de rectificar el deseo de dinero y es contemplar la fuente de la cual fluyen el dinero y el influjo de abundancia hacia el mundo. Al contemplar esto se anula el deseo. Ello se debe a que allí, en su fuente, ese influjo es enteramente puro, una luz etérea y un placer espiritual; sólo se vuelve corpóreo más abajo, en este mundo. Y, ¿quién será tan tonto como para dejar tal lugar y arrojar a un lado los deleites espirituales en favor del placer material? Sin embargo es imposible contemplar ese lugar sin haber logrado antes la pureza sexual, como está escrito, "Desde mi carne veré a Dios" (Job 19:26). En otras palabras, santificando la "carne" se hace posible contemplar la Divinidad. Es por ello que la pureza sexual es la principal rectificación del deseo de dinero; purificándose de esa manera la persona no sucumbe al deseo de dinero.

22 Kislev

24 - "¿Dónde está el centro del universo?"
(*Bejorot* 8b)

1. Debes saber que existe una luz más elevada que el *Nefesh*, el *Rúaj* y la *Neshamá* (el alma inferior, el espíritu y el alma superior). Ésa es la luz del Infinito, bendito sea. Y aunque el

Lección 24   22 Kislev

intelecto no puede aferrar esa luz, sin embargo, la mente corre constantemente tras ella. Al llevar a cabo las *mitzvot* con alegría, la persona se hace digna de comprender esa luz a través de la combinación de "perseguir y limitarse", de modo que simultáneamente "la alcanza y no la alcanza". "De esa manera, se forman Nueve Cámaras que no son luces ni espíritus ni almas. No hay nadie que pueda comprenderlas... no es posible aferrarlas ni conocerlas" (Zohar I, 65a). ¡Feliz la persona digna de que su pensamiento corra detrás de esos conceptos, aunque el intelecto no pueda aprehenderlos debido a que no son alcanzables ni posibles de conocer! Esa percepción es el objetivo final de todo, tal cual está descrito en la enseñanza, "La culminación de todo conocimiento es saber que no sabemos nada".

2. Al cumplir con las *mitzvot* con alegría, la santidad alcanza su plenitud y se eleva la vitalidad y la santidad atrapada en las fuerzas de la impureza. Por lo tanto, al realizar una mitzvá con alegría, se eleva a la Presencia Divina desde las fuerzas de la impureza.

3. Es necesario mantenerse lejos, muy lejos de la depresión, pues las fuerzas de la impureza están íntimamente ligadas a la depresión y corresponden al poder del juicio severo. . Cuando prevalece la depresión ello constituye, en efecto, el exilio de la Presencia Divina, dado que la Presencia Divina es la alegría del pueblo judío, como está escrito, «Alegre madre de los niños» (Salmos 113:9). La alegría es el factor principal para neutralizar a las fuerzas de la impureza y elevar la santidad.

4. Por medio de la ofrenda de incienso, la persona extrae la vitalidad de entre las fuerzas de la impureza y merece la alegría, como está escrito, «El incienso alegra el corazón» (Proverbios 27:9). Por lo tanto, es necesario recitar con una gran concentración el pasaje que describe la ofrenda de incienso en las plegarias de la mañana y de la tarde. Pues la ofrenda de incienso es el medio principal para elevar a todas las chispas de santidad desde las profundidades de las fuerzas

Lección 24   23 Kislev

de la impureza, y mediante ello se alcanza la alegría.

5. Cuando se realiza una mitzvá, ésta tiene el poder de ir y despertar a todos los mundos al servicio a Dios. Consecuentemente, descienden bendiciones sobre todos los mundos - siendo el intelecto la principal bendición que fluye de arriba. Sin embargo, la forma que tome ese intelecto al descender dependerá de la voluntad en particular de la persona. Por lo tanto, aquel que esté interesado en el bienestar de su alma deberá dirigir su voluntad de la manera apropiada para atraer esa bendición de intelecto. También es necesario introducir la fe en esa bendición de intelecto, dado que, como es sabido, no se debe recurrir exclusivamente al intelecto.

23 Kislev

6. Mediante la esencia interna de esas bendiciones hechas descender por las *mitzvot* que la persona lleva a cabo con alegría, también recibe bendiciones la facultad de ordenar y de organizar de la mente. Esa facultad es el nivel de *KeTeR*, que denota la idea de «esperar», como en, «Espérame (*KaTaR*) y hablaré contigo» (Job 36:2). Pues cuando se le hace a alguien una pregunta que involucra el intelecto, la persona dice, «Espera un momento hasta que organice mi mente». Allí también en el nivel de Keter, la persona necesita de la fe.

7. Esa facultad, que es el nivel de Keter, se encuentra frente a la mente, como una barrera y la bloquea en su búsqueda. Pues la mente corre, persiguiendo la luz del Infinito, bendito sea, y la facultad de ordenar y de organizar de la mente forma una barrera entre la mente y la luz del Infinito. Como resultado de esas dos fuerzas opuestas -la persecución y la simultánea limitación- la mente golpea contra la barrera, que es la facultad de ordenar y de organizar. Cuando la persona construye y rectifica esa facultad de modo que Keter se encuentra en su estado apropiado, entonces esa combinación de «perseguir y limitarse» da como resultado la formación de Nueve Cámaras

mediante las cuales es posible aferrar la luz del Infinito en la forma de «alcanzar y no alcanzar». En otras palabras, la persona persigue la luz del Infinito y se acerca para aferrarla, pero no se acerca ni la aferra. El motivo por el cual se forman específicamente Nueve Cámaras es que la combinación de perseguir y golpear la barrera produce los diferentes aspectos de la mente incluidos el uno en el otro. Pues hay tres aspectos de la mente y [como resultado de toda esa dinámica], cada uno de ellos llega a incluir a los tres. Tres veces tres da como resultado nueve - es decir, las Nueve Cámaras. Todo esto se merece al llevar a cabo las *mitzvot* con alegría.

8. La alegría es el principal factor en la elevación de la santidad. En el futuro, las fuerzas de la impureza serán completamente anuladas debido a la enorme alegría que prevalecerá y el pueblo judío dejará el exilio con regocijo, como está escrito, «Pues con alegría saldrán» (Isaías 55:2). No sólo eso, sino que mediante los gentiles y en contra de su voluntad, serán anuladas las fuerzas de la impureza. Pues los mismos gentiles -y con sus propias manos- sacarán a la Casa de Israel del exilio debido a la gran alegría que entonces prevalecerá, como está escrito, «En ese tiempo, los gentiles dirán que Dios hizo grandes cosas con nosotros... estamos contentos» (Salmos 126:2-3). Que suceda pronto y en nuestros días. Amén, que así sea Su voluntad.

24 Kislev

25 - "Muéstranos algo"
(*Bejorot* 8b)

1. Es necesario salir de la imaginación (*medamé*) y elevarse hacia el intelecto (*sejel*). De este modo no se correrá detrás de los deseos imaginarios -es decir, los deseos animales- sino que se seguirá al intelecto. Pues el intelecto rechaza absolutamente todos los deseos corporales, siendo éstos lo opuesto del intelecto. Esos deseos sólo existen en la imaginación, que es una facultad animal, pues también los animales poseen la facultad de la imaginación y también ellos tienen esos deseos.

Éste es el motivo por el cual, en épocas del Santo Templo, la persona colocaba las manos sobre el sacrificio antes de ofrecerlo, debiendo confesar en ese momento todos sus pecados. Pues los pecados son productos de la imaginación. Al colocar las manos sobre el animal y confesar sus pecados, éstos, junto con la facultad imaginativa, se transferían al animal, que corresponde a la imaginación. Inmediatamente después venía el ritual del sacrificio, donde el animal era faenado; mediante esa acción, se subyugaba y se quebraba a la imaginación. Éste es el significado del versículo, "Los sacrificios a Dios son un espíritu quebrantado" (Salmos 51:19) - es decir, que los sacrificios son una y la misma cosa que quebrar la imaginación.

Por lo tanto, es principalmente del Santo Templo, lugar al que se llevaban los sacrificios, de donde surge la fuente de sabiduría - dado que uno se hace digno de la sabiduría precisamente al quebrar la imaginación. Cuando se reconstruya el Santo Templo, se cumplirá el versículo, "Una fuente surgirá de la Casa de Dios" (Ioel 4:18). Que sea pronto y en nuestros días. Amén.

Todo esto también corresponde al *shamir*, que desapareció con la destrucción del Santo Templo (*Sotá* 48a). [El *shamir* era una especie de gusano capaz de horadar las rocas. Fue utilizado en la construcción del Santo Templo para cortar las piedras en lugar de utilizar implementos de hierro, dado que las herramientas que podían ser usadas para la guerra y para el derramamiento de sangre no eran apropiadas para la construcción de una Casa de Paz. La Mishná en *Sotá* 48a afirma que cuando fue destruido el Santo Templo desaparecieron el *shamir*, el *nofet tzufim* (una extraordinaria clase de miel) y "los hombres de fe"]. Así como la piedra era vencida y quebrada por el *shamir*, lo mismo sucede cuando la persona quiebra su "corazón de piedra" y sigue tras su intelecto. Pues uno debe renunciar a la obstinación del corazón -que corresponde a la facultad de la imaginación en el corazón y a lo que es literalmente el comportamiento de un animal- y quebrar su "corazón de piedra", para ir detrás del intelecto.

2. Existe un intelecto en potencia, un intelecto en acto y un intelecto adquirido. Cuando se quiebra la facultad de la

Lección 25   25 Kislev

imaginación asciende la facultad del intelecto, dado que "Cuando uno se eleva el otro cae". Sin embargo, ese intelecto aún se encuentra en estado potencial. Es necesario utilizar el intelecto - es decir, utilizarlo para buscar a Dios y pensar en Su servicio. Cuando la persona busca con el intelecto y lo utiliza, éste se vuelve un intelecto en acto. Ello corresponde a "la miel de Tzufim (*nofet tzufim*)" que existió en la época del Santo Templo (*ibid.*), como en, "Tus labios gotean miel (*nofet*)" (Cantar de los Cantares 4:11) - aludiendo al proceso mediante el cual la persona lleva la dulzura de su intelecto de la potencia al acto mediante la facultad del habla, aludida por "los labios". Subsecuentemente, cuando la persona aferra con su intelecto todo lo que la mente humana es capaz de comprender, el intelecto se vuelve un intelecto adquirido. Ese intelecto adquirido es lo esencial de la existencia de la persona después de la muerte y sólo eso es lo que queda de ella. Éste es el concepto de "hombres de fe (*AMaNá*) que vivieron en la época del Santo Templo" (*Sotá* 48a); AMaNá implica una existencia duradera (cf. Reyes I, 8:26), y el intelecto adquirido -que es el intelecto sagrado y la comprensión que se logra y se obtiene con el estudio de la Torá y con las devociones- es la esencia de la existencia duradera después de la muerte.

25 Kislev

3. Debes saber que en cada mundo espiritual y en cada nivel existen esas ilusiones y esos productos de la imaginación. Son las cáscaras que preceden al fruto y que rodean a la santidad, como en el versículo, "Los malvados caminan alrededor" (Salmos 12:9). Al dejar un nivel espiritual y pasar al nivel siguiente, inevitablemente se deben atravesar esas ilusiones para alcanzar la santidad del nivel subsecuente. Pues inmediatamente después de ascender a ese nuevo nivel, se despiertan las fuerzas impuras que allí están y rodean a la persona. Es necesario entonces vencerlas y quebrarlas para librar a ese lugar de las impurezas. Todos deben pasar por esta situación. Pues, si se desea entrar al servicio a Dios, hasta la persona que está en un nivel

extremadamente bajo, Dios no lo permita -incluso si está literalmente "en la tierra"- deberá ciertamente ascender de un nivel por vez, desde el lugar en el cual se encuentra. Y cada vez que pase de un nivel a otro, las fuerzas de la impureza volverán a ponerse nuevamente en su contra en la forma de deseos físicos, ilusiones, pensamientos negativos, confusiones e impedimentos; y en cada ocasión, lo enfrentarán y no le permitirán pasar por la puerta de la santidad y ascender al siguiente nivel.

Muchas personas rectas y piadosas se equivocan a este respecto cuando ven que de pronto son asaltadas por deseos físicos, por confusiones y obstáculos. Imaginan que han caído de su nivel, dado que anteriormente, esos deseos, confusiones y obstáculos no las habían atacado de una manera tan furiosa y, de alguna manera, estaban inactivos. Por tanto, suponen que han debido caer de su nivel, Dios no lo permita. Sin embargo, la verdad es que ello no es una caída en absoluto. Más bien, es el resultado del hecho de que ahora deben pasar al siguiente nivel. Debido a que están dispuestas a avanzar, todos lo deseos, confusiones, obstáculos, pensamientos y sentimientos extraños las atacan con una fuerza redoblada. Simplemente deben fortalecerse con determinación, una y otra vez, sin dejarse desanimar, hasta que nuevamente logren vencerlas y quebrarlas.

26 Kislev

4. Debes saber que cuando uno prevalece y quiebra los obstáculos que lo rodean y entra y asciende hacia el próximo nivel, sea éste el que fuere, también se beneficia la persona que actualmente se encuentra en el nivel al cual uno está entrando. Pues cuando la persona asciende, desplaza a la otra persona, haciendo que ésta deje ese nivel y se eleve al siguiente. Pues es imposible que dos personas ocupen el mismo nivel simultáneamente, dado que todas las almas están ordenadas escalonadamente, en una jerarquía vertical. Este fenómeno, en el que una persona empuja y hace

ascender a la otra, es denominado "elevar".

5. Ahora bien, cuando la persona que se encuentran en el nivel superior es "elevada" al nivel siguiente, sólo asciende su aspecto interno. De acuerdo a ello, cuando la persona que está en el nivel inferior es "elevada", su aspecto interno [que es el que se ha elevado] se vuelve el aspecto externo del aspecto externo de la persona que estaba más arriba y que ha quedado allí [como aspecto interno], en el nivel al cual la persona de más abajo acaba de ascender. Esos aspectos internos y externos corresponden a dos clases de devociones. La devoción del estudio de la Torá, de la plegaria y del cumplimiento de las *mitzvot* corresponde al aspecto interno; las devociones de comer, beber y demás necesidades físicas corresponden al aspecto externo. En verdad, las devociones "externas" de la persona ubicada en un nivel superior irradian más y son más encomiables que las devociones "internas" de la persona ubicada en un nivel inferior. Debido a ello, el aspecto interno de la persona ubicada más abajo se vuelve una vestimenta para el aspecto externo de la persona de más arriba.

6. Sólo revelando la grandeza del Creador es posible vencer a las fuerzas impuras de un nivel determinado. Así se enseñó en los escritos místicos del Ari sobre "¡Dad gracias a Dios! ¡Llamad en Su Nombre!" (Crónicas I, 16:8), revelando que esa canción se encuentra allí para vencer a las fuerzas de la impureza del mundo de *Ietzirá* (Formación) en el momento en que asciende el aspecto interno del mundo de *Asiá* (Acción) y cubre el aspecto externo de *Ietzirá*.

Ahora bien, la grandeza del Creador se revela mediante la caridad que se le da a una persona digna que la necesite. Ello se debe a que, como resultado de esa caridad, los colores superiores contenidos en el dinero judío irradian su luz, dando como resultado la revelación de esos colores. Entonces el Santo, bendito sea, se regocija y se enorgullece de ellos, como en el versículo, "Mía es la plata, Mío es el oro" (Hagai 2:8). De esa manera la persona merece vencer las fuerzas de la impureza y elevarse de un nivel a otro.

27 Kislev

7. Al dar dinero para caridad, se rectifica todo el dinero de la persona, se revelan los colores superiores que contiene y se irradia su luz. De esa manera, todo nuestro dinero adquiere la cualidad de "Mía es la plata, Mío es el oro", y se transforma en "ropas de salvación, un manto de caridad" (Isaías 61:10). Incluso el dinero que los gentiles toman de nosotros es considerado caridad, como dijeron nuestros Sabios, de bendita memoria, sobre el versículo, "Tus opresores son caridad" (ibid., 60:17; Bava Batra 9a).

Sin embargo, debes saber que la belleza y el esplendor (PeER) de los colores superiores sólo se revela cuando el dinero se encuentra en posesión de un judío, como en, "Israel, en quien Yo me enorgullezco (etPaAR)" (Isaías 49:3). Consecuentemente, cuando brillan esos luminosos colores, todos desean contemplar ese dinero. Éste es el motivo por el cual los gentiles ansían el dinero y el *dinar* (una pequeña moneda) del judío, como si nunca antes hubiesen visto dinero, en toda su vida - dado que esos colores superiores no irradian su esplendor en el dinero no judío. Por lo tanto, los gentiles son llamados RaSHim (pobres), como dijeron nuestros Sabios, de bendita memoria, "Cuídate de las autoridades gobernantes (RaSHut)" (Avot 2:3). Los gentiles son "necesitados" y "empobrecidos", sin sentir satisfacción alguna de su dinero, como si en verdad fuesen pobres. Es así que desean el dinero judío dado que allí reside ese esplendor y belleza. Pero debes saber que tan pronto como el gentil recibe el dinero de un judío, la belleza y el esplendor se esfuman. Es por ello que los gentiles les demandan constantemente más y más dinero a los judíos y se olvidan del dinero que ya han recibido, porque su belleza desaparece tan pronto como llega a sus manos. Esto se encuentra aludido en la misma Mishná, "Cuídate de las autoridades gobernantes, pues se muestran amigables sólo cuando es para su propio beneficio" [i.e., cuando pueden ver los colores superiores que irradian del dinero] (ibid.).

Lección 26   28 Kislev

Esos colores superiores son las luces coloreadas del Nombre de Dios *IHVH*, tal cual está expresado en el versículo, "Una canción de David. Dios (*IHVH*) es mi luz y mi salvación" (Salmos 27:1). "Mi luz" hace referencia a esas Luces Coloreadas que irradian de este Nombre, y "mi salvación (*ISHI*)" corresponde a las "ropas de salvación (*IeSHA*)". [*IeSHA* (salvación) también connota la idea de "mirar" algo,] como en el versículo, "Ellos miraron (*ISHo*) a Dios" (Samuel II, 22:42; ver *Zohar* II, 90). Todo esto está conectado con las letras *Jaf-Vav* [que tienen el valor numérico de veintiséis], que es el valor numérico del Nombre de Dios *IHVH*, y con las letras *Tav-Lamed* [que deletrean la palabra *TaL* (monte)] al que todos se vuelven a mirar con anhelo. Cuando se combinan los dos pares de letras [*Jaf-Vav* y *Tav-Lamed*] componen la palabra *KOTeL* (muro). (Algunos dicen que ésta es una alusión al *Kotel Hamaaraví* [el Muro Occidental] que es el único remanente del Santo Templo y el lugar en donde reside el Nombre de Dios *IHVH*. Ese Nombre es la Presencia Divina, como es sabido. Ver *Zohar* II, 116).

28 Kislev

8. Otra estrategia para vencer a las fuerzas de la impureza es alegrarse y regocijarse con los propios puntos buenos - en el hecho de que uno mereció ser judío y estar cerca de Dios; alegrándose también por ser digno de acercarse a los hombres de la verdad y a los verdaderos Tzadikim quienes nos guían y nos conducen por el sendero de la verdad. Y, mediante ello, sin importar lo que suceda, habrá una esperanza eterna. Por medio de esa alegría se quiebran los obstáculos de cada nivel y la persona entra al nivel siguiente.

26 - "Un polluelo que muere en el cascarón" (I)
(*Bejorot* 8b)

1. El Tzadik que "deja la vida" en la plegaria y que ora con total autosacrificio -al igual que todo aquel que "deja la vida" en la plegaria- debe saber que en el momento en el que irrumpen

pensamientos extraños en su plegaria, los que debe elevar, como es sabido, ése es precisamente el momento que requiere del mayor autosacrificio de su parte. Mediante ese esfuerzo, podrá elevar las chispas de santidad.

27 - "Un polluelo que muere en el cascarón" (II)
(*Bejorot* 8b)

1. En la medida en que haya paz en la generación, así será posible llevar al mundo entero hacia el servicio a Dios, "para servirlo unánimemente" (Zefonías 3:9). Pues si hay paz, las personas pueden dialogar e investigar juntas el propósito final de este mundo y sus vanidades. Pueden aclarar la verdad: que al final, nada quedará de la persona excepto lo que ha preparado para después de su muerte, en el mundo eterno. Pues "Nada la acompaña -ni la plata ni el oro ni las piedras preciosas ni las perlas- sino la Torá y las buenas acciones" (Avot 6:9). Como consecuencia de esa clase de diálogo honesto, abandonarán la falsa adoración del dinero y se acercarán a la verdad, volviéndose hacia Dios, hacia Su Torá y hacia el servicio Divino.

Pero cuando no hay paz -y más aún cuando hay conflictos, Dios no lo permita- las personas no se reunen para conversar sobre el propósito final de este mundo. Y aunque ocasionalmente se sienten y conversen, las palabras de uno no entran en el corazón del otro debido a las disputas, los conflictos, la enemistad y los celos. Pues la verdad no puede soportar el conflicto y la disputa, como se explica más adelante en la Lección #122. Vemos entonces que la disputa es la principal responsable de que las personas estén lejos de Dios, algo que prevalece hoy en día debido a nuestros muchos pecados. Que Dios tenga misericordia.

29 Kislev

2. Mediante la pureza sexual la persona alcanza un "rostro radiante", un "rostro majestuoso". Esto significa que su sabiduría

de Torá se refinará y que sabrá cómo aclararla e interpretarla utilizando los Trece Principios de Interpretación a través de los cuales se expone la Torá. Esa sabiduría altamente refinada, conocida como el "rostro majestuoso (*HaDRat PaNim*)" (Shabat 152a), se encuentra aludida en el versículo, "Muestra reverencia ante la presencia (*veHaDaRta PeNei*) del anciano sabio" (Levítico 19:32). [Ese concepto también se relaciona con el patriarca Iaacov,] como en, "La belleza de Iaacov era como la belleza de Adán" (*Bava Metzía* 84a) [dado que Iaacov encarnaba el concepto del "rostro radiante"]. Al alcanzar el nivel de "anciano" que está asociado con Iaacov, la persona merece *SHaLoM* (paz), como está escrito, "Iaacov llegó intacto y completo (*SHaLeM*)" (Génesis 33:18). Nuestros Sabios, de bendita memoria, explican el versículo, "Su cuerpo estaba intacto, su dinero estaba intacto y su conocimiento de Torá estaba completo" (*Shabat* 33b).

3. En la medida en que la persona depure su sabiduría aplicando los Trece Principios de Interpretación, de la misma manera se hará digna, a través de ello, de refinar la voz de su canto y de su plegaria. Pues la cualidad de la voz de la persona corresponde a la sabiduría contenida en sus exposiciones de Torá y al intelecto de los Trece Principios mediante los cuales expone la Torá.

4. Cuando se refina la voz de la persona entonces, mediante su solo cantar -sin necesidad de hablar- el Santo, bendito sea, la salva en momentos de aflicción. Así alcanza la paz y es capaz de llevar al mundo entero hacia el servicio a Dios.

5. Mediante la pureza sexual, la persona obtiene una "voz". En otras palabras, se hace digna de que se purifique y se refine su voz para cantar y para orar. Iaacov, quien cuidó la pureza sexual -como está escrito, "El primogénito de mi vigor" (Génesis 49:3; haciendo referencia al hecho de haber cuidado la moralidad sexual antes del matrimonio)- obtuvo una voz, como está escrito, "La voz es la voz de Iaacov" (*ibid.*, 27:22). Cuando el Santo, bendito sea, oye el sonido del clamor o de la canción de esa persona, Él observa para ver quién nos está afligiendo y cuáles de los gentiles de

Lección 27   1 Tevet

las setenta lenguas [i.e., las setenta naciones] nos están oprimiendo y nos salva de ese ataque. Por lo tanto, cuando hay algún decreto, Dios no lo permita, o algún problema que aqueja a los judíos a manos de una de las naciones, es bueno en ese momento cantar el himno de la nación que nos está oprimiendo, Dios no lo permita. Éste es el significado del versículo, "Cuando Él oye su canción" (Salmos 106:44) - es decir, cuando Él oye el sonido de su canción, el himno de la nación que nos está oprimiendo. Pues por medio de la canción entonada en aras del Cielo, es posible despertar la compasión de Dios para que Él vea las aflicciones que estamos sufriendo a manos de cierta nación y nos salve de ellas.

6. Mediante la pureza sexual, la persona obtiene una voz, y mediante esa voz, merece la paz, como dijeron nuestros Sabios sobre el versículo, "'El Cantar de los Cantares de *SHLoMo*' (Cantar de los Cantares 1:1) - para el Rey a quien pertenece la paz (*SHaLoM*)" (*Shir HaShirim Rabah* 1:11). Por ese motivo, inmediatamente después de que los judíos cantaron la Canción del Mar, merecieron el Shabat de paz, como está escrito, "Ellos llegaron a Mará" (Éxodo 15:23) - y el Shabat fue instituido en Mará (*Sanedrín* 56b). En verdad, hay una alusión a esta conexión en el versículo, "Miriam las guió en la canción, 'Canten a Dios' (*Vataan Lahem Miriam Shiru LaAdonai*)" (Éxodo 15:21). Las iniciales de las primeras cuatro palabras de ese versículo conforman la palabra *SHaLoM* (paz). Y ello alude al hecho de que mediante la canción merecieron la paz (ver *Zohar* III, 176).

1 Tevet

7. Fue específicamente en *Mará* [que deriva de la raíz de la palabra *MaR* (amargura)] que los judíos recibieron el Shabat de paz, dado que la paz frecuentemente se inviste en alguna forma de amargura, como en el versículo, "He aquí, Él me ha trocado en paz mi amarga aflicción" (Isaías 38:17). Así como todos los remedios físicos se presentan en la forma de medicinas amargas, de la misma manera, la paz -que es el remedio para

Lección 27 1 Tevet

todas las cosas, como en, "'Paz, para aquellos que están lejos y para aquellos que están cerca', dice Dios, 'y Yo los curaré'" (*ibid.*, 57:19)- también se inviste en amargura. Ello se debe a que todas las enfermedades, que Dios nos salve, surgen del conflicto. Hay conflicto entre los cuatro elementos básicos del cuerpo, uno tratando de vencer al otro, y la persona debe ocuparse de que entre ellos reine la paz - que es la cura. De manera similar, la enfermedad espiritual es una forma de conflicto, donde hay una disputa entre el alma y el cuerpo, como está escrito, "No hay paz en mis huesos debido a mi pecado" (Salmos 38:4); también aquí es necesario recibir la cura mediante la amargura.

Sin embargo, a veces el paciente está tan enfermo que es incapaz de tolerar la amargura del remedio. En tal caso, el médico deja de tratar al enfermo y pierde toda esperanza de curarlo. De la misma manera, cuando la persona se ve abrumada por los pecados -que son la enfermedad del alma- que Dios nos salve, es incapaz de soportar la amargura del remedio y da la impresión de que ya no tiene más esperanzas, Dios no lo permita. Pero Dios está lleno de compasión y cuando ve que la persona desea retornar a Él, pero que no tiene la fortaleza para soportar la amargura del remedio, Se compadece de ella y arroja todos sus pecados sobre Sus hombros, por así decirlo, de modo que la persona no deba sufrir semejante amargura para poder curarse. Más bien, sólo se requiere que sufra tanto como sea capaz - como está escrito sobre el rey Hizquiahu, quien alabó al Santo con el versículo citado más arriba, "He aquí, Él me ha trocado en paz mi amarga aflicción... y Tú, Dios, has arrojado todos mis pecados sobre Tus hombros" (Isaías 38:17).

A partir de esto, todos -es decir, todos aquéllos que deseen apiadarse de sí y retornar a Dios- comprenderán por sí mismos algo muy importante. Porque cuando uno comienza a adentrarse en las sendas de la espiritualidad y de la rectitud y empieza a acercarse a Dios, generalmente se le presentan gran cantidad de obstáculos y de sufrimientos, a cada persona de acuerdo a su manera en particular. A veces uno imagina que le es imposible sobrellevar semejantes amarguras, sufrimientos y obstáculos - y hay personas que han caído debido a ello y que subsecuentemente se alejaron, Dios nos salve. Pero aquel que desee la verdad debe saber y creer que toda la amargura, el sufrimiento y los obstáculos que lo asaltan, todos le llegan con una gran bondad. Pues, considerando sus muchos pecados, en verdad necesitaría sufrir una gran amargura para poder curarse; y dado que ello estaría más allá de su posibilidad de tolerarlo, perdería la esperanza, Dios no lo permita. Pero Dios Se compadece de una persona así y no le envía más amarguras o sufrimientos de los que puede soportar. De ése modo, sea cual fuere la aflicción que la persona deba experimentar, ciertamente podrá tolerarla y ciertamente la resistirá. Pues Dios no le envía a nadie amarguras y obstáculos que estén más allá de su capacidad de tolerar y de superar, aunque, de acuerdo a sus acciones, merecería sufrir mucho más.

2 Tevet

8. La paz o la plenitud que la persona debe alcanzar en el ámbito físico implica un equilibrio de los cuatro humores del cuerpo, para que uno de estos no se sobreponga al otro. La paz en el área del dinero significa que "el dinero de una persona no debe devorar al dinero de la otra", como enseñaron nuestros Sabios, de bendita memoria (Ketuvot 66b). Y la paz y la plenitud en el estudio de la Torá implica no albergar preguntas problemáticas sobre lo que se está estudiando, dado que ello también es una forma de conflicto (ver más arriba, Lección #20). Cuando uno merece alcanzar esas tres clases de paz, se cumple el versículo, "Iaacov llegó intacto y completo (*SHaLeM*) a la ciudad de Shejem" (Génesis 30:18) - pues mediante la paz (*SHaLoM*), se produce un despertar del concepto de "para servirlo unánimemente" (Zefonías 3:9; ver parágrafo #1, más arriba).

9. Sólo mediante la pureza sexual es posible llevar al mundo entero a "llamar en el Nombre de Dios". Cuando uno se da cuenta de que tiene pensamientos lujuriosos y logra quebrar sus deseos y alejar la mente de ellos, esto constituye la esencia

Lección 28   3 Tevet

del arrepentimiento y el medio principal para rectificar los daños sexuales cometidos en el pasado, sean cuales fueren (ver más arriba, Lección #26). Ello constituye un arrepentimiento completo. Por lo tanto, no hay que desanimarse si uno ve que lo asaltan pensamientos extremadamente malos. Por el contrario, ¡ése es precisamente el medio para la rectificación y el arrepentimiento! Pues cuando esos pensamientos se abaten sobre la persona y ella los supera, ése es precisamente el camino hacia la rectificación y el arrepentimiento. De esa manera se extraen las chispas de santidad caídas como resultado de su daño a la pureza sexual, mereciendo entonces la rectificación sexual y el refinamiento de su sabiduría y de su voz. A su vez, se hace digna de la paz, y mediante la paz es posible llevar al mundo entero hacia el servicio a Dios.

3 Tevet

28 - "Constrúyenos una casa"
(*Bejorot* 8b)

1. Los oponentes (*mitnagdim*) insultan y humillan a los temerosos de Dios debido a que reciben su Torá de los eruditos de Torá que no son rectos y que son llamados "demonios judíos" (ver *Zohar* III, 253). Pues esos eruditos de Torá [que son llamados] "demonios judíos" reciben la Torá de unos demonios reales que poseen un aspecto caído de Torá que deriva de "las *alef* caídas". Esas ALeF están aludidas en el versículo que hace referencia al rey Salomón, "Él pronunció tres mil (*sheloshet ALaFim*) proverbios y sus cantares fueron mil y cinco (*jamishá veALeF*)" (Reyes I, 5:12). Pues el rey Salomón alcanzó [las *Alef*] a través de la abundancia de santidad. Pero los eruditos-demonios reciben esas *alef* por medio de la fuerza de la impureza. Es por eso que constantemente están presentando maravillosos discursos que son muy apreciados por el público en general, y todas sus exposiciones están llenas de alegorías, de retórica y de brillante lógica. Pero los que oyen tales discursos no reciben ningún beneficio, dado que las enseñanzas de Torá de esos eruditos no tienen el poder de llevar a la gente por el buen sendero. Por el contrario, como resultado de tales enseñanzas

Lección 28

de Torá, la gente cae en grandes herejías y no cumplen con el versículo, "Honrará al temeroso de Dios" (Salmos 15:4). En su lugar, esos eruditos insultan y humillan a aquellos que son temerosos de Dios. Ésa es la fuente de toda la oposición que sufren los justos. Por lo tanto, se debe evitar oír enseñanzas de Torá provenientes de eruditos que no son rectos (como afirmaron nuestros Sabios, de bendita memoria, en *Jaguigá* 15a; *Moed Katan* 17b; *Taanit* 7a).

2. Esa oposición se anula y se rectifica a través del concepto de "gusano" (*TOLA*), que corresponde a la fe (*EMuNá*), como está escrito, "Todos aquellos que fueron criados (*haEMuNim*) en escarlata (*TOLA*)" (Lamentaciones 4:5). Éste es el aspecto de Abraham, quien personifica la bondad y la fe, tal cual está expresado en el versículo, "No quitaré de él Mi bondad ni faltaré a Mi fidelidad" (Salmos 89:34). Pues mediante la fe, la mano derecha vence a los enemigos, como en el versículo, "Su diestra salvará con actos poderosos" (Salmos 20:7), y se vence a los oponentes y se quiebra y se anula a la idolatría, a la herejía y a la humillación que proviene de ellos.

4 Tevet

3. Sólo es posible alcanzar la bondad y la fe recibiendo en nuestros hogares a personas rectas - estudiosos de Torá que son Tzadikim. Pues nuestros Sabios, de bendita memoria, comentaron sobre el versículo, "'Un hombre santo pasa de continuo (*TaMiD*) cerca de nosotros' (Reyes II, 4:9), cuando uno acoge en su hogar a verdaderos eruditos de Torá, es como si ofreciese la ofrenda diaria (*TaMiDim*)" (Berajot 10b). Al ayudar de esa manera a los estudiosos de Torá y al estar a su disposición y servirlos, uno se hace digno de la bondad. En verdad, nuestros Sabios, de bendita memoria, dijeron, "Al servir a un estudioso de Torá, uno se hace digno de la bondad" (Ketuvot 96a). [Mediante esa bondad, se merece entonces rectificar las *Alef* caídas, como en el versículo, "Él preserva la bondad por miles (*ALaFim*)" (Éxodo 34:7)].

Esto explica porqué el *Tamid* (la ofrenda diaria) era una *KeVeS* (oveja) - pues mediante ella, se rectifican las *Alef*, como está indicado en el versículo, "Yo soy como una oveja domesticada (*KeVeS ALuF*)" (Jeremías 11:19). *KeVeS* también alude a la idea de estar subordinado (*KaVuSH*) al *Rav* de uno y servirlo. Así, vemos que *TaMiD* tiene el valor numérico de cuatro veces *Alef* [las letras de *TaMiD* tienen el valor de 444; las letras de *ALeF* tienen el valor de 111], dado que ese sacrificio y el concepto asociado a él constituyen la rectificación de las *Alef* caídas.

4. Ésta es la explicación de "Pero no soy más que un gusano (*TOLAat*) y no un hombre, humillado por los hombres e insultado por la gente" (Salmos 22:7). En otras palabras, la rectificación y el remedio para la humillación y el insulto es el concepto de *TOLA*, junto con la autoanulación ante Dios [dado que la humildad lleva hacia la fe]. De esa manera, es posible superar a los opositores y eliminar la herejía y el ateísmo que ellos difunden. Y al recibir en nuestros hogares a eruditos de Torá que son Tzadikim, alcanzamos la bondad, que es el concepto de *TOLA* del lado de santidad. *TOLA* está también asociado con *OLaT HaTamid* (la ofrenda de elevación diaria). Así, la persona que encarna ese concepto de *TOLA* merece rectificar y elevar el bien que está oculto dentro de las enseñanzas de Torá de los demonios-eruditos judíos y descartar de ellas el mal y las fuerzas de la impureza.

5 Tevet

29 - "Cierto hombre fue a buscar una esposa"
(*Bejorot* 8b)

1. Un hablar que no es escuchado ni aceptado no es llamado "hablar" en absoluto. Para rectificar el habla, para que pueda ser oída y aceptada, es necesario [utilizarla para] alabar a los verdaderos Tzadikim. Ésta es la Rectificación General (*Tikún HaKlali*) para el habla.

2. De manera similar, cuando el habla de la persona no está imbuida de la conciencia de Dios (*Daat*), carece de bien; y consecuentemente, no es escuchada ni aceptada. Al alabar a los Tzadikim, se ensalza el conocimiento de Dios y su habla queda imbuida de bien. Entonces el habla toma de ese conocimiento y recibe el bien; y dado que el bien es algo que todos quieren, su habla es entonces oída y aceptada.

3. Cuando el habla se encuentra en el estado que le corresponde, que es "Maljut es la boca" (*Tikuney Zohar*, Introducción), está asociada con "Que tus vestimentas sean blancas" (Eclesiastés 9:8). Así, la persona debe tratar a sus ropas con extremo cuidado y no estropearlas, debe cuidarlas de las manchas y de la suciedad. Pues las ropas están asociadas con Maljut (Reinado), como en la frase "el Rey de gloria" (Salmos 24:8) - y "El rabí Iojanan llamaba a sus ropas, 'Las que me dan gloria" (*Shabat* 113a). De acuerdo a ello, la persona que maltrata sus ropas es como alguien que se rebela contra el Reino - y cuando ello sucede, es juzgada por la ley del Reino. Cuanto más grande sea la persona, con más atención deberá cuidar de sus vestimentas, dado que su posición es más elevada. Por lo tanto, "El erudito de Torá que tiene una mancha en sus ropas merece morir" (*ibid.*, 114a). Que Dios nos salve.

4. Ahora bien, cuando la persona no cuida sus vestimentas y éstas están sucias, ello produce una separación entre el Santo, bendito sea y la Presencia Divina, Dios no lo permita. Entonces, Dios no lo quiera, "reina una esclava malvada" -que es el "reinado del mal"- y hace que la Presencia Divina se impurifique como con sangre de menstruación, Dios no lo permita. Eso, a su vez, le dificulta y le hace pesado ganarse el sustento.

5. De acuerdo con las prohibiciones que los malvados transgreden, Dios no lo permita, despiertan las fuerzas de la contaminación espiritual, haciendo que la Presencia Divina se vuelva impura, como con sangre de menstruación, generando una separación entre el Santo, bendito sea y la Presencia Divina, Dios no lo quiera. Ahora bien, es muy difícil rectificar cada

Lección 29   6 Tevet

pecado individualmente, dado que son muy numerosos. De hecho, es imposible rectificarlos a todos, en la medida en que cada prohibición de la Torá contiene muchos puntos finos y detalles y no es posible identificarlos y corregirlos a todos. Por lo tanto, es necesario efectuar una Rectificación General (*Tikún HaKlalí*) para todos esos pecados - esta rectificación es la pureza sexual. Mediante ello, se rectifican automáticamente todas las prohibiciones de la Torá transgredidas por la persona. La Rectificación General puede corregir hasta los sitios angostos y estrechos, a los cuales ninguna otra rectificación podría llegar, pues también envía la rectificación hacia esos lugares.

6 Tevet

6. Mediante la Rectificación General -es decir, la pureza sexual- se elevan las facultades mentales. Pues el grado de rectificación y de perfección de la mente está siempre en proporción directa al nivel de purificación sexual de la persona. Más aún, alcanzar y mantener la pureza sexual es el medio principal a través del cual el pueblo judío se acerca a su Padre en el Cielo.

7. Ganarse el sustento sin esfuerzo también depende de la pureza sexual. Pues mediante la pureza sexual la subsistencia le llega a la persona como Maná, como "pan del Cielo". Pero cuando no se ha alcanzado la Rectificación General es difícil ganarse el sustento y éste sólo llega mediante un gran esfuerzo (ver *Zohar* III, 244).

8. Está prohibido hablar si no se ha alcanzado el Remedio General, tal cual se expresa en el versículo, "Estuve silencioso como un mudo" (Salmos 39:3). Pues cuando la persona se encuentra en ese estado imperfecto, la Presencia Divina está impura, Dios no lo permita, como con sangre menstrual, y esa sangre (*DaMim*) se vuelve silencio (*DuMiá*). Pues el habla depende principalmente de la pureza sexual (*tikún haBRIT*), como en, "Les habló de Su pacto (*BRITo*)" (Deuteronomio 4:13) - de modo que en ese estado imperfecto, es imposible hablar y revelar enseñanzas de Torá. La persona que habla mientras se

encuentra en ese estado de impureza es culpable de transgredir la prohibición de la Torá, "No andarás murmurando entre tu pueblo" (Levítico 19:16) - dado que es uno "que anda murmurando y revelando el secreto" (Proverbios 11:13) [i.e., los secretos de la Torá que no está capacitado para revelar]. Pero mediante la Rectificación General, la persona tiene permiso para hablar y puede abrir la boca con palabras luminosas de Torá.

9. La transgresión sexual produce epilepsia, Dios nos salve. Pero mediante la pureza sexual se cura.

10. Mientras no se haya logrado la Rectificación General a la perfección se debe evitar beber vino - dado que con ello llegan todos los pecados, Dios no lo permita. Beber vino también es dañino para el sustento y trae pobreza. Por el contrario, aquel que ha merecido la Rectificación General, eleva sus facultades mentales al beber vino y lleva así su propia Rectificación General a un nivel aún más elevado.

7 Tevet

11. Aquel que no lleva a cabo sus negocios con fidelidad y que está dominado por el deseo de dinero al punto de robarle a su prójimo, hace que la Presencia Divina se vuelva impura como con sangre menstrual, Dios no lo permita. Esa clase de conducta es análoga a la transgresión sexual y da como resultado la pérdida del sustento, Dios no lo permita.

12. Para rectificar los negocios y los tratos comerciales se debe tener la intención, con cada paso que uno dé en los negocios y con cada palabra que uno diga, de que el dinero obtenido sea para caridad. Ésa es la Rectificación General del ámbito comercial. Pues la caridad corresponde a la totalidad de los *GuiDim* (vasos sanguíneos), como en, "Siembren (*ZiRu*) caridad para ustedes" (Hoshea 10:12) y "La semilla de coriandro (*ZeRa GaD*) es una gota blanca" (Tikuney Zohar #52), aludiendo a la pureza

Lección 29   8 Tevet

sexual. Pues mediante la caridad, se elevan las facultades mentales y la persona obtiene el sustento.

13. Se sigue entonces que al dar caridad es posible decir palabras luminosas de Torá, como explicaron nuestros Sabios, de bendita memoria, "'Con tu boca' (Deuteronomio 23:24) - ello hace referencia a la caridad" (Rosh HaShaná 6a). La caridad corresponde a la idea de "El Tzadik se apiada y da" (Salmos 37:21) y al "arco del pacto" - éste es el Tzadik, que guarda el pacto.

14. El principio general en todas las cosas es que primero es necesario corregir cada área por medio de la correspondiente Rectificación General, para rectificar y elevar la mente y por lo tanto hacer descender "blancura" desde allí, para blanquear y limpiar todas las manchas en esa área en particular. Esto sólo es posible mediante la Rectificación General correspondiente a esa área. Por ejemplo, las transgresiones cometidas durante el curso de los tratos comerciales y financieros reciben esa clase de rectificación global mediante la caridad, porque al dar caridad, se elevan las facultades mentales y todo se corrige de manera automática. Ello se debe a que mediante la Rectificación General para cada área, se eleva la mente; y dado que la mente es la fuente de toda la "blancura", como está aludido en la frase "fluyendo del *LeBaNon*" (Cantar de los Cantares 4:15) -esto es, "desde la *LiBuNa* (blancura) del cerebro" (Zohar III, 235b)- todos los elementos particulares de esa área en especial también son rectificados de manera automática.

8 Tevet

15. Aunque el vino es dañino para la mujer cuyo flujo menstrual es denso y sus períodos irregulares -dado que el vino aumenta la fuerza de la sangre y de las características asociadas con ella (ver párrafo #10, más arriba)- sin embargo, la cura para ello es que beba vino al cual miró un verdadero Tzadik. Pues los santos ojos del Tzadik son como cabellos, que son materia excedente surgida de su santa mente. Al mirar el vino, el Tzadik hace

descender "blancura" proveniente de su cerebro para "blanquear" la cualidad sanguínea del vino y así se rectifica su condición.

16. Los pensamientos que pasan por la mente están determinados por los atributos de la persona. En otras palabras, de acuerdo a los rasgos de carácter de la persona, así serán los pensamientos que atraviesen (*JoLFin*) su mente. Ése es el significado de "las siete trenzas (*maJLeFot*) de su cabello" (Jueces 16:19) - que están asociadas con las facultades mentales, dado que los cabellos son la materia excedente surgida del cerebro y esas "siete trenzas" corresponden a los siete atributos de las facultades emotivas del alma, que atraviesan como pensamientos de la mente. Cuando la persona daña los cabellos, también daña la vista - "las siete capas del ojo" (*Tikuney Zohar, Introducción*). Por el contrario, al rectificar "las siete capas del ojo" también se rectifican las "siete trenzas de su cabeza" - que son los cabellos. Ello, a su vez, produce la rectificación de las facultades mentales.

30 - "Un jardín de cuchillos"
(*Bejorot* 8b)

1. Las percepciones de Divinidad sólo pueden ser captadas luego de muchas constricciones (*tzimtzumim*), de la Primera Causa a lo "causado" y del "intelecto superior" al "intelecto inferior". Es como un maestro que primero le da a su alumno la información introductoria y las ideas fáciles para que mediante ellas pueda entender el tema tratado, que es en sí mismo una percepción muy grande y elevada. Es necesario que cada persona busque diligentemente y Le ruegue mucho a Dios, para llegar a tener el mérito de acercarse al verdadero Tzadik, que será el *Rav* apropiado para ella y un maestro tan grande y tan notable, en un nivel espiritual tan elevado, que será capaz de iluminarla, de instilarle y de explicarle una percepción tan elevada y extraordinaria como es la percepción de la

Divinidad. Pues el objetivo primario y el propósito de la persona en este mundo es acceder a tales percepciones.

9 Tevet

2. La persona debe buscar el *Rav* más grande posible.*

* Nota del copista: Enseñaron los Sabios, "'Perseguirás con vehemencia la justicia' (Deuteronomio 16:20) - ello significa que la persona debe acudir a las mejores cortes de justicia - al rabí Eliezer en Lod o al rabí Iojanan ben Zakai en Beror Jail" (*Sanedrín* 32b). El Maharsha explica en su comentario que ello significa que "uno debe ir a la mejor corte de justicia de su generación". Es sabido que esos dos sabios fueron únicos en sus generaciones respectivas. El rabí Iojanan ben Zakai fue presidente y cabeza del Gran Sanedrín, como se afirma en el *Sefer Iojsin* ("El Libro de las Genealogías", 4:12 y 4:35). De manera similar, el rabí Eliezer el Grande fue el discípulo más distinguido del rabí Iojanan ben Zakai, como se afirma en *Suká* 28a, y todas las prácticas del rabí Iojanan -tales como no pronunciar palabras mundanas y no caminar más de cuatro codos sin estudiar Torá o llevar *tefilín*- fueron adoptada por su discípulo, el rabí Eliezer. Ver también el *Or HaJaim* sobre este mismo versículo, donde se explica que éste viene para instruir a la gente a buscar a los sabios más sobresalientes y no quedar satisfechos con aquellos de menor valía. Más bien, al nombrar jueces, deben buscar y ocuparse de encontrar a los que estén mejor calificados.

Esto se debe a que la persona necesita de un *Rav* muy grande en verdad, uno que pueda explicarle elevados conceptos de Divinidad y que pueda iluminarla incluso a ella. Cuanto más le falte a la persona y cuanto más alejada esté de Dios, más grande deberá ser el *Rav*. Tenemos un ejemplo de ello en Egipto, donde el pueblo judío estaba sumido en las Cuarenta y Nueve Puertas de la Impureza. Necesitaron de un *Rav* grande y tremendo - es decir, Moisés nuestro maestro. Pues cuanto más enfermo esté el paciente más grande deberá ser el médico que requiera.

Por lo tanto, no cometas el error de decir, "Es suficiente para mí con ser seguidor y discípulo de un hombre digno y simple, que es aceptado como temeroso de Dios y respetable. ¿Por qué debo apuntar tan alto y buscar específicamente al gran

Lección 30   10 Tevet

Tzadik? ¡Pueda al menos llegar a ser primero como ese hombre simple y digno!" (como piensa mucha gente de manera errónea). Pues, por el contrario, en la medida en que la persona sabe que carece de valor y que se encuentra muy alejada de Dios, de la misma manera necesita acercarse al verdadero *Rav*, quien está en el nivel espiritual más elevado. Necesita del terapeuta espiritual más grande, de un maestro en su oficio, tan asombroso como para ser capaz de "investir" ideas tan elevadas como las percepciones de Divinidad y presentárselas a alguien tan falto y distante como ella.

10 Tevet

3. Todo esto está conectado con la naturaleza espiritual del cabello - específicamente, con la manera en cómo las iluminaciones de la mente salen a través de los cabellos. Pues el intelecto superior -que es la percepción de Divinidad- está "investido" en el intelecto inferior. Los cabellos (*SeaRot*) [que corresponden al intelecto inferior, pues reciben del cerebro - es decir, del intelecto superior] son análogos a las "medidas y formas (*ShiuRa*) de las letras de la Torá" (*Tikuney Zohar* #70). Pues las *mitzvot* expresan la sabiduría del Creador y cada mitzvá tiene medidas y parámetros diferentes, al igual que diferentes letras, palabras y temas que son constricciones en las cuales se constriñe el Creador. Así, las *mitzvot* son como "vestimentas" [que "visten" la sabiduría del Creador], mediante las cuales es posible captar percepciones de Divinidad; y cada letra de la Torá y cada mitzvá es una de esas "constricciones". Por lo tanto, mediante el cumplimiento de la Torá y de las *mitzvot*, la persona hace descender percepciones de Divinidad. *

* Nota del copista: Las siguientes son las palabras de la Mishná: "Las leyes del Shabat, las leyes de las ofrendas de las Festividades y las leyes de la malversación de propiedad sagrada son como montañas que penden de un cabello" (*Jaguigá*, final *Perek Alef*). El rabí Ovadia de Bartenura explica esto como significando que cada una de esas leyes pende de una pequeña alusión en las Escrituras, como una montaña que pende de los cabellos de la cabeza.

Lección 30   11 Tevet

4. Ahora bien, la única manera de alcanzar ese intelecto inferior es "despreciando la ganancia monetaria". En otras palabras, la persona debe aborrecer completamente el dinero. La explicación para ello es que el intelecto inferior corresponde al "cabello negro" (Tikuney Zohar #70) y a la "pupila del ojo" - es decir, la parte negra del ojo, aludida en el versículo, "Soy negra pero hermosa" (Cantar de los Cantares 1:5). Pues es naturaleza de lo negro el recoger y constriñir todos los objetos más grandes, que entonces se incluyen en lo negro y pueden ser vistos allí; de esa manera, percibimos y captamos aquello que vemos. El intelecto inferior corresponde y posee esa cualidad de "negrura" en el hecho de que constriñe dentro de él a la "belleza" y a la hermosura del intelecto superior. El "cabello negro" y el "despreciar la ganancia monetaria" provienen del lado de Maljut. Más aún, el intelecto inferior corresponde a Maljut en el hecho de que es el nivel más bajo de la sabiduría presente en cada uno de los mundos espirituales y es también la sabiduría que dirige a cada mundo en particular. Pero debido al amor al dinero la persona cae en la "negrura" del Otro Lado, que es "Saturno, un recipiente negro de barro" (Tikuney Zohar #70) y en la depresión, como en, "Con tristeza comerás" (Génesis 3:17). La persona cae entonces del intelecto hacia la insensatez, la locura y la depresión, quedando rodeada por las fuerzas de la impureza y del Otro Lado. Todo ello está aludido en el versículo, "El pueblo daba vueltas (Shatu) y lo recogía" (Números 11:8) - es decir, "en su insensatez" (beShTuta)" (Zohar II, 62b). Esa insensatez, con la cual la persona da vueltas corriendo detrás del dinero, es lo opuesto a la sabiduría.

11 Tevet

5. De acuerdo al nivel de la sabiduría inferior que posea cada persona -dado que cada uno tiene cierto grado de Maljut y de sabiduría inferior- así mismo deberá darle vitalidad. Ahora bien, la esencia de la vitalidad proviene de la "Luz del Rostro", como en el versículo, "En la Luz del Rostro del Rey hay vida" (Proverbios 16:15). Por lo tanto, se nos ordenó, "Tres veces al

año, en Pesaj, Shavuot y Sukot, todo varón se presentará delante del Rostro de Dios" (Deuteronomio 16:16) - es decir, para que podamos recibir la "Luz del Rostro" que irradia durante las Tres Festividades. Ésa es la luz que le da vitalidad al intelecto, mediante el cual la persona alcanza percepciones de Divinidad. A través de la alegría de las Tres Festividades, la persona se hace digna de la "Luz del Rostro", dado que la alegría es la esencia de la "Luz del Rostro", como está escrito "Un corazón alegre produce un buen rostro" (Proverbios 15:13).

6. Cuantas más *mitzvot* realice la persona durante el año, mayor será la alegría que experimentará en las Tres Festividades. Para explicar: Las *mitzvot* son la principal fuente de alegría y ésta se siente primordialmente en el corazón. En el grado en que la persona comprenda en su corazón la grandeza del Creador, Su Unidad y Su Unicidad, así será apropiado que se regocije por cada una de las *mitzvot* que ha realizado, por el hecho de que, debido a ello, es digna de cumplir con la voluntad de Dios, el Creador, el Único, el Primero y el Eterno, que Su Nombre sea bendecido por siempre.

Ahora bien, la alegría de todas las *mitzvot* realizadas durante el año se siente primordialmente en el corazón, como está escrito, "Tú pusiste alegría en mi corazón" (Salmos 4:8). Y las Tres Festividades son el corazón del año entero, lo cual está aludido en la frase "Éstas son las Festividades de Dios (*Eile Moadei IHVH*)" (Levítico 23:4), cuyas iniciales deletrean la palabra *IMI* (mi madre). *Im* (madre) corresponde a [la sefirá de Biná, y] "Biná es el corazón" (*Tikuney Zohar*, Introducción). Así, toda esa alegría de las *mitzvot* se acumula en el corazón -es decir, en las Tres Festividades- y es por ello que las Festividades son momentos de alegría. Cada persona debe esforzarse en hacer descender sobre ella la alegría santa de las *mitzvot* -que son la alegría de las Festividades- durante todo el año y especialmente en las mismas Festividades santas, momento en que estamos obligados a alegrarnos, como está escrito, "Te regocijarás en tus Festividades" (Deuteronomio 16:14). Pues entonces, en las Festividades, se acumula la alegría de las *mitzvot* - y esa alegría

Lección 30

no tiene medida ni límite, pues depende de lo que cada persona experimente en su propio corazón. Mediante la alegría de las Tres Festividades, la persona se hace digna de alcanzar percepciones de Divinidad. Éste es el significado de la frase, "La persona está obligada a recibir el rostro de su *Rav* en la Festividad" (*Suká* 27a) - es decir, para que pueda recibir la "Luz del Rostro" y darle a Maljut subsistencia y vitalidad.

12 Tevet

7. El real intelecto es el intelecto verdadero de los verdaderos Tzadikim, mediante el cual alcanzan las percepciones de Divinidad que les transmiten a sus seguidores. En comparación con ese intelecto, toda la sabiduría externa y secular es mera insensatez. A veces, debido a nuestros muchos pecados, cuando el intelecto verdadero cae entre los gentiles y en el Otro Lado, éstos predominan con su sabiduría y su gobierno. Entonces, Dios no lo permita, su reinado se fortalece al absorber del verdadero intelecto un sustento mayor que el que le corresponde, Dios no lo permita. Ese intelecto verdadero corresponde al Reinado de Santidad, a la sabiduría inferior presente en cada uno de los cuatro mundos espirituales, que es la sabiduría que dirige a cada uno de esos mundos. Todas las sabidurías seculares de los gentiles se encuentran más abajo que esa sabiduría inferior y toman de ella el sustento. ¿Quién es capaz de soportar los terribles clamores y gritos cuando Maljut -es decir, el verdadero intelecto- cae entre ellos? Esto corresponde a "Los gritos de uno que gobierna entre insensatos" (Eclesiastés 9:17). Pues el insensato (que es el "rey viejo y tonto" [*ibid.*, 4:3], la inclinación al mal y el gobierno del Otro Lado, como está explicado más arriba en la Lección #1) desea volverse sabio. Ellos se dedican entonces a tomar su sabiduría -que es, de hecho, insensatezdel aspecto de la verdadera sabiduría, que es el intelecto verdadero, que consiste de percepciones de Divinidad. Aseguran entonces que son ellos los únicos sabios y que ninguna sabiduría es mayor que su equivocada "sabiduría". Pero, de hecho, toda su sabiduría obtiene el sustento de la caída del intelecto

Lección 30   13 Tevet

verdadero. El Santo, bendito sea, ruge por ello, si así pudiera decirse, como en, "Él ruge sobre Su santa morada" (Jeremías 5:30) - es decir, "sobre *Su* morada" (*Zohar* III, 74b), haciendo referencia a Maljut, que ha caído, Dios no lo permita, en los exilios de los Cuatro Reinos del Otro Lado; que son los cuatro exilios que el pueblo judío ha debido soportar.

13 Tevet

8. Cada persona debe ocuparse de que la sabiduría verdadera sea separada de los cuatro exilios y elevada, haciéndola retornar a su raíz. Ello se logra mediante la caridad y los actos de bondad. Gracias a la caridad y a los actos de bondad uno eleva el intelecto verdadero desde su exilio, y anula el gobierno de los gentiles. De modo que cada uno debe ocuparse constantemente, a su propia y particular manera y con actos de bondad, de sacar de su exilio a la Presencia Divina - que es el intelecto verdadero. Así se anulan las formas externas y seculares de la sabiduría, se rescata a los judíos del yugo del Reinado del Mal y se merece recibir percepciones de Divinidad.

9. Correspondientes a los Cuatro Reinos de Santidad de cada uno de los cuatro mundos espirituales (es decir, *Atzilut*, *Beriá*, *Ietzirá* y *Asiá*), surgieron de Abraham, nuestro padre, "el hombre de bondad", cuatro hijos que, a su vez, son un paralelo de: "La Torá habla sobre cuatro hijos: el hijo sabio, el hijo malvado, el hijo simple y el hijo que no sabe cómo preguntar" (*Hagadá de Pesaj*). Itzjak corresponde al hijo sabio, como está escrito, "El hijo sabio hace alegrar a su padre" (Proverbios 10:1) [la palabra hebrea *Itzjak* significa "reirá"]. Esaú es el hijo malvado. Iaacov es el hijo simple, como está escrito "Iaacov era un hombre simple" (Génesis 25:27). E Ishmael corresponde al "hijo que no sabe cómo preguntar", como una persona que se arrepiente y le pide a Dios la expiación de sus pecados, sobre los cuales no sabe nada [Ishmael se arrepintió al final de su vida (ver *Bava Batra* 16b)]. En verdad, ésa es la esencia del arrepentimiento, como está expresada en el versículo, "Aquello que no robé,

Lección 30   14 Tevet

debo ahora devolverlo" (Salmos 69:5). Todo ello está aludido en el concepto de "Abraham instituyó la Plegaria de la Mañana (*Shajarit*)", dado que la palabra *ShaJaRIT* es un acróstico de *Sheeino Iodeia* (Que no sabe), *Jajam* (Sabio), *Rashá* (Malvado) y *Tam* (Simple) - y esos cuatro hijos corresponden a los Cuatro Reinos.*

* Nota del Copista: *Atzilut* (Cercanía) corresponde a la sefirá de Jojmá y a Itzjak. *Beriá* (Creación) corresponde a la sefirá de Biná, al arrepentimiento y a Ishmael, dado que "Ishmael se arrepintió", como enseñaron nuestros Sabios, de bendita memoria, (*Bava Batra* 16b). *Ietzirá* (Formación) corresponde a Iaacov, que era un "hombre simple" y a la verdad, como en, "Verdad a Iaacov" (Mija 7:20) y a la letra *Vav*, como es sabido. Y *Asiá* (Acción) corresponde a Esaú, dado que las fuerzas de la impureza y de la maldad dominan en la mayor parte de este mundo, que es el mundo de *Asiá*, como es sabido.

Más aún, *ShaJaRIT* (La Plegaria de la Mañana) está asociada con *ShaJaRuT* (negrura) [ver párrafo #4, más arriba] y ambas corresponden al intelecto inferior, que Abraham mereció rectificar debido al hecho de que "despreciaba la ganancia monetaria". Pues Abraham rechazó el dinero de Sodoma, como está escrito, "Si tomase tanto como una hebra o un cordón de zapato" (Génesis 14:23) y constantemente realizaban actos de bondad para elevar el Reino de Santidad desde el Otro Lado. Por lo tanto Abraham corrió detrás de los cuatro reyes (ver Génesis 14) para vencerlos - dado que esos cuatro Reyes son el aspecto de los Cuatro Reinos del Otro Lado. *

* Nota del Copista: Abraham elevó al Reinado de Santidad de entremedio de ellos. Como afirman nuestros Sabios, de bendita memoria, en el Midrash sobre *Parashat Lej Lejá* y como se presenta en el comentario de Rashi, de que todas las naciones estuvieron de acuerdo y coronaron a Abraham como su líder y jefe espiritual (*Bereshit Rabah* 43:5; Rashi sobre Génesis 14:17).

14 Tevet

10. Correspondiendo a los Cuatro Reinos de Santidad, cada una de las Festividades posee cuatro *mitzvot* que anulan a los Cuatro Reinos del Otro Lado pues sirven para elevar desde el Otro Lado

Lección 30   14 Tevet

a la letra *Dalet* [que tiene el valor numérico de cuatro] - representando el Reinado de Santidad. En Pesaj, son las Cuatro Copas de Vino; en Shavuot, son "el orden de la Mishná", con el cual se estudiaba originalmente la Torá, cuatro veces cada persona, como dijeron nuestros Sabios, de bendita memoria (*Eruvin* 54b); y en Sukot, son las Cuatro Especies. Todo esto corresponde a los Cuatro Reinos de Santidad que deben ser elevados hacia la "Luz del Rostro" mediante la alegría de las *mitzvot* que se acumula en las Tres Festividades. Para lograrlo, uno debe retornar a Dios con sincero arrepentimiento en medio de la alegría de las Festividades, acelerando así la redención.

11. La esencia de la revelación de la bondad se produce al recibir la amonestación y la instrucción moral por parte de los verdaderos Tzadikim, aunque su reproche a veces implique la humillación. De esa manera uno merece llevar a cabo actos de caridad y de bondad.

12. Debemos aceptar la amonestación de los Tzadikim aunque a veces ello nos humille. Pues es necesario juzgarlos de manera favorable, dado que "La persona no es considerada responsable [por lo que dice] en su dolor" (*Bava Batra* 16b) - y en verdad, debido a nosotros, los Tzadikim sufren un gran dolor. La explicación de esto es que todas nuestras actividades mundanas y todas nuestras conversaciones son ciertamente malas en cuanto a los Tzadikim concierne. Incluso nuestro bien -es decir, nuestras plegarias, que para nosotros serían consideradas un bien*- también son algo malo en relación a los Tzadikim.

Ello se debe a que nuestras plegarias distraen y confunden a los Tzadikim, pues ellas están mezcladas con pensamientos externos, distracciones y confusiones de toda clase; y esas plegarias, junto con todas sus confusiones, llegan a los Tzadikim para ser elevadas. Por lo tanto, a veces nos amonestan de una manera humillante, pero debemos aceptar su reproche.

---

* Nota del copista: Como está escrito, "Tomen el bien" (Hoshea 14:3). Rashi explica esto como significando: "'Acepta nuestro agradecimiento', como

Lección 30 15 Tevet

está escrito 'Bueno es agradecer a Dios'" (Salmos 92:2). Como también enseñaron nuestros Sabios, de bendita memoria, "*Tov* (Bueno) tiene el valor numérico de diecisiete y la plegaria de la *Amidá* tiene diecinueve bendiciones. Si se resta la bendición concerniente a los herejes agregada en Iavne y la bendición 'Haz que el vástago de David, Tu siervo, florezca' que fue agregada por 'Examíname, Dios y pruébame' (Salmos 26:2), vemos que ambas se corresponden numéricamente" (*Midrash Tanjuma, Koraj*).

15 Tevet

13. Esto explica porqué la confusión y las distracciones son llamadas *TeHiLaH*, como está escrito, "Aun en Sus ángeles encuentra *TaHaLaH* (locura [i.e, confusión])" (Job 4:18) - pues todas ellas se presentan precisamente en el momento de la alabanza (*TeHiLaH*) y de la plegaria. [Esas distracciones atacan a la persona durante sus plegarias] por uno de dos motivos. La primera posibilidad es que vengan para ser rectificadas - dado que es el momento para ello [i.e., cuando la persona está orando con la concentración apropiada] y esos pensamientos perturbadores contienen ciertas chispas sagradas que necesitan ser rectificadas (ver más arriba, Lección #26). Otra posibilidad es que los pensamientos se presenten para distraer a la persona en sus plegarias dado que ella no es apta para orar. Es necesaria una enorme energía para superar la confusión y los pensamientos externos que atacan en el momento de la oración. Pues todos los pensamientos tontos e inútiles que la persona suele tener y toda la confusión mental que experimenta en diferentes momentos del día, todo le llega precisamente cuando está orando. Es precisamente entonces que se hacen presentes y confunden el pensamiento, específicamente al orar; precisamente en ese momento. Por lo tanto, es necesario poner un enorme esfuerzo y energía en superar esos pensamientos y distracciones.

Las plegarias, junto con todos esos pensamientos externos, llegan a los Tzadikim para ser elevadas, tal cual se expresa en el versículo, "Por Mi alabanza, Yo refrenaré (*eJToM*) Mi ira de ti" (Isaías 48:3). Pues todas las plegarias le llegan al Tzadik, que está asociado con Mashíaj, y Mashíaj, a su vez, está asociado con la nariz (*JoTeM*), como en el versículo, "El aliento de nuestras narices, el ungido (*mashíaj*) de Dios" (Lamentaciones 4:20). [La conexión subyacente es que] "Mashíaj juzgará mediante el sentido del olfato" (*Sanedrín* 93b), como en, "Él [Mashíaj] recibirá el aliento del temor de Dios" (Isaías 11:3) pues el Tzadik huele y percibe en las plegarias que recibe el estado espiritual de cada persona, tal cual ella es - dado que la confusión y las distracciones están contenidas en sus plegarias.

16 Tevet

14. El Tzadik sabe qué plegarias provienen de gente digna y cuáles provienen de otra clase de personas, y así sabe cómo amonestarlas. Pues de acuerdo a la audacia y a la sabiduría de Torá de cada persona, el Tzadik sabe si las plegarias de la persona son apropiadas o no. La explicación es que existen dos tipos de audacia. Está la audacia sagrada y también la osadía del Otro Lado. Es imposible alcanzar el conocimiento de Torá si no se posee audacia sagrada - es decir, ser "audaz como un leopardo" (*Avot* 5:20) ante aquellos que nos enfrentan y se nos oponen, como está escrito, "No hay que ser vergonzoso frente a los que se burlan" (*Shuljan Aruj, Oraj Jaim* 1). Y de acuerdo a cuánta audacia sagrada tenga la persona, así merecerá la sabiduría de la Torá y podrá recibir y traer nuevas ideas de Torá al mundo. Por otro lado, la persona que tiene la osadía del Otro Lado recibe su Torá del Otro Lado.

De acuerdo a la Torá que la persona reciba y en relación a su audacia, así merecerá orar. Pues la cualidad de la plegaria también es una función de la audacia sagrada, en el hecho de que la persona debe exhibir una cierta audacia frente a Dios y debe pedirle todo aquello que necesite - incluso milagros. Pues si la persona es vergonzosa delante de Dios - algo que sería lo apropiado, dadas sus acciones y la grandeza del Creador- ciertamente será incapaz de abrir la boca y orar. Por lo tanto, de acuerdo al grado de audacia sagrada que muestre delante de aquellos que quieren impedirle su trabajo

Lección 31   17 Tevet

espiritual, así mismo se hará digna de alcanzar la verdadera Torá y de orar con concentración y sentimiento. Por lo tanto, el Tzadik, que percibe la audacia y la sabiduría de Torá de cada persona, sabe qué plegaria lo molestó y lo distrajo y de quién era esa plegaria - y así sabe cómo amonestar a esa persona.

15. A partir de la voz es posible conocer el aspecto de Maljut que posee la persona. Pues cada uno tiene algún grado de Maljut y esa cualidad puede ser reconocida en la voz. Pues hay una "voz de triunfo" y hay una "voz de derrota" (Éxodo 32:18) - todo de acuerdo con el aspecto de Maljut de cada persona. Así fue cómo Shaúl supo, a partir de la voz del rey David, que éste era fuerte en Maljut y por lo tanto, le preguntó, "¿Es ésa tu voz, hijo mío, David?" (Samuel I, 24:16). Pues Shaúl estaba sorprendido de la voz del rey David; comprendió que era literalmente la voz de un rey. Él quiso levantar su voz por sobre la voz de David, pero no pudo. Ése es el significado de "Shaúl levantó la voz y lloró" (ibid.) - es decir, su voz era débil y estaba opacada por el llanto. Entonces le dijo a David, "Yo sé con certeza que tú has de reinar" (ibid., 24:20) - dado que lo supo a partir de la voz.

17 Tevet

31 - "Tenemos un pozo"
(Bejorot 8b)

1. La caridad dirige todos los cuerpos celestes y mediante la caridad todas las bendiciones llegan al mundo. Pero esas bendiciones sólo se completan en el Shabat, que es la manifestación y la encarnación de la fe. Por lo tanto, la luz de la caridad ilumina y brilla como el sol, principalmente y en su plenitud más grande en el Shabat, que es el aspecto de la fe; y la fe es la fuente de todas las bendiciones.*

---

* Nota del copista: Para explicar: La clase de caridad que brilla como el sol es la caridad dada a las personas pobres y dignas para que puedan comprar lo que necesitan para el santo Shabat, como puede comprenderse a partir del *Likutey Tefilot* sobre esta lección. También está escrito en la Lección #86, más adelante, que la caridad que uno le da a un pobre para sus gastos

Lección 31   17 Tevet

del Shabat corresponde al "sol del futuro", tal como será al ser renovado en el tiempo que viene, cuando será "como la luz de los siete días" (Isaías 30:26). Por otro lado, la caridad que uno da para cubrir los gastos de los seis días de la semana corresponde al sol tal cual existe en su estado actual.

2. La fe constituye la perfección de todas las cosas; y en ausencia de la fe, todas las cosas están imperfectas. De acuerdo a ello, la perfección de la Torá -que es conocimiento- sólo se alcanza mediante la fe, dado que toda la Torá se sustenta en la fe, como dijeron nuestros Sabios, de bendita memoria, "Vino Habakuk y asentó la Torá sobre un fundamento: 'El Tzadik vivirá por su fe'" (Habakuk 2:4; *Makot* 24a). De manera similar, la perfección de los cuerpos celestes y de sus órbitas -que es un aspecto de la caridad- se efectúa exclusivamente a través de la fe, pues la fe es lo más importante.

3. Al guardar el Shabat -que es la encarnación de la fe- se perfecciona la caridad y la persona merece todas las bendiciones. Es por ello que el *Taná* comienza el tratado *Shabat* con un ejemplo que implica la mitzvá de la caridad, aludiendo a la relación entre el Shabat y la caridad. (Esto también se expresa en la canción *"Leja Dodi"* [que se canta al comienzo] del Shabat, "Porque él [el Shabat] es la fuente de la bendición"). El Shabat es la perfección de todas las cosas - porque mediante la observancia del santo Shabat, la persona logra la fe.

4. La acción de "dar" más importante implícita en el acto de la caridad es, de hecho, lo que la persona pobre le "da" a su benefactor [i.e., la oportunidad de llevar a cabo esa mitzvá] (Rashi sobre *Ruth Rabah* 5:9). Una dinámica análoga [implicando dos cosas que se mueven al mismo tiempo en direcciones opuestas, como se observa en la caridad] se encuentra en el movimiento de los *GaLGaLim* (cuerpos celestes) en sus órbitas, como está aludido en la afirmación, "'Pues debido (*biGLaL*) a esto' (Deuteronomio 15:10) - [la caridad es] un *GaLGaL* (un ciclo o una rueda) que gira en el mundo" (*Shabat* 151b). [Esto hace referencia a la llamada "rueda de la fortuna", en la cual los ricos se vuelven pobres y los pobres, ricos; y también alude a los *GaLGaLim* (cuerpos celestes)]. Pues los

Lección 31   18 Tevet

cielos poseen dos movimientos. El primer movimiento, y el principal, es el [ciclo de las constelaciones que va] desde el oeste hacia el este; éste es el movimiento natural de los cielos. El segundo movimiento es el movimiento "restringido" [diario] de los cielos desde el este hacia el oeste en el cual la banda diurna gira y rota del este hacia el oeste, llevando consigo a todos los otros cuerpos celestes. La persona pobre [que le "da" a su benefactor, corresponde al movimiento del oeste hacia el este] y está implícita en el versículo, "Desde el oeste los recogeré" (Isaías 43:5), dado que es la persona pobre la que "recoge" la caridad. Por otro lado, el benefactor [que da la caridad, correspondiente al movimiento de los cielos desde el este hacia el oeste] está implícito en el versículo, "Desde el este traeré tu simiente (*ZaReja*)" (*ibid.*). ["Simiente" alude a la caridad,] como en, "Siembren (*ZiRu*) caridad para ustedes" (Hoshea 10:2). El movimiento más significativo de ambos es el que va desde el oeste hacia el este, desde la persona pobre hacia su benefactor.

18 Tevet

5. El sostén de la existencia y de la vitalidad de la fe sólo puede lograrse mediante la pureza sexual. Es por ello que la gente viaja para estar con los Tzadikim durante el santo Shabat. Pues la santidad de los verdaderos Tzadikim se basa en que mantienen a la perfección todas las facetas de la pureza sexual. Por lo tanto, la gente viaja para estar con ellos durante el Shabat, para recibir de ellos la santidad del Shabat - dado que el Shabat se identifica con la fe y la fe constituye la perfección de todas las cosas.

6. Los cuerpos celestes, sus órbitas y todo el funcionamiento del mundo -denominados "los estatutos del cielo y de la tierra" (Jeremías 33:25)- dependen de la pureza sexual y de la santidad. Más aún, el influjo de abundancia en el mundo y todas las bendiciones producidas por esas fuerzas, dependen de ello.

7. Todos los sufrimientos que experimenta la persona al viajar por los caminos se deben a un daño en la sexualidad. Por lo tanto

Lección 31   19 Tevet

dijeron nuestros Sabios, de bendita memoria, "El hombre está obligado a tener relaciones con su esposa antes de salir de viaje" (Iebamot 62b). Con ello se asegura de no estar en la categoría de "Toda carne había corrompido su camino" (Génesis 6:12). En otras palabras, al guardar la pureza sexual, no sufrirá por el camino.

8. De manera similar, es necesario dar caridad antes de salir de viaje, como está escrito, "La rectitud irá delante de él y la pondrá en el camino de sus pasos" (Salmos 85:14). Ello se debe a que la caridad hace que la estrella [la fuerza celeste que regula el viaje] haga brillar su influencia, dado que la caridad hace que brillen los cuerpos celestes. Al dar caridad antes de salir de viaje, la persona evita las demoras producidas por los "atrasos" en las estrellas que no irradian toda su luz e influencia. De esa manera la persona evitará el sufrimiento producido por los retrasos en el viaje. (Ver Lección #264, más adelante, que enseña que la caridad también está asociada con la pureza sexual).

19 Tevet

9. Hay dos niveles de pureza sexual. Uno de ellos implica mantener un alto grado de santidad en esta área y es llamado el "pacto superior". Esto corresponde al "firmamento que divide entre las aguas superiores y las aguas inferiores". Aquel que ha alcanzado ese nivel puede ser llamado un "hombre libre", dado que mediante esa santidad alcanza la libertad y produce descendencia [i.e., acerca las almas a Dios; ver *Likutey Moharán* II, 5, donde se enseña que al quebrar los deseos físicos la persona se vuelve capaz de decir palabras justas].

El segundo nivel de pureza sexual implica cumplir con las leyes de la Torá que indican lo que está prohibido y lo que está permitido en esta área. La persona debe poseer ambos niveles de pureza sexual - en otras palabras, debe ser un Tzadik y un erudito. Pues cuando uno mantiene un alto nivel de santidad en esa área, es llamado un Tzadik; y es llamado erudito cuando estudia las leyes de lo que está prohibido y de lo que está permitido, y demás, y cumple con lo que ha estudiado. Cuando uno merece alcanzar ambos niveles de pureza sexual es como un "ángel del Señor de las Huestes", logra una fe completa y hace descender bendiciones y un influjo de abundancia hacia el mundo.

10. Al mantener ambos niveles de pureza sexual de la manera descrita, "La bondad se revela en el órgano masculino" (*Zohar* III, 142a). Esa bondad se manifiesta como amor y deseo por Dios y como un buen anhelo, que es algo muy precioso en verdad. Ese anhelo es muy valioso debido a que mediante él la persona crea almas - es decir, coloca puntos vocales, "puntos de plata", en las letras de la Torá. [En hebreo, la palabra *KeSeF* (plata) es similar a la palabra *KiSuF* (anhelo); así, la frase "puntos de plata" (*nekudot haKeSeF*) también puede leerse como "puntos de anhelo" (*nekudot haKiSuF*).] En otras palabras, mediante el anhelo, se generan puntos vocales y esos puntos son conceptualmente como almas. Ese fenómeno está descrito en el versículo, "Mi alma anhela y desfallece" (Salmos 84:3) - es decir, mi anhelar y desfallecer por Dios es lo que crea mi alma.

11. Los puntos vocales son como la fuerza vital y el movimiento de las letras (consonantes); por lo tanto, están asociados con el alma. Pues, así como el alma es la vitalidad de la persona y todos sus movimientos se deben a la actividad del alma -sin la cual sólo habría un cuerpo inerte- de la misma manera, las letras no tienen movimiento ni vitalidad, excepto a través de los puntos vocales y es mediante esos puntos que las letras se mueven, se unen y se combinan. Los puntos vocales son creados por el anhelo que la persona siente por Dios y están asociados con "almas", mientras que el unirse y combinarse de los puntos vocales corresponde a la "unión de las almas". Más aún, por medio de los puntos vocales, las letras mismas se unen y se combinan, lo que corresponde a la unión de los cuerpos.

Todo esto es el significado interno del segmento de la plegaria de *Tajanum* denominado "Caer sobre el rostro". El propósito de esa porción del servicio es elevar el alma -algo paralelo a "la elevación de las aguas femeninas"- y efectuar la unificación espiritual. Pues los anhelos sagrados -que son "la elevación de

Lección 31   20 Tevet

las aguas femeninas"- en sí mismos y por sí mismos, crean un alma; y esa alma entonces asciende, efectuándose así una conjunción y unificación espiritual. El alma se crea esencialmente mediante el anhelo que la persona siente por Dios, cada uno de acuerdo a su propio nivel. Al anhelar y desear el siguiente nivel superior se crea un alma en potencia.

20 Tevet

12. Mediante esos anhelos sagrados se efectúa una unión. Para explicar: Cuando la persona anhela por algo, se crea un alma y en respuesta a ese anhelo, la cosa [por la cual anhela la persona] anhela a su vez por ella. Ése segundo anhelo también crea un alma y las dos almas se unen. El anhelo original [que tuvo la persona] es denominado "el anhelo femenino" y crea un alma femenina, como se enseñó en el santo *Zohar* (I, 85b). Y el anhelo que a su vez siente la cosa deseada es denominado "el anhelo masculino" y crea un alma masculina. Subsecuentemente, esas almas pasan a través de las etapas de la gestación y del nacimiento, como está escrito en el santo *Zohar* (*ibid.*) y finalmente emergen como almas totalmente desarrolladas, para actuar en el mundo de acuerdo a los puntos vocales que ellas pongan en las letras. Pues las letras de la Torá generan todas las cosas, dado que ellas son la vitalidad de todo y gobiernan al mundo entero. Sin embargo, el poder que tienen para actuar les llega sólo a través de los puntos vocales - es decir, de los anhelos. Así, si la persona anhela por el mal, crea puntos vocales malos, Dios no lo permita, y las letras se combinan y se unen consecuentemente para hacer el mal. Si, por otro lado, la persona anhela retornar a Dios en arrepentimiento, se crean puntos vocales buenos y las letras se mueven y se unen para generar cosas buenas.

13. El santo Shabat está asociado con la fe y con la pureza sexual. Esas dos cualidades engendran el amor, los buenos deseos y los anhelos de la persona, mediante los cuales se crean almas santas. Esto explica porqué, al comenzar el Shabat, la persona siente un anhelo sagrado y recuerda que durante la semana

Lección 31   21 Tevet

pierde esa "alma adicional del Shabat", como dijeron nuestros Sabios, de bendita memoria, "Porque 'Él cesó de trabajar (*ShaVaT*)' - ¡Ay! El alma ha partido (*¡VaI! avda NeFeSh*)" (Beitzá 16a). (Esto hace referencia a los versículos bíblicos que se recitan [en la mañana del Shabat], "Los Hijos de Israel observarán el Shabat... [pues en el Shabat,] Él [Dios] cesó de trabajar y descansó [*ShaVaT VaINaFaSh*]" [Éxodo 31:16-17]). En ese momento la persona recuerda que cuando termine el santo Shabat, ella perderá el alma adicional del Shabat y en anticipación comienza a anhelar por ella. Entonces, como resultado de ese mismo anhelo, se crea el alma adicional del Shabat. Pues las almas sagradas se crean principalmente mediante los buenos anhelos.

21 Tevet

14. Cada persona, de acuerdo a sus propios anhelos -que a su vez crean almas- genera puntos vocales para las letras de la Torá. Inicialmente, las letras de la Torá son una luz indiferenciada (como se explica más adelante, Lección #36), dado que "de la Boca del Altísimo" sólo proviene una luz indiferenciada. Sin embargo, cada uno, dependiendo de lo que anhele, les hace una forma a las letras que anteriormente eran como cuerpos inertes y, a partir de los puntos vocales creados por sus deseos se forman recipientes. Si la persona anhela y desea el bien, conforma y explica las letras de la Torá de manera positiva y éstas se transforman en recipientes para recibir el bien. Sin embargo, si anhela el mal, Dios no lo permita, las letras se conforman de tal manera que se transforman en recipientes para captar el mal, Dios no lo permita. De acuerdo a la manera en la cual se formen, así será como actúen en el mundo. Pues tanto el bien como el mal tienen un asidero en la Torá, como se enseñó, "Si uno es digno, la Torá se vuelve un elixir de vida. Pero si es indigno, se vuelve una poción mortal" (*Ioma* 72 b). También está escrito, "Los rectos andarán en ella y los pecadores en ella tropezarán" (Hoshea 14:10).

15. Sin embargo, para que el alma pase de la potencia al acto, la persona debe articular sus anhelos mediante palabras

concretas. A través de la articulación de las palabras, el alma alcanza un estado completo y pasa de lo potencial a lo concreto, como está escrito, "Mi alma salió cuando él habló" (Cantar de los Cantares 5:6). Éste es el significado del versículo, "Él hará la voluntad de aquellos que Le temen; Él oirá su clamor y los salvará" (Salmos 145:19). En otras palabras, mediante la "voluntad" -que consiste en los anhelos de la persona- se crea un alma en potencia; y también se crea en potencia todo aquello que la persona busca y desea. Éste es el significado del versículo, "Él hará la *voluntad* de aquellos que Le temen". Subsecuentemente, "Él *oirá* su clamor" -es decir, cuando ellos articulen sus anhelos en palabras- y con eso, "Él oirá su clamor y los salvará". Pues mediante el habla, el alma pasa de la potencia al acto. Entonces las letras de la Torá reciben una forma interna, un "alma", y se transforman en recipientes para captar el bien, y así se concretiza lo que la persona desea (ver más adelante, Lección #34, que enseña que el habla es el recipiente para captar el influjo de abundancia). Pues de acuerdo al alma creada por la persona, tanto en potencia como en acto, así serán los puntos vocales en las letras, así recibirán las letras su forma interna y así mismo operarán en el mundo y generarán todo aquello que la persona busca y desea. Todo el orden de la plegaria se basa en este principio - es decir, que la persona deba articular sus anhelos con la boca, pues de esa manera el alma alcanza su estado concreto. Pues el alma emana del habla, como hemos aprendido del versículo, "El hombre se volvió un alma viviente" (Génesis 2:7), que el *Targúm* traduce como "un espíritu hablante".

22 Tevet

16. Esto explica el enorme beneficio de conversar con nuestro Creador. Específicamente, es necesario expresarse y hablarle a Nuestro Creador y articular con palabras los buenos anhelos. Decirle a Dios cuánto se anhela dejar el mal en el cual uno está hundido y cuánto se anhela llegar al verdadero bien. También es necesario rogarle a Dios por ello, para que Él se apiade de nosotros y cumpla con nuestros buenos deseos. En esto es

necesario hablar con sinceridad y simpleza; hablar sobre todo aquello de lo que uno carece en el servicio a Dios y que anhela y desea que Dios le permita lograr. Mediante esa práctica la persona se hace digna de alcanzar las cosas que desea y de lograr lo que deba lograr. Así traerá el bien a este mundo, hará descender el favor y la bendición sobre todos los mundos espirituales y despertará muchas almas en el retorno a Dios. Todos deben acostumbrarse a conversar con Nuestro Creador, diariamente. Esta práctica es extremadamente valiosa en verdad y mediante ella es posible llevar el mundo entero hacia el bien.

17. Cuando la persona merece guardar la pureza sexual en los dos niveles mencionados más arriba, se hace digna de sentir amor y anhelo por Dios; de esa manera conforma las letras de la Torá de manera positiva, del lado de la "vida". Entonces las letras mismas de la Torá buscan ser dichas por la boca de esa persona para que ella pueda darles una buena forma y, de esa manera, la persona se vuelve digna de que todo su comer y todo su sustento sean como el comer del pan de la proposición que era consumido en el Santo Templo. Más aún, "Su propia mesa expía por los pecados, al igual que lo hacía el Altar"; y todas las estrellas, las constelaciones y las naciones trabajan en aras de su sustento.

23 Tevet

18. El principio general es que el anhelo y el deseo por algo sagrado es extremadamente valioso. Pues mediante ese anhelo se hace llegar a la existencia a un alma que subsecuentemente se actualiza a través del habla. Esa alma surge y es reencarnada. A veces esa alma sagrada le llega a una persona malvada y encarna en ella, por lo que esa persona experimenta pensamientos de arrepentimiento y puede enmendar su camino. También sucede lo contrario. ¡Cuánto mal produce el anhelo por algo que no es bueno, Dios no lo permita! Pues el alma que llega a la existencia como resultado de los malos anhelos reencarna ocasionalmente en el Tzadik y puede hacerlo

Lección 31   23 Tevet

pecar, Dios no lo permita. Todo esto se encuentra descrito en el versículo, "Hay un *hevel* (aliento o vacuidad) que sucede en la tierra, por lo cual hay Tzadikim a quienes les sucede de acuerdo a las acciones de los malvados y hay malvados a quienes les sucede de acuerdo a las acciones de los Tzadikim" (Eclesiastés 8:14). En otras palabras, "hay un aliento" de la boca del cual surgen las almas y, por medio de ello, "hay Tzadikim a quienes les sucede de acuerdo a las acciones de los malvados", por lo cual el alma producida por los malos anhelos entra en los Tzadikim y los hace tener pensamientos de pecado. Esa alma puede en verdad hacer que el Tzadik peque, Dios no lo permita, o es posible que éste la pueda rectificar. De la misma manera, "hay malvados a quienes les sucede de acuerdo a las acciones de los Tzadikim", por lo cual la persona malvada experimenta pensamientos de arrepentimiento cuando le llega un alma santa creada por los buenos anhelos. Ahora bien, la persona malvada puede estropear esa alma sagrada o el alma puede inducirla a enmendar su camino. Todo esto es el fenómeno de la transmigración de las almas que son generadas por el habla y que luego reencarnan en el mundo.

19. La perfección del hombre es ser tanto un Tzadik como un erudito. Pues dijeron nuestros Sabios, de bendita memoria, sobre la persona que no es estudiosa de la Torá, "Un ignorante no puede ser piadoso" (Avot 2:5). Sin embargo ser solamente un erudito carece de valor, dado que es posible ser un estudioso y a la vez ser absolutamente malvado, Dios no lo permita, como se enseñó, "Si es indigno, la Torá se vuelve una poción mortal" (Ioma 72b). Por lo tanto, es necesario ser estudioso de la Torá y un piadoso en las buenas acciones (es decir, un Tzadik, como está tratado en el santo *Zohar* III, 203). Entonces uno es como un "ángel del Señor de las Huestes" y les puede dar una forma buena y positiva a las letras de la Torá. Pero la persona que, equivocadamente, supone que lo más importante es ser sólo un erudito es como Ajer, quien "arrancó las plantaciones", que Dios nos salve (ver *Jaguigá* 14b).

20. Si el Tzadik perfecto -que es tanto un Tzadik como un

Lección 31   24 Tevet

erudito- llega a caer ocasionalmente de su nivel -dado que es sabido que es imposible mantenerse constantemente en un mismo nivel- no es bueno que quiera quedarse en el nivel de erudito que aún posee. Más bien, deberá fortalecerse en el temor al Cielo y en los puntos buenos que aún tiene.

24 Tevet

21. Debido a esas dos cualidades que posee el *Rav* y Tzadik -es decir: primero, debe ser un erudito, lo que corresponde a un "ángel", a *Metat* y a la Mishná; y segundo, debe ser un Tzadik que se asemeja a su Creador en su piedad y en sus buenas acciones, lo que corresponde al "Señor de las Huestes"- el Tzadik también tiene los dos poderes que posee la Torá, es un "elixir de vida" o lo opuesto [i.e., una "poción de muerte", como en *Ioma* 72b]. Consecuentemente, la persona que se acerque a ese Tzadik podrá encontrar algo en él con lo cual "arrancar las plantaciones" y llegar a la herejía o "entrar en paz y salir en paz". Vemos por tanto que hay cuatro categorías de personas entre aquellas que se acercan a los verdaderos Tzadikim y esas categorías son un paralelo de los "cuatro que entraron en el Jardín" (*Jaguigá* 14b).

Primero, está aquel que recibe el sendero correcto del *Rav* y se vuelve un judío bueno y recto hasta el final. Ésta es la categoría de los "rectos", correspondiente al rabí Akiba, quien "entró en paz y salió en paz". Luego está la persona en la categoría de "miró y fue golpeado", correspondiente a Ben Asai, en la cual el corazón arde fervientemente debido a la gran luz que el Tzadik hace brillar sobre él. Sin embargo, éste arde con demasiado fervor y, como resultado, la persona puede enloquecer. Tercero, está la persona en la categoría de "miró y falleció", correspondiente a Ben Zoma, por lo cual uno puede expirar debido al excesivo fervor. Quienes están en estas dos últimas categorías también son llamados "rectos", y también a ellos se les aplica la frase "los rectos andarán en ellas" (Hoshea 14:10). Pero también está la persona que se acerca al Tzadik con perversión y desdén en su corazón. También esa persona podrá encontrar en el *Rav* aquello que desea -es decir, algo con lo cual negar heréticamente todo- y alejarse completamente, separándose del Tzadik con desprecio y descaro. Esta categoría corresponde a Ajer, quien "arrancó las plantaciones", y a ello hace referencia el versículo cuando continúa, "y los pecadores tropezarán en ella" (*ibid.*), que Dios nos salve. [Tal como Ajer que vio al ángel *Metatrón* sentado allí y pensó que ese ángel tenía su propia autoridad independiente cuando, de hecho, no la tiene, de la misma manera, la persona que se sienta y estudia Torá no es nada sin las buenas acciones].

Estas cuatro categorías son un paralelo de "el recto", "el malvado", "aquél que sirve a Dios" y "aquél que no Lo sirve", mencionados en el versículo: "Entonces volverás y verás la diferencia entre el recto y el malvado, entre aquél que sirve a Dios y aquél que no Lo sirve" (Malaji 3:18). Los cuatro tipos se encuentran entre aquellos que desean entrar al servicio a Dios y acercarse al Tzadik y *Rav* de la generación. Pues el Tzadik debe poseer los dos poderes que tiene la Torá, ser un "elixir de vida" y, Dios no lo permita, lo opuesto, para que la persona que se acerque pueda recibir lo que desee - y entonces, "Los rectos andarán en ellas y los pecadores tropezarán en ellas".

25 Tevet

32 - "Dios, abre mis labios"
(Salmos 51:17)

1. Bailar en una boda mitiga los juicios severos. Esto se debe a que el corazón es Biná, como está escrito, "Biná es el corazón" (*Tikuney Zohar*, Introducción). La alegría del corazón induce a la persona a bailar, como comenta Rashi sobre el versículo, "'Iaacov levantó sus piernas' (Génesis 29:1) - su corazón levantó sus piernas". Las piernas, a su vez, corresponden a las *sefirot* de Netzaj y Hod. Así, cuando, debido a la alegría en el corazón, la persona danza en una boda, debe tener la intención de llevar la luz del corazón -es decir, las cinco *Alef* del Nombre Divino *EHIéH* que están identificadas con Biná- a través de las piernas y hacerla descender hacia la novia que es llamada, antes de la

consumación del matrimonio, una *NaARa* (doncella), deletreada sin una letra *Hei* final (Zohar II, 38). En esa etapa, ella aún está identificada con los "320 juicios estrictos", equivalentes al valor numérico de la palabra *NaARa*, y a cinco veces el valor numérico de la palabra *DIN* (juicio estricto). Pero al hacer descender hacia ella la luz del corazón, ella se vuelve una *NaARaH*, deletreada con una letra *Hei* [dado que la luz del corazón consiste de "cinco *Alef*" y la *Hei* tiene el valor de cinco]; y el valor numérico de *NaARaH* es equivalente a cinco veces el valor del Nombre de Dios *ADoNaI* [que está asociado con los juicios atemperados]. Todo ello es la explicación del versículo, "Dios (*ADoNaI*), abre mis labios" (Salmos 51:17). Pues por medio de los "labios", que están asociados con Netzaj y Hod -que también corresponden a las piernas- se abre y se mitiga a la novia [es decir, su aspecto de juicio-*din*]. Entonces ella es llamada una *NaARaH* en el hecho de que ahora es apta para la unión, dado que ha tomado la cualidad del nombre de Dios *ADoNaI*.

26 Tevet

33 - "¿Quién es el hombre que desea vida?"
(Salmos 34:13)

1. Es necesario buscar la paz, como está escrito, "Busca la paz y persíguela" (Salmos 34:15). Esto significa que la persona debe ocuparse de que haya paz entre todos los judíos y que cada uno esté en paz con sus características (*midot*). En otras palabras, la persona no debe estar en conflicto con sus rasgos de carácter ni con lo que le suceda. No debe haber para ella ninguna diferencia entre las cosas buenas y las cosas malas que le ocurran. Más bien, siempre deberá encontrar a Dios en ello, tal cual está expresado en el versículo, "Cuando Él es *IHVH* [el atributo Divino de la compasión], yo alabaré Su palabra, cuando Él es *ELoHIM* [el atributo Divino del juicio estricto], yo alabaré Su palabra" (Salmos 56:11).

2. Esta paz se alcanza mediante la Torá y los Tzadikim, que son

llamados "paz". Mediante la Torá y los Tzadikim la persona merece amar a Dios en todo lugar y situación, buena o mala, y se hace digna también de amar a sus congéneres. De esa manera la paz reinará entre todos los judíos y habrá amor entre ellos. Pues cuando la persona alcanza un estado tal de paz interior, nada en el mundo la perturba. Más bien, sea lo que fuere que le suceda -así sea algo bueno o, por el contrario, se trate de sufrimientos, tribulaciones, preocupaciones y pruebas, Dios no lo permita- siempre sabrá y tendrá fe en que todo es para su beneficio eterno. Precisamente, será a través de esas cosas que podrá acercarse a Dios, si realmente lo desea. En concordancia con ello, será paciente con las otras personas aunque le causen sufrimientos, y tratará de juzgarlas de manera favorable, para encontrar el bien en ellas y transformar la situación en algo positivo. Se dirá a sí misma que esa persona realmente no tiene las malas intenciones que ella imagina; y de muchas otras maneras similares se ocupará de buscar el amor y la paz con su prójimo y con todos los judíos. Tal persona amará la paz en todo lugar y situación, buena o mala, y estará en paz con todos.

3. La persona debe saber que "el mundo entero está lleno de Su gloria", que no hay lugar vacío de Divinidad y que Dios llena todos los mundos y rodea todos los mundos. Ni siquiera aquel que se dedica a comerciar con los gentiles puede excusarse y decir que le es imposible servir a Dios debido a la insensibilidad espiritual y al materialismo que constantemente lo atacan como resultado de estar todo el tiempo con ellos. Pues la Divinidad puede hallarse en todas las cosas físicas y en el lenguaje de los gentiles - dado que sin Divinidad no tendrían vitalidad y existencia alguna, como está escrito, "Tú los mantienes a todos con vida" (Nehemías 9:6). Aun así, la vitalidad y la Divinidad que se encuentran en esas cosas están extremadamente restringidas, habiendo solamente lo necesario como para sustentar la cosa y nada más. Más aún, cuanto más bajo sea el nivel de algo, más constreñida se encontrará la Divinidad, envuelta en muchas "vestimenta" adicionales.

4. Por lo tanto, debes saber que aunque estés profundamente

Lección 33   27 Tevet

sumido en la impureza y te encuentres en un nivel extremadamente bajo -al punto en que llegues a imaginar que ya no tienes posibilidad de acercarte a Dios dado que estás muy lejos de Él- aunque hayas caído en el ateísmo, Dios no lo permita, sin embargo, debes saber que incluso en ese lugar aún puedes encontrar la Divinidad. Pues Él le da vida a todo, como está escrito, "Tú los mantienes a todos con vida". Incluso desde allí puedes unirte a Dios y retornar a Él en un perfecto arrepentimiento, pues "no está lejos de ti" (Deuteronomio 30:11) - lo que sucede es que allí, donde tú estás, se han multiplicado las "vestimentas".

27 Tevet

5. Al elevarse de un nivel a otro, uno se acerca continuamente a Dios y puede llegar a conocerlo con un grado cada vez mayor de comprensión. Ello se debe a que cuanto más elevado sea el nivel en que se encuentre la persona, menos "vestimentas" ocultarán la Divinidad y menos constricciones habrá. Uno se halla en verdad cerca de Dios y puede amar a Dios mucho más profundamente.

6. Existen "buenos días" y "malos días". Los "días" son llamados *midot* ("medidas", "atributos" o "rasgos"), como en la frase "la medida de mis días" (Salmos 39:5). Esos atributos son la Torá. Pues la Torá está compuesta enteramente de los atributos del Santo, bendito sea, [o de las diversas maneras finitas de relacionarse con Él], dado que la Torá habla de amor, temor y de los otros rasgos. Todos los mundos fueron creados mediante la Torá y las letras de la Torá son las que les dan vida a todas las cosas.

Sin embargo, cuanto más bajo sea el nivel de algo, más escasas y constreñidas estarán allí las letras de la Torá. Es por ello que es posible hallar "buenos días" -que son la Torá y sus letras- incluso en los "malos días" - que son las lenguas de los gentiles, sus atributos y rasgos de carácter negativos. Éste es el significado del versículo, "En un buen día, disfruta y en un mal día, mira"

Lección 33   28 Tevet

(Eclesiastés 7:14). En otras palabras, cada persona debe "mirar" con mucho detenimiento y entonces, si subyuga su mala inclinación -es decir, los "malos días"- con seguridad encontrará "buenos días" en medio de los "malos días" y los anulará. Entonces será como un "ángel del Señor de las Huestes" (*Zohar* I, 90) y podrá recolectar las letras de la Torá incluso de entre los objetos físicos. Aunque hable con los gentiles o sea testigo de su comportamiento, aun así sabrá que la vitalidad Divina -es decir, las letras de la Torá- está dentro de ellos encubierta con "vestimentas". Porque de esa manera se anula y cae el mal que está allí y que cubre al bien -es decir, que cubre las letras de la Torá- y éstas se elevan e irradian su luz con mucho más brillo.

28 Tevet

7. Éste es el significado de la frase "haremos y oiremos", como en, "Haciendo Su palabra, para oír la voz de Su palabra" (Salmos 103:20). Es decir, al comienzo la persona "hace" y construye las letras de la Torá para que ellas se manifiesten y se unan entre sí (*Ioma* 73b). Luego, "oiremos", como en, "Afortunado aquel que oye voces desde arriba" (*Zohar* I, 90a). Es decir, las letras de la Torá reciben mayor vitalidad y una luz más abundante que la que recibían previamente. Pues inicialmente, las letras que estaban investidas en las lenguas de los gentiles y en los "malos días", sólo recibían la vitalidad mínima apropiada para ese lugar en particular (como se explica en el *Pri Etz Jaim, Kavanot Purim* 6).

8. Es sabido que el amor de Dios se encuentra en la Torá - es decir, en los "atributos" y en los "días", como está escrito en el santo *Zohar*, "Diariamente, Dios ordena Su bondad" (Salmos 42:9; *Zohar* III, 191b). Es decir, la bondad -que es amor- es el "día que va con todos los días" -i.e., con todos los atributos- y esos días -esos atributos- son las constricciones de la Divinidad mediante las cuales obtenemos una comprensión de Dios, como está escrito en el santo *Zohar*, "Para que podamos conocerlo por medio de Sus atributos" (*Zohar* II, 42b). Ahora bien, en Su amor por el pueblo judío, Dios invistió Su Divinidad en los atributos

Lección 33   29 Tevet

de la Torá, que son las 613 *mitzvot*. Pues Dios determinó que, mediante cada mitzvá -mediante cada constricción particular y mesurada de Su luz- seríamos capaces de comprenderlo y de servirlo. Así, en todos y en cada uno de los atributos de la Torá hay amor - el amor que Dios siente por el pueblo judío. De acuerdo a ello, la persona que, al subyugar su mala inclinación, retira de la Torá las "vestimentas" de las fuerzas impuras, se acerca a la paz, como está escrito, "Todos sus senderos son paz" (Proverbios 3:17) - ésta es la Torá.

29 Tevet

9. Ahora bien, la Torá tiene dos aspectos, un aspecto revelado y un aspecto oculto. El aspecto oculto es la Torá del Anciano Oculto (*Atika Stimaa*) que será revelada en el futuro. Correspondiente a ello, también hay dos tipos de amor. Uno es el amor que existe dentro de los "días"; ésta clase de amor es un amor "en acto". El segundo tipo de amor es el amor "en potencia" - éste es el amor que existía entre el pueblo judío y su Padre en el Cielo antes de la creación, cuando el pueblo judío sólo existía en el Conocimiento de Dios y en Su Mente [por así decirlo]. Esta segunda clase de amor se encuentra más allá del tiempo y de los límites, y se identifica con el significado profundo e interno de la Torá. En el futuro, el Santo, bendito sea, retirará las "vestimentas" que ocultan Su Divinidad -es decir, que cubren el significado profundo e interno de la Torá- y será revelada la Torá del Anciano Oculto. Entonces aumentará la paz, como está escrito, "Ellos no harán mal alguno y no destruirán en toda mi santa montaña, pues el mundo estará lleno del conocimiento de Dios" (Isaías 11:9). Pues entonces se revelará el amor que existía en la Mente de Dios.

Sin embargo, hoy en día, la luz de esa Torá [interna] está oculta, como dijeron nuestros Sabios, de bendita memoria, "'Dios vio que la luz era buena' (Génesis 1:4) - que era buena para ocultarla" (*Jaguigá* 12a). De manera similar, también hay Tzadikim que son llamados "buenos", como está escrito, "Di del Tzadik que es bueno" (Isaías 3:10) y esos Tzadikim también son llamados "luz", como está escrito, "Luz hay sembrada para el Tzadik" (Salmos 97:11). Esos Tzadikim también están ocultos, dado que hoy en día el mundo no es digno de beneficiarse de ellos. Sin embargo, en el futuro se revelará el amor que existía en la Mente de Dios. Esto es llamado "Un día que es conocido por Dios, que no será ni día ni noche" (Zacarías 14:7). Pues el amor es llamado "día", como en, "Diariamente, Dios ordena Su bondad" (Salmos 42:9); y ese amor no es "ni día ni noche" dado que trasciende el tiempo y los límites. Ahora bien, cuando ese amor se haga manifiesto también se revelarán los Tzadikim ocultos y la Torá Oculta. Entonces se manifestará una abundante paz en el mundo, y con ella se reconciliarán los opuestos, como está escrito, "El lobo habitará con la oveja" (Isaías 11:6).

1 Shvat

10. Incluso dentro de los atributos mismos [i.e., dentro del ámbito de lo finito] cada persona, en su propio nivel, representa la Mente con respecto al nivel por debajo de ella. Pues el nivel más bajo del mundo de *Ietzirá* (Formación) constituye el nivel de Mente [más elevado] para el mundo de *Asiá* (Acción) debajo de él. Así, el amor por Dios de una persona, dentro de sus atributos y dentro del tiempo, puede representar, para la persona que se encuentra en un nivel inferior al suyo, el nivel más elevado de "amor que existía en la Mente" y "más allá del tiempo".

11. Incluso ahora, en medio de los "días", cada persona, en su propio nivel, puede saborear la Luz del amor que existe en la Mente. Esto es posible uniendo el corazón con la mente. Pues todo judío sabe en un sentido general que hay un Dios. A la luz de ese conocimiento, sería ciertamente apropiado que todos sus deseos físicos y sus comportamientos negativos quedarán simplemente anulados. Pero "Los malvados son controlados por sus corazones" (*Bereshit Rabah* 34:10) y todos los atributos y deseos físicos se encuentran asentados allí. Por lo tanto, cada

uno debe ocuparse de unir el corazón con la mente. Entonces, el corazón estará bajo su control y podrá subyugarlo, junto con sus deseos, gracias al conocimiento que tiene de Dios -sabiendo que "el mundo entero está lleno de Su gloria"- hasta que quiebre y anule todos los deseos negativos mediante ese saber y el conocimiento de la Torá. Entonces, los atributos que están en el corazón también quedarán englobados en la mente y recibirán la luz del amor que existe en la Mente. Por ello, de acuerdo al nivel y de acuerdo a quién sea la persona, podrá ver y aferrar la Luz Oculta - es decir, ver y aprehender la Torá y a los Tzadikim que estaban ocultos [hasta ahora].

12. Al llevar a cabo la mitzvá de tomar el *lulav* y las otras especies, la persona se hace digna de revelarles a todos los habitantes del mundo el conocimiento sagrado de que "el mundo entero está lleno de Su gloria". También merece descubrir la Divinidad en todas las cosas -incluso en las lenguas de los gentiles- y reconocer a Dios y acercarse a Él incluso en el más bajo de los niveles. Merecerá incluir ese conocimiento sagrado en su corazón para que esté bajo su control y se vuelva digna del amor de Dios. Tal persona alcanzará la luz del amor que existe en la Mente, que es la Luz Oculta. Y así se revelarán los Tzadikim ocultos y la Torá Oculta y aumentará la paz en el mundo.

2 Shvat

34 - "Y ustedes serán para Mí un reino de sacerdotes"
(Éxodo 19:6)

1. Es un principio general que el gobierno está en manos del Tzadik, para dirigir los eventos tal cual él lo desee, como afirmaron nuestros Sabios, de bendita memoria, "'El Tzadik gobierna' (Samuel II, 23:3) - ¿Quién gobierna sobre Mí? El Tzadik" (*Moed Katan* 26b). Y lo esencial del gobierno del Tzadik es la capacidad de iluminar el corazón judío y de despertarlo al servicio a Dios. Por lo tanto, es crucial que la persona esté unida

a los verdaderos Tzadikim y que converse con ellos sobre el servicio a Dios; de ellos recibirá fuerza, iluminación y un despertar hacia Dios, hasta que finalmente retorne a Él.

2. Éste es el significado de "Iosef es el gobernante" (Génesis 42:6). Iosef, el Tzadik, es la raíz de todas las almas judías, que son las ramas que reciben de él. Además, Iosef está asociado con la vocal hebrea *melapum*, pues el Tzadik guarda la pureza sexual, como corresponde, y la pureza sexual es una carroza para la *sefirá* de Iesod. La forma del Tetragrámaton identificada con Iesod está vocalizada con el *MeLAPUM*, que tiene las mismas letras que *MaLÆ PUM* ("una boca llena"), para indicar que la boca del Tzadik está "plena" de Divinidad y que sus palabras, sin lugar a dudas, están completas y "llenas".

Consecuentemente, el Tzadik es capaz de hacer descender un influjo de abundancia para todo el pueblo judío, como está escrito, "Él los bendecirá como Él se los ha dicho" (Deuteronomio 1:11). Específicamente, ese versículo enseña que el influjo de abundancia se obtiene de acuerdo al habla de la persona, porque no es suficiente con el solo pensamiento. Y aunque el Santo, bendito sea, conoce los pensamientos de la persona, aun así, ésta debe orar con una "boca llena", dado que el habla es el recipiente con el cual se recibe el influjo de abundancia. Si el habla de la persona es completa y tiene plenitud, podrá recibir con ella una gran abundancia. Por lo tanto, es necesario orar por todo lo que uno necesite, tanto material como espiritual, articulando el pedido, para que, de esa manera, se pueda hacer descender el influjo de abundancia.

3. Todo judío posee la cualidad de "el Tzadik gobierna" y una "boca llena", como está escrito, "Tu pueblo son todos Tzadikim" (Isaías 60:21). Pues en cada judío hay algo muy valioso y único, un "punto" que no tiene ningún otro judío; como encontramos en la historia de Abaie y de Aba Umana (*Taanit* 21b), donde le dijeron a Abaie, "Tú no eres capaz de emular las acciones de Aba Umana". Ahora bien, esa cualidad o "punto", en el que cada persona sobrepasa a todas las demás, emana una influencia positiva,

Lección 34   3 Shvat

iluminando y despertando los corazones de las otras personas, quienes necesitan recibir el despertar de ella, junto con ese aspecto particular o "punto", como está expresado en la frase "ellos reciben uno del otro" (*Targúm* sobre Isaías 6:3).

Pues antes de la Entrega de la Torá, el gobierno estaba en manos de Dios, como en, "Yo soy el Señor tu Dios, Quien te sacó de la Tierra de Egipto" (Salmos 81:11) - pues entonces, todo era "Yo". Pero luego de la Entrega de la Torá, [el versículo continúa,] "Abre tu boca y Yo la llenaré" (*ibid.*). Esto hace referencia a la "boca llena" y a la idea de "Iosef es el gobernante" - porque ahora Dios le entregó el gobierno a todo el pueblo judío y a cada uno de acuerdo a su situación.

3 Shvat

4. La vocal *melapum* consiste de un punto junto a la letra *vav*, correspondiente a las *sefirot* de Jojmá y Biná. Pues el punto corresponde a Jojmá, a la letra *Iud* y a la "fuente"; y la *Vav* corresponde a Biná y al "arroyo que fluye de la fuente", que es similar en forma a la *Vav*. Ahora bien, la relación conceptual expresada por *melapum* se aplica tanto al nivel colectivo como al nivel individual. En el nivel colectivo el Tzadik está asociado con la letra *Iud* [el punto del *melapum*], dado que los Tzadikim son llamados "los sabios de la congregación" [la letra *Iud* también corresponde a Jojmá (Sabiduría)], y el pueblo judío corresponde a la letra *VaV*, dado que ellos son los que sostienen a la Torá y son llamados "los ganchos (*VaVei*) para los pilares" (Éxodo 27:10). También al nivel personal de cada judío encontramos esos mismos conceptos expresados por la *Iud* y por la *Vav*. La *Iud* está asociada con la boca, como en, "Mi boca hablará sabiduría" (Salmos 49:4), y la *Vav* [está asociada con el corazón,] como en, "Y las meditaciones de mi corazón son comprensión" (*ibid.*; éste es el aspecto de "Biná es el corazón"). El corazón, a su vez, corresponde a las Tablas [sobre las cuales se grabaron los Diez Mandamientos], que son una *Vav*, como enseñaron

179

los Sabios, "Las Tablas tenían seis palmos de largo y seis palmos de ancho" (Bava Batra 14a) y "La tabla de tu corazón" (Proverbios 3:3).

5. Cuando el corazón está hundido en los malos amores y deseos, ello es llamado un amor "caído" y "quebrado". Ello se debe a que la mala inclinación y las fuerzas de la impureza existen como resultado de la Rotura de los Recipientes primordiales. Se explica además en el *Etz Jaim* (Heijal HaNekudot, Shaar Shevirat HaKeilim) que los fragmentos de los recipientes de Jesed cayeron a Biná del mundo de *Beriá*; y "Biná es el corazón". La luz de Jesed, por otro lado, quedó en la *sefirá* de Iesod del mundo de *Atzilut*, y ello está identificado con el "Tzadik, cimiento del mundo". Así, esos amores y deseos negativos se originaron en la Rotura de los Recipientes de Jesed. Es por ello que Onkelos traduce la palabra *jerpá* (vergüenza) en el versículo, "El hombre incircunciso será una vergüenza (*jerpá*) para nosotros" (Génesis 34:14), como *JiSuDa*, pues vergüenza -es decir, el "prepucio del corazón", que consiste de esos amores y deseos negativos- proviene de la rotura de los recipientes de *JeSeD*.

Más aún, vemos empíricamente que "El amor cubre todas las faltas" (Proverbios 10:2). Aunque alguien actúe mal con su amigo, éste no lo avergonzará, dado que "El amor cubre todas las faltas". Sin embargo, cuando se debilitan los lazos de amor entre los amigos -que es un paralelo a la Rotura de los Recipientes de Jesed- entonces el amigo lo avergüenza, porque la vergüenza proviene de la Rotura de los Recipientes. Esa vergüenza, que corresponde al "prepucio del corazón" y que está descrita por el versículo, "La vergüenza ha quebrado mi corazón" (Salmos 69:21), también corresponde a las Tablas quebradas (ver Éxodo 32:19).

Todo ello se rectifica uniendo el corazón -la *Vav*- con la *Iud* - es decir, el "punto" que es el Tzadik. Pues la luz de Jesed quedó en la *sefirá* de Iesod del mundo de *Atzilut*, que es el aspecto del "Tzadik, cimiento del mundo"; y es allí que reside el amor sagrado. La persona debe irradiar el "punto" hacia la *Vav*, hacia

Lección 34   4 Shvat

el corazón, pues de esa manera se anulan los amores y deseos negativos, la vergüenza y la deshonra, pues "El amor cubre todas las faltas".

De acuerdo a ello, uno debe expresarse delante de Su Creador para irradiar el punto -la *Iud*, que está asociada con "Mi boca hablará sabiduría"- hacia la *Vav*, que está asociada con "Y las meditaciones de mi corazón son comprensión". De esa manera, la persona se une al punto que se relaciona con su corazón en ese momento en particular, anulando así la vergüenza que se encuentra en el corazón y lo quebranta.

4 Shvat

6. Cada uno debe conversar también con su compañero sobre el temor a Dios, para que su corazón reciba inspiración del "punto" en el cual su amigo es superior a él. Pues el "punto" de cada persona es un aspecto del Tzadik con respecto a otra persona, y ese "punto" irradia en el corazón de su amigo, que es llamado *Vav*.

7. Todos los puntos que posee la persona son extensiones del Tzadik. El Tzadik es el "punto abarcador", identificado con Moisés, quien es el "punto abarcador" de todas las almas judías, como una totalidad. Por lo tanto, cada uno debe primero recibir del Tzadik porque, por sobre todas las cosas, lo más importante es estar unidos a los Tzadikim y hablar con ellos sobre el temor a Dios, para que iluminen y despierten nuestro corazón con su "punto abarcador" sagrado. Luego, también será necesario conversar con un amigo sobre el temor a Dios, para que ambos puedan recibir el uno del otro. Además, cada persona debe recibir desde dentro de sí misma [i.e., de su propio "punto"] expresándose delante de Su Creador. De esas tres maneras, se anula la vergüenza - es decir, los amores y deseos negativos, el "prepucio del corazón".

Éste es el significado de la frase, "El amor cubre todas las faltas"

- es decir, que los deseos negativos se anulan debido a que el amor sagrado reside allí [en esos "puntos", que hacen brillar ese sagrado amor en el corazón de la persona]. Ese amor sagrado es llamado un "sacerdote", dado que el sacerdocio le fue dado a "Abraham quien Me ama" (Nedarim 32b); y éste reside en el lugar del "pacto de paz". Por lo tanto, el pueblo judío es llamado un "reino de sacerdotes". Cuando le fue dado el sacerdocio a Pinjas, se le dijo, "He aquí, Le estoy dando a él, Mi pacto de paz" (Números 25:12). Pues el sacerdocio, que está asociado con el amor y con Abraham, reside en el lugar del pacto de paz - es decir, en el "Tzadik, cimiento del mundo", pues la luz de Jesed se mantiene en la *sefirá* de Iesod en el mundo de *Atzilut*.

8. A veces la persona recibe del "punto" de su amigo al conversar con él sobre temas mundanos. Entonces es posible recibir luz y un despertar al servicio a Dios desde el "punto" de su amigo, en virtud de que está cubierto - es decir, por medio de las palabras en las cuales está investido el "punto" del otro.

5 Shvat

35 - "Feliz la nación que conoce el sonido del shofar"
(Salmos 89:16);

Arrojar

1. Debes saber que el arrepentimiento implica retornar algo al lugar del cual fue tomado. Éste es el aspecto de "arrojar" (*Tikuney Zohar* #21, p. 47a). En otras palabras, el arrepentimiento significa el retorno de algo a sus raíces. Ahora bien, Jojmá (Sabiduría) es la raíz de todo, como está escrito, "Tú lo has hecho todo con sabiduría" (Salmos 104:24). De acuerdo a esto, cada uno debe cuidar su sabiduría y su intelecto y evitar las ideas externas, que son denominadas la "hija del faraón". "Hija" alude a esa "sabiduría" que no es sabiduría en absoluto, como dijeron nuestros Sabios, de bendita memoria (*Menajot* 110a); y "*PhaROh*" (faraón) connota holgazanería e inactividad, como está escrito,

Lección 35   6 Shvat

"¿Por qué perturbas (*taPhRiU*) al pueblo?" (Éxodo 5:4), y Onkelos explica, "¿Por qué los haces holgazanear?". En otras palabras, el nombre "faraón" alude a "holgazán", a formas de conocimiento que no son de Torá. Pues la única sabiduría mediante la cual la persona adquiere plenitud y perfección es la sabiduría que se relaciona con Dios. Todas las otras formas de sabiduría no son más que un conocimiento ocioso y no contienen de hecho sabiduría alguna.

2. Consecuentemente, cada persona debe cuidar su intelecto y su mente para no permitir la entrada de ningún pensamiento o ideología secular, ninguna idea externa a la Torá y ni hablar de las cavilaciones negativas. Pues todos los daños espirituales, todas las transgresiones y todos los pecados, Dios no lo permita, son resultado del daño en el pensamiento de la persona, en el hecho de que la persona no tuvo cuidado de guardarlo como debía y evitar que se extraviase más allá de los límites de la santidad. Pero cuando la persona es cuidadosa y guarda asiduamente sus pensamientos -es decir, cuando cuida la sabiduría en su mente- al expulsar todos los pensamientos extraños de su mente y de su intelecto, ello constituye la rectificación principal y el arrepentimiento por sus pecados.* Pues el intelecto es el alma y cuando la persona santifica el intelecto -es decir, su alma- eleva así y hace retornar todo hacia su intelecto. Ésta es la esencia del arrepentimiento.

* Como está escrito, «Que el malvado abandone su camino y el inicuo sus pensamientos; retornará a Dios y Él le tendrá compasión» (Isaías 55:7). Aquí habla de los pensamientos.

6 Shvat

3. Todo judío posee "una porción del Dios de arriba" (Job 31:2), que es un aspecto de sabiduría. Es por ello que el pueblo judío es llamado "primero", como está escrito, "Israel es santo para Dios; el primero de Su cosecha" (Jeremías 2:3). Al nacer, el intelecto de la persona es pequeño y restringido. Pero cuando comienza a utilizarlo y a reflexionar seriamente sobre el servicio a Dios,

se vuelve cada vez más grande, como está escrito, "La sabiduría de Salomón era muy grande" (Reyes I, 5:10). Si la persona admite en su intelecto sagrado pensamientos externos -ideas que no corresponden a la Torá y conocimientos seculares- disminuye entonces la santidad del intelecto en proporción a la cantidad de espacio ocupado por el saber secular. Y alrededor de esas ideas extrañas a la Torá se juntan y se unen todos los rasgos negativos y los malos deseos.

4. Por lo tanto, lo más importante es cuidar el pensamiento y la mente de las ideas externas y de la sabiduría secular, dado que todo el edificio construido por la mala inclinación, que Dios nos salve, se establece en base a esos pensamientos. La mala inclinación se identifica con la serpiente primordial, en el hecho de que la mala inclinación se "enrosca" alrededor de la santidad [tal como la serpiente se enrosca alrededor de su presa]. Es por ello que la mala inclinación es llamada "una gran (*KRaj*) ciudad" (*Ierushalmi, Taanit* 1) - dado que siempre "se enrosca (*KaRuj*) alrededor" de los grandes eruditos de la generación, más que de cualquier otro, como han enseñado nuestros Sabios, de bendita memoria, sobre el versículo, "Dios ha hecho grandes cosas" (Joel 2:21; *Suká* 52a). Pues dado que los eruditos y aquellos que estudian en profundidad la Torá tienen más conocimiento, la mala inclinación se "enrosca" alrededor de ellos en particular, para hacerlos pecar, que Dios nos salve. Lo más importante es cuidarse mucho de los malos pensamientos.

5. Además de cuidarse de los pensamientos seculares la persona debe también renovar constantemente su intelecto. De esa manera renueva su alma. Pues el intelecto es el alma, como está escrito, "El alma del Todopoderoso les da comprensión" (Job 32:8), y como dijeron nuestros Sabios, de bendita memoria, "El alma nutre y anima al cuerpo" (*Berajot* 10a). El alma misma es el intelecto, como está escrito, "La sabiduría da vida" (Eclesiastés 7:2).

Lección 35　　　　　　　　　　　　　　7 Shvat

7 Shvat

6. La renovación del intelecto -es decir, la renovación del alma- se produce al dormir. Esto está explicado en el santo *Zohar* sobre el versículo, "'Ellas son nuevas cada mañana; grande es Tu fidelidad' (Lamentaciones 3:23) - el alma es nueva... cada día" (*Zohar* I, 19; II, 213). Pues al dormir se revitalizan las facultades mentales agotadas, tal como podemos observar de manera empírica. Cuando la persona duerme, sus facultades mentales -es decir, su alma- entran en el ámbito de la fe, como en, "Ellas son nuevas cada mañana; grande es Tu fidelidad"; y como resultado, aumenta su fe. Éste es el significado de la bendición que recitamos en las Plegarias de la Mañana, "Que le da fuerzas al cansado". Antes, estaban exhaustas, pero ahora están revitalizadas.

7. Hay varios aspectos del dormir. Existe el dormir físico, que es en verdad saludable para las facultades mentales. También está el aspecto del estudio que es igualmente considerado un "dormir" en comparación a cuando las facultades mentales están apegadas al Creador. Éste es el estudio de la Torá en su sentido simple (*Zohar* III, 244b), como dijeron nuestros Sabios, de bendita memoria, "'Él me ha hecho habitar en la oscuridad' (Lamentaciones 3:6) - esto hace referencia al Talmud de Babilonia" (*Sanedrín* 24a). Éste es también el aspecto de la fe. Si la persona está constantemente dedicada a su servicio a Dios y sus facultades mentales se debilitan debido a la intensidad de su apego, debe entonces estudiar la Torá de acuerdo a su sentido simple.

8. Mediante la fe, las facultades mentales -es decir, el alma- reciben vitalidad de la "Luz del Rostro", como está escrito, "En la Luz del Rostro del Rey hay vida" (Proverbios 16:15). Hay una cantidad de aspectos en relación a la Luz del Rostro. Están aquellos que reciben el intelecto de la Luz del Rostro de la Torá, dado que la Torá tiene "setenta rostros". Y están los que reciben de la Luz del Rostro de los Tzadikim. Cuando el Tzadik le muestra a la persona una expresión cordial, ésta recibe entonces un nuevo intelecto y una nueva alma a partir de la luz del

Lección 35 — 8 Shvat

sagrado rostro del Tzadik. Ello se debe a que la esencia del intelecto emana de la Luz del Rostro, como está escrito, "La sabiduría del hombre ilumina su rostro" (Eclesiastés 8:1).

8 Shvat

9. También existe el "dormir" que es un aspecto de las relaciones comerciales fidedignas. Cuando la persona lleva a cabo sus negocios de manera leal, sus facultades mentales -es decir, su alma- entran entonces en el ámbito de la fe. Allí obtienen una nueva vitalidad, se recobran de su agotamiento y traen un nuevo intelecto proveniente de la Luz del Rostro. La fe es el factor crucial en todas las formas del "dormir", en el hecho de que la persona debe cuidar su fe diligentemente. Pues de esa manera, cuando sus facultades mentales se debiliten, podrá revitalizarlas mediante la fe, mediante alguna de las clases del "dormir". Esto puede realizarse con el dormir físico, literalmente, cuando las facultades mentales se renuevan, tal como observamos de manera empírica, pero el factor esencial sigue siendo la fe. Antes de dormirse, la persona debe conectarse con la fe. Ello se logra recitando el *Shemá* Junto a la Cama. Es necesario recitar esos pasajes con una gran concentración y sentimiento, para unir el alma con la fe y llevarla así hacia el ámbito de la fe durante el tiempo en que esté dormido. Entonces su alma se renovará allí, como en el versículo citado más arriba, "Ellas son nuevas cada mañana; grande es Tu fidelidad", y merecerá mediante el dormir recibir un nuevo intelecto y una nueva alma provenientes de la Luz del Rostro.

De la misma manera, la persona que tiene una profunda unión con Dios y cuya mente se debilita debido a la intensidad de sus devociones, debe dedicarse al estudio simple y directo de la Torá; y en ese momento, también entrará en el ámbito de la fe. En otras palabras, cuando comience a experimentar confusión mental y no pueda mantenerse unida a Dios en un nivel de conocimiento y de comprensión, deberá entonces dejar ese ámbito por completo y unirse a la fe simple y directa, estudiando

Lección 35   9 Shvat

la Torá en su nivel más simple, sin sofisticación alguna y con una fe perfecta. Pues en verdad, aun cuando esté unida a Dios con sus facultades mentales, en el nivel que sea, su intelecto se apoya, en última instancia, en la fe - dado que uno nunca debe afirmarse solamente en el intelecto (ver más arriba, Lección #24). De modo que, cuando el intelecto la abandone, deberá entrar al ámbito de la sola fe, mediante uno de los aspectos del "dormir". De manera similar, también hay veces en que el dedicarse a los negocios sirve como una forma de "dormir" [mediante la cual la persona puede] renovar su mente. También allí el factor clave es la fe. Cuando uno lleva a cabo sus negocios de manera fidedigna, su alma -que es su intelecto- entra entonces en el ámbito de la fe y allí se renueva.

10. Es imposible que la persona lleve a cabo sus negocios de manera fidedigna si no conoce las leyes monetarias de la Torá; de otra manera, indudablemente terminará transgrediéndolas. Pues todas las leyes monetarias se relacionan con la conducta en los negocios; así, en el momento en que la persona lleva a cabo sus asuntos comerciales se encuentra, en efecto, involucrada en el estudio de esas leyes.

9 Shvat

11. Al llevar a cabo los negocios de manera fidedigna, la persona debe cuidar su fe para que las fuerzas externas no prevalezcan sobre ella y lleguen a dañarla, Dios no lo permita. Por lo tanto, debe fortalecerse llevando a cabo sus negocios con una gran fe, siguiendo el ejemplo de Rav Safra y "diciendo la verdad en su corazón" (Salmos 15:2) - de modo que incluso si está de acuerdo con un precio "en su corazón", aunque no lo diga, no lo cambiará aunque vea que el comprador está deseoso de pagar más, como dijeron nuestros Sabios, de bendita memoria (Makot 24a). Mediante este tipo de conducta, la persona atrae sobre sí el *jashmal* (que tiene el mismo valor numérico que *malbush* [vestimenta]) - ésta es una "vestimenta proveniente del mundo de Biná". "Biná es el corazón" (*Tikuney Zohar*, Introducción), y *BINá*

Lección 35   9 Shvat

está identificada [con el concepto de *IMa* (Madre), como en,] "Si [*IM*] llamas a la comprensión (*BINá*)" (Proverbios 2:3). Entonces, "La madre cubre a sus polluelos" (*Tikuney Zohar*, Introducción) -es decir, el corazón hace el *jashmal*- esto es, forma un *malbush* (vestimenta) alrededor de la fe - para que las fuerzas externas no puedan nutrirse de ella. De esa manera, la persona protege su mente, su alma y su fe, y puede entonces renovar el alma y el intelecto dentro de la fe con la que lleva a cabo sus negocios.

12. Realizar los negocios de manera fidedigna, es un aspecto de la ofrenda diaria y del encendido del incienso en el Santo Templo. Pues cuando se hacen los negocios con fe, se une la mente -es decir, Jojmá, Biná y Daat- con la fe y con el significado simple de la Torá, que corresponde al mundo de *Ietzirá*. Consecuentemente, se fortalece la fe al punto de elevar todas las chispas de santidad hundidas en las fuerzas de la impureza, de la misma manera en que las elevaban las once especies de la ofrenda del incienso. Cuando esas chispas sagradas se elevan, se desmoronan y caen todas las fuerzas de la impureza, todas las naciones y todas las tierras que rodean a la fe - que es llamada "Jerusalén, la Ciudad Fiel" (Isaías 1:21).

Esto es un paralelo de la destrucción de la simiente de Amalek, que era una de las tres *mitzvot* dadas a los judíos cuando entraron a la Tierra de Israel (*Sanedrín* 20b). Y esas fuerzas malignas se desmoronan como consecuencia de la elevación de las chispas sagradas que estaban hundidas en las fuerzas de la impureza. Entonces, "cuando uno desciende, el otro automáticamente se eleva" – y ésta es la [segunda] mitzvá, el nombrar un rey [i.e., luego de la aniquilación de Amalek, puede entronizarse un rey judío], dado que nombrar un rey es un aspecto de la fe, que es Maljut. Mediante la designación de un rey, los judíos merecen entonces la [tercera] mitzvá, que es construir el Santo Templo y Jerusalén - es decir la fe. Entonces la mente se renueva y se eleva hacia el ámbito de la fe, que es un paralelo de la construcción del Santo Templo, como dijeron nuestros Sabios, de bendita memoria, "Cuando uno tiene conocimiento, es como si el Santo Templo hubiera sido construido durante su vida" (Berajot 3a). El Santo Templo es un aspecto de la Luz del Rostro - que es la fuente de la vitalidad mediante la cual se renueva la mente y el alma (ver más adelante, Lección #280).

13. El *jashmal* corresponde a las correas de los *tefilín*; y son esas correas las que "rodean a Maljut", es decir, rodean la fe. La palabra *ReTZUA* (correa) tiene el valor numérico de 369 (y sumando una unidad por la palabra misma da 370). Ello alude al hecho de que por medio de ese *jashmal*, que está identificado con "dice la verdad en su corazón", se preserva la fe y el alma - es decir, las facultades mentales subsumidas en el alma; y ellas reciben una nueva vitalidad proveniente de la Luz del Rostro, que son las "370 luces de la Luz del Rostro" que emanan de los mundos de la Rectificación y de la Verdad (*Shaar HaKavanot, Tefilín*). Pues mediante la correa de los *tefilín* la persona preserva su fe.

10 Shvat

14. Incluso la persona que no puede estudiar y cuyas facultades mentales no reciben nueva vitalidad cuando lleva a cabo sus negocios de manera fidedigna -dado que no está dedicada al estudio de la Torá, que es la fuente esencial de la comprensión y del intelecto- igualmente efectúa una rectificación cuando conduce sus negocios con fe. Pues, aunque no se beneficia a ella misma, beneficia a otra persona que tiene la misma raíz espiritual que ella. Pues las facultades mentales de la otra persona se revitalizan en sus actividades comerciales fidedignas y así, esa otra persona, obtiene poderes mentales renovados para estudiar Torá y unirse al Creador.

15. Y esto corresponde a soplar el shofar en Rosh HaShaná. Rosh HaShaná, como es sabido, es un aspecto de "dormir", que es un aspecto de la actividad comercial fidedigna. Pero los sonidos del shofar producen un despertar, que es la renovación de los poderes mentales -es decir, el intelecto y el alma de cada

Lección 36   10 Shvat

persona- mediante la Luz del Rostro. Ésta es la explicación profunda de por qué el rostro de la persona que sopla el shofar se pone rojo por el esfuerzo - es decir, [debido a que en el momento en que sopla el shofar,] se despiertan las "Luces del Rostro Superior". Así, al oír los sonidos del shofar, cada persona, en su propio nivel, puede ser digna de traer un nuevo intelecto y una nueva alma proveniente de la Luz del Rostro.

36 - "Cuando los malvados se me acercan"
(Salmos 27:2)

1. Toda alma judía, antes de experimentar una revelación en la Torá y en el servicio Divino, es probada y refinada en el exilio de las setenta naciones - es decir, en sus deseos físicos. Para explicar: Cada una de las setenta naciones tiene algún rasgo negativo propio de esa nación, que no se encuentra en ninguna de las otras naciones. Debido a esos rasgos, esas naciones se encuentran lejos de los setenta "rostros" o "facetas" de la Torá. Ahora bien, "la cáscara siempre cubre al fruto" y aquel que desee comer del fruto deberá primero quebrar la cáscara. Por lo tanto, antes de recibir una revelación de comprensión -que es una revelación de Torá, dado que la Torá es la esencia de la verdadera comprensión y de la sabiduría- el alma se ve forzada al exilio -es decir, al exilio en los rasgos negativos y en los deseos físicos de las setenta naciones- para poder quebrar esos rasgos y deseos y subsecuentemente llegar a la revelación en la Torá y en el servicio Divino.

Cuando el alma está en el exilio debe clamar a Dios, una y otra vez. Se dice que esos clamores son "setenta" en número [dado que el alma desea dejar el exilio entre las setenta naciones y entrar en los setenta rostros de la Torá], exactamente como la parturienta que está por dar a luz y clama setenta veces debido a la amarga angustia de los dolores de parto. Los setenta clamores de la parturienta corresponden a las setenta palabras contenidas en el Salmo, "Que Dios te responda en los días de dificultad" (Salmos 20:2; *Zohar* III, 249), pues sin esos clamores es imposible dar a luz. Lograr una revelación en la Torá y en el

Lección 36　　　　　　　　　　　　　11 Shvat

servicio Divino es similar a dar a luz. Uno se hace digno de esa revelación clamando también "setenta veces", hasta que Dios Se apiada y le permite prevalecer y quebrar todos los deseos físicos.

11 Shvat

2. Debes saber que la prueba y el proceso de refinamiento más importante que la persona debe atravesar implica el deseo sexual. Ese deseo engloba a todos los malos deseos y rasgos negativos de las setenta naciones y de los setenta idiomas; la persona que quiebre esa pasión por el sexo podrá quebrar también con facilidad todos los otros deseos. Por lo tanto, cuando uno es puesto a prueba en el exilio de esa pasión, cada persona de acuerdo a su manera en particular, debe elevar la voz y clamar a Dios no menos de setenta veces. En otras palabras, debe clamar a Dios profusamente hasta que Dios le muestre Su compasión y merezca superar y quebrar ese deseo junto con todos los otros deseos. Pues quebrar esa pasión es la rectificación general (*tikún haklalí*) que incluye a todo lo demás.

3. Cuanto más se haya efectuado esa rectificación general y cuanto más lejos esté la persona del deseo por el sexo, más cerca estará de una revelación de Torá. Lo opuesto también sucede [es decir, cuanto más deseo tenga, más alejada estará de esa revelación], Dios no lo permita. Cuando uno supera la prueba y quiebra "la cáscara que cubre al fruto" -cuya esencia es quebrar el deseo- merece entonces dar a luz [i.e., obtener] las mentalidades [Jojmá y Biná]; de este modo se le abrirán los secretos de la Torá y se le revelarán las cosas ocultas. En la medida en que la persona supere esa prueba y quiebre el deseo, merecerá una gran revelación en el estudio de la Torá y en el servicio Divino. Y en el grado en que se haya rectificado en esa área, así mismo merecerá los setenta rostros de la Torá.

4. La rectificación para los pensamientos lujuriosos consiste en decir, "*Shemá Israel, Adonai Eloheinu Adonai Ejad* - Escucha

Israel, el Señor nuestro Dios, el Señor es Uno", y *"Baruj Shem Kevod Maljutó Leolam Vaed* - Bendito sea el nombre de Su Glorioso Reinado por siempre". La explicación de esto es que el anhelo por el sexo deriva de las impurezas en la sangre -es decir, del bazo- y el bazo está asociado con *Lilit*, la "esclava malvada" y la madre de la multitud mezclada, que es el Reinado del Mal. Lo opuesto de *Lilit* es el Reinado del Cielo, la "Dama Real", "la mujer temerosa de Dios" (Proverbios 31:30), que es un aspecto del Mar de Salomón que se encuentra sobre las doce vacas. Esas doce vacas representan las doce tribus (Zohar I, 241). Cuando la persona acepta el yugo del Reinado del Cielo recitando las doce palabras de los dos versículos del *Shemá* - que corresponden a las doce tribus y que contienen cuarenta y nueve letras, correspondientes a las cuarenta y nueve letras que conforman los nombres de las doce tribus*- entonces su alma queda incluida en las doce tribus de Israel.

* *Or HaGanuz* explica que en el futuro diremos, *"Baruj HaShem Kevod Maljut Leolam Vaed* - Bendito sea Dios, Su Glorioso Reinado por siempre" - llevando a cincuenta el número de letras en los dos versículos del *Shemá*, que es el valor de la palabra *IaM* (mar). De manera similar, hay una cuenta alternativa de las cincuenta letras de los nombres de las sagradas doce tribus y esto es *Iam shel Shlomo* (Mar de Salomón).

Igualmente, al recitar el *Shemá* y el *Baruj Shem*, la persona separa su alma del alma de la multitud mezclada, que proviene de la "mujer lasciva" -la "esclava malvada"- quien es la raíz del deseo que engloba a todos los rasgos negativos de las setenta lenguas. Éste es el motivo por el cual nos cubrimos los ojos al aceptar el yugo del Reinado del Cielo al recitar el *Shemá*, para indicar que, de esa manera, somos como "la hermosa doncella que no tiene ojos" (*ibid.*, II, 95), que carece del deseo que abarca a todos los rasgos negativos de las setenta lenguas.

12 Shvat

5. Sin embargo, todo ello sólo se aplica a la persona que ocasionalmente experimenta un pensamiento inmoral; entonces le es suficiente con recitar esos dos versículos. Pero

Lección 36   12 Shvat

si es habitual en ella cavilar sobre ese deseo, Dios no lo permita, y es incapaz de evitarlo, deberá llorar en el momento en el que acepta el yugo del Reinado del Cielo. Pues las lágrimas provienen de un exceso de bilis negra [i.e., la melancolía] y la bilis negra es el bazo. El bazo está identificado con el Reinado del Mal, la "mujer lasciva". Así, al llorar, se expele la materia excedente y ésta deja el cuerpo -es decir, el deseo por el sexo que deriva de las impurezas en la sangre, resultado de un exceso en el bazo- y el alma queda así incluida en el Reinado del Cielo. Esta persona deberá inspirarse hasta llegar a las lágrimas al recitar el *Shemá Israel* y *Baruj Shem Kevod Maljutó Leolam Vaed*.

6. Cuando el Tzadik verdadero revela una enseñanza de Torá, hace descender nuevas almas para cada uno de los presentes que oyen esa enseñanza y que están conectados con ella. Cada uno de ellos recibe entonces una nueva alma de acuerdo a quién es y en relación a su propia comprensión.

7. Es un principio fundamental el hecho de que es imposible que alguien comprenda y aprehenda el significado de las palabras del Tzadik si primero no rectifica apropiadamente su pureza sexual. Por el contrario, cuando la persona daña la pureza sexual, su mente y su cerebro se enturbian al punto en que no puede aprehender ni comprender en absoluto las palabras del Tzadik. Consecuentemente, si sigue tras la maldad de su propio corazón y le presta atención a las estúpidas dudas y cuestionamientos que entran en su mente, será proclive a equivocarse con las palabras del Tzadik. "Los senderos de Dios son rectos; los justos andarán en ellos y los pecadores en ellos tropezarán" (Hoshea 14:10). En otras palabras, cada persona recibe e interpreta las enseñanzas de Torá del Tzadik de acuerdo a su propia comprensión, lo que está determinado por la cualidad de su propio recipiente - es decir, de su mente. De este modo, si la persona ha rectificado su pureza sexual, sus facultades mentales no estarán dañadas y se mantendrán intactas. Como se explica en el santo *Zohar* (II, 110), "Iesod asciende hacia Aba e Ima", correspondiendo Aba e Ima a las letras *Iud* y *Hei*, que

Lección 36   13 Shvat

se relacionan con ambos lados del cerebro. De acuerdo a ello, [si la persona rectifica a Iesod - correspondiente al órgano de la reproducción] puede comprender las palabras del Tzadik y obtener una nueva alma a través de las revelaciones de Torá. Por otro lado, aquel que no se rectifica en esa área, Dios no lo permita, se encuentra en la categoría de "los pecadores en ellos tropezarán" - dado que la comprensión y el entendimiento están en relación directa con el grado en que se ha rectificado la pureza sexual.

13 Shvat

8. Es un principio fundamental que "De la Boca del Supremo no procede ni lo malo ni lo bueno" (Lamentaciones 3:38) - sino una luz Divina indiferenciada. Esa luz toma forma de acuerdo al recipiente que la recibe. Pues, al descender, esa luz indiferenciada puede ser descrita como "cerrada y sellada", estando asociada con el punto vocal hebreo *kamatz* [que también significa "cerrado"]. Por otro lado y de acuerdo al recipiente que la recibe, esa misma luz está identificada con el punto vocal *TzeIRei*, en el hecho de que la luz es entonces formada (*niTztaIeR*) de acuerdo al recipiente que la capta. Si el recipiente está entero, entonces la luz es recibida como *MeOROT* (luces), con la palabra *MeOROT* deletreada de manera completa [con dos *Vav*]. Pero si el recipiente no está entero, Dios no lo permita, entonces la persona recibe esa luz como *MeoRoT* (luces), deletreado con una sola *Vav* [al igual que *MeaRaT* (maldición)], como está escrito, "La maldición (*MeaRaT*) de Dios está en la casa de los malvados" (Proverbios 3:33). Es por este motivo que Bilaam le aconsejó a Balak que atrajese al pueblo judío mediante la pasión sexual (*Sanedrín* 106a), para arruinar los recipientes necesarios para recibir la luz Divina. Pues el ansia por el sexo daña las facultades mentales volviendo literalmente loca a la persona, Dios no lo permita. Es por ello que los expertos en medicina dicen que la castración es una cura para la demencia. El principio gobernante aquí es que "Iesod asciende hacia Aba e Ima" [i.e., que la cualidad de las

Lección 37 13 Shvat

facultades mentales de la persona está directamente conectada con su nivel de pureza sexual], correspondiente a "Mi Nombre, *IH*, testifica por ellos [que son sexualmente puros]" (Rashi sobre Números 26:5); y *IH* alude a las facultades mentales.

37 - "Busca a Dios y Su Fuerza"
(Salmos 105:4)

1. El principal motivo de la creación es "para que podamos conocer a Dios" (*Zohar* II, 42), como está escrito, "Todo lo que es llamado en Mi nombre, Yo lo he creado, Yo lo he formado y Yo lo he hecho para Mi honor" (Isaías 43:7).

2. El cuerpo, en su relación con el alma, corresponde a los aspectos de lo material, lo animal, la insensatez y la oscuridad. También se relaciona con la muerte, el olvido y el saber secular como opuesto a la sabiduría de la Torá. Por otro lado, la sabiduría de la Torá está identificada con el hombre, como está escrito, "Ésta es la Torá - el hombre" (Números 19:14). Y también corresponde a la forma espiritual [en contraposición a lo material], a la luz, a la sabiduría, a la memoria y a la vida. Cada uno debe subyugar el aspecto material -es decir, la insensatez del cuerpo, en la forma de las pulsiones físicas- para separarse así de todos esos deseos.

3. Ello se logra mediante el ayuno. Al ayunar, se debilitan los cuatro elementos del cuerpo [el fuego, el aire, el agua y la tierra] que son la raíz de los deseos físicos. Mediante el ayuno se subyuga la materia del cuerpo -su insensatez, el olvido y la oscuridad- predominando y elevándose entonces el intelecto, la forma espiritual y la memoria. El ayuno también anula los juicios estrictos y la oscuridad, haciendo descender al mundo un influjo de amor Divino. Sin embargo, la esencia de la rectificación efectuada por el ayuno se produce mediante la caridad [que es dada en conjunción con el ayuno]. Ayunar también anula a las ideologías seculares frente a la sabiduría de la Torá, y mediante el ayuno uno merece un buen sustento.

14 Shvat

4. Ahora bien, hay dos tipos de caridad: la caridad dada fuera de la Tierra de Israel y la caridad dada en la Tierra de Israel. La caridad que se les da a aquellos que habitan en la Tierra de Israel es más grande y más elevada que la que es dada fuera de la Tierra.

De manera similar, hay dos tipos de Torá, pues "La Torá que proviene de un aliento no contaminado por el pecado no puede compararse con la Torá que proviene de un aliento contaminado por el pecado" (Shabat 119b). Pues los juicios estrictos son mitigados y el mundo se mantiene sólo gracias al aliento no contaminado por el pecado de los pequeños escolares; dado que mediante ese aliento los Patriarcas se revelan en el mundo, para protegerlo. Al dar caridad para aquellos que habitan en la Tierra de Israel, uno se incluye en el "aire de la Tierra de Israel", que es una y la misma cosa que el "aliento sagrado que no está contaminado por el pecado". Así, la caridad que se les da a aquellos que habitan en la Tierra de Israel es el medio esencial para eliminar del mundo los juicios estrictos, la oscuridad, el olvido y la insensatez. Esta clase de caridad también elimina las ideologías seculares, llegándose a merecer la sabiduría de la sagrada Torá. Más aún, la persona se hace digna de la memoria -que es luz- y de todos los otros conceptos paralelos.

5. Por lo tanto, cada uno debe buscar para sus hijos un maestro honesto, digno y temeroso de Dios, y rogarle a Dios incansablemente para que el maestro de sus hijos no corrompa el aliento sagrado de los escolares, que sostiene al mundo. (Pues debido a nuestros muchos pecados, ahora existen sociedades educativas cuyo objetivo es enseñarles a los niños judíos el saber secular -que es estupidez y oscuridad- y también los idiomas de los gentiles (este tema está tratado en el *Likutey Halajot, Hiljot Pesaj 7*). Esos estudios contaminan el aliento sagrado de los escolares quienes subsecuentemente llegan a crecer como ateos, heréticos y demás. Por lo tanto, el rabí Natán escribe allí [en el *Likutey*

Lección 37　　　　　　　　　　　　　　15 Shvat

Halajot]: "¡Feliz aquel que se mantiene lejos de esa gente, tanto él como sus hijos!". Todos tienen la obligación absoluta de no llevar a sus hijos a una escuela en la cual haya incluso un solo niño que siga esos malos senderos y esté estudiando el saber secular e idiomas - aunque haya aprendido todo eso en otro lugar. Pues está prohibido tener conexión alguna con esa gente).

15 Shvat

6. Es necesario ser muy cuidadosos y honrar al anciano que, de manera involuntaria, ha olvidado sus conocimientos (*Sanedrín* 96a). Mediante el honor que se le demuestra, se anula su olvido y se revela su alma - es decir, su recuerdo de la Torá. También se anulan los juicios estrictos, la oscuridad, etc., y se hace descender al mundo la luz, la bondad, la vida y la sabiduría de la Torá. Pues el honor de Dios es la raíz de la Torá, como está escrito, "Para Mi honor Yo lo he creado" (Isaías 43:7); y dijeron nuestros Sabios, de bendita memoria, "No hay más 'honor' que la Torá" (*Avot* 6:3).

7. Los carniceros rituales indignos son los principales responsables de la falta de sustento - que ha disminuido en las últimas generaciones. Pues el carnicero que es digno alimenta y le da sustento al pueblo judío, porque al pronunciar con total concentración la bendición del acto de faenar, eleva el alma encarnada en el animal hacia el nivel de un "ser hablante". El carnicero debe concentrarse apropiadamente en el hecho de elevar el alma -que está en la sangre del animal- pues de esa manera ésta surge y se eleva hacia la Presencia Divina en el aspecto de "aguas femeninas". Entonces, mediante esas "aguas femeninas" que ahora posee, la Presencia Divina se vuelve apta para la unión; y como resultado de esa unión, ella recibe el sustento para el pueblo judío. Es por ello que el cuchillo del carnicero es llamado *maajelet* (literalmente, "aquello que alimenta"), como está escrito, "Y él tomó el *maajelet*" (Génesis 21:10). Es decir, el cuchillo del carnicero recibe su nombre del

Lección 37   16 Shvat

carnicero ritual que es digno y que "alimenta" al pueblo judío. Pero cuando el carnicero no es digno -y en el momento en que pronuncia la bendición tiene pensamientos inválidos y ni siquiera piensa en lo que está haciendo- entonces, de pie con su cuchillo en la mano dispuesto a faenar el animal, se asemeja a un asesino de almas. Ello produce sufrimiento en el alma del animal, que clama con amargura. Pues el cuchillo de ese carnicero es "la espada del desierto" (Lamentaciones 5:9); no es la "espada de Dios" (Isaías 34:6) -que se identifica con la Presencia Divina y con el habla- dado que no eleva el alma encarnada en el animal. Por el contrario, el carnicero indigno hace descender el alma desde su nivel actual -el nivel del "animal"- y ahora no tiene un lugar para descansar ni protección. ¡Ay de un carnicero así! ¡Ay del alma que ha asesinado y ha entregado a sus enemigos! Y así, la Presencia Divina no recibe las "aguas femeninas" con las cuales traer sustento a su hogar. Entonces, "Con peligro de nuestras vidas conseguimos nuestro pan, a causa de la espada del desierto" (Lamentaciones 5:9). En otras palabras, con enorme trabajo y esfuerzo, Dios no lo permita, y a duras penas, nos ganamos un magro sustento - todo debido al cuchillo de ese carnicero que es llamado "la espada del desierto" (dado que le entrega el alma del animal a las fuerzas de la impureza que, como es sabido, gobiernan en el desierto).

16 Shvat

8. Debido a esos carniceros indignos el alma queda subyugada ante el cuerpo y lo material, y se fortalecen los deseos físicos. Por otro lado, los carniceros dignos hacen que el alma se eleve y someta al cuerpo y a lo material - que corresponden a lo animal, a la insensatez y al saber secular. Entonces asciende el alma, la forma espiritual, etc. -todo lo cual corresponde a la sabiduría de la Torá- y el sustento fluye con gran abundancia. Ésta es la explicación del versículo, "Él les da la presa (*teref*) a aquellos que Le temen" (Salmos 111:5). *TeReF* connota pan o sustento, como en, "Provéeme (*haTRiFeini*) con pan" (Proverbios 30:8) y también está relacionado con la palabra *TReFá* (carne

que no es kosher). En otras palabras, el doble significado de este término alude a la idea de que cuando el pueblo judío se cuida y no consume carne que no es kosher, disfruta consecuentemente de un abundante sustento.

9. Ésta es la explicación de la frase, "Ten en cuenta a los hijos de los ignorantes [es decir, trátalos con honor], porque de ellos está destinada a surgir la Torá" (Sanedrín 96a). Para explicar: Es sabido que las almas nobles están atrapadas dentro de la fuerza impura de *noga* [la interfase entre la santidad y las tres fuerzas completamente malignas de la impureza]. Ahora bien, la fuerza del mal de *noga* quiere que el alma quede atrapada allí, por lo que implanta esa alma en la gota seminal de un hombre ignorante, para que ella se ensucie lo más posible. Así, los hijos de los ignorantes son almas muy valiosas, pero son como "pájaros atrapados en una red" (Eclesiastés 9:12). Y, ¿cómo llegamos a saber sobre el valor y la belleza de esas almas? Sólo a través de su sabiduría de Torá. Es decir, sólo cuando vemos que han llegado a ser eruditos de Torá y comprendemos entonces que poseen en verdad almas muy valiosas. Por lo tanto, es necesario tener mucho cuidado y honrar a esos niños, porque mediante ese honor se revela mucho más plenamente la Torá oculta en ellos. Esto se debe a que el honor de Dios es la raíz de todas las cosas, como está escrito, "Para Mi honor, Yo lo he creado" (Isaías 43:7); y el alma -que es la Torá- anhela estar incluida nuevamente en su raíz, que es el honor. Mediante el honor que reciben esos niños, la Torá emerge de ellos y asciende el alma, la forma espiritual, la bondad, etcétera. Entonces se anulan los deseos físicos, el aspecto material, etc., al igual que los juicios estrictos. Amén. Que así sea Su voluntad.

38 - "Las carrozas del faraón"
(Éxodo 15:4)

1. Cada uno debe examinarse constantemente para asegurarse de que está realmente unido a Dios. Los *tefilín* son la señal de esa unión (ver *Jidushei Agadot Maharsha, Berajot* 6).

Lección 38   17 Shvat

17 Shvat

2. Sin embargo, es imposible alcanzar [la unión interna con Dios cuya señal externa son] los *tefilín* si no se santifica y rectifica el habla. Pues el habla corresponde a "Maljut, es la boca" (*Tikuney Zohar*, Introducción); y también es un aspecto del mar y del Nombre de Dios ADoNaI, como se expresa en el versículo, "Dios (ADoNaI), abre mis labios" (Salmos 51:15). Cuando uno abusa del habla -que es el "hálito de la boca del Santo, bendito sea"- el aliento de su boca se transforma en un "viento tormentoso".

Para explicar: Cada uno de los diez puntos vocales del lenguaje hebreo puede unirse con cada una de las veintisiete letras del alfabeto hebreo, incluyendo las consonantes finales, dando un total de 270. Ahora bien, [cuando la persona abusa del habla, las 270 letras del] habla -que es un aspecto del Nombre de Dios ADoNaI- se transforman entonces en *saaráh* (tormenta). Pues *Samaj-Hei* [la primera y la última letra de la palabra *SaaráH*] tienen el valor numérico [de 65, que es equivalente al valor numérico] de *ADoNaI*; [y *Resh-Ain*, las dos letras del medio de la palabra *saARáh*, tienen el valor de 270,] correspondiente a las 270 letras [en el alfabeto hebreo con sus vocales]. Este "viento tormentoso" del habla dañada es el Gran Acusador; de él provienen todas las acusaciones y las pruebas que le acaecen a la persona. Ese "viento tormentoso" es el "detrás de las palabras", como está escrito en el santo *Zohar* (I, 119b) [i.e., ésta es la fuerza impura que absorbe la vitalidad proveniente de las palabras dañadas por la persona], y es el mismo "viento tormentoso" que "hace estragos en el cuerpo de la persona" (*Tikuney Zohar* #18). Más aún, todas las calumnias y todo el mal que se dice de una persona provienen de ese mismo "viento tormentoso". Pues ese habla destructiva es denominada "el fin de toda carne" (Génesis 6:13), debido al hecho de que destruye y "pone fin" a toda carne [i.e., a toda la gente].

3. Las personas que juzgan a los demás de manera negativa y que siempre buscan las faltas en los otros, son la encarnación

del Otro Lado y el "final de toda carne". Tales personas buscan traer constantemente "el final" y la destrucción, Dios no lo permita, y despertar el juicio estricto, para calumniar y acusar. Casi todo el poder destructivo de esas personas proviene del abuso del habla por parte de la víctima. Al rectificar el habla se anula su poder.

4. Todos deben ocuparse de doblegar el "final de toda carne" bajo el habla sagrada. En otras palabras, se debe extraer del Otro Lado toda el habla dañada que ha caído allí debido al hecho de haber hablado de una manera no santa. Más aún, se debe elevar el habla hacia su fuente y rectificarla. Entonces se merecerá la verdadera unión con Dios, que se manifiesta en los *tefilín*.

18 Shvat

5. Es necesario elevar el habla a su fuente - esto es el "brazo", o más específicamente, los "cinco dedos de la mano izquierda". Esos "cinco dedos" corresponden a las "cinco *guevurot* (severidades)" que se relacionan, a su vez, con los cinco grupos de sonidos de las letras consonantes producidos por la boca, dado que el habla deriva de las *guevurot*, como está escrito, "Ellos hablarán de Tu *guevurá*" (Salmos 145:11). Ahora bien, la elevación del habla comienza desde la "cabeza" del habla -es decir, desde su parte más selecta- que es la verdad que está contenida allí. Esa parte del habla es llamada su "cabeza". Pues hay muchas clases de verdad, como dijeron nuestros Sabios, de bendita memoria, "La verdad ha sido escindida" (*Sanedrín* 97a), y como está escrito, "La 'cabeza' de Tu palabra es verdad".

En otras palabras, la elevación del habla comienza cuando la persona se expresa delante de Dios y habla con absoluta honestidad, con fuerza y poder. Pero cuando reina el "viento tormentoso", la persona es incapaz de hablar directa y honestamente, pues ese "viento tormentoso" la confunde. Por lo tanto, deberá tomar un camino alternativo dado que, debido a la confusión generada por ese "viento tormentoso", es incapaz de decir una palabra con genuina sinceridad. Pero al rectificar el habla no experimentará más confusión.

6. El habla se rectifica mediante la Torá que uno estudia pese a situaciones de pobreza y bajo presión, en momentos de dificultad y bajo todas las diversas formas de oscuridad y de sufrimientos, que Dios nos salve. Cuando la persona se sobrepone y logra estudiar Torá, una "hebra de bondad" desciende sobre ella, como dijeron nuestros Sabios, de bendita memoria, refiriéndose a aquel que estudia Torá por la noche (*Jaguigá* 12b). Pues en la noche predomina el "final de toda carne"; y al estudiar Torá de noche se produce la caída y la dispersión de todos los acusadores que reinan sobre el habla, anulando también las otras fuerzas del juicio severo y el lado de la impureza. De esa manera se rectifica el habla y se la eleva hacia su fuente. Entonces el habla estalla en canción, en alabanza y en agradecimiento al Santo, bendito sea, y uno se vuelve digno de orar, de agradecer y de alabar a Dios, y de expresarse libre y fervorosamente delante de Él.

19 Shvat

7. Cuando la persona rectifica el habla se vuelve digna de expresarse delante de su Creador con un fervor apasionado. Pues todos deben acostumbrarse a hablar con su Creador con total honestidad y verdad. Cada uno debe expresar lo que siente hasta despertar verdaderamente su corazón al servicio a Dios; hasta llegar a decir con fervor las palabras de verdad que hay en su corazón, con un real sentimiento de arrepentimiento; hasta poder contemplar su propia bajeza y la grandeza del Creador; y hasta llegar a sentir una gran vergüenza delante de Dios. Pues hasta ahora todo lo que ha hecho es meramente dejar de lado sus pecados e ignorarlos. Pero ahora que lo reconoce, se siente embargado por una gran vergüenza debido a la enormidad de las transgresiones cometidas en contra del Señor y Gobernante, que es la Esencia y la Raíz de todos los mundos. Sin embargo, en un principio, esa vergüenza no era visible en

Lección 38　　　　　　　　　　　　　　　　　19 Shvat

el rostro de la persona debido a que sus pecados le habían embotado el intelecto y la mente con un espíritu de insensatez. Pues antes de merecer arrepentirse por completo no poseía la comprensión necesaria que le hubiese permitido sentir la propia vergüenza dada la enormidad de sus transgresiones y la grandeza del Creador en contra de Quien pecó. Pero subsecuentemente, una vez que se arrepiente y elimina la insensatez, fortaleciendo su intelecto, experimenta entonces esa vergüenza mucho más plenamente y ésta se revela en su rostro. Esa vergüenza es un aspecto de la "luz de los *tefilín*", que son la señal de la verdadera unión con el Creador. Esa vergüenza es también el estado interior detrás del "brillo de la piel del rostro", resultado de una profunda e intensa unión con Dios (ver Éxodo 34:29-30, donde se habla sobre el brillo del rostro de Moisés). Con esa vergüenza, todos los pecados son perdonados y la persona se une al Árbol de la Vida.

8. Con esto podemos discernir si la persona siente temor a Dios, que es idéntico a la vergüenza, como enseñaron nuestros Sabios, de bendita memoria (Nedarim 20a). Si contemplamos el rostro de la persona después de que ha rectificado sus pecados, si miramos su cara y sentimos temor y vergüenza -o en otras palabras, si alcanzamos un conocimiento de la grandeza del Creador- entonces podemos estar seguros de que esa persona siente temor a Dios. Ésta es la explicación del versículo, "Entonces comprenderás el temor a Dios y alcanzarás Su conocimiento" (Proverbios 2:5). "Entonces comprenderás el temor a Dios" significa que podrás discernir si es que la persona siente temor a Dios, "y alcanzarás Su conocimiento" significa que también tú lograrás la conciencia de la grandeza del Creador - es decir, la vergüenza y el temor. Ésta es también la explicación del versículo, "'Todas las naciones del mundo verán que el Nombre de Dios está sobre ti' (Deuteronomio 28:10) - esto hace referencia a los *tefilín*" (Berajot 6a); "y te temerán" (Deuteronomio 28:10) - en otras palabras, también ellos estarán llenos de temor y de vergüenza. Pues el temor y la vergüenza corresponden al concepto de los *tefilín*, que son llamados *peer* (esplendor) (Berajot 11a); y *PeER* denota la revelación de un conjunto de colores, como está escrito, "Israel, en quien Yo me

Lección 38					20 Shvat

enorgullezco (*etPaAR*)" (Isaías 49:3). [Dios se enorgullece de Su pueblo Israel que] "consiste de muchos y diferentes colores" [i.e., muchas y diferentes clases de judíos] (ver *Zohar* II, 90b). Y esto es lo que vemos empíricamente, que cuando la persona siente vergüenza, se pone de diferentes colores.

20 Shvat

9. Por lo tanto, nuestros Sabios, de bendita memoria, dijeron, "Aquel que comete un pecado y se avergüenza de ello es perdonado en el momento" (*Berajot* 12b). Pues el pecado introduce un espíritu de insensatez en la persona, pero al avergonzarse le vuelven las facultades mentales, como está escrito, "Entonces comprenderás el temor a Dios" (Proverbios 2:5) - y el temor es equivalente a la vergüenza. La vergüenza es la esencia del arrepentimiento mediante lo cual la persona merece la luz de los *tefilín*, que es el "brillo de la piel del rostro". Por el contrario, "Si la persona es desvergonzada, puedes estar seguro de que los pies de sus ancestros no estuvieron en el monte Sinaí" (*Nedarim* 20a), y "también podrás estar seguro de que ha pecado con una mujer casada" (*Taanit* 7b). Ello se debe a que esa persona está unida a la impureza de la serpiente primordial de la cual nació Caín - y Caín quería llevarse a la hermana gemela de Abel (*Bereshit Rabah* 22:3 enseña, "Una hermana gemela nació junto con Abel").

"Cuando el pueblo judío estuvo de pie ante el monte Sinaí le fue quitada la impureza -ésa era la impureza de la serpiente primordial- pero las naciones, que no estuvieron en el monte Sinaí, no perdieron su impureza" (*Shabat* 146a). Esto explica el uso de la frase "los pies de sus ancestros" - ello hace referencia literal a los pies, pues esa persona desvergonzada no tiene pies, por así decirlo, dado que está unida a la impureza de la serpiente y está escrito de ella, "Sobre tu vientre te arrastrarás" (Génesis 3:14; ésta fue la maldición de la serpiente primordial). Esa persona está también unida al Árbol de la Muerte y desciende al Gueinom. Pues Adán, el primer hombre, produjo un daño en los *tefilín* -

Lección 38   21 Shvat

que es el mismo concepto que el Árbol de Vida, como está escrito, "Dios está sobre ellos [i.e., los *tefilín*] - ¡ellos vivirán!" (Isaías 38:16) - y Adán se unió al Árbol de la Muerte. Debido a ello, "Él lo expulsó del Jardín del Edén" (Génesis 3:24), porque "Los desvergonzados están destinados al Gueinom" (*Avot* 5:20). Sin embargo, cuando Adán se arrepintió, "'Él les hizo vestimentas de piel' (Génesis 3:21) - estos son los *tefilín*" (*Tikuney Zohar* #69, 105b), correspondientes al "brillo de la piel del rostro". Así, con la vergüenza -que es la luz de los *tefilín*- se perdonan todos los pecados y la persona se une al Árbol de Vida. Pero aquel que no tiene vergüenza delante de los verdaderos Tzadikim ni ante los rectos y temeroso de Dios, posee la osadía del Otro Lado y desciende al Gueinom. Sin embargo, si se arrepiente y siente vergüenza por sus pecados, éstos le son perdonados. También elimina el espíritu de insensatez y merece la luz de los *tefilín*, que corresponden al Árbol de Vida.

21 Shvat

10. Ésta es la explicación de lo que relató el *Taná*, "Un cedro cayó cerca de nosotros; era tan grande que dieciséis carretas pasaron sobre él en su punto más estrecho" (*Bejorot* 57b). La explicación es como sigue: Es sabido que el verdadero Tzadik es llamado "un cedro del Líbano" (Salmos 92:13) sirviendo a Dios con gran apego y comprensión. E incluso cuando ese Tzadik cae a un nivel más bajo, ese plano es aun así extremadamente elevado en comparación con el del resto de los otros Tzadikim. Éste es el significado de "Un cedro cayó cerca de nosotros" - es decir, que el verdadero Tzadik cae de su nivel de comprensión de Dios, Que es llamado el "Lugar del Mundo". Y aunque el nivel de este Tzadik sigue siendo muy elevado, para él representa una caída. Aquí el *Taná* habla alabando al Tzadik de la generación. Ese Tzadik siente vergüenza de su nivel como si hubiese cometido un pecado -porque para él estar en ese nivel es considerado una caída- y entonces se arrepiente por ello como si realmente hubiera pecado. Consecuentemente, siente una tremenda vergüenza -que es la luz de los *tefilín*- y debido a

ello se agudizan mucho más su intelecto y sus facultades mentales. Así obtiene un nuevo y más grande reconocimiento y conciencia de Dios.

[La explicación de la segunda parte de lo relatado por el *Taná*, que "dieciséis carretas pasaron sobre él en su punto más estrecho", es como sigue:] La renovación del intelecto del Tzadik mediante el estudio de la Torá -esto es, la renovación del intelecto que recibe mediante el estudio de la Torá- está aludido por el número dieciséis, pues la Torá es llamada "dieciséis" por el hecho de que ese número está asociado con la raíz de la Torá, que son las Tablas recibidas por Moisés en el monte Sinaí - dado que las Tablas contenían los Diez Mandamientos, y sus medidas eran de "seis palmos de largo por seis palmos de ancho" (Bava Batra 14a). La frase "pasaron sobre" (*AVRu*) sugiere la idea de revelación, como está escrito, "Dios pasará sobre (*veAVaR*) la puerta para golpear a Egipto" (Éxodo 12:23), que Onkelos traduce, "[Dios] se reveló". Así, "Dieciséis carretas (*KeRaNot*) pasaron sobre él en su punto más estrecho" alude a la idea de que al aguzar y renovar el intelecto que el Tzadik recibe de la Torá -que es llamada "dieciséis"- se revela el "brillo (*KeiRuN*) de la piel del rostro". El "brillo de la piel del rostro" es la vergüenza que siente el Tzadik y que es un aspecto de los *tefilín*. Y al obtener un nuevo reconocimiento de la grandeza del Creador siente una vergüenza mucho más grande. Todo ello se aplica igualmente a cada una de las personas. Al renovar el intelecto mediante el estudio de la Torá, la persona alcanza un mayor reconocimiento de la grandeza de Dios y siente una mayor vergüenza por sus pecados. Ésta es la esencia del arrepentimiento. De esta manera uno merece la luz de los *tefilín*, que es el concepto del Árbol de Vida.

11. Cada uno debe santificar los seis días de la semana expandiendo la santidad del Shabat - que es el concepto del temor, de la luz de los *tefilín* y el concepto de la vergüenza (pues las letras de la palabra *BeRESHIT* [En el comienzo] pueden ser transpuestas para deletrear *IaREi BoSHeT* [temor-vergüenza] y *IaREi SHaBaT* [temor-Shabat]). Como vemos en la *Mejilta*, "'Recuerda el día del Shabat' (Éxodo 20:8) -

Lección 39   22 Shvat

recuérdalo desde el primer día de la semana" (Mejilta, Itró 7). En el mismo grado en que la persona le infunde santidad a los seis días de la semana, de la misma manera elimina la impureza de la serpiente primordial - el "final de toda carne", que está asociado con el "viento tormentoso". A su vez, el habla asciende a su fuente. Al santificar los seis días de la semana mediante las treinta y nueve clases de tareas -que son las treinta y nueve maldiciones generadas por la impureza de la serpiente- podrás sentir, durante los seis días de la semana, como si también ahora fuese "Mi día santo" [i.e., Shabat] (ver más en la lección en el Likutey Moharán).

22 Shvat

39 - "Proveeré forraje"
(Deuteronomio 11:15)

1. Si la persona siente hambre, viéndose avasallada por el deseo de comer, debe saber que tiene enemigos. Como dijeron nuestros Sabios, de bendita memoria, "Si la persona ha empobrecido abajo, también ha empobrecido arriba" (Sanedrín 103b). Tal persona debe por lo tanto superar y quebrar el lado animal que desea comer -dado que el hambre proviene del lado animal- y así se verá libre de sus enemigos.

2. El hambre también está relacionado con el conflicto, tal como se refleja en la frase "la humillación del hambre" (Ezequiel 36:30). En otras palabras, mediante el ansia de comer se despierta la disputa en la cual la persona es avergonzada e insultada - y lo opuesto también sucede [es decir, la disputa despierta el anhelo por la comida]. Ese hambre es un aspecto del prepucio, como está escrito, "Es una humillación para nosotros" (Génesis 34:14). Específicamente, esto corresponde a tres fuerzas impuras que rodean el pacto de paz (brit shalom). Cuando la persona quiebra la klipá -que está asociada con la vergüenza y con el deseo de comida- se revela entonces el pacto de paz. Consecuentemente se alcanza la paz aquí debajo y, como resultado, también hay paz en las alturas superiores. Entonces el mundo recibe una revelación y un gran aumento de la satisfacción [como está

Lección 40   23 Shvat

escrito, "Quien establece la paz en tus fronteras y te sacia con lo mejor del trigo" (Salmos 147:14)].

3. Cuando tus relaciones maritales se lleven a cabo con santidad y quiebres tu alma ansiosa -es decir, tu alma animal- de modo que parezca como que "un demonio te está forzando" (*Nedarim* 20b) [como opuesto a seguir tu propia satisfacción]- tendrás una descendencia viable. Pues los niños fallecen, Dios no lo permita, debido al alma animal.

4. También es necesario que tus relaciones maritales se lleven a cabo principalmente en la noche del Shabat [i.e., el viernes por la noche], para que puedas tener una descendencia viva y duradera.

23 Shvat

40 - "Estos son los viajes"
(Números 33:1)

1. Todos los viajes y las travesías que debe hacer una persona son resultado de un daño en la fe - que corresponde al concepto de la idolatría. Pues si la persona creyera con una fe perfecta que el Santo, bendito sea, le puede dar todo lo que necesita, no viajaría nunca.*

* Ver *Likutey Tefilot* sobre esta lección donde se explica que si la fe de la persona y su confianza en Dios fueran como deberían ser, no haría nada ni se embarcaría en viaje alguno en aras de su sustento.

A veces, mediante los viajes, la persona rectifica o compensa el "viaje" o la alteración, por así decirlo, que causó arriba (dado que el castigo por una mala acción es su rectificación, como se explica en otra instancia). Por lo tanto, los viajes de la persona expían por los defectos en su fe; mediante esos viajes, rectifica y mitiga la ira Divina en el mundo, despertando la compasión de Dios.

2. También y como resultado de una fe imperfecta -que corresponde al mismo concepto que la idolatría- no hay lluvias.

Lección 41 24 Shvat

No hay satisfacción ni paz y las personas no se ayudan entre sí. Por el contrario, cada uno debe viajar de un lugar a otro para ganarse el sustento.

3. La idolatría también produce la falta de lluvias y "Si no hay harina, no hay Torá" (Avot 3:17). Entonces, debido a la interrupción del estudio de la Torá, se produce el exilio y la gente deambula por los caminos, como está escrito, "Mi pueblo ha sido exilado, pues carece de entendimiento" (Isaías 5:13).

24 Shvat

41 – El Baile

1. Cuando se baila como una mitzvá - por ejemplo, cuando se bebe vino en Shabat o en una festividad, o en una boda o en alguna comida donde ello es una mitzvá; y se bebe con moderación en aras del Cielo para despertar la alegría por el hecho de ser judío, que es regocijarse en Dios, "Quien nos eligió de entre todas las naciones"; y cuando se bebe de esa manera, y uno se inspira con alegría al punto en que esa alegría se extiende hacia los pies y uno baila de felicidad - entonces, mediante esa clase de baile, se anulan todas las "fuerzas externas que se aferran a los pies" y se mitigan y se anulan todos los juicios severos. La persona que baila de esta manera recibe todas las bendiciones, y el fervor de su danza es "una ofrenda ígnea, una fragancia agradable para Dios" (Números 28:8). Sin embargo, si la persona baila con el fervor de la mala inclinación, ello es considerado "un fuego extraño" (Levítico 10:1) y el vino que bebe es un "vino intoxicante" que hace que las fuerzas externas se aferren a ella, Dios no lo permita.

2. Así, la danza sagrada mitiga los juicios severos, al igual que la redención (*pidion*) efectuada por un Tzadik. Pues cuando se le da al Tzadik el dinero para la redención, éste coloca sus manos sobre el dinero, que es denominado "pilares" -es decir, los pies [como en el versículo, "Los bienes a sus pies" (Deuteronomio 11:6), que nuestros Sabios, de bendita memoria, explican como haciendo referencia al dinero (Pesajim 119a)]- y los pies son un

Lección 41   24 Shvat

aspecto del juicio estricto, dado que la palabra *EKeV* (talón) tiene el mismo valor numérico que dos veces *ELoHIM* [el Nombre de Dios asociado con el juicio severo]. Al colocar las manos sobre el dinero, el Tzadik hace descender hacia éste la raíz del juicio severo, que es el Nombre de Dios de Cuarenta y dos Letras en Biná, para mitigar así el juicio estricto del dinero. Pues tres veces el valor numérico de *IaD* (mano) da cuarenta y dos, y la mano del Tzadik encarna y hace descender el poder de las tres "manos": la "mano grande", la "mano poderosa" y la "mano levantada". El Nombre de Cuarenta y dos Letras está compuesto por siete Nombres separados, cada uno de los cuales consiste de seis letras, y el Tzadik, al tomar el dinero, se concentra en hacer que descienda hacia los "pilares" las *vavim* [que significan tanto "ganchos" como "seis", haciendo referencia aquí a ese Nombre de seis letras]. El resultado es entonces conocido como "Los ganchos de los pilares y sus molduras de plata" (Éxodo 27:10) - pues mediante el ajuste y la unión de los "ganchos" [i.e., las *vavim*, los Nombres de seis letras] con los "pilares" [que son el dinero, los pies], se genera la plata -que es aspecto de bondad- y se mitigan los juicios severos. Por lo tanto, es bueno que la persona se acostumbre a darles dinero como *pidion* a los Tzadikim y a las personas temerosas de Dios, para mitigar y anular los juicios estrictos que pesan sobre ella. Incluso si uno no se encuentra en una particular dificultad, Dios no lo permita, igualmente debe dar dinero con frecuencia como una redención para mitigar los juicios severos que pesan sobre uno y evitando así llegar a cualquier clase de aflicción, Dios no lo permita.

3. "Llenar con vino las gargantas de los estudiosos de Torá" (*Ioma* 71a) también mitiga los juicios estrictos, al igual que una redención. Ésta es la explicación de la afirmación, "Los estudiosos de Torá aumentan la paz en el mundo" (*Berajot* 64a) - es decir, que a través de ellos se evoca el Nombre de Cuarenta y dos Letras -que constituye las "370 luces radiantes"- y si se le suma [a 370] la "*Jet* blanca" [que tiene el valor numérico de ocho], el resultado es igual al valor numérico de la palabra *BeSHaLoM* (con paz), que está asociada con Biná (*Etz Jaim, Shaar Arij Anpin* 13:13-14). El estudioso de Torá es llamado Netzaj y Hod,

Lección 42   25 Shvat

las *sefirot* que están representadas por los pies, como en, "los pilares del mundo"; también están identificadas con el consejo, como en, "Otros disfrutan su buen consejo y conocimiento" (Avot 6:1). (El valor numérico de *ETzoT* [consejo] es idéntico al de *TaLMID JaJaM* [estudioso de Torá], agregando una unidad por cada una de las letras de esta última palabra). Éste es el significado del versículo, "Él te dará de acuerdo a tu corazón" (Salmos 20:5). ¿Cuándo lo hará? Cuando "Él cumpla con todos tus consejos" *(ibid.)*. Es decir, cuando la persona llene con vino las gargantas de los estudiosos de Torá [que son llamados "consejo"] - pues el vino está asociado con Biná, como en, "El vino que alegra". El corazón está asociado con Biná y "de acuerdo a tu corazón" tiene el mismo valor numérico que "con vino", agregando una unidad por todas las letras y una unidad más por la palabra misma. "Aquel que quiera traer una libación de vino deberá llenar de vino las gargantas de los estudiosos de Torá" *(Ioma 71a)*, y encontramos en otra instancia que las libaciones de vino son llamadas *MiNJoTeja* (tus ofrendas) (de acuerdo al lenguaje de la Mishná de *Shekalim* 5).

[El Salmo mencionado alude al mismo concepto en el versículo que precede al citado más arriba; así, "Él recordará todas tus ofrendas y estará satisfecho de tus ofrendas ígneas, *selá*. Él te dará de acuerdo a tu corazón y cumplirá con todos tus consejos" (Salmos 20:4-5).]

25 Shvat
42 - "Él vio su aflicción"
(Salmos 106:44)

1. Mediante la canción se mitigan los juicios estrictos. Pues la voz del cantante contiene los "tres colores del arco iris", que son los tres elementos básicos que conforman la voz: el fuego, el agua y el aire. [El aliento es cálido como el fuego, húmedo como el agua y está compuesto de aire]. Esos tres elementos corresponden a los tres Patriarcas, que son los "tres colores radiantes de las vestimentas de la Presencia Divina". La Presencia Divina se identifica con el arco iris *(Zohar* III, 215a; *Jaguigá* 16a), y los tres colores del arco iris son los tres Patriarcas. Ahora bien, cuando la Presencia Divina se inviste en Sus vestimentas

radiantes, se cumple con el versículo, "Lo veré para recordar el pacto eterno" (Génesis 9:16). [Este versículo hace referencia al arco iris que Dios puso en el cielo luego del Diluvio con el objetivo de hacerle recordar Su pacto, si así pudiera decirse, Su promesa de no volver a inundar el mundo. Y cuando Dios ve a la Presencia Divina cubierta con Sus vestimentas radiantes,] entonces, "Se apacigua la ira del Rey" (Esther 7:10). Cuando uno canta las letras de las plegarias con una voz clara y delicada, inviste a la Presencia Divina -es decir, a las letras de la plegaria- con vestimentas radiantes. Pues las letras de las plegarias son la Presencia Divina, como está escrito, "Dios (ADoNaI), abre mis labios" (Salmos 51:17), dado que el habla está asociada con el Nombre de Dios ADoNaI. El habla también es llamada un "arco", aludiendo a la súplica, como explica Rashi sobre la frase "con mi espada y con mi arco" (Génesis 48:22). Y cuando el Santo, bendito sea, ve a la Presencia Divina [es decir, a las letras cubiertas con vestimentas radiantes], entonces "se apacigua la ira del Rey". Ésta es la explicación del comentario de Rashi sobre el versículo, "Él vio su aflicción cuando oyó su canción" (Salmos 106:44) - i.e., que "su canción" alude al mérito de los Patriarcas. En otras palabras, cuando Dios ve el mérito (ZeJUT) de los Patriarcas -es decir, que las vestimentas de la Presencia Divina son esplendorosas (beZaJUT) y brillantes- entonces [como afirma el versículo siguiente], "Él tuvo compasión conforme a Sus piedades" (ibid., 106:45), y se mitigan los juicios estrictos.

2. También, mediante la fe en los sabios -es decir, teniendo fe en que todo lo que ellos dicen y hacen no es en absoluto simple y obvio, sino que contiene profundos secretos- mediante esa fe, la persona cubre al arco iris con vestimentas radiantes y se mitigan los juicios estrictos. Pues el sabio se identifica con el arco iris, como le dijo el rabí Shimón bar Iojai al rabí Ioshúa ben Leví, "¿Acaso se vio el arco iris durante tu vida?" (Ketuvot 77b; Zohar III, 215). Esa asociación se basa en el hecho de que el Tzadik, con todo lo que hace, le irradia luz a la Presencia Divina, quitándole así Sus ropas simples y oscuras para adornarla con las vestimentas coloreadas y

Lección 43   26 Shvat

brillantes de los secretos de la Torá - y los secretos de la Torá son llamados su "luz". Consecuentemente, "Lo veré para recordar el pacto eterno", cuando se disipa la ira de Dios para con Sus hijos, "se apacigua la ira del Rey" y se mitigan los juicios estrictos.

26 Shvat

3. Esas mismas rectificaciones espirituales se logran también haciendo una hermosa vestimenta para el Tzadik.

4. Los sonidos del shofar en Rosh HaShaná también mitigan los juicios severos. Pues los tres diferentes sonidos del shofar, *Tekía*, *Shevarim* y *Terúa*, son un paralelo de los tres Patriarcas, y la nemotecnia utilizada para cada uno de los sonidos -"*K*" para *Tekía*, "*Sh*" para *Shevarim* y "*T*" para *Terúa*- deletrea la palabra *KeSheT* (arco iris). Esas tres clases de sonidos corresponden también a los tres Nombres de Dios contenidos en el *Shemá*, ADoNaI ELoHeINU ADoNaI, que suman catorce letras - y también están identificados con los "colores radiantes". Así, las catorce letras de los tres Nombres Divinos en el *Shemá* corresponden a la *Iud* y a la *Dalet* [cuyos valores numéricos combinados suman catorce] en el Nombre Divino *ShaDaI*, mientras que los tres Patriarcas son las tres ramas de la *Shin* inicial de ese Nombre [la letra *Shin* está formada por tres líneas casi verticales unidas en la base]. Ésta es entonces la interpretación del versículo, "*Shadai* será tu fortaleza" (Job 22:25), [dado que la palabra *BeTzaReja* (tu fortaleza) también puede entenderse como "en tus aflicciones" - dando a entender que el Nombre *Shadai*, que alude a todos los componentes que están involucrados en mitigar los juicios estrictos, "estará contigo en tu aflicción"] (ver *Zohar* III, 230b-231a, y *Likutey Halajot*, *Hiljot Jezkat Mitaltelin* 5).

43 - Alejándose de las Palabras del Malvado

1. Debes saber que las palabras de una persona malvada con

un gran nivel de inteligencia generan deseos sexuales en quienes las escuchan. Es necesario ser muy cuidadosos y no prestarle oídos a las palabras de una persona así, pues ellas están contaminadas por la pasión sexual. Pues al hablar, el malvado exhala el aliento y el aire envenenados por la lujuria, y aquel que oye sus palabras respira e introduce ese aire dentro de su cuerpo. Bilaam fue la encarnación definitiva de grandes poderes mentales y de percepciones extraordinariamente agudas del lado de la impureza; fue la imagen especular de la sabiduría sagrada, como dijeron nuestros Sabios, de bendita memoria, sobre el versículo, "'Nunca se levantó un profeta como Moisés entre los judíos' (Deuteronomio 34:10) - 'entre los judíos no se levantó'; pero entre las naciones [gentiles] se levantó un profeta como Moisés, y ése fue Bilaam" (Sifri, 34; Zohar II, 21b). Ahora bien, Bilaam generó en Midian ese aire envenenado de lujuria, como está escrito, "Ésas fueron las mismas mujeres [de Midian] que estuvieron involucradas en corromper a los Hijos de Israel de acuerdo a la palabra de Bilaam" (Números 31:16) - específicamente, "la palabra", mediante las palabras que fueron la manifestación externa de su mente y de sus pensamientos. Y está escrito que cuando los judíos retornaron de la guerra contra Midian dijeron, "Traemos una ofrenda a Dios... para expiar por nuestras almas" (ibid., 31:50). Nuestros Sabios, de bendita memoria, comentaron aquí que los comandantes se sintieron obligados a traer ofrendas de expiación debido a que "Aunque escapamos del pecado, no escapamos de pensar en ello" (Shabat 64a).

27 Shvat

44 - Aplaudir Durante la Plegaria

1. El motivo para aplaudir durante la plegaria es que existen veintiocho articulaciones en las manos [catorce en cada mano] que corresponden a las veintiocho letras del relato de la creación [i.e., las veintiocho letras en el primer versículo de la Torá, Génesis 1:1]. Todo lo que existe fue creado con esas letras y ellas son llamadas "el poder (Koaj, palabra que tiene el valor

numérico de veintiocho) de Sus acciones", como en el versículo, "Él le informó a Su pueblo del poder de Sus acciones al darles a ellos la herencia de las naciones" (Salmos 111:6). [La idea aquí es que debido a que Dios creó el mundo entero, Él tenía el derecho de darle la Tierra de Israel a quien quisiese. La frase "el poder de Sus acciones" engloba este concepto]. Cuando aplaudimos se despiertan las veintiocho letras con las cuales se llevó a cabo la creación y obtenemos el poder de purificar el aire de las tierras de las naciones [entre las que nos encontramos] y de expulsar su aire impuro. Ello se debe a que, al aplaudir, la tierra vuelve a estar bajo el dominio del Santo, bendito sea, y Él tiene el poder de dársela a quien quiera. El aire del lugar en el cual ora un judío se purifica y el judío respira así el aire sagrado tal como si estuviese en la Tierra de Israel. De ese modo, al aplaudir durante la plegaria, las oraciones de la persona están en "el aire de la Tierra de Israel".

2. Por lo tanto, es necesario tener un lugar fijo en el cual orar. Porque aunque uno se ponga de pie para orar en un lugar en el que haya orado un Tzadik, igualmente le será muy difícil orar allí dado que no estará acostumbrado al aire de ese lugar. Más aún si la persona ora en un lugar en el cual ha orado un pecador.

3. Ésta es la explicación de la afirmación, "Ellos [los Hombres de la Gran Asamblea] establecieron las plegarias diarias en contraposición [i.e., en lugar de] las ofrendas diarias constantes (*tamidim*) [en el Templo]" (*Berajot* 26b). Esto enseña que la persona debe asegurarse de orar "en el aire de la Tierra de Israel". En otras palabras, el remedio para los pensamientos externos y ajenos que experimenta al orar -que corresponden a las plegarias que están "en contraposición" a sus plegarias- se efectúa por medio de la cualidad espiritual de la Tierra de Israel, [que está asociada con "las ofrendas diarias constantes"], de la cual está escrito, "Los ojos de Dios están constantemente sobre ella" (Deuteronomio 11:12).

28 Shvat

4. Esta idea se encuentra aludida en el versículo, "Por mano de

Lección 44 28 Shvat

los profetas Yo mostraré Mi Semejanza" (Hoshea 12:11). ["Por mano" alude al aplaudir y "los profetas" alude al habla - como cuando Dios le dijo a Moisés que "Aarón, tu hermano, será tu profeta" (Éxodo 7:1), significando que Aarón hablaría en su lugar. *ADAMeH* ("Yo mostraré Mi Semejanza") puede también ser vocalizado, *ADAMaH* (tierra). Así, el versículo puede comprenderse como significando que] mediante el aplaudir, el habla o las palabras de las plegarias son dichas sobre un suelo santo (cf. Rashi sobre Éxodo 7:1; *Oraj Jaim* 102 en *Taz* #3).

Adicionalmente, al aplaudir durante la plegaria se eliminan del mundo el asesinato y la destrucción (ver más adelante, Lección #46), tal cual se refleja en el versículo, "Yo pondré paz en tu Tierra... y la espada no pasará por tu Tierra" (Levítico 26:6). Al aplaudir, las plegarias de la persona se encuentran "en el aire de la Tierra de Israel", ella habita en la Tierra de Israel y tiene un Dios (ver *Ketuvot* 110b). Aplaudir durante la plegaria anula también los pensamientos idólatras y las ideas ateas - que pueden ser llamadas "en contraposición a la fe", dado que la fe está íntimamente ligada con la plegaria, como se evidencia en la frase "sus manos eran fe" (Éxodo 17:12), que Onkelos traduce como "sus manos estaban extendidas en plegaria". Así, el remedio para esos pensamientos proviene de las ofrendas diarias constantes - de la Tierra de Israel y de aplaudir.

5. Otra explicación de "Ellos establecieron las plegarias diarias en contraposición a las ofrendas diarias constantes": Las ofrendas diarias constantes estaban constituidas por ovejas, como la frase "ovejas [*KeVaSim*] para tu vestimenta" (Proverbios 27:26). Nuestros Sabios, de bendita memoria, enseñaron que esas ovejas aluden a los secretos (*KaVShei*) de la Torá (*Jaguigá* 13a). Así, mediante la plegaria, se revelan los secretos de la Torá.

6. Otra explicación de "Ellos establecieron las plegarias diarias en contraposición a las ofrendas diarias constantes": "Las plegarias en contraposición" hace referencia a los pensamientos extraños y ajenos que la persona experimenta al orar, que están "en contraposición" a sus plegarias. Esos pensamientos son

llamados un diluvio (*MaBuL*), pues ellos inundan y confunden (*MeBaLBeLin*) las plegarias. El remedio para esos pensamientos es dar caridad para la Tierra de Israel, gracias a lo cual uno se incluye "en el aire de la Tierra de Israel". Sobre esto enseñaron nuestros Sabios, de bendita memoria, "El Diluvio no cayó sobre la Tierra de Israel" (*Zevajim* 113a). Así, [la manera en la cual está estructurada gramaticalmente la frase, "Ellos establecieron las plegarias diarias en contraposición a las ofrendas diarias constantes", también puede ser comprendida como] "Las ofrendas diarias constantes fueron establecidas; su rectificación se produce mediante la Tierra de Israel". Y con ello se refina la mente de la persona -sus pensamientos- debido a que "El aire de la Tierra de Israel hace sabia a la persona" (*Bava Batra* 158b).

Ésa misma idea [de que la caridad dada para la Tierra de Israel rectifica las plegarias] también encuentra expresión en el versículo, "Lo veré para recordar el pacto eterno" (Génesis 9:16). "Lo veré" sugiere la Tierra de Israel, como en el versículo, "Los ojos de Dios están constantemente sobre ella" (Deuteronomio 11:2). Ello da como resultado un despertar y una rectificación del "pacto eterno"; y ese pacto corresponde a las dieciocho bendiciones de la plegaria de la *Amidá*, dado que el Tzadik es llamado la "vida (*Jai*) [cuyo valor numérico es dieciocho] de los mundos" y el Tzadik es la encarnación definitiva del pacto.

29 Shvat
45 - Aplaudir Durante la Plegaria

1. Aplaudir durante la plegaria despierta las "alas de los pulmones" mediante las cuales se produce el habla. Adicionalmente, al aplaudir, haciendo chocar los cinco dedos de la mano derecha contra los cinco dedos de la mano izquierda -y los cinco dedos de la mano izquierda contra los cinco dedos de la mano derecha- se conforma el concepto de *MI* (quién). *MI* tiene el valor numérico de cincuenta, correspondiente a las Cincuenta Puertas de Comprensión y al concepto del Año [quincuagésimo] del Jubileo. [La palabra *IOVeL* (Jubileo) también

tiene el valor numérico de cincuenta cuando se le agrega una unidad por la palabra misma]. Aplaudir genera la realidad de *MI* -cincuenta- pues cinco veces cinco [i.e., cuando los cinco dedos de la mano derecha golpean los cinco dedos de la mano izquierda] es igual a veinticinco, y dos veces veinticinco [i.e., se considera que los cinco dedos de la mano izquierda también golpean a los cinco dedos de la mano derecha] es igual a cincuenta; el número cincuenta también es un paralelo de las cincuenta veces que se menciona el Éxodo de Egipto en la Torá, aludiendo al hecho de que fue mediante el poder del Año [quincuagésimo] del Jubileo que salimos de Egipto (*Zohar* II, 46a). El habla estaba en el exilio allí [en Egipto] y como resultado de la Redención (*HaGueULaH*, que también tiene el valor numérico de *MI*, cincuenta), la boca y el habla tomaron existencia, como en, "¿Quién (*MI*) le da al hombre una boca [i.e., la capacidad de hablar]?" (Éxodo 4:11). [Dios le dijo esto a Moisés cuando le ordenó liderar a los judíos fuera de Egipto]. Y la boca recibe sus palabras de las "alas de los pulmones".

46 - "Mi alma está constantemente en mi mano"
(Salmos 119:109)

1. Aplaudir durante la plegaria es un aspecto de la relación marital y de colocar la cama entre el Norte y el Sur (ver *Berajot* 5b), que corresponde a las dos manos. (Ver más arriba, Lección #9:2, donde se enseña que cuando la persona ora de la manera apropiada se vuelve digna de una buena relación marital y de un buen sustento).

2. Más aún, al aplaudir durante la plegaria se mitigan los juicios severos. La explicación para esto es que la mano derecha corresponde a la "mano grande" (Éxodo 14:31) y la mano izquierda corresponde a la "mano poderosa" (*ibid.*, 6:1). Cuando éstas se entrechocan y se unen, ello es llamado la "mano levantada" (*ibid.*, 14:8). Esas tres manos representan el Nombre de Dios *IHVH* cuando se lo repite tres veces. Pues la mano se identifica con el nombre *IHVH*, [dado que cuando ese Nombre se escribe deletreando cada una de las letras -i.e., *IUD HeI VaV HeI*- se

compone] de diez letras, y si se agregan cuatro unidades por las cuatro letras originales, se obtiene catorce. Las catorce letras de ese Nombre corresponden a las catorce articulaciones de cada mano. Mediante esas tres "manos" -es decir, las tres repeticiones del Nombre *IHVH*- se mitigan los tres *ELoHIM*, el Nombre de Dios asociado con el juicio estricto. El Nombre *ELoHIM* repetido tres veces corresponde a las palabras que emergen de la garganta (*GaRON*); la palabra *GaRON* es tres veces el valor numérico del Nombre *ELoHIM*.

30 Shvat

3. Al aplaudir durante la plegaria uno se salva también del olvido y merece una buena memoria. Pues al aplaudir, al entrechocar las manos, la persona mitiga los juicios severos que están enraizados en el Nombre *ELoHIM*. Toda esta dinámica está aludida en el versículo, "Mi alma está constantemente en mi mano" (Salmos 119:109). "Mi alma" alude a la plegaria y más generalmente al habla, como en, "Mi alma salió cuando él habló" (Cantar de los Cantares 5:6). [Así, cuando "mi alma está en mi mano" - i.e., cuando aplaudo durante la plegaria,] entonces, "No he olvidado Tu Torá (*VeToratja Lo Shajajti*)" (Salmos 119:109). Las iniciales de *VeToratja Lo Shajajti* producen el acróstico *Sh-L-V*, cuyo valor numérico es igual a tres veces el valor numérico de *IHVH* más tres veces el valor numérico de *ELoHIM*. [Cuando el Nombre *IHVH* se une con el Nombre *ELoHIM*, ello mitiga los juicios estrictos inherentes a éste último Nombre]. El concepto de *ELoHIM*, del juicio severo, está asociado con la conciencia restringida, que es la fuente del olvido. Cuando se mitigan los juicios severos la persona entra en la conciencia expandida, que trae un aumento del poder de la memoria. El habla de la persona revela lo que está en su mente. Por lo tanto, durante la plegaria, uno puede saber si se encuentra en un estado de conciencia restringida o de conciencia expandida.

4. Aplaudir sirve también para anular la controversia. Pues toda controversia emana del conflicto que inició Koraj -quien está

Lección 47   1 Adar

identificado con la oscuridad (*JoSheJ*, que tiene el mismo valor numérico que *KeKoRaJ*, "como Koraj") y con el lado izquierdo- en contra de Aarón - quien está identificado con la luz y con el lado derecho. Al aplaudir, la mano izquierda y la mano derecha se incluyen una en la otra y se crea la unidad. Esto está reflejado en el comentario de Rashi sobre el versículo, "'¡Todas las naciones, aplaudan!' (Salmos 47:2) - esto significa, ¡Júntense!'" (Rashi, ad loc.).

1 Adar

47 - "Comerás y estarás satisfecho"
(Joel 2:26)

1. Aquel que está sumido en la gula se encuentra indudablemente lejos de la verdad; y puedes estar seguro de que se encuentra asediado por los juicios estrictos. Ese deseo es también una señal de pobreza. Tal persona también experimentará la vergüenza y la humillación, como está escrito, "Cuando los viles son ensalzados (*KeRuM*) por los hombres" (Salmos 12:9), sobre lo cual enseñaron nuestros Sabios, de bendita memoria, "Cuando uno necesita de los demás, su rostro [debido a la vergüenza] toma diferentes colores, como un *KeRuM* [una clase de ave multicolor]" (Berajot 6b).

2. Cuando la persona quiebra la gula, el Santo, bendito sea, hace milagros para ella.

3. La Iluminación del Rostro Divino corresponde al atributo de "y Verdad", uno de los Trece Atributos de Misericordia [revelados a Moisés en el versículo, "Dios, Dios, Compasivo y Misericordioso, Lento para la Ira y Abundante en Bondad y Verdad" (Éxodo 34:6)]. Este atributo de "Verdad" está asociado con Iaacov, como en el versículo, "Da verdad a Iaacov" (Mija 7:20). Iaacov también está identificado con los *tefilín*, que son llamados "esplendor", como está escrito, "Ponte el esplendor" (Ezequiel 24:17; esto hace referencia a los *tefilín*, Berajot 11a). Pues Iaacov se identifica con la *sefirá* de Tiferet (Esplendor); Tiferet denota un espectro de varios colores y está asociado con el concepto

Lección 47 2 Adar

de la verdad y de la vida. La verdad es la fuente esencial de la riqueza y de todo influjo de bien en el mundo, como se ha dicho, "La verdad se sostiene" (Shabat 104a); y "se sostiene" alude a la riqueza, como enseñaron nuestros Sabios, de bendita memoria, "'La riqueza que está a sus pies' (Deuteronomio 11:6) - esto hace referencia al dinero de la persona que la sostiene sobre sus pies" (Pesajim 119a).

Cuando, Dios no lo permita, la persona daña los *tefilín* [y las cualidades espirituales y morales asociadas con ellos], cae en la pobreza y en la humillación y su vida pende de la balanza, Dios nos salve (Berajot 24a). De manera similar, cuando la persona daña la verdad, Dios no lo quiera, también se vuelve víctima de la pobreza y de la humillación. Pero aquel que posee el atributo de la verdad disfruta de un sustento fácil y pleno.

4. Por lo tanto, aquel que está sumido en la gula se encuentra lejos de la verdad. Pues ese deseo da como resultado el ocultamiento del Rostro Divino, que está identificado con la verdad, tal cual se alude en el versículo, "Yo les ocultaré Mi Rostro y serán comida para sus enemigos" (Deuteronomio 31:17). Si el pueblo judío se cuida y no come en demasía, sino más bien sólo aquello que se requiere para satisfacer las necesidades físicas del momento, entonces, "Dios elevará Su Rostro" (Números 6:26), cuando el Santo, bendito sea, les muestre favor (Berajot 20b), y ellos serán alimentados por el atributo Divino de la Verdad. Por el contrario, incluso si un Tzadik que ya ha anulado todos sus deseos físicos cae de su nivel hacia la gula, ello es una señal de que alguna mentira ha salido de sus labios y que arriba existe un juicio en su contra; y ello puede ser un anuncio de pobreza.

2 Adar

5. El mundo entero se nutre del influjo de abundancia que emana de la Tierra de Israel, como es sabido (ver *Zohar* II, 156b); y la Tierra de Israel recibe ese influjo del atributo Divino de la

verdad. La verdad es la cualidad asociada con Iaacov y también está identificada con los cielos -que son fuego y agua- con el espectro de varios colores y con los *tefilín*, que son llamados "vida" (Menajot 44a). Es por ello que la Tierra de Israel es llamada "la Tierra de los Vivos", y es por ello también por lo cual se dice de la Tierra de Israel, "Los ojos de Dios están constantemente sobre ella" (Deuteronomio 11:12). Pues "Aquel que dice mentiras no permanecerá delante de Mis ojos" (Salmos 101:7); pero la Tierra de Israel corresponde al atributo de la verdad y por lo tanto, "Los ojos de Dios están constantemente sobre ella". Es por eso que una de las alabanzas a la Tierra de Israel es "Allí no comerás pan en la pobreza" (Deuteronomio 8:9). Es decir, no será debido a la pobreza que allí comerás sólo pan y nada más, sino debido a que habrás quebrado y anulado la pasión por la comida. Pues la persona que posee la cualidad de la verdad y que se ha separado de la gula elige comer solamente pan.

6. Es por ello que siempre que se presenta alguna dificultad o peligro se decretan ayunos. Ello se debe a que los problemas, Dios no lo permita, son una expresión del ocultamiento del Rostro de Dios y de los juicios estrictos. Consecuentemente, en esas situaciones, decretamos ayunos para quebrar la gula. Ello, a su vez, hace que Dios "eleve Su Rostro" y nos muestre favor, lo que mitiga y anula los juicios estrictos; y como resultado desaparecen todos los problemas.

7. Cuando nos alimentamos del influjo que emana de la verdad, que se canaliza hacia nosotros a través de la Tierra de Israel, y luego alabamos al Santo, bendito sea - mediante ese poder, nos volvemos socios del Santo, bendito sea, para crear nuevos cielos -que están asociados con el rostro de Iaacov- y una nueva tierra - que está asociada con la Tierra de Israel. Como enseñaron los Sabios, de bendita memoria, sobre el versículo, "'Para decirle a Sión, "Ustedes son Mi pueblo"' (Isaías 51:16) - no leas *AMI* (Mi pueblo) sino *IMI* (Conmigo)" (Zohar I, 5); es decir, socios Conmigo en la creación. De esa manera, mediante las palabras santas y puras de la plegaria y de la Torá modificamos el curso de los cuerpos celestes y de las constelaciones.

Lección 48   3 Adar

Todo ello está aludido en el versículo, "Comerán y estarán satisfechos y alabarán el Nombre del Señor, Tu Dios, por los milagros que Él ha hecho con ustedes; y Mi pueblo nunca será avergonzado" (Joel 2:26). "Comerán y estarán satisfechos" hace referencia al hecho de comer sólo para satisfacer las necesidades físicas del momento y no más. Subsecuentemente, "Alabarán el Nombre del Señor, Tu Dios", y serán socios del Santo, bendito sea, en la creación del cielo y de la tierra, como está aludido en la frase "Él ha hecho *con ustedes*". Entonces, "por los milagros", pues ustedes serán capaces de hacer milagros. Finalmente, "y Mi pueblo nunca será avergonzado" significa que, dado que ustedes poseen el atributo de la verdad, que es un espectro de varios colores y el lado de la santidad, no necesitarán experimentar la humillación, que es ese mismo espectro de colores en su estado caído, como en la afirmación, "Cuando uno necesita de los demás su rostro se torna de muchos colores" (*Berajot* 6b; pues es como alguien que está sentenciado a dos castigos - primero con fuego y luego con agua). Pues cuando uno es avergonzado, "primero se pone colorado" -correspondiente al fuego- "y luego empalidece" - correspondiente al agua (*Maharsha, ad loc.*). Por lo tanto, "Mi pueblo nunca será avergonzado".

3 Adar
48 - "Pues ustedes Me fueron infieles"
(Deuteronomio 32:51)

1. El punto vocal *TzeIRei* corresponde a la palabra *vaITzeR* ("y Él formó" [Génesis 2:7]); y también corresponde a Biná, que es donde se forma el embrión [y que está asociada con *IMa* (Madre)], como en el versículo, "Si (*IM*) llamas al entendimiento *Biná*" (Proverbios 2:3). Y Biná es un aspecto de la mitzvá de la *SuKá*, como está escrito, "Tú me cobijaste (*teSuKeini*) en el vientre de mi madre (*IMi*)" (Salmos 139:3). Ahora bien, cuando la persona ora con concentración y pone toda su energía en las letras de la plegaria, como en, "Todos mis huesos declararán, 'Dios, ¿Quién es como Tú?'" (*ibid.*, 35:10), éste es el concepto de la *SuKá*, como está escrito, "Tú me cubriste (*teSoKhekheni*) con

huesos y tendones" (Job 10:11). [Las letras de las plegarias que la persona dice con toda su fuerza (*Koaj*, palabra que tiene el valor numérico de veintiocho)] se transforman en las veintiocho letras del acto de la creación con las cuales fue creado el mundo (ver más arriba, Lección #44:1). Más aún, las Diez Expresiones mediante las cuales fue creado el mundo reciben su poder de esas veintiocho letras. Esas palabras que la persona dice en la plegaria con concentración y fuerza [i.e., con toda su energía mental y emocional] son las palabras del Santo, bendito sea Mismo, como en el versículo, "Yo pongo Mis palabras en tu boca" (Isaías 51:16). Ahora bien, las Diez Expresiones son un aspecto de la bondad, como está escrito, "Yo dije, 'El mundo será construido mediante la bondad'" (Salmos 89:3) - y la bondad está relacionada con la suká, que es el "abrazo de la mano derecha" [que también está identificado con la bondad]. Así, en virtud de "Yo pongo Mis palabras en tu boca", el versículo mismo continúa, "Te cubriré con la sombra de Mi mano" haciendo referencia a la suká y a la bondad.

2. Pero las palabras que no tienen santidad producen un despertar de la suká de las naciones, Dios no lo permita, la suká de la idolatría, como está expresado por el versículo, "Cuyas bocas hablan vanidad y cuya mano derecha es de falsedad" (Salmos 144:8). Pues esa suká se identifica con el "abrazo del Otro Lado" y cuando éste se despierta, Dios no lo permita, se fortalece la "mano derecha de la falsedad" al igual que el exilio entre las naciones del mundo y el pueblo judío se aleja de la santidad de la Tierra de Israel. Debido a ello, se ocultan la verdad y el verdadero líder espiritual y aumenta el conflicto y la disputa, Dios no lo permita. Entonces la Presencia Divina riñe con el Santo (*Tikuney Zohar* 21:44b) debido a Sus hijos en el exilio, quienes han sido expulsados de la mesa de su Padre y han sido expelidos de su Tierra.

3. Es así que la mitzvá de la suká es beneficiosa para tener hijos. De manera similar, tanto orar con todas las fuerzas como vivir en la Tierra de Israel también son buenos para ello. Esas tres cosas -la suká, la plegaria con energía y la Tierra de Israel- conforman un solo concepto y son interdependientes. Al orar

con todas sus fuerzas la persona merece alcanzar la Tierra de Israel, al igual que al cumplir con la mitzvá de la suká. Ello se debe a que la esencia de la Tierra de Israel está unida al concepto de "Él le informó a Su pueblo sobre el poder de Sus acciones al darles la herencia de las naciones" (Salmos 111:6) - y éste es el mismo concepto de la plegaria con concentración y energía (como se trató más arriba, Lección #44:1).

4 Adar

4. Esos tres conceptos [i.e., la suká, orar con energía y la Tierra de Israel] también liberan de las disputas y del conflicto, como en, "En Tu suká los esconderás de las contiendas de las lenguas" (Salmos 31:21), para que las lenguas de las naciones no dominen, Dios no lo permita, y pueda cumplirse el versículo, "Entonces les cambiaré a las naciones un lenguaje puro y todos invocarán el Nombre de Dios y Lo servirán unánimemente" (Zefonías 3:9). En ese momento, sólo habrá un idioma y todos servirán a Dios de manera unánime. Entonces será eliminada la mentira y prevalecerá la verdad, que se le revelará al mundo. Todos merecerán saber sobre el verdadero líder espiritual de la generación quien será ampliamente conocido y revelado; y mediante ello todos retornarán a Dios -incluso las naciones del mundo- para servirlo de manera unánime. ¡Que esto sea pronto y en nuestros días! Amén.

49 - "Para el sol colocó un pabellón en medio de ellos"
(Salmos 19:5)

1. Todo judío posee un exaltado componente Divino y la esencia de esa Divinidad se encuentra en el corazón. Esa Divinidad en el corazón del judío es infinita, dado que la luz del fervor del judío es en verdad infinita - es decir, no hay límites ni barreras para su anhelo por Dios. Pero dada la intensidad del infinito fervor del corazón del judío, le sería imposible cumplir con algún acto concreto de servicio Divino

o expresar algún rasgo de carácter bueno dado que, debido a la enormidad de ese ilimitado fervor, simplemente sería incapaz de hacer nada en absoluto.

Todo este fenómeno es un paralelo, en el plano microcósmico, de los eventos que tuvieron lugar en el comienzo mismo de la creación [como se explica al principio del *Etz Jaim*]. Inicialmente, no había "lugar" para la creación dado que todo era la Infinitud de Dios. El Santo, bendito sea, quiso revelar Su Reinado; pero para ello era necesaria la existencia de entidades finitas "separadas", que pudieran conocerlo - esos fueron los mundos que Él creó. La creación de esos mundos hizo posible que la Divinidad pudiese ser aprehendida y, con ello, hacer saber que existe un Señor, un Gobernante y un Rector. Por lo tanto, Dios "retrajo" hacia los lados Su luz infinita dejando un Espacio Vacío; y dentro de ese Espacio Vacío creó los mundos. De la misma manera, cada persona debe necesariamente "retraer" y controlar el fervor ilimitado de su corazón para poder servir a Dios de una manera gradual y mesurada. Pues Dios desea nuestro servicio -que Lo sirvamos con los buenos rasgos de carácter- dado que es a través de éstos como se revela Su Reinado.

5 Adar

2. Cuando la persona restringe el fervor por Dios en su corazón, para que no arda excesivamente, queda allí un "espacio vacío", como en, "Mi corazón está vacío dentro de mí" (Salmos 109:22); y dentro de ese espacio vacío, se revelan los rasgos positivos. Esa dinámica es un paralelo del misterio de la creación de los mundos, que tuvo lugar en el Espacio Vacío. Pues la creación fue traída a la existencia principalmente a través de Jojmá (Sabiduría), como está escrito, "Tú lo has hecho todo con sabiduría (*jojmá*)" (*ibid.*, 104:24). Ello se manifiesta en el individuo en el hecho de que la esencia del servicio Divino, mediante el cual uno busca alcanzar rasgos de carácter positivos y realizar buenas acciones, consiste en resguardar del mal la sabiduría

Lección 49   6 Adar

que se encuentra en el corazón - es decir, los pensamientos de su corazón. Los pensamientos son la esencia de la inclinación al bien y de la inclinación al mal, como está escrito, "Toda la inclinación (*IeTZeR*) de los pensamientos de su corazón" (Génesis 6:5); y así, es el corazón -o más específicamente, la sabiduría [los pensamientos] en el corazón- el que conforma (*TZaIaR*) los rasgos concretos y las acciones, como en la frase, "Roca (*TZuR*) de mi corazón" (Salmos 73,26; ver *Berajot* 10a). Más aún, está dicho, "'Él formó (*vaIITZeR*)' (Génesis 2:7) - esta palabra está escrita con dos *Iud*, aludiendo a las dos inclinaciones del hombre, la buena inclinación y la inclinación al mal" (*Berajot* 61a). Específicamente, los buenos pensamientos son la inclinación al bien y los malos pensamientos son la inclinación al mal. De acuerdo a ello, toda la rectificación espiritual de la persona -al igual que su destrucción, Dios no lo permita- depende principalmente de cuidar los pensamientos en el corazón (ver más arriba, Lección #35).

3. Cuando la persona es cuidadosa, evitando los malos pensamientos y teniendo sólo pensamientos buenos sobre cómo servir a Dios, el corazón toma entonces el estado descrito por los versículos "Roca de mi corazón" y "Mi corazón está vacío dentro de mí". Tal persona se vuelve digna de realizar buenas acciones y de alcanzar los rasgos de carácter positivos que se revelan dentro del "espacio vacío", haciéndose evidente que acepta el yugo del Reinado del Cielo.

6 Adar

4. Cuando el corazón está "vacío", como en el versículo, "Mi corazón está vacío dentro de mí", entonces el corazón está abierto con sabiduría y con ello la persona rectifica la creación que se forma mediante la sabiduría - que son los buenos pensamientos. Pero cuando tiene malos pensamientos, Dios no lo permita, que son la estupidez del corazón - como en la frase "el corazón incircunciso" (Deuteronomio 10:16), que Onkelos traduce como "la estupidez del corazón" - embota y cierra su

Lección 49 — 6 Adar

corazón. Y también embota y cierra el aspecto del Espacio Vacío de la creación, que se formó mediante la sabiduría, y lo estropea; y ello es considerado como si hubiera destruido el mundo.

Por el contrario, cuando la persona tiene buenos pensamientos ello equivale a la rectificación de toda la creación. Más aún, si purifica su corazón, eliminando los malos pensamientos y quedándose sólo con los buenos pensamientos, se hace digna de renovar el acto de la creación y de hacer milagros en el mundo. Ésta es la explicación de la enseñanza, "Aquel que desee traer una libación de vino deberá llenar con vino las gargantas de los erudito de Torá" (Ioma 71a). Pues las "gargantas de los eruditos de Torá" corresponden a los huecos colocados a los lados del Altar que estaban "cavados y llegaban hasta el abismo, para recibir el vino de las libaciones" (Suká 49a). Esos huecos corresponden al estado descrito por el versículo, "Mi corazón está vacío dentro de mí", dado que "El abismo es el corazón y la tráquea" (Zohar III, 227b). El abismo (*TeHoM*) también sugiere la idea de milagros, dado que todos se maravillan ante algo milagroso, como vemos en el versículo, "Toda la ciudad se maravilló (*TeiHoM*)" (Ruth 1:19). Por lo tanto, el Tzadik cuyo corazón está abierto con sabiduría -que es un aspecto de "Mi corazón está vacío dentro de mí" y "Roca de mi corazón"- es capaz de renovar el acto de la creación y de realizar milagros. Como se dice en la Plegaria de la Mañana, "Quien en Su bondad renueva todos los días, constantemente, la obra de la creación". "Su bondad" hace referencia al Tzadik, que también es llamado "bueno", como en, "Di al Tzadik que es bueno" (Isaías 3:10). Más aún, enseñaron nuestros Sabios, de bendita memoria, "'Los ornamentos (*JaLaim*), obra de un artesano' (Cantar de los Cantares 7:2) - éstos eran los huecos a los costados del Altar que estaban cavados (*meJuLalim*)" (Suká 49a). Y "obra de un artesano" hace referencia a "la artesanía del Santo, bendito sea" (ibid.), que es el aspecto de la creación del mundo y del corazón del Tzadik.*

---

*Ver más arriba, Lección #41:3, donde se enseña que las libaciones de vino efectuaban la anulación de los juicios severos. Esto está conectado con la idea de los milagros, que son una alteración y una anulación de la naturaleza (dado que la palabra *HaTeVA* [naturaleza] tiene el mismo valor numérico

Lección 49   7 Adar

que el Nombre Divino *ELoHIM* [que está asociado con el atributo Divino del juicio estricto]". Mediante el vino, se abre la cavidad hueca del corazón, como en, "Mi corazón está vacío dentro de mí". Como se enseñó, "El vino y las fragancias me hacen sabio" (*Ioma* 76b).

5. Esto también se relaciona con la enseñanza de nuestros Sabios, "'Para servirlo a Él con todo tu corazón' (Deuteronomio 11:3) - ¿Cuál es el servicio del corazón? La plegaria" (*Taanit* 2a). Pues la plegaria depende principalmente del corazón - es decir, la persona debe poner todo su corazón en las plegarias y unir estrechamente sus pensamientos con las palabras de la oración, para que su corazón no esté lejos de las palabras que está diciendo. Más bien, debe oír realmente lo que dice. Con esto se revela y se magnifica el Reinado de Dios y cae el Reinado del Mal. Se evoca una gran vitalidad, influjo, riquezas y bendiciones ilimitadas y con ello se efectúa una unificación espiritual arriba y abajo. Tal persona también merece la revelación de la Torá Oculta del Anciano. Pues la plegaria es el concepto del reinado de David, como está escrito, "Yo soy plegaria" (Salmos 109:4); y la plegaria en el corazón es la revelación del Reinado de Dios dentro del "espacio vacío" (en el corazón).

7 Adar

6. Todas estas ideas están contenidas en la letra *Hei* [que está conformada por la letra *Dalet* y por la letra *Iud*]. Para explicar: Cuando la persona embota y cierra su corazón con la insensatez [i.e., los malos pensamientos] cae entonces en *DaLuT* (la pobreza) -y "Nadie es pobre excepto aquel que carece de comprensión" (Nedarim 41a)- lo que está representado por la letra *DaLeT*. Sin embargo, cuando se santifican los pensamientos -y "No hay santidad con menos de diez" (Meguilá 23b)- ello está representado por la letra *Iud* [que tiene el valor numérico de diez]. Al santificar sus pensamientos, la persona lleva a la *Iud* [i.e., la santidad] hacia la *Dalet* [i.e., su falta de entendimiento], conformando la letra *Hei*. Esta *HeI* sugiere el versículo, "Ésta (*HI*) es la ofrenda quemada (*OLaH*)" (Levítico 6:2), que, a su vez, sugiere el versículo, "'¿Quién es ésta que asciende (*OLaH*)?'

Lección 49   7 Adar

(Cantar de los Cantares 8:5) - o más bien, ¿'Quién' asciende junto con 'ésta'?" (*Zohar*, Introducción 10; *Tikuney Zohar* #21, 30, 38, 69). Esto significa que al elevar la plegaria, la persona eleva el Templo Superior y el Templo Inferior [que están asociados, respectivamente, con "Quién" y con "ésta"]. Ello se debe a que la plegaria se identifica con Maljut, con Jerusalén y con el Templo Inferior; y cuando se construya la Jerusalén Inferior -que es la plegaria- el Santo entrará en la Jerusalén Superior (*Taanit* 5a). La construcción de la Jerusalén Superior y de la Jerusalén Inferior corresponde a una unificación superior y a una unificación inferior.

Ésas dos unificaciones se conectan con la idea de *AVIV* (primavera), que también es llamado Nisán. Pues en el mes de Nisán se erigió el Tabernáculo y en ese mes será inaugurado, en el futuro, el Tercer Santo Templo (Ezequiel 45:18). (La palabra *AVIV* incorpora el concepto de los dos Templos,) dado que está conformada por una *Alef* con una *Bet* y por una *Iud* con una *Bet*. [Es decir, la letra *Alef* representa a Keter mientras que la letra *Bet* (que significa "casa") representa a Biná - una referencia a la unificación superior. La letra *Iud* representa a Jojmá, y en ese caso, su "casa", la letra *Bet*, es Maljut, haciendo referencia a la unificación inferior].

7. Mediante esto se despertará en el futuro la Canción, como está escrito, "Tendrán una canción como en la noche en que se inaugura la Festividad" (Isaías 30:29). (La conexión es que la plegaria está íntimamente asociada con la fe, como está escrito, "Ellos creyeron en sus palabras; ellos cantaron sus alabanzas" [Salmos 106:2]. Ver *Shaarei Tzion, Shaar* 3). En otras palabras, "en la noche en que se inaugura la Festividad" -que significa en la noche de Pesaj- ellos cantarán la "Canción Simple, Doble, Triple y Cuádruple" que incluye las Diez Clases de Melodías. Esa Canción también está representada por la letra *Hei* que está compuesta por una *Dalet* y una *Iud*. [*Dalet* tiene el valor numérico de 4, correspondiente a la Canción Cuádruple, y *Iud* tiene el valor de 10, correspondiente a las Diez Clases de Melodías]. Esa *ShiR* (Canción) se despierta mediante la revelación del Reinado de Dios, como se refleja en la afirmación, "Ella gobernó (*SaRá*) sobre el mundo entero" (*Berajot* 13a). Adicionalmente, el reinado de David, quien fue

Lección 49   8 Adar

llamado "El dulce cantor de Israel" (Samuel II, 23:1), es llamado la *"SuKá de David"* que debe ser erigida (Amos 9:1). Y la *SuKá* es Sara, pues "ella vio (*SaKhtá*) con el espíritu de profecía" (*Meguilá* 14a). Sara representa el reinado y la plegaria que deben ser elevados de su estado caído y disminuido -asociado con "la luz menor" (Génesis 1:16) y con "Su consejo cae" (*Sanedrín* 22a)- y ser elevada hacia la grandeza asociada con "las grandes luces" (Génesis 1:16). Entonces la persona merecerá un consejo perfecto y un arrepentimiento completo.

8 Adar

8. Éste es también el aspecto del arrepentimiento (*TeSHuVaH*), que puede también leerse como *TaShuV Hei* (Retornar la *Hei*). En otras palabras, el arrepentimiento implica hacer una *Hei* a partir de la *Dalet*. El arrepentimiento depende principalmente del corazón, como está implícito en el versículo, "Su corazón comprenderá y se arrepentirá" (Isaías 6:10). Más específicamente, esto depende de los pensamientos en el corazón de la persona, que ella pueda prevalecer sobre los malos pensamientos y tener sólo buenos pensamientos, constantemente. Debe asentar en su corazón el conocimiento de cuál es su propósito y cuál será su final, y reflexionar sobre métodos y tácticas para retornar a Dios. De esa manera merecerá el arrepentimiento y consecuentemente alcanzará y comprenderá la Torá Oculta del Anciano - es decir, los secretos más profundos de la Torá.
Esos secretos son el principal deleite del Mundo que Viene y son un aspecto del "deleite del Shabat". *ShaBaT*, a su vez, está conectado con el arrepentimiento, como se revela en el versículo, "Y retornarás (*veShaVta*) al Señor tu Dios" (Deuteronomio 30:2). Más aún, está escrito en el *Tikuney Zohar* (#21, 45a), "Y es llamada Kabalá cuando se encuentra entre los dos brazos del Rey". Esos dos "brazos" son los meses de Nisán y de Tishrei, ambos un tiempo de arrepentimiento. Pues "En el futuro, el pueblo judío será redimido en Nisán" (*Rosh HaShaná* 11a); y la Redención sólo sucederá gracias al arrepentimiento, como está escrito, "Y vendrá un redentor a Sión y a aquellos

entre Iaacov que se arrepientan del pecado" (Isaías 59:20). Es decir, en el futuro, y como resultado del arrepentimiento, se conocerán verdaderamente los secretos de la Torá - que son la sabiduría de la Kabalá.

9. Éste es también el concepto de los *tzitzit* - o más específicamente, del *tejelet* [la tinta azul con la cual se teñían los hilos de los *tzitzit*]. (Para explicar: La esencia de la mitzvá de los *tzitzit* es el *tejelet*, como se explica en el *Likutey Halajot, Tzitzit* 5:3. Ver también *Sotá* 17a, y *Julín* 89a, donde se enseña que los judíos "merecieron el hilo de *tejelet*", y Rashi explica que ello significa que merecieron junto con el *tejelet* toda la mitzvá de los *tzitzit*). El carácter profundo del *tejelet* es que "Devora todo y arrasa todo" (*Zohar* I, 51), pues el *tejelet* representa la revelación del Reinado de Santidad, mediante el cual se subyuga y se anula el Reinado del Otro Lado. Pero pese a la capacidad de devastación manifestada por el Reinado de Santidad, el pueblo judío se apega al Reinado de Santidad y recibe de allí su vitalidad. De hecho, la vitalidad en general proviene del Reinado de Santidad, como está dicho, "David, rey de Israel, está vivo y perdura" (*Rosh HaShaná* 25a). Pues *TeJeLet* se identifica con el concepto de "anhelo", como en, "El alma de David anhelaba (*vaTeJaL*)" (Samuel II, 13:39), al igual que con el concepto de "novia" (*KaLá*), como en el versículo, "Yo traeré devastación (*KaLá*) sobre todas las naciones" (Jeremías 30:11) - dado que el *tejelet* "devora todo y arrasa todo".

Tejelet es también la fuente de la melodía, como en, "Desde la esquina (*miKaNaf*) de la tierra, oímos canciones" (Isaías 24:16) - dado que la palabra *KaNaf* (esquina) alude al *tejelet* (como está escrito, "Y sobre el fleco de cada esquina (*haKaNaf*) un cordón de *tejelet*" [Números 15:38]). Todas estas ideas están incluidas en la letra *Hei*, que consiste de una *Dalet* y de una *Iud*. La *Dalet* representa las cuatro esquinas de la prenda a las cuales están unidos los *tzitzit*; la *Iud* corresponde a las Diez Clases de Melodías - es decir, al concepto de la canción. La esencia del poder que tiene la "novia" -vale decir, el *tejelet*- es aquello que ella recibe de su "madre", como en, "La madre le presta sus vestimentas a la hija" (*Zohar* I,

Lección 49 — 9 Adar

2). Ello se debe a que los juicios están enraizados en Biná [que también es conocida como "madre"] y es en Biná que se mitigan los juicios estrictos. Cuando esto ocurre, la *Dalet* se transforma en una *Hei*, y desde Biná fluye abundancia, riquezas y bendiciones sin límites. Esto se merece observando escrupulosamente la mitzvá de los *tzitzit*.

9 Adar

10. Ésta es la explicación del versículo, "Para el sol colocó un pabellón en medio de ellos" (Salmos 19:5). El Tzadik es llamado "sol", como está escrito, "El sol se eleva" (Eclesiastés 1:5; ver *Kidushin* 72b). Sin embargo, el "elevarse" del Tzadik -es decir, sus percepciones- se produce sólo gracias al pueblo judío, como enseñaron nuestros Sabios, de bendita memoria, sobre el versículo, "Anda, desciende [del monte Sinaí,] pues tu pueblo se ha corrompido" (Éxodo 32:7); pues Dios le dijo a Moisés, "Yo te di grandeza sólo debido al pueblo judío" (Berajot 32a). Ésta es entonces la explicación de las palabras "un pabellón en medio de ellos". *OHeL* (pabellón) connota "la salida del sol", como en, "Cuando Su vela estaba brillando (*beHiLo*)" (Job 29:3); y "ellos" significa "por ellos" - es decir, debido al pueblo judío. Ahora bien, cuando el pueblo judío se hunde en el saber secular de las naciones, Dios no lo permita, el Tzadik cae de su nivel de percepción, la cual se vela (*nitJaPé*) y se cubre. Pero cuando los judíos abandonan el saber de las naciones, el Tzadik deja entonces el pabellón (*JuPá*) junto con aquello que lo cubría hasta ese momento y "es como un novio dejando la *jupá*" (Salmos 19:6).

11. La costumbre de que la novia le envíe un *talet* al novio tiene una razón profunda, de acuerdo a las enseñanzas místicas de la Torá. De manera similar, la costumbre de gritar y de decir, "¡Shabat!", al igual que las humoradas en las bodas (y el gritar al comienzo, "¡Levántate!"), todo ello tiene una profunda conexión con el matrimonio. (Ver más en otra parte [*Sabiduría y Enseñanzas del Rabí Najmán de Breslov* #86] sobre el significado profundo de las diferentes costumbres en los casamientos, tales como la manera en que se cubre el rostro de la novia, el hecho de arrojarle masas horneadas al

novio, el discurso de Torá del novio y las interrupciones en el medio, los regalos al novio por su discurso y las contorsiones de los cómicos. Todas esas costumbres provienen de Dios. Allí se dan maravillosas explicaciones para todo esto; sin embargo éste no es el lugar para explayarse sobre ello).

12. Es necesario ser como "un guerrero corriendo una carrera" (Salmos 19:6). Porque incluso cuando la persona se hace digna de arrepentirse y de rectificar el daño espiritual que ha hecho, aun así debe trabajar para completar el servicio Divino que podría haber realizado durante el tiempo en que estuvo fuera del favor de Dios. Por lo tanto, es necesario correr rápidamente y trabajar con mucho celo en el servicio a Dios, para poder compensar el servicio que uno podría haber realizado durante el tiempo en que estuvo comportándose de manera incorrecta.

10 Adar

50 - "Rescata mi vida de la espada"
(Salmos 22:21)

1. Todo aquel que impurifica el Pacto [por ejemplo, con relaciones sexuales prohibidas o con pensamientos inmorales] no podrá orar de la manera descrita por el versículo, "Todos mis huesos hablarán" (Salmos 35:10) - es decir, no podrá saborear la dulzura de las palabras de las plegarias. Pues cuando la persona saborea esa dulzura y ora con todo su ser, ello es denominado "Todos mis huesos hablarán". Pero es imposible que la persona saboree la dulzura en las plegarias a menos que se haya rectificado en esa área.

2. La persona que ha impurificado el Pacto se encuentra en un estado conocido como "aguas amargas", "aguas impuras" y "simiente impura". Debido a ello, no puede orar de la manera denominada "Todos mis huesos hablarán". Entonces, "Un perro desciende y devora su sacrificio" -es decir, su plegaria- y se ve envuelta en una amarga melancolía identificada con la espada y con el Gueinom. Pero cuando la persona se rectifica en esa área, se encuentra en el estado conocido como "aguas dulces", "aguas puras" y "simiente santa". Entonces sus palabras son

dulces y buenas. Y cuando dejan sus labios y las oye con sus oídos, la dulzura de esas palabras entra en sus huesos y su oración tiene la cualidad de "Todos mis huesos hablarán". Entonces, "Un león desciende y devora su sacrificio".

3. En la medida en que se haya alcanzado la pureza sexual y en el grado en que se esté conectado con los verdaderos Tzadikim, quienes mantienen esa pureza en el nivel más elevado, así mismo se podrá saborear la dulzura de las palabras de las plegarias.

4. La persona que se ha impurificado sexualmente debe cuidarse de los perros y de la espada.

5. Debes saber que los insolentes de la generación son en verdad los "perros". Son aquellos que se levantan y atacan la plegaria del judío que no ha logrado la pureza sexual completa.

6. A partir de esto puedes inferir la enormidad del pecado de aquellas personas que atacan las plegarias de otro judío y que quieren confundir sus oraciones. Esas personas son denominadas, literalmente, "perros", como en, "Los perros son insolentes" (Isaías 56:11). Pues aunque ese judío que está orando no haya merecido alcanzar la pureza sexual y es por ese motivo que está siendo atacado de esa manera -en el aspecto de "Un perro desciende y devora su sacrificio"- sin embargo, aquellos que lo atacan no están exentos del castigo. Pues ellos desarraigan sus almas de la santidad y hacen que se los llame literalmente "perros", por atacar las plegarias de esa persona, pese al hecho de que ésta última aún no se ha purificado completamente. Pues por más inferior que sea la persona, debe ciertamente luchar para orar con todas sus fuerzas; y aunque sea incapaz de sentir la dulzura de las palabras de las plegarias, el solo esfuerzo es algo extremadamente valioso (como se trata en otra instancia). Sin embargo, aquellos que se le oponen no son más que perros y su pecado se encuentra más allá de todo perdón.

7. El comer del Tzadik es algo muy valioso, dado que trae contento a su alma santa. Consecuentemente, le está prohibido ayunar. Pero la persona que necesite ayunar ciertamente deberá hacerlo, y en verdad es una mitzvá el que lo haga.

8. La enfermedad caracterizada por la quebradura y el deterioro de los huesos, que Dios nos salve, se debe a la lujuria.

11 Adar

51 - "Dijo el rabí Akiba"
(*Jaguigá* 14b)

1. La mentira es dañina para los ojos, tanto en sentido físico como espiritual.

2. Cuando la persona miente, su sangre se contamina. Esto da origen, a su vez, a la depresión y a las lágrimas que dañan los ojos. Pues es imposible decir una mentira si no se ha contaminado antes la sangre. Y es imposible decir la verdad si no se ha purificado primero la sangre.

3. La mentira es el mal y la contaminación; y con la mentira la persona sale de la supervisión directa de Dios. Pero mediante la verdad la supervisión directa de Dios se posa plenamente sobre ella.

4. Hay muchas mentiras pero sólo hay una verdad. Para explicar: Sólo es posible decir una verdad sobre algo específico - es decir, la verdad sobre la manera en que esa cosa es. Por ejemplo, sólo es posible decir sobre la plata que es plata o sobre el oro que es oro. Por otro lado, hay muchas mentiras, dado que es posible decir una cantidad innumerable de mentiras. Por ejemplo, se puede decir que la plata es cobre o latón o plomo o darle incontables nombres. Pero, en última instancia, la verdad ciertamente será revelada y desaparecerá el conflicto. Pues todo conflicto es el resultado de la innumerable profusión de mentiras, de las cuales provienen todos los conflictos - dado

Lección 52	12 Adar

que cuando sólo hay una entidad, todo el concepto del conflicto deja de ser relevante. La verdad, que es una, ciertamente permanecerá por siempre, porque la verdad es la Unidad de Dios. Sin embargo, todas las mentiras, que son la fuente del conflicto, perecerán; mientras que la verdad perdurará por siempre. Pues "La verdad de Dios es eterna".

5. Si deseas quedar incluido en el uno, para que el "después de la creación" esté incluido en el "antes de la creación" y para que todo sea uno, bueno y santo, de la manera en que fue antes de la creación, deberás cuidarte de la mentira. Sólo debes decir la verdad y ser una persona absolutamente veraz y honesta. De esa manera estarás incluido en el uno, porque la verdad es una.

12 Adar

52 - "Aquel que permanece despierto durante la noche"
(*Avot* 3:4)

1. Cada uno debe considerar el hecho de estar incluido en su fuente - y ello se logra mediante la autoanulación. La única manera de alcanzarlo es mediante el *hitbodedut* (la plegaria personal en reclusión). Al expresarse delante de Dios en *hitbodedut*, la persona puede anular todo; puede unirse a Dios y quedar incluida en su fuente.

2. El momento ideal para el *hitbodedut* es durante la noche, cuando todos duermen; y el lugar ideal es fuera de las zonas habitadas, donde se pueda caminar por un sendero apartado - en otras palabras, en un lugar por donde nadie camina ni siquiera durante el día. Al dedicarse al *hitbodedut* durante la noche, caminando por un sendero retirado, uno libera su corazón y su mente de todos los temas relacionados con este mundo y suprime todo - hasta llegar a anularse por completo. Primero debe orar mucho hasta anular un rasgo negativo en particular; luego deberá proseguir con otro rasgo hasta anularlo también. Así deberá continuar hasta anularse por completo,

eliminando todo orgullo y materialidad, hasta verse literalmente como "nada" y ser digno de alcanzar el estado de la verdadera autoanulación. Con esto, el mundo entero se incluye en su fuente junto con uno - en otras palabras, todo queda incluido junto con la persona en la Unidad de Dios.

53 - La *Hei* del Conocimiento

1. Al trabajar para acercar a la gente a Dios y a los verdaderos Tzadikim la persona merece tener hijos.

2. Es necesario tratar de lograr un conocimiento completo -es decir, el conocimiento sagrado de todo aquello que le es posible conocer y comprender a un ser humano- hasta que sea imposible conocer más. La única manera de lograrlo es dedicándose activamente a acercar a la gente al servicio a Dios. Con ello, se completa el conocimiento de la persona y se hace merecedora de tener hijos. También puede hacer que las mujeres estériles conciban.

3. Éste es el motivo por el cual los Tzadikim se esfuerzan por acercar a la gente al servicio a Dios. No lo hacen para aumentar su propio honor, Dios no lo permita, sino para completar su conocimiento.

13 Adar
54 - "Fue después de dos años"
(Génesis 41:1)

1. Es necesario cuidar celosamente la memoria para no caer en el olvido - en otras palabras, para recordar siempre el Mundo que Viene* y nunca olvidarlo.

---

* Demás está decir que todas las cosas que inducen el olvido [tal cual están enumeradas en el Talmud] son también perjudiciales en este aspecto. Esto se aplica más aún a aquellas ocasiones en las que se requiere que la persona se lave las manos, sobre lo cual dijeron explícitamente nuestros Sabios al referirse a aquél que no se lava las manos, que éste "se sale de su mente"

Lección 54　　　　　　　　　　　　　　　　14 Adar

(*Shulján Aruj, Oraj Jaim* 4,18). La explicación es que la persona "se sale de su mente" en el sentido de que le es imposible comprender y profundizar con la mente en la medida apropiada sin sobrepasar los límites de la santidad.

Así, es una práctica apropiada para el judío que, al despertar por la mañana, al abrir los ojos y antes de cualquier otra cosa, lo primero que haga sea recordar el Mundo que Viene. Y esto constituye un "recuerdo general" [del Mundo que Viene]. Subsecuentemente, deberá extender y aplicar esa misma conciencia a todos los detalles de su vida. Esto quiere decir que deberá reflexionar sobre todos los pensamientos, palabras y acciones que se le presenten y examinar cuidadosamente todas las circunstancias y situaciones que Dios dispone para ella cada día - dado que cada día contiene su propio grupo de pensamientos, palabras y acciones que son diferentes de los de los otros días. Debes saber que Dios constriñe Su Divinidad desde el Absoluto Infinito hasta alcanzar el centro mismo del mundo físico donde se encuentran los seres humanos. Allí Dios dispone, para cada uno, de pensamientos, palabras y acciones de acuerdo al día, al lugar y a la persona. Más aún, dentro de esos pensamientos, palabras y acciones, Dios oculta alusiones para acercar a esa persona a Su servicio. Por lo tanto, se deben examinar todas esas cosas y profundizar con la mente y con el intelecto para discernir las alusiones que Dios envía constantemente para acercarnos a Él, allí en donde uno se encuentre. Pues en todas las diferentes situaciones, tareas, transacciones comerciales y en verdad, en todo aquello que Dios dispone cada día para cada uno, todo contiene alusiones particulares para cada persona.* De acuerdo a ello, uno debe profundizar con la mente y contemplar cuidadosamente para discernir las alusiones de Dios.

* Todo esto está incluido en la frase de nuestros Sabios, "Cada día, dale a Él de acuerdo a Sus bendiciones" (*Berajot* 40a).

14 Adar

2. Sin embargo, es necesario circunscribir la mente y no pensar

en aquellos temas demasiado profundos, para no sobrepasar los límites de la santidad. En otras palabras, la persona no debe dejar que sus pensamientos se extravíen en especulaciones confusas y sin sentido. Más bien deberá profundizar de acuerdo a su propio intelecto y aplicar sus pensamientos a ello. Más aún, no debe contemplar más allá de su propio nivel.*

* Para explicar: Hay cosas que caen bajo la categoría de "el comportamiento de los Emoritas" [que están prohibidas por la ley de la Torá] (*Shuljan Aruj, Iore Dea* 179:3). Ésas son las alusiones del Otro Lado. Si la persona les presta atención, sobrepasa los límites de la santidad - por ejemplo, si uno cambia sus planes debido a que "el pan se cayó de su boca... o un ciervo cruzó su sendero", o similares. Es necesario ser muy cuidadosos y no tomar en cuenta tales cosas, porque no tienen fundamento alguno de acuerdo al intelecto humano. Es por ello que el Rebe Najmán afirma en esta lección del *Likutey Moharán*, "Debe aplicar su mente a ello [i.e., para comprender esas alusiones] sólo en la medida de la capacidad de su intelecto", y no debe examinarlo más allá de su propio nivel. Como ejemplo, cuando uno oye sobre algún mal evento o es testigo de ello, si es una persona común, deberá entender a partir de ello que también uno ha cometido el mismo mal. Alternativamente, si es una persona que se encuentra en un nivel algo más elevado, deberá comprender que también ella ha cometido un mal de la misma característica [aunque quizá de una manera menos grave]. Si es verdaderamente una gran persona deberá entender que ello alude a la necesidad de mitigar los juicios estrictos que son la raíz del mal evento del que oyó o fue testigo. Lo mismo se aplica a todas las otras instancias - pues uno y el mismo evento provee simultáneamente de diferentes alusiones tanto para las personas grandes, como para las intermedias y las comunes. Pero a cada uno se le envían alusiones de acuerdo a quién es y a su propio nivel individual (*BeIbei HaNajal*).

3. Pero incluso la persona que conoce y comprende las alusiones presentes en todas las cosas -inclusive en las cosas mundanas- tiene prohibido dedicarse exclusivamente a los asuntos mundanos (por los dos motivos especificados en esta lección del *Likutey Moharán*). Más bien, deberá limitar también su participación en ello y contentarse con sólo un mínimo. Pues aquellos que no se comportan de esta manera y que adoptan una forma de vida ampulosa para ellos y para sus familias -tal como es común hoy en día, debido a nuestros muchos pecados- son descritos por el versículo, "La maldición de Dios está en la casa del malvado" (Proverbios 3:33). A tales personas siempre les falta algo,

Lección 54   15 Adar

como está escrito, "El vientre de los malvados padecerá necesidad" (*ibid.*, 13:25). Por otro lado, para los Tzadikim, que están satisfechos con lo que Dios les da -como está escrito, "El Tzadik come sólo para saciar su alma" (*ibid.*)- la luz de Dios está siempre plena y a través de ellos se difunde un influjo de abundancia y de bien.

4. Incluso si la persona se satisface con un mínimo, aun así deberá dejar de lado algo de dinero para caridad. Con ello se efectúa una unificación entre el Tzadik y la Congregación de Israel, tal cual se explica en detalle en esta lección del *Likutey Moharán*.

15 Adar

5. En cuanto a la gente común, aquellos que no tienen el intelecto para comprender las alusiones, todo esto se lleva a cabo de manera automática mediante el dormir, mediante el cumplimiento de las mitzvot de los *tzitzit* y de los *tefilín*, con el estudio de la Torá (o el recitado del *Shemá* para aquel que no sabe cómo estudiar), con la plegaria y a través de las actividades comerciales. Dormir corresponde a la unión del pensamiento con el Mundo que Viene, dado que al dormir el alma se eleva. La mitzvá de los *tefilín* representa la expansión del intelecto para tratar de comprender las alusiones de Dios. La mitzvá de los *tzitzit* representa la capacidad de restringir la mente, pues al cumplir con la mitzvá de cubrirse con los *tzitzit*, la persona hace descender esa capacidad sobre sí y de ese modo su intelecto no sobrepasa los límites de la santidad al extenderse para discernir las alusiones de Dios. Éste es el motivo por el cual la mitzvá de los *tzitzit* se realiza antes de la de los *tefilín*, dado que es necesario primero preparar la mente para que no sobrepase los límites apropiados; y sólo después puede la persona expandir su intelecto para comprender las alusiones de Dios - que es la actividad asociada con los *tefilín*.

El estudio de la Torá encarna, a su vez, el concepto de estar satisfecho con lo que uno tiene, dado que la Torá es el Árbol de Vida "que contiene el sustento de todo". Más aún, también al estudiar Torá la persona debe saber cómo satisfacerse con poco. Pues a veces uno puede frustrarse y confundirse debido a que quiere abarcar demasiado. Se percibe que hay mucho para aprender y se desea estudiar toda la Torá de una sola vez. Debido a ello, la persona se frustra terriblemente y a veces abandona definitivamente los estudios. Es por ello que también en el estudio de la Torá es necesario saber cómo satisfacerse con poco.*

* A partir de esto podemos inferir cuánto más aún es necesario contentarnos con poco cuando se trata de las necesidades físicas. Pues si, en relación a nuestra vida eterna, debemos contentarnos con poco, cuanto más aún será en relación a nuestras vidas físicas y pasajeras. Una lógica similar fue expresada por nuestros Sabios, de bendita memoria, en conexión con la bendición sobre la Torá (*Berajot* 35b), y esto también está implícito en la afirmación de los Sabios, "Haz una cerca en torno a la Torá" (*Avot* 1:1).

Y así dijeron nuestros Sabios, de bendita memoria [con respecto al estudio de la Torá], "No estás obligado a completar la tarea, pero tampoco estás libre de dejar de hacerla" (*Avot* 2:16).

La plegaria corresponde a "los pies de la santidad que están investidos y ocultos en este mundo", como se explica en esta lección del *Likutey Moharán*.

16 Adar

6. **Las actividades comerciales** [literalmente, *masá u-matán* ("toma y daca"), donde uno toma algo y da otra cosa a cambio] representan la unificación del Tzadik con la Congregación de Israel. El Tzadik es llamado *masá* (quien toma) y la Congregación de Israel es llamada *matán* (quien da), como se explica en esta lección del *Likutey Moharán*. Esta unificación del Tzadik con la Congregación de Israel se efectúa al llevar a cabo los negocios de manera fidedigna. Para explicar: Todo comercio, en el cual la mercancía y los objetos circulan de una persona a otra, está

determinado únicamente por las chispas de Divinidad contenidas en cada cosa. A veces un objeto necesita dejar el ámbito de una persona y entrar en el ámbito de otra, para subsecuentemente retornar al ámbito de la primera. Todo ello depende de las chispas de Divinidad en ese objeto y de las partes del alma, del espíritu y del alma superior (*Nefesh, Rúaj y Neshamá*) que posea cada persona en un momento determinado. Por lo tanto, no se debe nunca forzar una situación ni ser demasiado insistentes en vender o comprar algo precisamente cuando uno lo desea. Pues todo tiene su tiempo apropiado de acuerdo a la manera en la cual las chispas de Divinidad están siendo recogidas del objeto y de acuerdo a la constitución espiritual de la persona en ese momento. Al llevar a cabo los negocios de manera fidedigna, la persona eleva y rectifica esas chispas y completa e ilumina su alma, su espíritu y su alma superior. Más aún, de esa manera se unifica el Tzadik con la Congregación de Israel, correspondientes al "receptor" y al "dador", respectivamente (y esto, en efecto, es la unificación del Santo, bendito sea, con la Presencia Divina).

7. Para preservar el recuerdo del Mundo que Viene es necesario cuidarse y no caer en el "mal ojo". Ese mal ojo [o lo que nosotros llamaríamos una mirada demasiado crítica o celosa sobre los demás] significa la "muerte del corazón", pues induce el olvido, daña la memoria y produce la muerte del corazón. Entonces la persona olvida su propósito final y eterno, algo que debe recordar cada día, y no unifica sus pensamientos con el Mundo que Viene. Cuando la persona tiene un mal ojo no toma en cuenta nada de esto.

8. El mal ojo puede tomar diferentes formas. A veces la persona puede sentir celos de la posición social de otra - y ello también puede tomar diferentes aspectos. Es necesario cuidarse mucho de este rasgo y no tener ninguna clase de "mal ojo" hacia los demás. De manera similar, la persona debe orarle mucho a Dios, pidiendo no ser víctima del "mal ojo" de los otros. Si uno siente que es incapaz de enfrentar y de superar el mal ojo de otra persona, debe huir. Sin embargo, si es capaz de rectificarlo,

Lección 54   17 Adar

ciertamente deberá hacerlo.*

* Esto es lo que hizo nuestro padre Iaacov. Pues conquistó con palabras el mal ojo de Esaú cuando dijo, "No es apropiado el que tú me odies", al igual que los regalos que le envió para satisfacer su mal ojo (ver Rashi sobre Génesis 32:17).

17 Adar

9. Es necesario preservar también los ojos de la influencia del poder de la imaginación. Incluso aquel que posea un "buen ojo" deberá cuidarse de ello. Como podemos observar empíricamente: aunque alguien posea una excelente visión puede llegar a equivocarse en cuanto a lo que ve a la distancia, imaginando lo opuesto de la verdad; y lo mismo sucede con el ojo de la mente en numerosos aspectos. Por ejemplo, a veces es posible imaginar que la otra persona se aleja de la verdad,* o que está actuando de una manera inapropiada hacia uno. Debido a ello, comienza a guardarle rencor y así surge el conflicto.

* Como enseñaron nuestros Sabios, de bendita memoria, "Koraj era inteligente. ¿Qué lo llevó a tal locura [i.e., incitar una rebelión en contra de Moisés]? Sus ojos lo engañaron" (Rashi sobre Números 16:7). De manera similar, Ierabam ben Nevat y muchos otros grandes individuos tropezaron con el mismo error.

La persona imagina entonces que está disputando con la otra en aras del Cielo, cuando en verdad, todo surge de un error generado por el poder de la imaginación, que le hace tener creencias falsas e infundadas sobre la otra persona. De manera similar, hay muchas maneras diferentes en que el ojo de la mente se aleja de la verdad debido a los errores causados por el poder de la imaginación - dado que la imaginación puede incluso engañar a la persona que tiene un buen ojo. Por lo tanto, es necesario ejercitar una medida extra de precaución y cuidarse mucho de los errores inducidos por la imaginación.

10. Es posible protegerse del poder de la imaginación cuidándose de no decir calumnias y de no escucharlas. Pues calumniar y creer en la calumnia le da fuerzas al poder de la imaginación y daña la memoria, que depende de la rectificación de los ojos. El poder de la imaginación es una facultad animal - dado que también los animales poseen esa capacidad- y al hacerse fuerte desaparece la comprensión y la conciencia. Entonces la persona cae del amor a Dios hacia los amores bestiales, que son los deseos físicos generados por el poder de la imaginación. Esa facultad se fortalece al calumniar y al aceptar la calumnia.

11. Debido al mal ojo y, de manera similar, a causa de la calumnia, la persona no deja un hijo varón como descendiente.

12. El poder de la imaginación se asienta en particular en aquellos eruditos de Torá que emiten decisiones legales, por los motivos explicados en esta lección del *Likutey Moharán*. Es por ello que las ideas originales de Torá desarrolladas por esos eruditos son, en general, agradables y llamativas (*glaij* en alemán) dado que, utilizando el poder de la imaginación, muestran paralelismos, hacen analogías y demás. Pero esas ideas originales de Torá van en detrimento del sustento. Y ello se debe a que, así como las verdaderas ideas originales de Torá son responsables de traer el influjo de abundancia y de bendición al mundo, como se explica en esta lección del *Likutey Moharán*, de la misma manera las ideas insustanciales de Torá que emanan del poder de la imaginación traen el hambre al mundo, Dios no lo permita.

13. La depresión -que es un espíritu decaído, un mal espíritu- fortalece e intensifica el poder de la imaginación y, como resultado, la persona se ve abrumada por el olvido. Por lo tanto, es necesario estar siempre alegres, dado que ésta es la manera esencial para vencer el poder de la imaginación - y así uno merece recordar el Mundo que Viene.

Lección 54   18 Adar

18 Adar

14. Escuchar una melodía instrumental ejecutada en aras del Cielo por un músico recto puede ayudar en mucho a la alegría, a anular el poder de la imaginación y a resguardar la memoria. Esa clase de melodía puede también permitirle a la persona alcanzar el espíritu sagrado de la profecía, para abrir su corazón delante de Dios y derramarlo como agua. Es necesario, por lo tanto, estar siempre alegres.

15. Al practicar el *hitbodedut* durante la noche -que es el momento indicado para esta práctica- al igual que al levantarse a la medianoche para recitar el *Tikún Jatzot*, el Lamento de Medianoche, la persona logra todo lo antedicho [i.e., vencer el poder de la imaginación, tener un buen ojo, alcanzar la memoria y la alegría]. De ese modo se vuelve digna de pensar constantemente en el propósito final y en el objetivo del Mundo que Viene, hasta retornar verdaderamente a Dios en un completo arrepentimiento. Más aún, merecerá examinar todo aquello con lo que Dios la rodea y comprender que todo es para proveerle constantemente de alusiones para retornar a Él. Pues esa conciencia es la esencia de un pensar claro y asentado; y es el único propósito y la única razón para la existencia de la persona en este mundo, durante todos los días de su vida y el único motivo para todo lo que le sucede día a día.

16. Al llevar a cabo la mitzvá de encender las velas de Jánuca, la persona hace descender sobre ella el conocimiento sagrado. Ese conocimiento está asociado con el "buen aceite", identificado con la memoria - en otras palabras, recordar a cada instante el Mundo que Viene, tanto de manera general como en los detalles de la vida.

17. Aquel que tiene un buen ojo merece la verdad; y mediante la verdad se hace digno de unirse verdaderamente a Dios.

19 Adar

55 - "Dice Aba Shaúl"
(*Nidá* 24b)

1. Sólo es posible ver la caída de los malvados mediante el concepto de la Tierra de Israel, como está escrito, "Siéntate a Mi derecha hasta que Yo haga de tus enemigos un apoyo para tus pies" (Salmos 110:1). Pues la Tierra de Israel es llamada "derecha", como dijeron nuestros Sabios, de bendita memoria (también esto está citado en el comentario de Rashi sobre el versículo, "Su padre lo llamó Benjamín" [Génesis 35:18]).

2. Incluso ahora, durante el presente exilio, cuando la Tierra de Israel se encuentra bajo el control del Otro Lado y su santidad no puede ser revelada, sin embargo es posible revelar y evocar su santidad mediante el resplandor del mérito de los Patriarcas, como está escrito, "Yo recordaré Mi pacto con Iaacov y también Mi pacto con Itzjak y también Mi pacto con Abraham recordaré y recordaré la Tierra" (Levítico 26:42). Mediante el resplandor del mérito de los Patriarcas se revela la santidad de la Tierra de Israel y la persona se hace digna de ver la caída de los malvados. No sólo será rescatada de los malvados sino que también le será posible ver que a éstos les suceda lo que tuvieron la intención de hacerle a ella.

3. Los malvados posan su mal ojo sobre sus enemigos, como dijeron nuestros Sabios, de bendita memoria, "No sólo eso, sino que la persona malvada *ve* lo que le sucede a sus enemigos, como está escrito 'Tu juicio es elevado [y retenido] de él [i.e., del malvado]'" (Salmos 10:5; *Berajot* 7b). Pero si uno juzga favorablemente al malvado es rescatado del mal ojo de éste (como se afirma en *Berajot* 7b) y el juicio de Dios es "elevado" y retenido de la mala persona - esto también es, de hecho, para beneficio del Tzadik. Pues el Santo, bendito sea, también juzga al malvado de manera favorable para salvar al Tzadik de su mal ojo y retiene en Su mano Su atributo del juicio.

Ahora bien, cuando Dios retiene Su juicio para que no se ejecute sobre los malvados, se revela entonces la mano de Dios. Esa mano produce entonces una sombra bajo la cual se cubre el Tzadik, como está escrito, "Yo te cubriré bajo la sombra de Mi mano" (Isaías 51:16). Consecuentemente, los ojos de los malvados -que durante este amargo exilio brillan sobre los rectos como espejos pulidos- se ven opacados por esa sombra y su veneno no puede hacerles daño. Por otro lado, los ojos de los Tzadikim, cuya luz actualmente es débil -como está escrito, "¿Quién es tan ciego como el que debe ser perfecto?" (Isaías 42:19)- se fortalecen gracias a esa sombra al igual que la gente que posee una vista débil y que no puede ver bien con mucha luz y requiere de la sombra para poder hacerlo. Por medio de esa sombra se fortalece la luz de los ojos del Tzadik. Ahora bien, el Tzadik es capaz de ver a una gran distancia y percibe y comprende la rectitud del Santo, bendito sea - es decir, que el hecho de que el Santo, bendito sea, justifica a los malvados en el juicio es de hecho Su rectitud, dado que Él ya ha dicho, "Yo no justificaré al malvado" (Éxodo 23:7).

20 Adar

4. Cuando el Tzadik percibe la rectitud de Dios, se fortalece su fe. Entonces su corazón se libera de la oscuridad que tenía previamente y es capaz de orar. Esto se explica debido a que la fe es la esencia de toda plegaria - es decir, que la persona tiene fe en que todo está bajo el poder del Santo, bendito sea, incluso el hecho de alterar la naturaleza, y que el Santo, bendito sea, no retiene la justa recompensa de ninguna criatura (Pesajim 118a). En ese momento, el Tzadik se fortalece y ora por todo lo que necesita. Este proceso está englobado en la mitzvá de la Ternera Roja (Números 19:2). La Ternera Roja corresponde a la plegaria, como está escrito "En lugar de sacrificios, Te tributaremos oraciones de nuestros labios" (Hoshea 14:3; aludiendo a la plegaria). Más aún, la descripción "completamente roja, sin defecto alguno y que no ha pasado bajo el yugo" (Números 19:2) hace referencia a la forma en que el Tzadik percibe y comprende la rectitud de Dios. Pues Dios debilita el poder del juicio y lo retiene de los

Lección 55   20 Adar

malvados para beneficio del Tzadik, y mediante esto, se fortalece la fe del Tzadik y es capaz de orar. Esto se explica más plenamente en la lección del *Likutey Moharán*.

5. Éste es el significado del polvo y las cenizas mencionados en conexión con la Ternera Roja (*Ibid.*, 19:10, 17) - dado que la plegaria requiere de ambos componentes. Para explicar: Durante la plegaria es necesario subyugar bajo el bien tanto el mal del individuo como el mal colectivo, como en, "Tú aplastarás a los malvados y ellos serán como cenizas bajo las plantas de tus pies" (Malaji 3:21). Primero, durante la plegaria, la persona debe anular el mal individual -es decir, su cuerpo material y físico- tal como lo hacían los antiguos piadosos que al orar desechaban su materialidad (*Shuljan Aruj, Oraj Jaim* 98:1). La persona debe también anular el mal colectivo -es decir, el mal en las plegarias de los pecadores judíos que están orando junto a ella- y debe transformar ese mal en un trono de santidad.* Éstas son las "cenizas" de la plegaria.

* Ver la explicación para esto en *Belbey HaNajal*.

El "polvo" que hay en las plegarias implica unirse al alma, al espíritu y al alma superior de "aquellos que reposan en el polvo [i.e. los fallecidos]", que uno debe despertar con sus plegarias, como en, "¡Despierta y canta, tú que moras en el polvo!" (Isaías 26:19). Éste es el componente del "polvo" en el nivel colectivo. En el nivel individual, la persona debe despertar mediante sus plegarias las partes de su propia alma, espíritu y alma superior que ya han pasado por la reencarnación y que aún deben ser rectificadas. Esto es llamado una plegaria "con la congregación" (*beTziBuR*), dado que las letras de la raíz de la palabra *TziBuR* - *Tzadi, Bet, Resh*- son las iniciales de las palabras *Tzadikim* (las personas rectas), *Beinonim* (las personas intermedias), *Rashaim* (los malvados). "Las personas intermedias" corresponde a la persona que está orando, "Tzadikim" corresponde al componente del polvo y "los malvados" al componente de cenizas (ver más en esta lección del *Likutey Moharán*).

Lección 55 — 21 Adar

21 Adar

6. También es necesario rectificar tres cosas mediante la plegaria. Primero, aquel que ora debe rectificar y elevar con su plegaria a todas las personas que han caído en diversas formas espurias de la fe. Debe llevarlas hacia la fe verdadera -que es la plegaria- y debe asentar una fe perfecta en sus corazones. Segundo, debe concentrarse al orar. Al concentrar su corazón en las plegarias, rectifica los corazones de aquellas personas cuyo conocimiento intelectual excede sus buenas acciones y cuyos corazones no son lo suficientemente fuertes como para contener lo que saben. Pues como resultado de ese desequilibrio, el intelecto las arrastra hacia un gran pecado. Estos son los filósofos que carecen de un corazón puro; y sus corazones son incapaces de recibir el conocimiento intelectual en verdadera santidad, como sería lo adecuado. Ello se debe a que el corazón se fortalece a través de las buenas acciones. Pero cuando el conocimiento intelectual excede las buenas acciones, sus corazones quedan faltos y se debilitan.

Éste es el caso en particular de aquellos que están sumidos en la inmoralidad sexual y en las malas acciones, y que se dedican al estudio de la filosofía, lo cual les produce un daño muy grave. Porque debido a esas malas acciones, sus corazones quedan seriamente incapacitados, como está escrito, "El adúltero carece de corazón" (Proverbios 6:32). De acuerdo a ello, sus corazones son incapaces de contener a sus intelectos de la manera en que pudiera llevarlos a alejarse del pecado y a unirse a Dios, que es la esencia del verdadero intelecto. (Esas personas se hacen más daño a sí mismas y al mundo que lo que pudieran hacerlo las serpientes, los escorpiones y otras criaturas nocivas del mundo. Pues con su saber vilipendian y vituperan en contra del Cielo, en contra de la santa Torá y particularmente en contra de los Sabios del Talmud y de los Tzadikim que siguieron, de bendita memoria. Que el Señor de Compasión proteja al remanente de Israel de ellos y de sus cohortes. La persona debe anular su intelecto sólo ante los hombres de verdad que siguen el sendero de la verdad, de acuerdo con lo que hemos recibido de nuestros Sabios, de bendita memoria).

7. Uno debe también transformar en honor la humillación de la cual es objeto, como está escrito, "En Sus cámaras, todos hablan de Su honor" (Salmos 29:9). Para explicar: Cuando la persona se encuentra en la cámara del Rey y se anula por completo, no percibiendo nada más que al Rey, si llega a oír alguna palabra de abuso o de humillación la interpretará como palabras de honor al Rey. Pues, ¿cómo es posible que alguien pueda entrar a la cámara del Rey y proceda a humillarlo? Por el mismo motivo, la persona no debe pensar que esas palabras humillantes estaban dirigidas hacia ella, porque, ¿quién es ella? Todo su sentido de ser ha sido anulado no quedando más que el Rey Mismo. Esas palabras deben ser, de hecho, palabras de honor para el Rey, de modo que las investigará para determinar cómo interpretarlas y ordenarlas para que se transformen en palabras de honor al Rey. La analogía es obvia en el hecho de que cuando la persona está orando se encuentra de pie en la cámara del Rey; y la persona que ora debe rectificar todo ello mediante su plegaria. Las tres cosas antes mencionadas son un paralelo de los tres objetos requeridos en conjunción con la Ternera Roja - es decir, "la madera de cedro, el hisopo y el hilo escarlata"- como se explica con más detalle en esta lección del *Likutey Moharán*.

22 Adar

8. Cuando las plegarias se encuentran en su estado propio y rectificado comienza a brillar la luz del mérito de los Patriarcas. Mediante ese brillo se evoca la santidad de la Tierra de Israel incluso ahora, durante el exilio, y la persona merece ser testigo de la caída de los malvados. No sólo se salva del mal ojo, sino que también puede ver que a ellos les sucede lo que querían que le sucediese a ella. Todo ello se produce como resultado de juzgar favorablemente a los malvados - lo que, a su vez, le permite orar. También hace que los Tzadikim, que realizan el bien, sean reivindicados delante de Dios. Pues antes de la destrucción de los malvados, el Rostro de Dios estaba oculto para aquellos que hacen el mal, para aniquilarlos. Pero ahora

Su Rostro se les revela a aquellos que hacen el bien.

9. No todos son capaces de rectificar con sus plegarias a los malvados, ni de anularlos mediante sus oraciones. Sólo lo puede hacer un Tzadik muy grande y exaltado, tal como Moisés nuestro maestro; e incluso él debe fortalecerse con coraje para enfrentar a los malvados y aniquilarlos.

10. La mitzvá de separar la *jalá* de la masa está íntimamente asociada con la herencia de la Tierra de Israel, como se explica en esta lección del *Likutey Moharán*. Ello se debe a que, al llevar a cabo la mitzvá de separar la *jalá*, la persona se vuelve digna de atraer la luz del mérito de los Patriarcas, y de esa manera se hace posible revelar la santidad de la Tierra incluso en esta época.

11. En la mayoría de los casos, la gente muy alta es tonta y, por el contrario, la gente de baja estatura es frecuentemente más inteligente. Este fenómeno puede comprenderse racionalmente, tal cual está explicado en esta lección del *Likutey Moharán*.

23 Adar
56 - "En el día de las primicias"
(Números 28:26)

1. Cada judío tiene su propia e individual esfera de reinado y de dominio. Una persona puede gobernar en su casa, otra sobre un ámbito más amplio, mientras que una tercera puede gobernar sobre el mundo entero. Más aún, este aspecto de "reinado" que posee cada persona existe tanto en un nivel revelado como en un nivel oculto (ver más en esta lección del *Likutey Moharán*). Sin embargo, es necesario ser extremadamente cuidadosos y no utilizar el reinado y el dominio que se posee para las propias satisfacciones y necesidades. Más bien, sólo se lo debe emplear en el servicio a Dios - en otras palabras, para amonestar y corregir a aquellos sobre los que se gobierna y llevarlos de retorno a Dios. Si la persona gobierna sólo en su

Lección 56   24 Adar

casa, deberá amonestar y corregir a los miembros de su familia con respecto al servicio a Dios. Si su dominio se extiende más allá -cada uno de acuerdo a su propio nivel- le corresponderá amonestar y corregir a muchas más personas. Esta obligación recae sobre cada persona de acuerdo al dominio que posea.

2. Dado el dominio que posee sobre ellos, cuando la persona no amonesta ni corrige a aquellos que gobierna, es castigada por ello y sus días se acortan, Dios no lo permita. Se ha dicho sobre esa persona, "¡Ay de la autoridad, pues entierra a aquél que la posee!" (Pesajim 87b). Por otro lado, si la persona amonesta y corrige a los demás con respecto al servicio a Dios, alcanza vida y longevidad.

3. Sin embargo, es imposible amonestar y corregir apropiadamente a no ser que uno se dedique al estudio de la Torá. Esto permite corregir a cada persona, incluso a aquellas que están muy lejos de uno y aunque no se sepa qué es lo que ellas requieren. Ello se debe a que, mediante el estudio de la Torá, la persona se vuelve digna de que incluso aquellos que están muy lejos puedan oír la voz de la Torá que constantemente proclama, "¿Hasta cuándo, tontos, amarán la insensatez?" (Proverbios 1:22); y de esa manera, retornen a Dios.

4. Mediante el estudio de la Torá, la persona alcanza también una larga vida. Ello se debe a que mediante el estudio de la Torá uno convoca, por así decirlo, a la Vida de la vida, que Su Nombre sea bendecido, y atrae de Él vida y longevidad. Sin embargo es necesario estudiar Torá en voz alta, pronunciando las palabras. Entonces uno se vuelve digno de llamar a Dios con esas palabras y de traer de Él vida y longevidad.

24 Adar

5. Existen dos niveles de ocultamiento de Dios - un ocultamiento simple y un "ocultamiento dentro del ocultamiento". Si bien cuando Dios está oculto de la persona mediante un solo

ocultamiento es muy difícil hallarlo, sin embargo, aún le es posible trabajar hasta encontrar a Dios, dado que al menos la persona es consciente de que Él está oculto de ella. Pero cuando Dios está oculto en un "ocultamiento dentro del ocultamiento" -en otras palabras, cuando el ocultamiento mismo está oculto de la persona y ella es totalmente inconsciente del hecho de que Dios está oculto- entonces le es imposible encontrar a Dios, dado que es totalmente ignorante del hecho de que, en primer lugar, Dios existe.

Debes saber que cuando la persona comete una transgresión y la repite, Dios no lo quiera, cae dentro del ocultamiento simple. En ese punto, aunque en verdad es difícil salir del ocultamiento y retornar a Dios -dado que Dios ya está oculto de la persona y sus transgresiones se le han vuelto como algo permitido- sin embargo, ella es consciente del ocultamiento. En otras palabras, sabe que su pecado se le ha vuelto como algo permitido. Consecuentemente, aún le es posible reflexionar sobre ello -es decir, que ha caído y ha entrado en ese ocultamiento, en el cual Dios y la Torá le están ocultos al punto en que su pecado se le ha vuelto como algo permitido- y de acuerdo a ello, puede esforzarse y trabajar para salir de allí. Pero si, Dios no lo permita, luego de que la persona ha pecado dos veces, continúa cometiendo más transgresiones, que Dios nos salve, cae entonces en el "ocultamiento dentro del ocultamiento". Entonces Dios y la Torá le están ocultos al punto en que es totalmente inconsciente de que tales cosas están prohibidas o que se le han vuelto como si fuesen permitidas. Más bien, es incapaz de distinguir las cosas malas y es como si no existiese el concepto de "prohibido", Dios no lo permita.

Sin embargo, no existe tal cosa como la falta de esperanza. Aunque la persona haya caído en el "ocultamiento dentro del ocultamiento", también allí se encuentra la vitalidad de Dios. Pues sin la vitalidad de Dios, nada en el mundo podría existir. Hasta las fuerzas más bajas de la impureza, hasta los pecados -incluyendo el "ocultamiento dentro del ocultamiento"- también reciben su vitalidad de Dios. La persona que merece saber esto anula de sí todos los ocultamientos. Merece entonces oír la gran proclama de la Torá que constantemente clama, "¿Hasta cuándo, tontos, amarán la insensatez?" y se hace digna de retornar a Dios.

Este conocimiento se logra mediante la Torá. Pues al dedicarse al estudio de la Torá es posible despertar incluso a aquellas personas que se encuentran en el "ocultamiento dentro del ocultamiento" y hacerles saber sobre el Santo, bendito sea, y sobre el hecho de que también ellas tienen esperanzas, hasta que retornen a la verdad y se acerquen a Dios. Pues mediante el poder de los verdaderos Tzadikim, es posible acercarse a Dios en todo momento y en todo lugar, no importa lo que suceda. Sea lo que fuere que la persona haya hecho, sea cual fuere el lugar en el cual haya caído, Dios no lo permita, también allí está investida la vitalidad de Dios, porque "Él le da vida a todo" (cf. Nehemías 9:6). Entonces la persona puede retornar desde donde se encuentre y ser digna de oír la voz de la Torá. Pues la gente no oye la gran proclama de la Torá debido a los muchos ocultamientos generados por sus transgresiones. Debido a nuestros muchos pecados Dios está oculto de nosotros en el "ocultamiento dentro del ocultamiento", como se describe en el versículo, "Ocultar, ocultaré Mi Rostro" (Deuteronomio 31:18; en este versículo la palabra hebrea para "ocultar" está escrita dos veces, significando los dos ocultamientos). Pero al dedicarse al estudio de la Torá, la persona elimina los ocultamientos permitiendo que incluso aquellos que están muy alejados puedan oír la gran proclama y la amonestación de la Torá,* y retornar a Dios.

* Es decir, cuando le surgen a la persona pensamientos de arrepentimiento provenientes de la Torá que está investida dentro de las transgresiones y de los ocultamientos (*Belbey HaNajal*). Ver más adelante de que éste es el concepto de "Allí en donde se encuentran los penitentes, ni siquiera los Tzadikim perfectos pueden estar" (*Berajot* 34b) y "Los pecados son transformados en méritos" (*Ioma* 86b).

25 Adar

6. Hay gente que se ha alejado de Dios, que se ha desaraigado

del Lugar del Mundo. Hay otros que estuvieron cerca de Dios durante un tiempo pero que ya lo olvidaron. También hay personas que recuerdan a Dios pero que carecen de fuerza interior y no logran sobreponerse a su mala inclinación. Todos ellos pueden retornar a Dios mediante el estudio de la Torá.

7. Precisamente en los lugares más bajos y en los ámbitos más distantes de Dios se encuentra investido un nivel extremadamente elevado de vitalidad Divina, identificado con los secretos de la Torá. Por lo tanto, es necesario que aquel que ha caído muy lejos sepa que allí, en ese mismo lugar, puede acercarse a Dios más que nunca. Pues precisamente allí se encuentra oculto un nivel extremadamente elevado de vitalidad Divina. Y cuando esa persona merezca retornar a Dios, se revelará por su intermedio un elevado nivel de Torá - es decir, los secretos de la Torá.

8. El deseo de dinero le da poder al Reinado del Mal, Dios no lo permita. Éste es el Reinado de Hamán-Amalek, que persigue constantemente al Reinado de Santidad. El Reinado de Santidad toma su vitalidad del conocimiento, que es la Torá. El Reinado del Mal es la antítesis de ello, dado que constantemente anhela juntar riquezas y devorar las chispas de santidad ocultas en el dinero, que está enraizado en los colores superiores. En la medida en que cada uno quiebre su deseo de dinero y se acerque a la Torá y al conocimiento sagrado, así mismo extraerá las chispas de santidad del Reinado del Mal. Todo ello se logra mediante el poder de los verdaderos Tzadikim quienes realmente se dedican al estudio de la Torá. Pues ellos tienen el poder de anular el Reinado del Mal, de extraer de allí todas las chispas de santidad y todo el dinero, y transformarlos en Torá. Es imperativo que la persona se sobreponga y quiebre su deseo de dinero.

9. Cuanto más hundida se encuentre la persona en el deseo de dinero, más disminuirán su conocimiento, su vida y su longevidad; y no merecerá oír la gran proclama de la Torá, que constantemente la llama a retornar a Dios. Como resultado se

Lección 56   26 Adar

verá forzada a trabajar duramente para ganarse el sustento, el cual le llegará con mucha dificultad y en poca cantidad. Pero si la persona logra alcanzar un nivel superior de comprensión y sólo piensa en la Torá, si quiebra su deseo de dinero, el sustento le llegará fácilmente. También merecerá oír las alusiones y las proclamas de la Torá -que son los buenos pensamientos de retorno a Dios que constantemente entran en la mente- hasta ser digna de acercarse verdaderamente a Él.

26 Adar

10. La depresión es resultado de un esfuerzo excesivo en la búsqueda de riquezas. Es el veneno de la serpiente. Debido a ello todos los miembros de la persona se vuelven pesados y su pulso -del cual depende la vitalidad- se debilita. Cuanto más débil sea el pulso, más pesados se volverán los miembros -lo que a su vez debilitará más aún el pulso- hasta que la persona llegue literalmente a perder la vida a causa de la preocupación por hacer dinero, que es la fuente principal de la ansiedad y de la depresión.

11. Mediante el suspiro sagrado -cuando la persona suspira debido a su anhelo por retornar a Dios- el pulso recobra su fuerza, vuelve la vitalidad y la persona es rescatada de la depresión causada por la lucha y por la preocupación de ganarse el sustento. También se vuelve digna de alcanzar elevados niveles de conocimiento y de recibir palabras del Cielo.

12. Cuanto mayor sea el conocimiento de la persona más fácilmente le llegará el sustento. Por el contrario, cuanto menos conocimiento tenga más deberá trabajar para ganarse la vida.

13. Cuanto mayor sea el nivel de comprensión prevaleciente, más reinará la paz. Ello se debe a que la disputa, la ira y la crueldad surgen de una falta de conocimiento. Cuanto más aumente el conocimiento, más se anulará la ira y más aumentará la compasión, el amor y la paz. Por lo tanto, al dedicarse al estudio de la Torá -con lo cual uno adquiere

conocimiento- se anula la ira, se evoca la compasión y la paz y llega la curación.

14. Sumergirse en la mikve salva a la persona de todos los problemas y la purifica de todas las contaminaciones y pecados - porque la mikve evoca niveles extremadamente exaltados de conocimiento y de bondad. Más aún, al sumergirse en la mikve, la persona se vuelve digna de un sustento fácil, de curación, de vida y de longevidad y merece despertar a otros en el retorno hacia Dios. También se anulan el conflicto y la ira y la persona merece la paz, la compasión y un gran conocimiento.

15. Sumergirse en una mikve en la Festividad de Shavuot implica exaltados niveles de bondad, una gran compasión y niveles de conocimiento asombrosamente sublimes. Ello se debe a que Shavuot se identifica con un nivel de intelecto altamente refinado, exaltado y sublime, asociado con una enorme bondad y compasión - dado que la compasión es siempre directamente proporcional a la comprensión, como se explica en otra instancia. ¡Feliz de aquel que merece recibir la santidad de Shavuot y, particularmente, la mikve de Shavuot que emana de la Puerta Número Cincuenta! Pues de la mikve de Shavuot descienden entonces la santidad y la pureza sobre el pueblo judío.

16. La paz depende del conocimiento mientras que el conflicto es lo opuesto del conocimiento. Sin embargo, existe el "conflicto en aras del Cielo", que de hecho es un conocimiento muy grande - más grande aún que el conocimiento que trae la paz. Pues esa clase de conflicto constituye en verdad un gran amor y paz. En Egipto, cuando el conocimiento estaba en el exilio, ciertamente no existía conflicto alguno en aras del Cielo, dado que ello es una función del conocimiento. Sin embargo, subsecuentemente, cuando los judíos fueron redimidos de Egipto a través de Moisés -quien era la encarnación del conocimiento- merecieron alcanzar el conocimiento requerido para un conflicto en aras del Cielo, cuyo objetivo es en verdad la paz.

Lección 57 27 Adar

27 Adar

57 - "Le preguntaron al rabí Iosi el hijo de kisma"
(Sanedrín 98a)

1. Lo más importante es que la persona tenga fe en los sabios de la Torá. Debe ser muy cuidadosa y mostrarles honor y respeto. Aunque le parezca que están haciendo algo contrario a la Torá, Dios no lo permita, debe creer que ciertamente están actuando de la manera correcta de acuerdo a la Torá. Ello se debe a que la Torá les ha sido dada a los sabios de la generación para aplicarla e interpretarla de acuerdo a lo que ellos saben. Por lo tanto, uno debe dejar de lado su propio intelecto e ideas y simplemente apoyarse en los sabios.

2. Todas las curaciones dependen de la Torá, como en, "La Torá cura toda su carne" (Proverbios 4:22). La Torá les ha sido dada a los sabios y se nos ha ordenado escucharlos y no desviarnos de sus palabras ni a derecha ni a izquierda (cf. Deuteronomio 17:11). Sin embargo, la persona que desdeña sus palabras y no cree en lo que ellos dicen -porque le parece que la Torá no dictamina de esa manera- tal persona se verá afligida por una enfermedad incurable que le llevará la vida, como dijeron nuestros Sabios de bendita memoria, "Quizás una 'serpiente' de los Sabios lo ha mordido, para lo cual no hay cura" (Shabat 110a).

3. Si la persona pierde la fe en los sabios de la Torá, su remedio será hacer un voto. Específicamente, deberá hacer un voto y cumplirlo al instante. De esa manera recuperará la fe en los sabios y alcanzará una curación completa. Entonces las luces de los Patriarcas brillarán en ella y merecerá el placer del Shabat, que es comer y beber en santidad. También merecerá anular la ira y subyugar y hacer caer a sus enemigos y detractores. Con esto, se derrumbará el portal del Otro Lado y llegará el Mashíaj que construirá los portales de la santidad.

Lección 57   28 Adar

28 Adar

4. Con la ira se despierta el Gran Acusador - identificado con Esaú y Edom. Debido a este acusador superior se despiertan los acusadores y los enemigos de la persona irascible quienes descienden y la oprimen. Esto se debe a que la ira hace que la sabiduría se aleje de la persona y que la imagen Divina se aparte de su rostro. Su faz decae, como en, "¿Por qué te has irritado y por qué ha decaído tu semblante?" (Génesis 4:6). Una persona así no tiene un rostro humano y por lo tanto pasa de la categoría de "humano" a la categoría de "animal".*

* Ver *Ierushalmi, Nidá*, citado por el *Pri Jadash* en *Iore Dea* 13, *Siftei Daat*: "Si toda la criatura parece un ser humano y sólo su rostro parece el de un animal, aunque esté sentada y estudiando Torá le decimos, '¡Ven al matarife ritual!'. Si toda la criatura parece un animal pero tiene un rostro humano, aunque esté escarbando en el campo, le decimos, '¡Ven a realizar el matrimonio de levirato!'". [En otras palabras, es el rostro el que determina la identidad de todo el ser.]

De acuerdo a ello, sus enemigos tienen poder sobre ella y la oprimen, dado que les parece que es como un animal y no le temen.

5. El ayuno es un remedio para la ira, porque ayunar disipa el enojo - y éste es en verdad el principal beneficio del ayuno. Consecuentemente, en un día de ayuno el Malo tienta a la persona con mucha más insidia que en cualquier otro momento y le envía la ira para arruinar su ayuno, Dios no lo permita. Es necesario ser extremadamente vigilantes en esto y cuidarse del fuego de la ira en un día de ayuno, porque la principal función del ayuno es anular la ira. Al ayunar, la persona corrige su rostro y restaura su sabiduría, que es la imagen Divina que ilumina su semblante. Entonces todos le temerán y sus enemigos caerán ante ella.

6. Aquel que merece el deleite del Shabat -en otras palabras, que come en santidad- no necesita ayunar. Ello se debe a que mediante ese comer logra lo mismo que se obtiene con el ayuno.

Lección 57   29 Adar

Mediante el deleite del Shabat, alcanza todo lo que hemos tratado más arriba.

29 Adar

7. Comer en Shabat es extremadamente valioso y santo. Ello se debe a que la comida ingerida en Shabat se vuelve absoluta santidad y Divinidad, sin mezcla de impureza alguna. El Otro Lado no tiene parte en la comida del Shabat, en absoluto; ese comer es totalmente santo. A través de la comida del Shabat se anula la cólera y "todas las fuerzas de ira huyen y se desvanecen por completo" (del pasaje del *Zohar* recitado durante el servicio de la noche del viernes). Entonces todo es amor y paz.

8. Ayunar durante la semana y comer durante el Shabat son suficientes para anular y eliminar a los enemigos. Pero para que exista una abundancia de paz también es necesario dar mucha caridad. Es por ello que en un día de ayuno es necesario dar caridad, como dijeron nuestros Sabios, de bendita memoria, "La recompensa del ayuno es la caridad que uno da" (*Berajot* 6b). De manera similar, uno debe dar caridad a la gente pobre para cubrir sus necesidades del Shabat o alternativamente debe invitarlos a comer durante el Shabat. Entonces también se hará digno de abundante paz - es decir, merecerá la "paz con una boca". Pues a veces hay paz que no tiene "boca"; esto quiere decir que puede haber paz entre las personas pero que aun así no se hablen, como en, "No podían hablarle pacíficamente" (Génesis 37:4). Pero mediante la comida del Shabat, junto con la caridad que uno da, se alcanza la paz que tiene "boca". Ésta es la paz total - es decir, cuando las personas hablan entre sí, como se describe en el versículo, "Por amor de mis hermanos y de mis compañeros, yo diré, 'Haya paz con ustedes'" (Salmos 122:8) - dado que la boca se perfecciona debido a la gran luz del momento de la comida en el Shabat.

1 Nisán

58 - "Tres Surgen de Uno"
(Zohar I, 32b)

1. El verdadero Tzadik, poseedor de un conocimiento perfecto, se identifica con Moisés. Ese Tzadik encarna a los tres Patriarcas; de modo que evoca los tres tipos de influjos de abundancia -es decir, el alimento, la bebida y la vestimenta- que son un paralelo del Maná, del Manantial y de las Nubes de Gloria [que cumplían esas mismas tres funciones cuando el pueblo judío estaba en el desierto]. El Tzadik brega constantemente la guerra de Dios y lucha contra las fuerzas del mal de Hamán-Amalek, que son la raíz del daño en la sexualidad. El Tzadik anula esas fuerzas al igual que a todos los enemigos que persiguen a los miembros más débiles del pueblo judío. Fortifica a esas personas y las acerca al servicio a Dios, llevándolas hacia la pureza sexual.

Como resultado de todo ello, el Tzadik merece un doble influjo - es decir, una "doble porción" en el Shabat. Esa doble porción se manifiesta en una doble porción de Torá, con la cual el Tzadik merece originar nuevas ideas de Torá en el Shabat, doblemente más elevadas que lo que comúnmente enseña. Más aún, se vuelve digno de traer una curación física y espiritual. Con esto, el mundo se despierta al arrepentimiento motivado por el amor. Todos los individuos piadosos de la generación se ven entonces curados de las aflicciones que han debido sufrir y se vuelven respetables a los ojos de los demás. Cada uno de ellos, de acuerdo a su propio nivel de devoción, recibe atractivo y belleza y se eleva ante la estima de la gente. Y de acuerdo a la prominencia y al respeto del que son objeto, cada uno en la medida de su devoción, se vuelven dignos de recibir nuevas enseñanzas de Torá - es decir, de la Torá Oculta que el Tzadik revela en el Shabat.

2. Hay tres maneras esenciales de retener el conocimiento (mediante el cual se evocan los tres tipos de abundancia). Primero, es necesario transmitir la sabiduría a otras personas y llevarlas bajo las alas de la Presencia Divina. Segundo, el temor

Lección 58 — 1 Nisán

al pecado debe preceder a la sabiduría. Tercero, se debe tener cuidado al revelar la sabiduría para no generar burlas. Más bien, las palabras deben ser en el aspecto de "Las palabras del sabio encuentran favor" (Eclesiastés 10:12). Entonces, mediante el conocimiento, la persona se hace digna de alcanzar todo lo tratado más arriba.

3. Ese sabio que entrega una doble porción -en otras palabras, una doble porción de Torá (al igual que todo lo demás)- lo hace a través del Shabat.* Pues el Shabat le entrega su abundancia a todos los niveles y brilla con sus luces trayendo una curación tanto física como espiritual.

* Dado que también el Tzadik es el "Shabat de todos los días".

4. Al anular la fuerza impura de Amalek -que está identificada con el daño en la sexualidad- y al alcanzar la pureza sexual, la persona se vuelve digna del Shabat. Entonces el Shabat les entrega su abundancia a todos los otros mundos espirituales. Mediante la luz irradiada por el Shabat, el mundo se despierta al arrepentimiento motivado por el amor y accede a todo lo que se ha dicho más arriba.

5. Cuando los individuos de una generación no cuidan sus bocas, se vuelven incapaces de recibir el Shabat de la manera antes descrita. Ello se debe a que el Shabat depende del cuidado del habla, como está escrito, "Ni hablar de temas mundanos" (Isaías 58:13). Entonces se arruina para ellos el brillo del arrepentimiento y consecuentemente, cuando las personas piadosas de la generación reciben prominencia y honor, también ellas sucumben al orgullo, que es equivalente al exilio de la Presencia Divina. Por lo tanto, los piadosos de la generación deben reflexionar cuidadosamente sobre el honor y la prominencia que reciben, para no caer en el orgullo o en la soberbia, Dios no lo permita.

2 Nisán

59 - La Cámara de Santidad

1. Aquél que se ocupa de acercar a los demás al servicio a Dios debe cuidarse para que no se le peguen las fuerzas de la impureza y del mal de esa gente. Esto se logra mediante el juicio. Esto quiere decir que la persona debe juzgarse constantemente en todos sus actos, evaluando si ha actuado de la manera apropiada; y amonestarse y reprocharse por no haber actuado como debía. Como resultado de ese juicio, su corazón se encenderá de entusiasmo y el fuego de ese fervor quemará las fuerzas de la impureza que ya no se le apegarán. De esa manera anulará esas fuerzas al punto en que tampoco podrán aferrarse a las almas que acercó al servicio a Dios.

2. La persona que se ocupa de acercar a la gente y de "hacer almas" construye una Cámara de Santidad. Y aunque muchas de esas almas subsecuentemente caigan de su santidad y no continuen, sin embargo, en aras de las almas que, como resultado de su influencia, sí se mantuvieron firmes en su religiosidad, esa persona es llamada "santa". Dios es honrado grandemente cuando se acerca a Su servicio a las personas que una vez estuvieron muy lejos del Santo, bendito sea - pues el honor más grande para Dios es cuando aquéllos que están lejos se acercan a Él.

3. Al acercar almas a Dios y al practicar *hitbodedut* -al recluirse y expresarse ante el Creador, evaluándose y juzgándose en todos sus actos- la persona merece observar el Shabat, que encarna la anulación del mal y de las fuerzas de la impureza. Dijo el profeta sobre una persona así, "En Mi Casa y dentro de Mis murallas les daré una mano y un nombre, mejor que hijos e hijas" (Isaías 56:5). "Una mano" alude al hecho de que esa persona tendrá el poder de generar discípulos e infundirles el espíritu de sabiduría. "Un nombre" hace referencia al buen nombre que alcanzará, dado que todas las almas anhelarán estar incluidas en su alma y en su nombre, como en el versículo "Nuestra alma

Lección 59   3 Nisán

anhela por Tu Nombre y Tu mención" (*Ibid.*, 26:8). Esto es ciertamente "mejor que hijos e hijas", dado que los hijos y las hijas son relativamente pocos en número. Cuando la persona merece generar discípulos sabios e incluir muchas almas en su alma, es como si les hubiese dado nacimiento; y esas almas son numerosas y reciben vitalidad de ella.*

* Esto es lo que Elkana le dijo a Jana: "¿No soy acaso mejor para ti que diez hijos?" (Samuel I, 1:8) - dado que Elkana le trajo mérito a muchos, como dijeron nuestros Sabios, de bendita memoria (*Kohelet Rabah* 5:25). Mediante su amor por ellos, hicieron de dos almas una - y esas fueron las almas que él acercó y que también estaban incluidas en el alma de Jana.

3 Nisán

4. La mejor manera de proteger el nombre de la persona -que es equivalente a proteger su alma- es cuidarse de la ira, dado que la ira daña el alma. Si la persona se cuida de la ira y, cuando sucede algo que la encoleriza, se sobrepone a su impulso, suspirando con paciencia y suprimiendo su enojo, se hace entonces digna de una gran riqueza. Con esto se exalta su nombre y su alma y merece un buen nombre. Todas las almas anhelarán entonces estar incluidas en su alma y se volverá digna de acercar muchas almas a Dios, lo cual es el honor más grande para el Santo, bendito sea.

5. La ira es dañina para la riqueza. Es necesario saber que cuando la mala inclinación incita a la persona a encolerizarse, ello se debe a que en ese momento, desde arriba, le está siendo canalizada una cierta suma de dinero y la mala inclinación intenta anular ese influjo de riqueza. Al arruinar el influjo de riqueza mediante la ira, la persona estropea su nombre y su alma. Pero si se cuida de la ira, alcanzará la riqueza, engrandeciendo su nombre y su alma. También merecerá tener un buen nombre, generar muchos discípulos y acercar muchas almas a Dios.

6. Debes saber que hay muchos malvados a quienes está prohibido traer bajo las alas del servicio a Dios. Ello se debe a que tales personas arrastran hacia su propio nivel a quienes intentan acercarlas. En ese caso, el juzgarse a uno mismo no sirve para anular su mal. Esto, a su vez, produce una cantidad de resultados altamente dañinos tal como se explica en detalle en la lección del *Likutey Moharán*. Por lo tanto, aquel que quiera acercar a los demás a Dios deberá orar mucho, pidiéndole al Santo, bendito sea, merecer saber a quién rechazar y a quien acercar.

4 Nisán

60 - "Abrió el Rabí Shimón"
(*Zohar* III, 128a)

1. Debes saber que existen senderos de Torá que contienen niveles de contemplación extremadamente profundos. Es imposible sondear esas profundidades a no ser que se posea una gran riqueza. Los hijos de Isajar, que alcanzaron esa comprensión -tal cual está expresado en el versículo, "De los hijos de Isajar, hombres aptos en la comprensión" (Crónicas I, 12:33)- lo merecieron debido a su riqueza, lo cual está aludido en el versículo, "Isajar, un asno de fuerte osamenta" (Génesis 49:14), que Onkelos traduce como "abundantes en bienes". Consecuentemente, todos los profetas fueron ricos, como dijeron nuestros Sabios, de bendita memoria (*Nedarim* 38a). De manera similar, muchos otros grandes y tremendos Tzadikim fueron extremadamente ricos -particularmente aquellos a través de los cuales se nos hizo llegar la Torá- es decir, Moisés nuestro maestro, quien le trajo la Torá al pueblo judío; Rebi [i.e. rabí Iehudá el Príncipe], quien compiló y selló la versión final de la Mishná; y Rav Ashi, quien compiló y selló la versión final del Talmud. Todos estos individuos fueron extremadamente ricos, como afirmaron nuestros Sabios, de bendita memoria. Pues es necesaria una gran riqueza para alcanzar esos niveles tan profundos de contemplación.

2. La manera de acceder a esa riqueza sagrada es mediante lo que se denomina "largura de días". Esto significa que la persona debe ocuparse de que cada nuevo día y que cada nueva hora sea "más larga", "más amplia" y con mayor santidad y pureza que la anterior. Porque en su comienzo, el día es "estrecho" - es decir, al comienzo del día, el trabajo espiritual que se debe llevar a cabo parece extremadamente difícil. Por lo tanto, es necesaria una enorme fuerza interior y una gran determinación, para no caer en el desánimo ante la carga del servicio que se debe realizar. Más bien, es necesario tomar fuerzas para comenzar cada día a partir de la gran restricción, opresión y carga que se siente. Más tarde se deberá aumentar y progresar en el servicio a Dios y ocuparse de que cada hora sucesiva sea "más larga" y "más amplia", con mayor santidad, que la anterior. De manera similar, es necesario ocuparse de que cada día sucesivo sea "más largo", "más amplio" y posea más santidad que el anterior; y así se debe continuar durante toda la vida. Esto es lo que significa esencialmente "largura de días", con lo cual uno se vuelve digno de la riqueza sagrada. Ésta es también la interpretación del versículo, "Abraham era anciano y entrado en días" (Génesis 24:1) -significando que poseía "largura de días"- como resultado de lo cual, "Dios bendijo a Abraham en todo" (Ibid.) - dando a entender con grandes riquezas.

3. Mediante el temor a Dios, [i.e., la conciencia de la tremenda Presencia de Dios], la persona merece "largura de días", como está escrito, "El temor a Dios aumenta los días" (Proverbios 10:27). En otras palabras, esa conciencia de Dios le da a cada día una santidad adicional; consecuentemente los días de la persona se alargan y se amplían.

5 Nisán

4. Existen diversas clases de "gracia engañosa" que la gente pone en evidencia a través de la forma en que se para, en la manera en que come, en la forma en que habla con las otras personas y demás. Cada actividad tiene su propia y particular

clase de gracia engañosa o postura. Uno queda atrapado en esa falsa gracia cuando no se cuida suficientemente del deseo de disfrutar de la belleza vana de las mujeres - dado que esa dos cosas [i.e., la falsa gracia y ese deseo] están interconectadas, como se expresa en el versículo, "La gracia es engañosa y la belleza es vana" (Ibid., 31:30). Más aún, como resultado de ese deseo, la persona cae en la penuria, como está escrito, "No desees su belleza en tu corazón... dado que debido a una cortesana, finalmente terminarás careciendo incluso de pan" (Ibid., 6:25-26). Éste es también el significado del versículo, "La riqueza disminuye debido a la vanidad" (Ibid., 13:11) - es decir, la riqueza de la persona disminuye debido al deseo por la vanidad de la belleza. Por otro lado, el sentido de temor a Dios es la antítesis de todo ello, como está escrito, "La gracia es falsa y la belleza es vana, pero la mujer temerosa de Dios es digna de alabanza" (Ibid., 31:30). Así, mediante el temor a Dios la persona se salva de desear la gracia engañosa y la belleza vana que llevan a la pobreza. En su lugar, merece una riqueza sagrada, que es el requisito para alcanzar la contemplación de la Torá.

5. La capacidad del intelecto para alcanzar la contemplación depende principalmente de la humedad y de los aceites que se encuentran en el cuerpo. La respiración es la fuente principal de vitalidad de la persona y ésta se interrumpe debido a la pasión sexual y al deseo de disfrutar de la belleza vana de las mujeres (ver más en la lección del *Likutey Moharán*). Como resultado de esa perturbación en la respiración, la humedad del cuerpo se seca y se daña la capacidad mental e intelectual para la contemplación. Es por ello que la lujuria produce locura, como es sabido. Lo mismo se aplica a la gente que, si bien no está demente, se ve afectada por una falla grave o una perturbación en sus estados mentales y emocionales. Todo ello es producto de la lujuria, que seca la humedad y los aceites del cuerpo, arruinando la mente.

6. El temor completo a Dios se compone de tres elementos, cada uno de los cuales contiene tres partes constituyentes. El primer componente es el temor al Cielo que se logra

Lección 60   6 Nisán

contemplando la grandeza del Creador utilizando la sabiduría, el poder analítico y el conocimiento [i.e., *Jojmá, Biná* y *Daat*]. Estos tres aspectos de la facultad mental deben estar plenos del temor a Dios. El segundo componente del temor es la reverencia hacia el *Rav*, que se obtiene de las enseñanzas que uno recibe de su *Rav*. También aquí la persona debe extender el temor a las tres partes constituyentes de su estudio de Torá - dado que la Torá es descrita como "una enseñanza tripartita" (*Shabat* 88a). El tercer componente del temor es la reverencia hacia el padre y hacia la madre, extendiendo ese temor también al aspecto de "Casa y riquezas se heredan de los padres" (Proverbios 19:14). En otras palabras, la persona debe dejar que el temor a Dios imbuya su riqueza en sus tres partes constitutivas -que son su "herencia de los padres"- como se explica en la enseñanza, "La persona debe siempre dividir su capital en tres partes - un tercio debe invertirlo en tierras, un tercio en los negocios y un tercio debe quedar en su propia mano" (*Bava Metzía* 42a).

6 Nisán

7. La palabra "riqueza" sólo aparece mencionada tres veces en la Torá: Una vez en el episodio que involucra al rey de Sodoma cuando Abraham le dijo, "Para que no digas, 'Yo enriquecí a Abram'" (Génesis 14:23); una segunda vez cuando Raquel y Lea dijeron "Toda la riqueza que ha quitado Dios de las manos de nuestro padre, de nosotras es y de nuestros hijos" (*Ibid.*, 31:16); y una tercera vez en referencia a la entrega de los *shekalim* para el Templo, "El rico no dará más ni el pobre menos del medio *shekel*" (Éxodo 30:15).

Estas tres instancias corresponden a las tres partes constitutivas de la riqueza. "Un tercio en los negocios" corresponde a la palabra "riqueza" tal cual está mencionada en conexión con Sodoma. Pues la frase "olvidados del pie" (Job 28:4) hace referencia a Sodoma, donde querían eliminar los negocios y el comercio (*Sanedrín* 109a) - dado que "pie" alude al comercio, como es evidente en el versículo, "Regocíjate, Zebulun, en tu salir"

(Deuteronomio 33:18; la tribu de Zebulun se dedicaba a los negocios para apoyar a la tribu de Isajar en su estudio de Torá. Ver Rashi sobre ese versículo). Así, un tercio de la riqueza debe ser invertido en los negocios.

"Un tercio en tierras" corresponde a la palabra "riqueza" tal cual fue utilizada por Raquel y Lea. Pues en verdad, la riqueza sólo debe ser utilizada con el propósito de alcanzar la contemplación en la Torá. Pero cuando la riqueza no es utilizada para ese propósito, no es otra cosa que escoria, sólo para gente de mente restringida y para las mujeres. Éste es el significado de lo que dijeron Raquel y Lea: "Toda la riqueza que ha quitado Dios de las manos de nuestro padre" - dado que no fue utilizada en aras de la contemplación - "de nosotras es y de nuestros hijos" - es decir, es sólo para gente de mente restringida y para las mujeres. Pero, el versículo continúa cuando ellas le dicen a Iaacov, "En cuanto a ti, haz todo lo que Dios te ha dicho" (Génesis 31:16) - dado que tú, Iaacov, necesitas de la riqueza para alcanzar la contemplación de la grandeza de Dios. Esto corresponde a la tercera parte de la riqueza que debe ser invertida en tierras, dado que se ha dicho, "Una mujer en este respecto es como la tierra" (ver *Sanedrín* 74b).

"Un tercio debe quedar en su propia mano (*belaDO*)" corresponde a la palabra "riqueza" tal cual está mencionada en conexión con los *shekalim*. Pues los *shekalim* fueron dados, como se afirma allí, "para expiar por sus almas" (Éxodo 30:15), que también está sugerido por el versículo, "En Cuya mano (*belaDO*) está el alma de todo ser vivo y el espíritu de todos los humanos" (Job 12:10).*

---

* Nota del editor: Parecería ser que con esta sección del discurso, el Rebe está explicando lo que escribió previamente, es decir, que el temor debe imbuir todas las partes de la riqueza de la persona. Porque incluso aunque aquí se centra en el temor y la reverencia hacia el padre y la madre, es sabido sin embargo que todo concepto dentro de una estructura dada incluye dentro de sí todos los otros conceptos (por ejemplo, Jesed dentro de la estructura de las *Sefirot* también incluye a Guevurá, a Tiferet, etc.). Por lo tanto, el temor a Dios debe imbuir el "tercio en los negocios", de modo que pueda llevar a cabo sus negocios con fidelidad, como corresponde. De la

Lección 60   6 Nisán

misma manera, por el hecho de que su temor está incluido en el "tercio invertido en tierras" la persona recordará que si no utiliza su riqueza para alcanzar la contemplación de la Torá, será alguien de "mente restringida y mujer", como en, "La mujer en este respecto es como la tierra". De manera similar, cuando el temor a Dios está incluido en "un tercio en su propia mano", recordará que nuestros Sabios, de bendita memoria, dijeron que un tercio del dinero de la persona debe estar en su mano para poder realizar muchos actos de caridad. Pues tal persona recordará que, aunque su dinero esté en su mano y la mala inclinación la lleve a no tener compasión por el pobre, sin embargo, ¿acaso su alma no está en manos del Santo, bendito sea? (Pues el alma de la persona posee la misma raíz espiritual que su dinero, como en el versículo, "Por ese dinero... él pone en riesgo su vida" [Deuteronomio 24:15], como se explica en otra instancia de las sagradas enseñanzas del Rebe). A la luz de esta conciencia, la persona deberá dar mucha caridad para expiar por su alma, como se afirma en conexión con los *shekalim*, "para expiar por sus almas" (Éxodo 30:15), que está sugerido por el versículo, "En Cuya mano está el alma de todo ser vivo y el espíritu de todos los humanos" (Job 12:10).

8. **El temor se revela cuando las mujeres estériles dejan de serlo y tienen hijos** (ver más en la lección del *Likutey Moharán*); **y cuanto más grande sea la cantidad de mujeres estériles que sean recordadas, mayor será la revelación del temor. De acuerdo a ello, Itzjak, quien encarna una revelación del temor extremadamente potente -como se manifiesta en la frase "el Temor de Itzjak"** (Génesis 3:42)**- fue concebido en Rosh HaShaná** (*Rosh HaShaná* 11a); **y cuando Sara fue recordada, también fueron recordadas muchas otras mujeres estériles, como enseñaron nuestros Sabios, de bendita memoria** (*Bereshit Rabah* 53:8)**. Entonces, mediante el temor, la persona merece "largura de días", que es la cualidad de "vejez". Ésta es la explicación profunda de lo que dijo Sara, "Le he dado [a Abraham] un hijo en su vejez"** (Génesis 21:7)**. Pues mediante el nacimiento de Itzjak, quien encarna la revelación del temor, se evoca la "largura de días" - que es la cualidad de la "vejez".***

* Nota del editor: Éste es el significado del versículo, "Abraham era anciano, entrado en días y Dios bendijo a Abraham en todo" (Génesis 24:1). Nuestros Sabios, de bendita memoria, explican que la palabra *BaKoL* (en todo) tiene el mismo valor numérico que la palabra *BeN* (hijo). El significado de esta alusión es que debido a que Dios bendijo a Abraham con ese hijo [i.e., Itzjak] quien encarna una revelación del temor extremadamente potente, Abraham

Lección 60   7 Nisán

mereció la cualidad de "vejez". La interpretación del versículo [i.e., que Dios bendijo a Abraham con ese hijo] y el significado simple del versículo [i.e., que "Dios bendijo a Abraham en todo"] son en verdad lo mismo. Pues ya se ha explicado más arriba, de acuerdo al significado simple del versículo, que debido a que Abraham poseía la cualidad denominada "vejez" y "largura de días", consecuentemente, "Dios bendijo a Abraham en todo" - es decir, con una riqueza sagrada. Así, el versículo puede leerse en dos direcciones - desde el final hacia el comienzo [es decir, que mediante el nacimiento de su hijo, Itzjak, a través del cual se reveló el temor, Abraham mereció "largura de días"], y desde el comienzo hacia el final [es decir, que mediante esa cualidad de "largura de días", Abraham mereció por lo tanto una riqueza sagrada]. Comprende esto.

7 Nisán

9. Hacer posible que las mujeres estériles tengan hijos se logra despertando a la gente de su sueño. Para explicar: Hay personas que se pasan la vida durmiendo. Aunque a los demás les dé la sensación de que esas personas están sirviendo a Dios, dedicándose al estudio de la Torá y a la plegaria, sin embargo, en verdad están dormidas, por así decirlo. Pues todo su servicio espiritual se queda abajo, dado que no tiene vitalidad ni intelecto. Dios no siente placer alguno en un servicio como ése y tales devociones son incapaces de elevarse y de ascender.

Algunas personas se duermen debido a sus deseos físicos y malas acciones. Otras son en verdad piadosas y admirables, excepto por el hecho de que se han dormido como resultado del comer. Pues a veces, cuando la persona ingiere alimentos que aún no han sido refinados para el consumo humano, pierde su rostro -es decir, su sabiduría y su intelecto, como en el versículo, "La sabiduría del hombre ilumina su rostro" (Eclesiastés 8:1)- y cae en el aspecto del dormir (ver más en la lección del *Likutey Moharán*). Tal persona debe ser despertada de su sueño. Pero es imposible que alguien la despierte a no ser que primero la persona se despierte a sí misma - dado que debe haber algún "despertar desde abajo". La cuestión es que cuando la persona dormida se despierta por sí misma, si no hay nadie allí que la mantenga despierta, simplemente se volverá a dormir. Así, tan pronto como se despierta es necesario mostrarle su rostro y vestir ese rostro contándole historias. Ahora bien, hay setenta "rostros" de la Torá, correspondientes a setenta años. Y es necesario vestir esos rostros. Pues ello es equivalente a cuando alguien quiere curar a una persona ciega para lo cual la recluye en un cuarto oscuro y tamiza la luz para que no le haga daño si la ve de pronto - lo mismo sucede con la persona que ha estado dormida y en la oscuridad durante mucho tiempo y a quien queremos mostrarle su rostro y despertarla de su sueño. Para ello debemos cubrir ese rostro contándole historias, para que no la dañe el hecho de ver la luz de repente (ver la lección en el *Likutey Moharán* donde se explican otros dos motivos para esta manera de accionar).

Existen diversas variaciones sobre este tema de vestir el rostro. Primero, está la persona a quien es imposible despertar mediante su propio rostro y que es necesario mostrarle y vestir un rostro más elevado que el nivel del rostro que la abandonó durante el tiempo en que estuvo dormida. Segundo, está la persona que ha caído de los setenta rostros de la Torá. Tal caída es en verdad muy grande, que Dios nos salve, al punto en que no hay ningún rostro de los setenta rostros de la Torá, correspondientes a setenta años, que pueda despertarla. Sólo puede despertar si se le cuentan historias de los tiempos antiguos, de las cuales reciben su vitalidad los setenta rostros de la Torá. Mediante esas historias es posible despertar incluso a la persona que ha caído de los setenta rostros de la Torá, que Dios nos salve. ¡Afortunado aquel que merece acercarse a un Tzadik como éste, que puede despertarlo de su sueño con tremendas rectificaciones espirituales como éstas, para que no malgaste su vida durmiendo, Dios no lo permita!

Este despertar permite a su vez que las mujeres estériles puedan concebir. Pues previamente, cuando esa gente estaba dormida, eran como sordos que no podían oír la exhortación del sabio, incapaces de decir una sola palabra delante de Dios, dado que "El término 'sordo', a no ser que esté especificado, hace referencia a alguien que no oye ni habla" (*Terumot* 1:2). Pero ahora, cuando el sabio despierta a la persona, ésta oye sus palabras y puede entonces emitir palabras sagradas delante de Dios. Y debido a que el habla de esa gente estuvo reprimida en su interior durante tanto tiempo, dado que eran sordos y mudos, ahora, cuando el habla surge, emerge con una gran fuerza, como en, "Fuertes guerreros, que hacen Su palabra" (Salmos 103:20). Esa fuerza llega entonces a los órganos de la reproducción, como se expresa en el versículo, "Mi fuerza y el primer fruto de mi vigor" (Génesis 49:3). Sin embargo la persona debe asegurarse de que los órganos del habla estén alineados con los órganos de la reproducción -es decir, los riñones- y cerca de ellos, de modo que los riñones puedan recibir la fuerza de su habla. Cuando esto ocurre, el habla surge con verdad y sinceridad y no de la manera descrita en el versículo, "Tú estás cerca de sus bocas pero distante de su interioridad [literalmente, 'sus riñones']" (Jeremías 12:2) - y entonces, como resultado de todo esto, se logra que las mujeres estériles tengan hijos. Así, mediante el verdadero Tzadik que despierta a la gente de su sueño contándoles historias de tiempos antiguos, se logra que las mujeres estériles puedan concebir. A su vez, se evoca un gran temor a Dios y la persona se vuelve digna de todas las rectificaciones espirituales enumeradas más arriba.

8 Nisán

10. La persona dedicada a despertar a los demás deberá protegerse de los estudiantes indignos, para que el mal en estos no la dañe. Aun así, es imposible que un ser humano pueda protegerse y evitar ser oído por gente poco digna. Por lo tanto es necesario que lo que estudie con sus alumnos sea "como si hubiera hecho a su compañero y como si hubiera hecho las palabras de la Torá", como dijeron nuestros Sabios, de bendita memoria (Sanedrín 99b; ver más en la lección del *Likutey Moharán*). Entonces Dios lo protegerá para que sus palabras no queden inscritas en la memoria de los estudiantes indignos y para que éstos olviden lo que escucharon.

11. Los *BiTJonei* de la generación (aquellos que confían en Dios) están asociados con los órganos de la reproducción. Es por ello que los riñones -que son los órganos asociados con la reproducción- son llamados *BeTuJot*, dado que toda procreación y todas las otras formas de influjos de abundancia se obtienen mediante el *BiTaJón* (la confianza). De acuerdo a ello, al oír y estudiar las santas historias de los grandes Tzadikim, quienes despiertan a la gente de su sueño -lo cual hace que comiencen a expresarse ante Dios con gran fuerza y honestidad, al punto en que su ímpetu llega a los órganos de la reproducción- se fortalece la confianza sagrada, las mujeres estériles pueden concebir y la persona se vuelve digna de todas las rectificaciones enumeradas más arriba.

9 Nisán

12. Hay una confianza del Otro Lado descrita en la frase "la confianza del desleal" (Proverbios 25:19). Al realizar uniones santas con el propósito de la procreación -lo que a su vez está asociado con la confianza y con los riñones, que son los órganos de la procreación, como en, "El corazón de su marido confía en ella" (Ibid., 31:11)- se quiebra la confianza del Otro Lado como si fuese un plato de cerámica. Esta idea está aludida en la costumbre de quebrar un plato de cerámica al concretar un matrimonio. Como está expresado en el versículo, "Pues pusiste tu confianza en el fraude y la corrupción... por lo tanto, ese pecado será para ti como una grieta en un alto muro... se quebrará tal como el recipiente del ceramista que es roto sin misericordia... y no se encontrará entre sus pedazos ni una pieza lo suficientemente grande como para poder llevar carbón para el fuego" (Isaías 30:12-14).

Expliquemos esta idea con más detalle. La esencia del atributo de la confianza implica que la persona confíe en Dios y haga el bien, como está escrito, "Confía en Dios y haz el bien" (Salmos 37:3). En otras palabras, no debe abandonar el estudio de la Torá y las devociones espirituales debido a la preocupación por ganarse el sustento. Más bien, deberá dedicarse al estudio de la Torá y a la devoción y confiar en que Dios la sustentará todos los días de su vida. Si no posee el grado de confianza necesario como para separarse completamente de los asuntos mundanos y desea dedicarse al comercio o a un oficio, deberá igualmente establecer momentos fijos para el estudio de la Torá, para la oración y demás - y no inquietarse ni dejarse distraer por las preocupaciones que implican el ganarse la vida. En su lugar deberá confiar en Dios.

Por otro lado, cuando la persona se dedica a alguna clase de actividad dudosa, Dios no lo permita -y ni hablar de cuando roba o engaña o falsifica o miente o vende mercaderías de contrabando y entonces confía en que Dios la ayudará a completar sus transacciones ilegales- ésa es la confianza del Otro Lado, que está descrita por la frase "la confianza del desleal" y por el versículo, "Pues has puesto tu confianza en el fraude y en la corrupción". Esa clase de confianza es como un plato de cerámica quebrado, que no tiene ninguna posibilidad de éxito. Lo mismo se aplica a aquel que se dedica al comercio en una escala que sobrepasa en mucho su capacidad y que toma dinero prestado de numerosas personas confiando en que Dios lo ayudará a concluir sus negocios - ésa también es la confianza del Otro Lado. En lugar de ello, la persona debe tener una sólida confianza en que, aunque sus negocios no tengan una escala tan grande, sin embargo Dios la sustentará como corresponde. A partir de nuestras palabras, la persona inteligente podrá inferir muchas cosas sobre cómo huir de la confianza del Otro Lado, que es opuesta a la Torá y cómo fortalecerse en la confianza sagrada, no importa quién sea.

10 Nisán

13. El sonido del shofar en Rosh HaShaná corresponde al concepto del despertar, pues esos sonidos despiertan de su sueño a los habitantes del mundo, para que no malgasten sus días durmiendo, Dios no lo permita. Como resultado del

Lección 61   11 Nisán

despertar se libera el habla con gran ímpetu, evocando la confianza y haciendo que las mujeres estériles puedan concebir. También se manifiesta un gran temor gracias al cual la gente es rescatada de la pasión sexual, de la vana atracción de la belleza y de la gracia engañosa - y se hace digna de la sagrada "largura de días". También merecen una gran riqueza en santidad y como resultado de ello alcanzan contemplaciones de Torá extremadamente profundas. Todo ello se merece gracias al sonido del shofar de la festividad de Rosh HaShaná que la persona ha pasado en presencia de los verdaderos Tzadikim, quienes saben cómo producir todas esas rectificaciones espirituales.

11 Nisán

61 - "Se alegró el rabí Shimón"
(Zohar III, 128a)

1. Mediante la fe en los Sabios [esto hace referencia a los Sabios de la Mishná y del Talmud al igual que a los de las generaciones siguientes], la mente de la persona se purifica y alcanza un intelecto límpido. Se vuelve digna, a su vez, de cosechar y de recibir juicios verdaderos provenientes de todo lo que estudie en la Torá - en otras palabras, será capaz de derivar instrucciones correctas y prácticas en el servicio a Dios, como para saber cómo comportarse en cada situación, con respecto a sí misma y con aquellos que siguen su guía. Pero cuando la persona carece de fe en los Sabios, Dios no lo permita, es castigada con la "aflicción de la carne" - es decir, con material de desecho superfluo, como dijeron nuestros Sabios, de bendita memoria, "Todo aquel que ridiculice (haLoeG) las palabras de los Sabios será castigado con excremento hirviente, como está escrito, 'Mucho estudio (LahaG, que suena como la palabra LaaG, "ridículo") lleva a la aflicción de la carne'" (Eclesiastés 12:12; Eruvin 21b). Consecuentemente, los vapores malolientes se elevan hacia la mente de la persona, confundiendo sus pensamientos y haciéndola incapaz de derivar de sus estudios juicios verdaderos y una instrucción

correcta. Por el contrario, recogerá cosas contrarias a la verdad, como Doeg el Edomita, que emitió un juicio distorsionado afirmando que el rey David no era apto para contraer matrimonio dentro del pueblo judío (*Iebamot* 76b) - y ello ocurrió debido a que el estudio de la Torá de Doeg provenía del aspecto de ese material de desecho superfluo (ver más en la lección del *Likutey Moharán*).

2. Hay líderes que reciben el título de "rabí" y cuyo estudio de Torá deriva del material de desecho superfluo y del residuo. No hay dudas de que esas personas no pueden guiarse ni siquiera a sí mismas y ni hablar de a los demás. Sin embargo, asumen cargos de importancia y de autoridad y van detrás de posiciones de liderazgo. Todos deben asegurarse de no otorgarles autoridad rabínica a ninguna de esas personas, ni fortalecerlas ni darles poder, para que no se les dé el título de "rabí". De hecho, esos líderes no son tan terriblemente culpables, dado que sienten una fuerte inclinación que los impele a guiar a los demás. Pero aquellos que los fortalecen y les dan poder, gracias a lo cual son ordenados y llegan a ser llamados con el título de "rabí", tendrán que rendir cuentas en el futuro.

12 Nisán

3. Al nombrar a un rabí que no es digno, se debilitan los escritos de los judíos y se fortalecen los escritos de los gentiles. Debido a ello, las naciones emiten decretos que le quitan fuerza legal a nuestros documentos, otorgándoles ese poder sólo a sus documentos; por lo que los judíos se ven forzados a aprender su escritura. Consecuentemente, los gentiles emiten decretos expulsando a los judíos de las áreas habitadas en las que estuvieron asentados durante mucho tiempo, enviándolos a lugares en donde nunca antes vivieron - que es conceptualmente un paralelo de la expulsión de la Tierra de Israel. A su vez, se nos quita el conocimiento del movimiento de los cuerpos celestes -es decir, el secreto de los años intercalares, a partir de

Lección 61　　　　　　　　　　　　　　　　13 Nisán

lo cual conocemos todos los cambios y los eventos futuros gobernados por los movimientos de los cuerpos celestes- y ese conocimiento les es entregado a ellos.

La explicación de por qué perdemos ese conocimiento es la siguiente: El alma dirige todos los cuerpos celestes (ver más en la lección del *Likutey Moharán*) y ¿quién conoce mejor el camino de los cuerpos celestes que aquél que los dirige? Pero el alma debe tener un cuerpo que sea puro y limpio. Ahora bien, el aire del lugar en donde viven los judíos es tan santo como el aire de la Tierra de Israel (ver más en la lección del *Likutey Moharán*). De acuerdo a ello, todos los frutos y los productos que crecen allí, de los cuales se alimenta la gente y de los cuales se produce la gota seminal que forma el cuerpo del embrión - todo ello se encuentra en la categoría de "el fruto de la Tierra" (Isaías 4:2). Un cuerpo formado de esa manera es apto para recibir el alma que dirige todos los cuerpos celestes y que, consecuentemente, conoce los senderos de los astros - que es el secreto de los años intercalares. Pero cuando los judíos son expulsados de la Tierra de Israel y de los lugares en los que han habitado durante mucho tiempo, se vuelve imposible la generación de cuerpos puros y la recepción de almas grandes. Por lo tanto y como resultado de ello se nos quita el secreto de los años intercalares. Todo ello se debe al hecho de haber nombrado a un rabí que no es digno. Pero cuando el sabio que es apto para ser ordenado recibe el título de "rabí", ello le trae iluminación y poder a nuestros escritos y, por lo tanto, todos los procedimientos legales de los gentiles se hacen utilizando nuestra escritura. Mediante la escritura judía el aire se vuelve santo como el aire de la Tierra de Israel y se rectifica todo lo anteriormente explicado.

13 Nisán

4. Si la persona carece de fe en los Sabios nunca obtendrá el consejo perfecto que necesita. Siempre tendrá dudas y nunca estará segura de qué camino tomar. Pues al no tener fe en los Sabios -por lo cual la persona es castigada con material de

Lección 61   13 Nisán

desecho superfluo- su corazón se vuelve repugnante como un excusado, que es "donde las mujeres intercambian consejos", como dijo Rav Ilish (*Guitin* 45a). Así, todos sus planes y decisiones son mera tontería y no puede resolver en su corazón cómo actuar.

5. Todo aquel que se burle de los libros sagrados que siguen las enseñanzas de nuestra santa Torá también será castigado con excremento hirviente. Tal persona será incapaz de derivar y de recibir de sus estudios una instrucción práctica y correcta y estará constantemente indecisa. Pero si se arrepiente por completo de sus faltas, podrá rectificar todo lo anterior.

6. Hay "aguas" que purifican de la suciedad a aquellos que están sumidos en la materia de desecho superflua, tal cual se expresa en el versículo, "Rociaré agua pura sobre ti... y te purificaré de toda tu idolatría" (Ezequiel 36:25). Esas "aguas" son la controversia y el conflicto - lo que es llamado *PLuGta* [en arameo], como en el versículo, "El río (*PeLeG*) de Dios está lleno de agua" (Salmos 65:10). La explicación es la siguiente: El antagonismo que experimenta la persona la induce a arrepentirse y a corregir las deficiencias de su fe en los Sabios. Pues es la falta de fe en los Sabios la causa principal de la oposición que está sufriendo; y cuanto más grande sea la falta de fe, con más vehemencia se le opondrán. Por lo tanto, debido a la oposición, la persona puede reflexionar sobre la posibilidad de que su fe en los sabios sea débil y así volver a creer en ellos, con lo cual rectificará todo lo anterior. Sin embargo hay Tzadikim de la generación cuya fe es indudablemente perfecta pero que, aun así, sufren oposición. Este fenómeno está descrito en el versículo, "Él carga el pecado de los muchos" (Isaías 53:12), por lo cual los Tzadikim sufren el dolor de la oposición debido a que el resto de la gente carece de fe en los Sabios. Mediante la oposición que sufren los Tzadikim se rectifica la fe en los Sabios de la mayoría de las personas.

Lección 61 14 Nisán

14 Nisán

7. Cuando, como resultado de la oposición que enfrenta la persona, se ve llevada a arrepentirse por su falta de fe en los Sabios, se mitigan los juicios severos. Con ello se mitigan todos los ámbitos en los que exista alguna clase de restricción del amor de Dios y todo juicio severo. La explicación de esto es como sigue: Hoy en día existen muchos libros que siguen las enseñanzas de nuestra santa Torá -tanto la Torá Escrita como la Torá Oral- y habrá muchos más libros como ésos en el futuro. El mundo necesita de todos ellos y está prohibido ridiculizar cualquiera de esos textos. Sin embargo, inicialmente, cuando la persona no tenía fe en los Sabios, todos esos libros carecían de sentido para ella, dado que, después de todo, se burlaba de ellos. Pero cuando, como resultado de la oposición que debe enfrentar, se ve llevada a arrepentirse de su falta de fe en los Sabios, los libros que anteriormente consideraba como sin sentido toman ahora una nueva importancia para ella. Ésta es la interpretación del versículo, "Mi adversario ha escrito un libro" (Job 31:35) - es decir, mediante el antagonismo y la oposición que enfrenta la persona se crea un libro.

También hay Tzadikim de la generación cuya fe es indudablemente perfecta pero que aun así sufren oposición debido a que carecen de fe en ellos mismos. No creen que Dios Se deleita en las nuevas ideas de Torá que desarrollan y consecuentemente son negligentes con esas ideas y no las registran por escrito en un libro. Pues la persona que es digna de desarrollar ideas originales de Torá y cuya intención es en aras del Cielo, también debe tener fe en ella misma, reconociendo que Dios siente un gran deleite en sus ideas de Torá. Sin embargo, si no tiene fe en sus innovaciones en la Torá, ello también es considerado una falta de fe en los Sabios. Como resultado, también experimentará esa oposición que la inducirá a arrepentirse; y será entonces que sus nuevas ideas de Torá se le volverán importantes. Tal persona comenzará entonces a desarrollar nuevas ideas de Torá y las pondrá por escrito - y de esa manera se hará un libro.

Ahora bien, todos los juicios estrictos se mitigan mediante el intelecto, que es llamado "santo", como es sabido; y todo juicio estricto o constricción tiene algún intelecto específico mediante el cual se mitiga. Pero existe una sabiduría superior en la cual se mitigan de una sola vez todas las constricciones y juicios estrictos. Y es de allí que emana la Torá (como se explica en el santo *Zohar* II, 62a). Pero la Torá no puede recibir de esa sabiduría superior a no ser que la Torá esté completa - y la plenitud de la Torá es la Torá Oral. Por lo tanto, mediante esos libros que ahora, como resultado de la oposición que sufrió la persona, han tomado un nuevo significado para ella, la Torá se completa, dado que anteriormente, esos libros "no existían" para ella. A su vez, la Torá puede entonces recibir de la sabiduría superior, que es el intelecto global, el Santo de los Santos y la Roca Fundacional. Ella entonces canaliza ese influjo hacia las sabidurías e intelectos particulares y como resultado se mitigan todos los juicios estrictos.

8. Al viajar para estar con los verdaderos Tzadikim en Rosh HaShaná, se mitigan todos los juicios severos del mundo - algo que es particularmente necesario en Rosh HaShaná. Es por ello que la gente viaja para estar con esos Tzadikim específicamente en Rosh HaShaná.

9. Más aún, cuando muchas almas judías vienen para estar con el Tzadik verdadero en Rosh HaShaná y se juntan con un profundo amor, se genera una gran alegría y regocijo.

15 Nisán

62 - "Dios hizo que el pueblo diese un rodeo"
(Éxodo 13:18)

1. Cuando los judíos comen se produce una unificación "cara a cara" entre el Santo, bendito sea y la Presencia Divina. Sin embargo, los alimentos ingeridos deben estar libres de las impurezas (*klipot*) que tenían mezcladas como resultado del hecho de que Adán comió del Árbol del Conocimiento. Ello se

debe a que el comer alimentos que contienen una mezcla de bien y de mal puede hacer que la persona peque, y el pecado produce una separación entre el Santo, bendito sea y la Presencia Divina.

2. El alimento se refina y se purifica mediante la fe. Y cuando la fe está completa e intacta, el comer puede producir una unificación entre el Santo, bendito sea y la Presencia Divina. Este fenómeno está descrito en la frase "nutre la fe" (Salmos 37:3) - es decir, el aspecto de comer mediante la fe.

3. Es una gran mitzvá agudizar el intelecto para obtener una comprensión plena y clara de aquellas cosas que Dios ha puesto al alcance del intelecto humano, como está implícito en la frase "Sabe qué responderle al herético" (Avot 2:14). Sin embargo, hay cuestiones cuya solución se encuentra más allá de la capacidad del intelecto humano y sus respuestas sólo serán reveladas en el futuro. Está prohibido profundizar en esas cuestiones y está escrito sobre aquél que se apoya en su propio intelecto e intenta investigarlas, "Todos aquellos que van a ella no regresarán" (Proverbios 2:19). Pues con respecto a esa clase de cuestiones está prohibido basarse en el propio intelecto; más bien, uno sólo debe apoyarse en la fe.

4. Pero incluso en las cuestiones que sí tienen una respuesta y que la mente puede comprender, a veces los senderos del intelecto están bloqueados y la persona no sabe cómo refutar el ateísmo y las dudas en su corazón. Ese estado está descrito por la frase "su corazón está separado" (Hoshea 10:2) - cuando se desata el conflicto entre las dos inclinaciones del corazón. Pues el conocimiento proviene de la inclinación al bien en el corazón y el ocultamiento del conocimiento es producto de la mala inclinación en el corazón; y ese ocultamiento del conocimiento está constituido por la herejía y las preguntas perturbadoras con las cuales la mala inclinación confunde el corazón de la persona para llevarla a sucumbir ante el mal. El remedio para ese estado de discordia es el estudio de los Códigos de la Ley Judía. Pues ese conflicto en el corazón está enraizado en el

conflicto sagrado entre los *Tanaim* y los *Amoraim* del Talmud, en donde disputan sobre temas de la ley de la Torá, algo que se refleja en la forma inferior de conflicto que incluye a la mala inclinación. Sin embargo, al estudiar las decisiones legales definitivas enseñadas en los Códigos la persona se conecta con la paz en el nivel de la santidad, dado que tal determinación final "hace la paz" entre las autoridades Talmúdicas en disputa. De ese modo se anula también el conflicto en el corazón, que implicaba a la mala inclinación. Entonces se abren las puertas del intelecto y la persona sabe cómo responderles al ateísmo y a las dudas que hay en su corazón. Pero mientras no haya merecido aguzar y desarrollar el intelecto, deberá basarse solamente en la fe, incluso en ese tipo de cuestiones - dado que lo más importante es la fe.

16 Nisán

5. *ShaLOM* (paz) es un acrónimo para la frase, "Sabe qué responderle al herético (*Veda Má Shetashiv Leapikoros*)". Esto refleja la idea de que al estudiar las decisiones legales -que traen la solución al conflicto y la paz- la persona merece saber cómo responderles al ateísmo y a las dudas en su corazón.

6. Más aún, al estudiar los Códigos de la Ley Judía, la persona se vuelve capaz de orar con todo el corazón, como corresponde. Ello se debe a que el mayor impedimento para la plegaria, aquello que impide que uno ore con concentración y sentimiento, es la falta de una fe completa y el hecho de que "su corazón está separado" de Dios. Pues si realmente supiese y creyese con todo el corazón que "el mundo entero está lleno de Su gloria" (Isaías 6:3), que Dios se encuentra allí, cuando está orando y que Él oye, presta atención y escucha cada una de las palabras de sus oraciones, sin duda sería extremadamente meticulosa al recitar las plegarias con profunda intención y oraría con un gran fervor. Pero dado que "su corazón está separado" y no posee ese conocimiento de manera plena, no es meticulosa en su oración y no se concentra en las palabras

de las plegarias. Todo ello proviene de las dudas y de los pensamientos heréticos en el corazón, que surgen del conflicto que involucra a la mala inclinación. Por lo tanto, al estudiar los Códigos -que anulan el conflicto con la mala inclinación en su raíz- la persona merece orar con todo el corazón y con total sinceridad, como corresponde. Ésta es la interpretación del versículo, "Te alabaré con rectitud de corazón (*LeVaV*)" (Salmos 119:7) - *LeVaV* está escrito con dos *VaV* en lugar de una, implicando las dos inclinaciones del corazón - "cuando estudio Tus justas leyes" - es decir, mediante el estudio de los Códigos.

7. La manera de perfeccionar y de embellecer la fe es acercando a aquellos que se encuentran lejos de Dios. Pero para perfeccionar la fe -es decir, para acercar a aquellos que están lejos- es necesario primero elevar las chispas de las letras del habla. Ello se logra ayunando. La explicación para esto es que todos los deseos físicos son un aspecto de las fuerzas de la impureza y de la materia de desecho superflua - dado que sin esos deseos el cuerpo igual seguiría existiendo. Cuando los deseos físicos abruman a la persona, ello corresponde a las fuerzas de la impureza que se sobreponen a la santidad. A la cabeza de todos los deseos físicos se encuentra el deseo de comer y de beber, dado que todos los demás deseos vienen después. Cuando este deseo domina a la persona, su habla es arrastrada al exilio dentro de la estrechez de la garganta, en la parte posterior del cuello, dando como resultado la incapacidad de decir una sola palabra delante de Dios, como está expresado en la frase, "mi garganta está seca" (*Ibid.*, 69:4). Al ayunar, cuando la persona se obliga a pasar hambre, humedece la garganta y puede cumplir con el versículo, "Clama a voz en cuello - ¡No te detengas!" (Isaías 58:1) y es capaz de hablar delante de Dios y de orar con concentración y sentimiento. Con ello, el habla extrae las chispas de santidad de entre las fuerzas de la impureza, dejándolas sin vitalidad. Cuando los gentiles - aquellos cuya vitalidad proviene de las fuerzas impuras- ven que no tienen vida, abandonan su propia fe y se vuelcan a la fe judía. De esa manera, la persona perfecciona su fe, se hace

Lección 62　　　　　　　　　　　　　　17/18 Nisán

digna de una fe perfecta y es capaz de refinar y de purificar el alimento que ingiere. Entonces su comer produce una unificación "cara a cara" entre el Santo, bendito sea y la Presencia Divina.

17 Nisán

8. La fe sólo se aplica a aquello que la persona no puede comprender de manera intelectual. Pero para el que cree en algo, la cosa se le revela como si la estuviese viendo con sus propios ojos. Pues posee una enorme y perfecta fe.

9. La fe se renueva cada mañana, como está expresado en el versículo, "Ellas son nuevas cada mañana; grande es Tu fe" (Lamentaciones 3:23). Sin embargo, durante el día, esa fe está oculta como resultado de la preocupación por los asuntos mundanos.

10. Debido a una fe imperfecta, mucha gente cae en el error haciendo de los medios un intermediario entre ellos y Dios. En otras palabras, creen en Dios pero también creen en un intermediario, insistiendo en que los medios son necesarios. Por ejemplo, creen que los medios son necesarios para ganarse el sustento -es decir, un trabajo- y dicen que el trabajo es algo esencial; como si, Dios no quiera, sin mediar una ocupación, Dios fuese incapaz de darles el sustento. Igualmente creen que los medios son esenciales para recuperar la salud, como si, Dios no lo permita, sin medicinas, Dios fuese incapaz de curar. ¡No es así! Dios es el Medio de todos los medios y la Causa de todas las causas y Él no tiene necesidad de medio alguno. El ocuparnos de esos medios sólo debe ser con fe en Dios y no haciendo de ellos lo esencial.

18 Nisán

11. Lo más importante de cada cosa es su comienzo. Para explicar esto: "Todos los comienzos son difíciles" (Mejilta, BaJodesh 2),

pues en ese momento la persona pasa de un extremo al otro. Pero después de haber comenzado, uno se acostumbra a aquello que ha comenzado y entonces el cambio ya no le es tan difícil. El trabajo espiritual diario de la persona y su temor a Dios dependen también de su comienzo - dado que cada día deberá volver a recibir fuerzas del comienzo, del momento más difícil. Por lo tanto, es necesario comenzar nuevamente, cada vez, porque es posible que el comienzo no haya sido lo que debería haber sido; y de ser así, todo el trabajo espiritual también carecería de perfección, dado que todo sigue a su comienzo. Por lo tanto, deberá fortalecerse y despertar su corazón para comenzar nuevamente, cada vez, con entusiasmo ferviente y con una nueva determinación en el servicio a Dios, como si nunca antes hubiese comenzado - para que su servicio a Dios sea lo que debe ser, mediante el ímpetu y la fuerza del nuevo comienzo. De manera similar, siempre tendrá que considerar la posibilidad de no haber comenzado de la manera apropiada y tendrá que inspirarse con determinación para comenzar nuevamente, desde ese momento.

12. De manera similar, cada vez que uno vaya a ver al Tzadik, deberá considerarlo como si esa fuese la primera vez - no como si ya hubiese estado antes con el Tzadik y ahora estuviese volviendo nuevamente, sino como si fuese la primera vez. Pues es necesario comenzar nuevamente, en cada ocasión, dado que lo esencial es el comienzo.

13. El conflicto lleva al descreimiento y ello impide que la gente ore con concentración y sentimiento. Pero si reina la paz, se anulan el descreimiento y el ateísmo que se encuentran en el corazón de cada persona. Ello se debe a que cuando hay paz la gente puede reunirse y conversar. Cada uno puede disuadir a su compañero de sus opiniones y creencias erróneas y así sacar el descreimiento y el ateísmo de su corazón. Pero cuando hay discordia y conflicto, la gente no se reúne para conversar y para ayudar al otro a reconocer la verdad; y si llegan a dialogar, en realidad no escuchan lo que el otro dice, pues desean salir victoriosos en el debate.

Vemos así que la fe depende principalmente de la paz.

14. Para merecer la paz es necesario estudiar los Códigos de la Ley Judía.

19 Nisán

63 - El Significado Místico de las Meditaciones de la Circuncisión

1. En el lenguaje del *Targúm* [i.e., el arameo], el *brit* u órgano de reproducción masculino es denominado *AMaH*, correspondiente a la medida lineal equivalente a seis palmos. El *brit* incluye los seis palmos, tal cual está aludido en el versículo, "Los serafines estaban por encima y cada uno de ellos tenía seis alas" (Isaías 6:2).*

* Nota del editor: Parece que el Rebe Najmán se está refiriendo al hecho de que el *brit* corresponde a la sefirá de Iesod, que es la sexta de las *sefirot* inferiores y la sefirá en la cual están incluidas las otra cinco *sefirot* inferiores. Como se explicó en la lección #29, cuando la persona rectifica el deseo sexual, también se rectifican automáticamente todos sus otros atributos, que corresponden a las otras cinco *sefirot* inferiores; consultar esa lección. Por lo tanto, el *brit* corresponde a la medida lineal de seis palmos, porque los seis palmos corresponden a los seis días de la Creación, como en el versículo, "Como a palmos me has dado los días" (Salmos 39:6) y los seis días corresponden a las seis *sefirot* inferiores, como es sabido.

2. Los verdaderos Tzadikim y líderes se relacionan con sus seguidores de diferentes maneras. A veces el Tzadik interactúa de manera íntima con la gente, mientras que otras se oculta de ellos y se aleja. No sólo toma distancia de sus seguidores al punto en que tampoco ellos pueden acercarse a él, sino que también éstos comienzan a experimentar cuestionamientos y confusiones relativas al Tzadik, hasta que sus mentes quedan totalmente confusas debido a la manera en la cual él se relaciona con ellos. Sin embargo todo ello es para beneficio de sus seguidores. Por lo tanto, no te preocupes en absoluto por ello, porque todo es para tu propio bien.

Lección 63

3. Cuanto más cerca esté la persona de Dios, más deberá saber que en verdad está muy lejos de Él. Y si la persona piensa e imagina que ya se ha acercado a Dios y que ya sabe de Dios, ello es señal de que en verdad no sabe nada en absoluto. Porque si supiese un poco de Dios, sabría que se encuentra extremadamente lejos de Él y que no sabe nada sobre Dios. Es imposible articular o explicar esto, pues la grandeza del Creador no tiene medida.

20 Nisán

4. A veces el Tzadik acepta sufrir en aras del mundo. Es decir, no desea el influjo de abundancia material y de supervisión Divina que le debería llegar y en su lugar acepta el sufrimiento, dado que prefiere el influjo y la supervisión Divina de naturaleza espiritual. De esa manera el influjo material, que se apartó de él, se difunde por el mundo entero.

5. Hay una serpiente que es el aspecto de "Ellos son sabios para hacer el mal" (Jeremías 4:22). Éstas son las personas que se dedican a la filosofía y que indagan en formas ateas del saber. Debido a un uso maligno del habla, tal como la calumnia, las habladurías, la mentira, la burla, la adulación, la humillación verbal, el lenguaje vergonzoso, las palabras vanas, etc. -y particularmente cuando se calumnia a los Tzadikim y a otros individuos rectos- todas esas palabras malignas le dan alas a la serpiente que es capaz entonces de volar y de producir un gran daño en el mundo, Dios no lo permita. En otras palabras, mediante el habla maligna se fortalecen el saber y las ideas ateas de esas personas, encarnadas en la serpiente primordial, que comienzan a volar trayendo un enorme daño al mundo. Pero mediante el habla sagrada se construyen alas para la santidad. Cuando esas alas de santidad actúan como corresponde la serpiente no recibe alas provenientes de un habla maligna y esas personas no pueden traer tanto daño al mundo.*

Lección 64   21 Nisán

* Nota del editor: El Rebe Najmán parece estar aludiendo a las seis alas mencionadas más arriba en el párrafo #1, que corresponden a las seis *sefirot* inferiores incluidas en el *brit* (como se explica allí). Mediante el habla sagrada, la persona construye y rectifica todos los rasgos de carácter santos. Por el contrario, mediante un hablar maligno, se fortalecen los malos rasgos de carácter de los "sabios para hacer el mal" y se les da poder para dañar el mundo con sus ideas malvadas, que Dios nos salve. Que Dios nos proteja de todo esto y que siempre podamos merecer un habla sagrada.

21 Nisán

64 - "Ve al faraón"
(Éxodo 10:1)

1. Está absolutamente prohibido estudiar libros de filosofía. Ello se debe a que existen muchos dilemas filosóficos que derivan del Espacio Vacío y que son absolutamente imposibles de resolver (ver más en la lección del *Likutey Moharán*). Sólo en el futuro se revelarán las respuestas a esos interrogantes, dado que entonces se revelará el misterio de cómo Dios Se "retrajo" o "contrajo" para producir el Espacio Vacío. Ese mismo conocimiento será la recompensa para los Tzadikim en el futuro, pues entonces sabrán y entenderán cosas que les fue imposible comprender en este mundo. Pues en este mundo es simplemente imposible resolver esas cuestiones a nivel intelectual y todo aquel que profundice en esas ramas de estudio se hundirá y se perderá allí, dado que está escrito sobre esa gente, "Todos los que van a ella no retornarán" (Proverbios 2:19). Ello se debe a que es imposible encontrar a Dios allí y tampoco es posible responder a esas preguntas y paradojas a nivel intelectual.

Sólo el pueblo judío, mediante la fe, trasciende todas las cuestiones y paradojas filosóficas del mundo. Pues ellos creen en Dios y en Su santa Torá sin ningún cuestionamiento ni lógica, sino más bien con una fe perfecta. Por ese motivo, los judíos son llamados *IVRim* (hebreos), pues mediante la fe ellos trascienden y pasan por sobre (*OVeR*) todos los cuestionamientos y análisis lógicos. No tienen necesidad alguna de indagar, pues mediante su fe perfecta conocen la verdad real y creen en la verdad tal cual la recibieron de nuestros santos ancestros y sabios. De esa manera trascienden y pasan más allá de todo tipo de investigación lógica y filosófica.

2. Pero debes saber que existen grandes Tzadikim que deben estudiar especialmente esas formas de sabiduría pese al hecho de que también ellos son incapaces de revelar la Divinidad que se encuentra allí o de resolver los problemas lógicos y las paradojas creadas por el Espacio Vacío - pues ello sólo será posible en el futuro. Sin embargo, al profundizar en ello, los Tzadikim elevan y extraen muchas almas que han caído y han quedado hundidas allí. Pues al profundizar en esas ramas de estudio, la gran santidad del Tzadik anula el poder de las paradojas y de las cuestiones que surgen de esas formas del saber. Y dado que todo anhela por su raíz, cuando los Tzadikim investigan esas formas del saber, las almas caídas anhelan fervientemente unirse al alma del Tzadik, quien entonces las extrae de allí.

3. Mediante la melodía de un Tzadik grande y verdadero se elevan las almas que han caído en el ateísmo desde el cual "no hay retorno" (ver más en la lección del *Likutey Moharán*). *

* Nota del editor: Ver *Zimrat HaAretz*, donde está escrito que esta idea se encuentra aludida en el versículo, "Éstas son las palabras del hombre [i.e., el rey David] que fue elevado, el dulce cantor de Israel" (Samuel II, 23:1). Nuestros sabios, de bendita memoria, enseñaron sobre la primera parte de ese versículo que el rey David "elevó el yugo del arrepentimiento". Y la continuación del versículo, "el dulce cantor de Israel", enseña que fue mediante los himnos y las canciones que el rey David llevó a todas las almas judías hacia el arrepentimiento - incluso aquellas que habían caído en las paradojas del Espacio Vacío. Por ello se explica en las enseñanzas del Rebe Najmán que el recitado de los Salmos puede llevar al arrepentimiento (ver *Likutey Moharán* II, 73).

4. El hecho de que existan disputas entre los verdaderos Tzadikim también proviene del Espacio Vacío, algo imposible de comprender de manera intelectual (ver más en la lección del *Likutey Moharán*). Por lo tanto, no se debe cuestionar ni intentar comprender esas disputas. En su lugar, es necesario simplemente creer que "tanto éstas como éstas son las palabras

del Dios Vivo" - y que es algo imposible de entender. Sólo debemos fortalecernos en la fe.

22 Nisán

65 - "Boaz le dijo a Ruth"
(Ruth 2:8)

1. Existe un campo superior donde crecen todas las almas - y esas almas necesitan del Señor del Campo para lograr su rectificación. La persona que se compadezca de su alma, para que no quede desnuda y vagando fuera del campo, deberá orar y rogar mucho delante de Dios, toda su vida, para llegar a ser digna de acercarse al Tzadik que es el Señor del Campo. Ese Tzadik mira en cada persona y la lleva hacia el objetivo final, que es enteramente uno y enteramente bueno, como se explica más adelante en los párrafos #2 y #3. Pues es imposible acceder al objetivo final, que es bueno y eterno, si no es mediante ese Tzadik, que es el Señor del Campo.

2. Lo esencial de la perfección de la plegaria se logra cuando la persona alcanza el objetivo final que es hacer que toda la plegaria sea una. Pues cuando uno se pone de pie para orar y comienza a pronunciar la primera palabra de la plegaria -por ejemplo, *Baruj* (Bendito)- tan pronto como la primera letra de la palabra deja su boca -por ejemplo la letra *Bet* de la palabra *Baruj*- ésta le ruega y le pide al alma que no la abandone. Esa letra no deja que el alma continúe y pronuncie las subsiguientes palabras de la plegaria, pues la abraza y la acaricia y le ruega que no la abandone. Más aún, cuando la persona termina de decir una palabra completa, también esa palabra abraza y acaricia el alma y no le permite que continúe diciendo las restantes palabras de la plegaria.

Pues cuando la persona se pone de pie para orar y recita las palabras de la plegaria, recoge hermosas flores y pimpollos. Es como alguien que camina por el campo recolectando hermosas flores y rosas, una tras otra, hasta formar un ramillete. Luego sigue recolectando más flores, una por una hasta formar otro ramo, que une con el primero. Y así continúa recolectando y juntando muchos ramilletes de hermosas flores. De la misma manera, la persona que ora va de letra en letra hasta reunir varias letras y formar una palabra. Luego junta algunas otras letras formando una segunda palabra y más tarde une las dos palabras entre sí. Así continúa recogiendo hasta que completa una bendición. Entonces continúa juntando más y más y sigue desde *Avot*, la primera bendición de la plegaria de la *Amidá* citando a los Patriarcas, hacia *Guevurot*, la segunda bendición, alabando el Poder de Dios, y desde *Guevurot* a *Kedushot*, la tercera bendición, alabando la Santidad de Dios - y así continúa cada vez más adelante. ¿Quién es capaz de alabar adecuadamente el gran esplendor de los racimos y ramilletes que la persona forma con las palabras de la plegaria?

Y cuando el habla que emana del alma deja la boca de la persona y es oída por sus oídos, cada una de las palabras le ruega al alma y no le permite proseguir, abrazándola y besándola para que ésta no la abandone. "¿Cómo puedes abandonarme? ¿No ves acaso mi preciosa belleza, mi brillo, mi esplendor y mi gloria? ¡Yo soy la palabra *Baruj*! ¡Por favor oye lo que estás diciendo! ¡Escucha lo que estás expresando con tus labios! ¡Cómo puedes continuar buscando más tesoros y mayores deleites! ¿Cómo puedes separarte de mí y olvidarme? ¡Al menos fíjate que allí adonde vayas no me olvides ni te separes de mí!". Así, la perfección de la plegaria se logra cuando toda la plegaria es una, al punto en que cuando se llega a la última palabra de la plegaria aún se está en la primera. Entonces la plegaria habrá alcanzado la perfección. Sólo es posible ser digno de ello mediante el verdadero Tzadik que es el Señor del Campo. Él es capaz de llevar a cada persona hacia el objetivo verdadero y final, que es enteramente bueno y enteramente uno. Con ello, la persona se vuelve digna de hacer que la plegaria sea una unidad, lo cual constituye su perfección.

Lección 65

23 Nisán

3. Cuando, gracias al Señor del Campo, la persona llega a contemplar el objetivo final, no siente dolor ni sufrimiento por nada en el mundo. Y la verdad es que no hay mal alguno en el mundo - más bien, todo es enteramente bueno. El motivo por el cual la gente siente dolor al experimentar alguna clase de sufrimiento, Dios no lo permita, se debe solamente al hecho de que se ve privada de conocimiento (*daat*), al punto en que es incapaz de contemplar el objetivo final o el propósito de su sufrimiento, que es enteramente bueno. Pues si fuese capaz de percibir el objetivo final no sentiría dolor alguno en su sufrimiento, dado que la intención de Dios al darle ese sufrimiento es ciertamente buena - así sea para hacerle recordar que debe retornar a Él en arrepentimiento o para limpiarla de sus pecados y hacer que merezca la vida eterna. Siendo así, las aflicciones son de hecho grandes favores. Y si la persona llega a merecer la contemplación del objetivo final, que es bueno, se hará digna de una gran alegría ante el enorme favor que Dios le está otorgando a través de ese sufrimiento.

4. Uno debe tomar la costumbre de anularse constantemente para poder contemplar el objetivo final, que es verdadero, bueno y eterno. Pero ello sólo es posible si se cierran los ojos a este mundo y no se miran los deseos y vanidades materiales. Pues no es posible contemplar el objetivo final y quedar incluidos en él si no es cerrando los ojos -cerrando los ojos completamente ante este mundo- y más aún, presionándolos con los dedos para mantenerlos firmemente ocluidos. Entonces no se sentirá dolor ni sufrimiento por nada en el mundo. Sin embargo, es imposible permanecer constantemente en ese estado de anulación, dado que la persona dejaría de constituir un ser humano. Por lo tanto, la anulación debe llevarse a cabo necesariamente en el aspecto de "correr y retornar" (cf. Ezequiel 1:14) [i.e, entrando y saliendo repetidamente de ese estado]. Entonces, cuando la persona retorna a su conciencia normal, una luz remanente proveniente de ese estado de anulación hace brillar en su

mente un destello de Divinidad, dulce y agradable, imposible de describir a otra persona. Ese destello genera una gran alegría. Mediante esa alegría se evocan nuevas ideas de Torá y nuevas percepciones mediante las cuales la persona puede darse ánimo ante todo el sufrimiento y las tribulaciones que deba enfrentar, Dios no lo permita; y merecerá experimentar y sentir en este mundo algo similar al Mundo que Viene.

24 Nisán

5. Durante el tiempo en que la persona se anula en el objetivo final, que es enteramente bueno, su sufrimiento desaparece por completo. Pero es imposible permanecer constantemente en ese estado de anulación, algo que debe ser llevado a cabo en la manera de "correr y retornar". Ahora bien, después de su anulación, cuando el intelecto retorna a la mente conciente, las facultades mentales no pueden recibir el nivel de comprensión que el intelecto alcanzó durante su anulación, dado que esa comprensión se encuentra en el nivel del Infinito. Debido a ello, la mente vuelve a sentir el dolor del sufrimiento. No sólo eso, sino que el sufrimiento de hecho se vuelve mayor que el que se sentía anteriormente - como cuando dos hombres que están luchando y uno de ellos ve que su oponente está por vencerlo, recurre entonces a todas sus fuerzas y lucha con mayor vigor. Sin embargo, subsecuentemente, el sufrimiento se alivia y la persona se ve reconfortada por las nuevas ideas de Torá que obtiene como resultado de ese sufrimiento. Pues debido a la anulación en el objetivo final, donde llegó a comprender que todo su sufrimiento es en verdad un gran favor, la persona se llenó de alegría - y la alegría es el recipiente para captar nuevas ideas de Torá (ver más en la lección del *Likutey Moharán*). Entonces, mediante esas nuevas ideas de Torá, se mitiga el sufrimiento. Este es el significado del versículo, "Feliz del hombre a quien Tú corriges (*teIaSRenu*), oh Dios, y a quien instruyes en Tu Torá" (Salmos 94:12) - dado que mediante el sufrimiento (*haIeSuRim*) la persona merece nuevas comprensiones en la Torá.*

Lección 65

* Nota del Editor: Esto también es consistente con el versículo siguiente de este Salmo, "Para mitigarle los días malos" (*Ibid.* 94:13), porque mediante las nuevas ideas de Torá se alivia el sufrimiento de la persona.

6. La indicación de que uno ha logrado lo que debía mediante el sufrimiento, y la muestra de que ha recibido el sufrimiento de la manera adecuada, se corrobora cuando subsecuentemente merece nuevas ideas de Torá - dado que ello demuestra que ha sido digno de anularse en el objetivo final mediante ese sufrimiento. Aunque se vio forzado a retornar de ese estado de anulación, sin embargo, a partir de la luz remanente que quedó, se llenó de alegría y logró nuevas ideas de Torá.*

* Nota del Editor: Ver el final de esta lección en el *Likutey Moharán*, donde está escrito "Éste es el concepto del Jardín del Edén, el aspecto de Moisés y de Aarón". El "jardín" corresponde a lo que está expresado en el versículo, "Sus almas serán como un jardín bien regado" (Jeremías 31:11) y "Edén" es la idea del objetivo final, dado que "Ningún ojo lo ha visto" - haciendo referencia al concepto de la anulación. En mi humilde opinión, al parecer lo que aquí se quiere decir es que ellos, Moisés y Aarón, son el Señor del Campo y el Jardín del Edén, quienes pueden llevar a las almas judías hacia su objetivo final. Pues Aarón corresponde al "Jardín", como en el versículo, "Sus almas serán como un jardín bien regado", y continúa diciendo, "y Yo saciaré con plenitud las almas de los cohanim" (*Ibid.*, 31:13). Moisés, a su vez, corresponde al "Edén" - la anulación en el objetivo final; tal como se explicó en la Lección #4, Moisés anuló todo su sentido de existencia independiente y se unió completamente al objetivo final, a la luz del Infinito, donde no existe diferenciación alguna - sino más bien, "Dios (*IHVH*) es el Señor (*ELoHIM*)" y todo es bueno. [Esto hace referencia al atributo de la compasión de Dios que está asociado con el Nombre *IHVH* y a Su atributo de juicio estricto, que está asociado con el Nombre *ELoHIM*. Cuando la persona está verdaderamente unida o anulada en el Infinito, percibe que no existe diferencia entre la compasión y el juicio estricto -lo que llamaríamos "bien" y "mal"- sino, más bien, que todo es realmente bueno, como se explicó anteriormente en esta lección]. Allí, en el Jardín del Edén, "El Santo, bendito sea, hará una ronda con los Tzadikim en el futuro... y cada uno señalará con el dedo" (*Taanit* 31a). Se explica al final de esta lección del *Likutey Moharán* que esa ronda alude a la alegría que proviene de la anulación, que es el recipiente para captar la Torá. La Torá, a su vez, está aludida por el "dedo", dado que las dos Tablas de piedra fueron "escritas con el Dedo de Dios" (Éxodo 31:18).

Lección 66 25 Nisán

25 Nisán

66 - "Te ruego que tenga yo una porción doble de tu espíritu"
(Reyes II, 2:9)

1. Es muy importante el estar presentes cuando fallece un Tzadik, aunque uno no sea su discípulo, pues en ese momento, se revela una iluminación extremadamente poderosa. Esa iluminación es muy beneficiosa para todos aquellos que se encuentran presentes pues mediante ella se vuelven merecedores de una larga vida. Pero los discípulos del Tzadik que están allí en ese momento reciben una iluminación mucho más grande; ellos pueden de hecho recibir una doble porción del espíritu de su *Rav*. Esto ocurre sólo cuando están profundamente unidos a él, como las ramas están unidas a un árbol, al punto en que sienten todos los ascensos y descensos espirituales de su *Rav*, aunque no se encuentren en su presencia. Entonces es posible que el discípulo pueda orar con mayor concentración y sentimiento que su *Rav* y llevar a cabo buenas acciones y alcanzar niveles de santidad mucho más elevados. Pero en realidad, todo ello se debe al poder del *Rav*.

2. Los discípulos tienen la misma raíz que su *Rav*, el Tzadik, y dependen de él tal como las ramas dependen de un árbol. Pues el árbol toma su vitalidad de la raíz y las ramas, a su vez, toman su vitalidad del árbol. Esa relación tiene diferentes formas. Hay discípulos que son como ramas, otros que son como hojas y otros más que son como diferentes partes del árbol. Dependiendo de ello, cada discípulos puede recibir una doble porción en el momento del fallecimiento del Tzadik (ver más en la lección del *Likutey Moharán*).

3. Existen diferentes tipos de "fallecimientos". Hay algo así como el "fallecimiento" del nombre de la persona, cuando la persona abandona su nombre y su fama - esto también es un aspecto de la partida del alma, dado que el nombre es el alma, como en el versículo, "Un alma viviente, ése fue su nombre" (Génesis 2:19).

Lección 66 26 Nisán

Cuando la persona abandona su nombre, es como si de hecho estuviese abandonando su vida (ver más adelante, Lección #260). También existe un "fallecer" de un nivel a otro [i.e., cuando la persona deja un nivel espiritual y asciende al siguiente]. Así, dependiendo del tipo de "fallecimiento", los discípulos que estén allí, en presencia del Tzadik, podrán recibir también alguna clase de doble porción. Pero en el momento en el que el Tzadik fallece completamente, la recepción de la doble porción se encuentra en un nivel mucho más grande y elevado. Por lo tanto, uno debe acostumbrarse a visitar con frecuencia a su *Rav*, pues quizá sea ésa una de aquellas ocasiones en las cuales el *Rav* esté "falleciendo". Si la persona se acostumbra a visitar al Tzadik es posible que pueda recibir una doble porción del espíritu de su *Rav*.

26 Nisán

4. Lo esencial de todas las *mitzvot* al igual que de todos los pecados es que la persona los haga pasar de la potencia al acto, en el nivel de la acción. Ello se debe a que una mitzvá sólo está completa cuando la persona merece llevarla a cabo. Hacer que la mitzvá pase de la potencia al acto equivale, literalmente, a la creación del mundo; sustentando así al mundo entero. Lo opuesto también sucede con respecto al pecado, Dios no lo permita. Al comienzo, el pecado está en potencia, cuando la persona sólo piensa en él, Dios no lo permita. Luego, cuando concreta su pensamiento y comete el pecado en la acción, la persona se vuelve entonces enteramente malvada y es considerada como si estuviese muerta; de ese modo se destruye a sí misma y destruye al mundo entero, Dios no lo permita. Ello se debe a que el mundo entero fue creado mediante el proceso con el cual Dios llevó a la creación de la potencia al acto. De acuerdo a ello, cada pecado, Dios no lo permita, daña a todos los mundos y a todos los Nombres Divinos, Dios nos salve. La única esperanza es el arrepentimiento, dado que mediante el arrepentimiento, cuando la persona lamenta su transgresión y decide no volver a ella, se rectifican todos los

daños y la persona retorna y hace que la rectificación de todos los mundos pase de la potencia al acto.

5. La manera de llevar algo de la potencia al acto es a través de la perfección y la plenitud del habla. Ello se debe a que cada acción debe primero ser articulada por el habla, puesto que todas las cosas deben pasar a través de tres etapas: el pensamiento, la palabra y la acción. De acuerdo a ello, cada pensamiento debe ser articulado por el habla en el momento en el que es pensado; y aunque la persona no sea conciente de ello, esa verbalización se lleva a cabo de una manera muy sutil e imperceptible, como está escrito en el santo *Zohar* (III, 294a). Mediante el habla, la acción alcanza la plenitud y pasa de la potencia al acto. Por lo tanto, es necesario perfeccionar el habla para que se pueda llevar a los pensamientos y deseos de lo potencial a lo concreto y realizarlos en la acción (ver más adelante, parágrafo #9).

27 Nisán

6. El habla alcanza su perfección mediante el aspecto del Mundo que Viene. La explicación de esto es que, en la actualidad, el habla carece de plenitud, pues el mundo no la utiliza para llamar a Dios. Pero en el futuro, todos llamarán a Dios mediante sus palabras, como está escrito, "Entonces les daré a las naciones una lengua pura, para que puedan invocar al Nombre de Dios" (Zefonías 3:9). Específicamente, "una lengua pura" - dando a entender que, debido a que todos van a llamar a Dios con el habla, ésta se encontrará en ese momento en un estado apropiado y perfecto. Todo ello ocurrirá en el futuro como resultado de la gran revelación de la verdad que tendrá lugar en ese momento, gracias a lo cual todos verán la grandeza y la belleza de los Tzadikim y de las personas rectas; y serán testigos, por otro lado, de la caída de los malvados. Pues la verdadera grandeza de los Tzadikim y de las personas rectas que los siguen sólo se revelará en el futuro, en el grande y tremendo Día del Juicio. Entonces todos verán su grandeza y belleza. "¡Cuán

grande es Tu bondad que has guardado para ellos!" (Salmos 31:20).

Igualmente, todos verán la caída de los malvados, dado que el gran Día del Juicio también tendrá lugar en ese momento, cuando las personas serán juzgadas por sus acciones, en cada particularidad - y no habrá indulgencia, ni en el mínimo detalle. Pues Dios no olvida nada y todo será recordado en ese momento. Entonces todos verán la diferencia entre los rectos y los malvados y entre la persona que mereció acercarse y unirse a los verdaderos Tzadikim y aquella que se les opuso. Debido a esa gran revelación de la verdad, todos retornarán a Dios y declararán Su Nombre; y con ello, el habla alcanzará su perfección.

7. También es necesario traer a este mundo el aspecto del Mundo que Viene, para que los malvados también caigan en este mundo. Ello se logra mediante la verdad, dado que la caída de los malvados en el Mundo que Viene se producirá principalmente a través de la verdad que se revelará entonces (ver más en la lección del *Likutey Moharán*). Por lo tanto, cuando uno merece orar ante Dios con genuina honestidad, sin ningún falso movimiento o gesto para impresionar a los demás, se vuelve digno de atraer el Mundo que Viene a este mundo, lo que produce la caída de los malvados en este mundo, hasta que todos sean llevados de retorno a Dios. También la perfección del habla sagrada llegará a este mundo y, como resultado, la persona podrá hacer que todos los actos sagrados que desee realizar puedan pasar de la potencia al acto.

28 Nisán

8. Todo aquel que necesite de los demás para subsistir -aunque no dependa económicamente de otros pero quiera recibir su honor y estima, que son una forma de necesitar de las otras personas, dado que le hace falta ese honor y esa estima- tal persona es proclive a caer en una gran mentira al orar. Específicamente, es posible que se agite y se sacuda al orar

para impresionar a los demás, debido al hecho de que necesita de ellos para el sustento o para el honor y demás. Incluso si posee un cierto grado de piedad y no es un simulador pero necesita de otras personas para algo, le será muy difícil orar con absoluta honestidad y sinceridad. Porque aunque se sienta demasiado avergonzado como para actuar falsamente al orar, pues desea hacerlo con verdad, esa verdad termina engañándolo. En otras palabras, esa persona se engaña a sí misma pues hace gestos o aplaude y demás con el objetivo de impresionar a otros debido a su dinero, a su honor, etc., pero se engaña a sí misma y encuentra alguna justificación para el motivo por el cuál realmente necesita hacer ese gesto al orar, cubriendo así su falsedad con una capa de verdad.

Pero Aquél que Sondea los Corazones sabe que ésa no es la verdad, porque la verdad es una sola - orarle a Dios sin ningún motivo ulterior. Por lo tanto, aquel que necesite algo de otra gente encontrará muy difícil orar en público, dado que se verá abrumado por toda clase de falsedades y engaños recubiertos de verdad. De modo que es necesario ser muy escrupulosos al orar o al dedicarse a alguna otra devoción, teniendo cuidado de que al menos entonces no estemos en la categoría de alguien que necesita de los demás. Más bien, mientras se esté orando, se deberá poner toda la esperanza y la confianza en el Señor, nuestro Dios y no pensar en ninguna persona ni en ninguna criatura. Entonces, aunque te encuentres rodeado de miles de personas podrás orar honestamente, sólo a Dios. Ésta es la interpretación del versículo "Oraré al Dios de mi vida" (Salmos 146:2). Es decir, cuando vivo mi propia vida y no necesito de otras personas, entonces puedo orarle sólo a Dios. Pues "Cuando la persona necesita de otros, su vida no es vida" (Beitzá 32b) - es decir, su vida no es vida porque vive para mostrarse a los demás. Pero cuando no necesito de otras personas yo vivo mi propia vida y así puedo alabar a Dios y orar delante de Él con honestidad.

9. Por medio del deseo que tiene la persona de realizar una mitzvá -o cualquier otro acto sagrado- por medio del anhelo de

hacerla pasar de la potencia al acto, genera puntos vocales para las letras del habla. Esto le permite emitir el habla en su forma perfecta, haciéndola surgir de la estrechez de la garganta, para poder llamar y clamar a Dios - y así llevar los actos sagrados que anhela realizar desde la potencia al acto. Esta idea está implícita en la frase "puntos de plata (*haKeSeF*)" (Cantar de los Cantares 1:11). Es decir, por medio del deseo y del anhelo (*KiSuFim*) de la persona se crean puntos vocales para las letras del habla, para que ésta pueda surgir en toda su perfección y pueda concretar en la acción el acto sagrado que desea cumplir.

29 Nisán

10. Todos los obstáculos que la persona enfrenta sólo existen en aras del deseo - es decir, para que sienta un mayor deseo de realizar el acto sagrado que anhela llevar a cabo. Pues es parte de la naturaleza humana el hecho de que cuanto más se le impide a la persona hacer algo, más lo desea. Por lo tanto, cuando el judío necesita hacer algo que es integral para su vida como judío y particularmente cuando necesita llevar a cabo aquello de lo cual depende todo su judaísmo -es decir, viajar para estar con el verdadero Tzadik- en ese momento, se le otorga el deseo desde arriba. Ese deseo le es dado en la forma del obstáculo que lo enfrenta, dado que como resultado de ese obstáculo, aumentará su deseo. Por lo tanto, es necesario saber que no existe barrera alguna en el mundo que no pueda ser quebrada si uno lo desea. Ello se debe a que la barrera sólo existe en aras del deseo y si la persona tiene un fuerte deseo y voluntad de llevar a cabo el acto sagrado que necesita realizar, indudablemente merecerá completar la tarea y llevarla de la potencia al acto. Pues los obstáculos sólo existen para fortalecer el anhelo de la persona, para que, mediante ese mismo deseo, la persona merezca alcanzar aquello que anhela.

11. Más aún, es necesario saber que cuanto más grande sea el objeto del anhelo, mayor será la barrera que se presente. Ello tiene la finalidad de aumentar mucho más el deseo, dado que

Lección 66   29 Nisán

el deseo está determinado por el grado en el cual se ve obstaculizado. Por lo tanto, es apropiado que la persona comprenda que cuando experimenta enormes barreras que le impiden acercarse al Tzadik, al punto en que esos obstáculos se levantan por todos lados para impedírselo - de ello mismo, podrá inferir la tremenda consecuencia de aquello que desea, dado que es ése el motivo por el cual son tan grandes las dificultades. Pues todas las cosas pertenecientes a la santidad están cargadas de impedimentos, particularmente cuando la persona desea viajar para estar con los verdaderos Tzadikim, sobre lo cual depende todo lo demás - entonces, inevitablemente, las barreras se harán mucho más poderosas. Existe también un "punto de verdad" en los Tzadikim [i.e., el verdadero Tzadik entre los otros Tzadikim]; y cuando la persona desea acercarse a ese "punto", de lo cual depende todo lo demás, las barreras se yerguen entonces con mucha mayor intensidad. De lo cual es posible inferir la tremenda consecuencia del objetivo deseado. Por lo tanto, es necesario fortalecerse para llegar a sentir un gran anhelo y deseo proporcional a la importancia de aquello que se desea. Con ello, se merecerá quebrar las barreras y alcanzar el objetivo. Porque éste es un principio importante: No hay barrera en el mundo que no se pueda quebrar. Sólo es necesario tener un fuerte anhelo y deseo en la medida de la importancia del objetivo.

12. Más aún, no es correcto que la persona utilice la barrera como un medio para exceptuarse, como una excusa, diciendo que dado que anhela y desea llevar a cabo cierto acto sagrado, pero experimenta impedimentos y dificultades, se lo debe acreditar como si lo hubiese hecho. Como dijeron nuestros Sabios, de bendita memoria, "Si la persona desea hacer una mitzvá y se ve impedida por alguna situación involuntaria, la Torá se lo considera como si la hubiese llevado a cabo" (*Kidushin* 40a). Pues esa afirmación sólo fue dicha para la persona que quiere ser exceptuada de su obligación y entonces, de hecho, es absuelta. ¿Pues, después de todo, qué podía hacer? Se encontraba bajo presión. Pero para alguien que no desea ser exceptuado por ello -sino más bien, que desea la mitzvá o el

acto sagrado mismo- ¿de qué le sirve que lo dispensen y se lo acrediten como si de hecho la hubiera llevado a cabo? No está satisfecho con el "como si". Más bien, desea, ansía y anhela profundamente llevar a cabo la mitzvá misma y no ser exceptuado de ello con el "como si".

Pues en verdad, es muy apropiado que el judío lleve a cabo su deseo y su voluntad de cumplir con cada acto sagrado y que haga pasar cada cosa de la potencia al acto. La persona que posea un gran deseo como ése ciertamente merecerá realizar aquello que anhela y podrá llevar su objetivo de la potencia al acto, quebrando y anulando todas las barreras e impedimentos. Pues las barreras sólo existen en aras del fortalecimiento del deseo. Y cuando la intensidad de ese anhelo esté en concordancia con la importancia del objetivo deseado, indudablemente logrará llevar a cabo el acto sagrado que anhela concretar en este mundo, sea cual fuere.

30 Nisán

13. La ira es perjudicial para el sustento (ver Lección #68) y ello hace que la persona se encuentre lejos de la verdad. Esto se debe a que, cuando el sustento es magro, la persona se vuelve dependiente de otra gente y, como resultado, no puede orar con honestidad. A su vez, es incapaz de llevar de la potencia al acto todas las mitzvot y las cosas sagradas que necesita realizar.

14. Cuando la persona prevalece y quiebra la ira, se crea y se evoca el espíritu del Mashíaj y ello es considerado como si el mundo entero y todo lo que contiene hubieran llegado a la existencia y hubiesen sido creados por su medio. Entonces merecerá un buen sustento y será digna de orar con honestidad, sólo a Dios, sin falsos gestos para impresionar a los demás, Dios no lo permita. Más aún, merecerá llevar de la potencia al acto todas las mitzvot y las cosas sagradas que necesite realizar.

Lección 67   1 Iyar

15. El Shabat es un aspecto de la verdad. Mediante esa verdad se logra la caída de los malvados y se revela la grandeza de los Tzadikim y de la gente recta. El habla sagrada alcanza un estado de perfección y también se perfecciona la plegaria.

1 Iyar

67 - "El Señor, Dios, construyó la costilla"
(Génesis 2:22)

1. Cuando algún nuevo honor le llegue a la persona, deberá preocuparse en extremo dado que a veces el honor le llega a alguien para hacer que su alma parta, Dios no lo permita. Por lo tanto, deberá tener mucho cuidado y recibir el honor con gran santidad, sólo en aras del Nombre de Dios; y no utilizarlo en absoluto para sus propios fines personales, para que el honor no le haga daño, Dios no lo permita, y la prive de su alma. Pues el alma es extremadamente valiosa y necesita ser cuidada con esmero. La persona debe orarle mucho a Dios para que el honor que reciba no le haga daño y que su alma no parta debido a ello, Dios no lo permita. Pues el honor es la raíz de todas las almas y cuando el alma parte retorna al honor, que es su raíz.

2. Sin embargo, en general, cuando el honor le llega a una persona ello es para su beneficio. Esto se debe a que cuando una nueva alma le llega a la persona, ésta viene investida en la forma del honor. Por lo tanto, si uno merece acoger el honor de la manera adecuada, podrá recibir una nueva alma a través de él.

3. El anhelo desmedido por la comida enturbia el honor de la persona al igual que el honor de Dios. Entonces el Rostro de Dios se oculta y aumentan los juicios severos, Dios no lo permita. El honor cae en manos de los descarados de la generación, quienes lo usurpan - y el liderazgo, el gobierno, el dominio y el honor quedan entonces en posesión de los gentiles, de los malvados y de los insolentes. Consecuentemente, si los judíos necesitan ejercer alguna clase de fuerza para defender la santa religión, deben recibir ese poder de ellos. Pero si la

persona quiebra el deseo de comer, el honor sagrado asciende y los descarados no tienen poder, gobierno, autoridad ni honor. Ello entonces lleva a la elevación del Rostro de Dios - que es una y la misma cosa que la anulación de los juicios severos.

4. Mediante la caridad se evoca la bondad, se efectúa la anulación de los juicios severos y se rectifica el daño al honor que llevó al ocultamiento del Rostro de Dios. La caridad también eleva el honor y el gobierno caídos en el Otro Lado, rectifica el daño del deseo de comer y les devuelve el honor a aquellos que realmente poseen el conocimiento - es decir, a los verdaderos líderes.

5. Éste es el motivo por el cual se da caridad durante las Plegarias de la Mañana al decir las palabras "Y Tú gobiernas por sobre todas las cosas" - es decir, para elevar hacia la santidad el honor y el dominio caídos en el Otro Lado.

6. Cuando el honor retorna a aquellos que realmente poseen conocimiento -es decir, a los verdaderos líderes- entonces, desde el comienzo de su dominio, surge la oposición y el conflicto.

7. Cuando los enemigos de los verdaderos poseedores de conocimiento están divididos, perduran más tiempo. Pero cuando esos adversarios se unen, se nutren rápidamente de la materia de desecho superflua de la mente -que es la fuente de su vitalidad- y caen más rápido.

8. Cuando un nuevo honor le llegue a la persona y en él se halle investida un alma santa, la persona deberá fortalecerse con temor y amor a Dios. Con ello, merecerá dar nacimiento, nutrir y hacer crecer a la nueva alma que le llega a través de ese honor (ver más en la lección del *Likutey Moharán*).

9. Es necesario orar con todo el corazón al punto en que se

Lección 67   2 Iyar

sientan las palabras de la plegaria en todos los huesos. Pero cuando el corazón no está en las plegarias, entonces el alma está lejos de su raíz. El alma se debilita, los huesos se afligen y la persona carece de vitalidad en su alma y en sus huesos. Orar sin corazón, Dios no lo permita, hace que la sabiduría abandone a los ancianos y a los sabios.

10. Al honrar al anciano que ha olvidado sus conocimientos uno trae "aguas frescas" (Proverbios 25:25) -como en, "las aguas de la comprensión" (Isaías 11:9)- para revivir el alma debilitada. En otras palabras, esa muestra de honor corrige el daño causado por aquellos que oran sin corazón, lo que hace que el alma se debilite.

11. Los verdaderos Tzadikim traen "aguas frescas" -como en, "las aguas de la comprensión"- reviviendo el alma debilitada de la persona. Entonces uno merece orar con todo el corazón y con una intensa concentración y sentimiento, hasta que todos los huesos oyen claramente todas las palabras de la plegaria. Entonces la oración se encuentra en el aspecto de "Todos mis huesos dirán, 'Dios, ¿Quién es como Tú?'" (Salmos 35:10) - y la persona puede orar con toda su fuerza y con la médula de sus huesos, lo que constituye la perfección absoluta de la plegaria.

12. Ésta es la diferencia entre alguien que estudia de un libro y alguien que oye las enseñanzas de Torá directamente de la boca de los verdaderos Tzadikim. Pues aquél que estudia de un libro no sabe cuál es la cantidad precisa que necesita estudiar para revivir su alma. Pero cuando uno oye directamente de boca del Tzadik, éste vierte "aguas frescas" sobre la persona en la cantidad apropiada para ella, de acuerdo a su nivel.

3 Iyar

68 - Lo Grave de la Prohibición en contra de la Ira

1. El alma proviene de un lugar muy elevado - del mismo lugar del cual desciende y llega a la existencia el dinero. Pues en el lugar original del cual éste desciende, el dinero es pura santidad y un influjo sagrado de abundancia espiritual. Sólo consecuentemente, más abajo, el dinero toma una forma física y se vuelve "dinero". Esa identificación entre el dinero y el alma se refleja en la discusión en la Torá sobre el dinero del jornalero: "Por ese [dinero], entrega su alma" (Deuteronomio 24:15). Es por ello que el alma anhela el dinero - porque ella proviene del mismo lugar del cual proviene el dinero. Sin embargo, la persona no debe desear el dinero en sí mismo, como ya ha sido explicado (Lección #23) con respecto al rasgo indeseable de la codicia. Más bien, debe anhelar y amar el lugar en el cual se origina el dinero y del cual éste desciende.

2. Debes saber que es adecuado que todos los judíos tengan dinero. Sin embargo, hay un rasgo de carácter que hace que la gente pierda su dinero - ésta es la ira, que priva a la persona del dinero que debería tener. Debes saber entonces que cuando la mala inclinación te incita a la ira, en ese mismo momento te está siendo enviada desde arriba una suma de dinero - la mala inclinación desea estropear ese influjo de abundancia mediante la ira que te genera, dado que la ira interrumpe el influjo de abundancia y riqueza (ver más en la lección del *Likutey Moharán*).

3. Debes saber también que incluso si el influjo espiritual ya ha alcanzado a la persona, habiendo tomado la forma de dinero y aunque éste ya esté en su mano, el Malo puede a veces incitarla a una ira tan tremenda que en verdad le haga perder incluso el dinero que ya tiene. ¡Que Dios nos guarde y nos rescate de ese rasgo despreciable! Amén, que así sea Su voluntad.

Lección 69 — 4 Iyar

4 Iyar

69 - Lo Grave de la Prohibición de Robar

1. La prohibición de no robar es extremadamente grave. Pues cuando uno le roba el dinero a otra persona le roba también sus hijos - es decir, el ladrón toma los hijos de la víctima. Si la víctima no tiene hijos, el ladrón puede hacer que no tenga hijos en el futuro. E incluso si la víctima ya tiene hijos, el ladrón puede dañarla al punto en que sus hijos fallezcan, Dios no lo permita, como resultado de robarle el dinero.

2. Como resultado de haberle robado a otra persona, el ladrón comienza a tener pensamientos de lujuria. Ello se debe a que el ladrón siente atracción y deseo por la esposa de su víctima, debido al dinero que le sacó.

3. Además y como resultado de su robo, el ladrón puede a veces perder su propia esposa. Y le puede robar la pareja a la persona a quien le robó.

4. También es posible que la persona posea dinero robado aunque no haya robado nada de manera activa. La explicación es que debido a la codicia, al deseo y al ansia que siente por el dinero de otro, puede también, en efecto, robarle. Ésta es la severa prohibición de "No codiciarás" (Éxodo 20:14; Deuteronomio 5:18). La codicia misma es una prohibición extremadamente grave, pues codiciar también tiene el poder de robarle el dinero a otro, al igual que las almas de sus hijos e hijas, como si fuera un robo efectivo.

5. Al dar caridad, la persona puede rectificar el dinero robado que se encuentra en su posesión - es decir, el dinero que robó mediante la codicia. Sin embargo, el dinero que robó literalmente no tiene rectificación a no ser que devuelva lo robado. Alternativamente, si le robó al público, en cuyo caso le es imposible devolver lo que ha tomado de cada persona, deberá utilizar el dinero robado para solventar las necesidades públicas

en general, como enseñaron nuestros Sabios de bendita memoria (*Beitzá* 29a).

6. Enseñaron nuestros Sabios, "Si la persona ve que su sustento es magro, que lo transforme en caridad" (*Guitin* 7a). Ello se debe a que, mediante la caridad, la persona rectifica su dinero y logra así amplio sustento y riqueza.

7. Aquél que se casa con una mujer por su dinero es un imbécil y un tonto, y daña y destruye sus poderes de comprensión. Como resultado, tendrá hijos indignos, tal cual enseñaron nuestros Sabios, de bendita memoria (*Kidushin* 70a).

5 Iyar

8. El deseo de dinero crea enemigos y en la medida de la intensidad de ese deseo, así será la pasión y la fuerza del odio de los enemigos. Si el deseo de dinero es particularmente fuerte se generan enemigos que odian sin motivo.

9. El ansia de dinero nubla y confunde la mente, por lo que la persona pierde la razón. De manera similar, cuanto más desee el dinero más se nublará su mente.

10. Cada persona posee en su mente materia de desecho superflua a partir de la cual surgen los cabellos de la cabeza. El sabio y el Tzadik también poseen esa materia de desecho superflua en la mente, pero en lugar de "cabello" (*SeAR*) tienen una "puerta" (*ShaAR*), con [la letra *Shin* de la palabra *ShaAR* llevando] un punto en su lado derecho [formando una *Shin*, en lugar de estar en el lado izquierdo de la letra, formando una *Sin*]. Ello se debe a que la materia de desecho superflua en su mente constituye una "puerta", mediante la cual el Tzadik abre las puertas de la sabiduría y del conocimiento para el servicio a Dios. Pues dado que el mundo no puede soportar la intensidad de la mente del Tzadik ni recibir su luz, el Tzadik necesita "vestirse" y descender hacia los temas triviales e inferiores para

Lección 70 — 6 Iyar

que el mundo pueda recibir de él, para abrir para ellos las puertas de la sabiduría y del conocimiento y acercarlos a Dios.

11. La mente del Tzadik corresponde a los *Tefilín*. La manera en la cual el Tzadik desciende a veces hacia lo trivial e inferior para que el mundo pueda recibir de él -que es el concepto de la materia de desecho superflua en la mente- corresponde a las correas de los *Tefilín*.

6 Iyar

70 - "En el octavo día"
(Levítico 9:1)

1. Hay un Tzadik verdadero que es el cimiento del mundo, como está escrito, "El Tzadik es el cimiento del mundo" (Proverbios 10:25). Sólo hay un Tzadik así en todo el mundo, dado que él es el fundamento del mundo y de él emanan todas las cosas. Incluso todos los otros Tzadikim son sólo ramas de él, cada uno de acuerdo a quién es. Por ejemplo, uno puede ser como la rama de ese Tzadik, mientras que otro puede ser como una rama de esa rama. Este Tzadik único es humilde y modesto y se vuelve como el polvo. Consecuentemente, tiene la fuerza de atracción como para atraer al mundo entero hacia él, para llevarlo más cerca de Dios y de Su santa Torá; y es él quien trae al mundo todo el influjo de abundancia.

2. Ese Tzadik también corresponde al Tabernáculo, que tenía la fuerza de atracción como para atraer la Divinidad al lugar en el cual estaba. De manera similar, este Tzadik tiene la fuerza de atracción como para atraer la Divinidad al lugar en donde él esté.

3. Más aún, todo el honor que posee cada persona, así sea grande o pequeño - todo se recibe de ese Tzadik. Ello se debe a que el honor y el prestigio están sólo con él y todos los demás lo reciben de él. Lo mismo se aplica a la renovación y a la reinstauración del honor. Para explicar: El honor y el prestigio

están siendo constantemente renovados; por ejemplo, un oficial es transferido a otra posición de autoridad y así, de ese modo, su liderazgo y honor se renuevan. Esa renovación del honor también se produce enteramente a través de ese Tzadik, de acuerdo con la manera en la cual, en cada ocasión, él erige el Tabernáculo - que es la fuente de todo el honor.

4. El hecho de que el mundo esté lejos de ese Tzadik y la gente no sea atraída por él se debe a la fuerza de repulsión que trabaja en contra de la fuerza de atracción de los Tzadikim. Para explicar: Hay personas que, por medio de sus palabras y de sus acciones, interrumpen la fuerza de atracción e impelen a los demás a alejarse del verdadero Tzadik. La esencia de esa fuerza de repulsión es el orgullo, la soberbia y el anhelo de honor - pues la persona teme que su honor se vea menoscabado y degradado si se acerca a la verdad. Por lo tanto, todo aquel que desee conocer la absoluta verdad deberá ser sinceramente humilde, tener presente su propia inferioridad y recordar todo aquello que tuvo que pasar en la vida. Cuando sienta genuinamente su propia bajeza, la verdad le será revelada y la fuerza de atracción prevalecerá sobre la fuerza de repulsión - y se verá atraído rápidamente hacia el verdadero Tzadik.

5. Cuando uno le da caridad a ese Tzadik que se hace como el polvo, es bendecido de inmediato. Pues tal caridad es como sembrar en una tierra en donde la cosecha es muchas veces más abundante que lo sembrado, como está expresado en el versículo, "Siembren caridad para ustedes y cosecharán bondad" (Hoshea 10:12).

6. Cuanto más se empequeñece la persona, más fuerza de atracción ejerce - es decir, más fuerza para atraer la Presencia Divina de Dios hacia los mundos inferiores, para que Ella more aquí, entre nosotros, lo que ha sido en verdad el deseo de Dios desde el día en que Él creó Su mundo. De manera similar, cuanto más se disminuya la persona más fuerza tendrá para atraer a los demás hacia ella y acercarlos al servicio a Dios; y más poder tendrá para atraer el influjo de

bondad y la bendición sobre el pueblo judío. De manera similar, más merecerá ser atraída y llevada cerca del verdadero Tzadik.

71

1. Es extremadamente difícil ser una persona famosa [una figura religiosa], pues aquel que es muy conocido debe sobrellevar el sufrimiento en aras del pueblo. Pero, sin embargo, hay ciertas personas que el Cielo compele a ser famosas.

7 Iyar

72 - Fortalecerse Constantemente Contra la Mala Inclinación

1. Cuando la persona despierta al arrepentimiento y desea entrar en los senderos de Dios y viajar para estar con el Tzadik, se ve atacada, una y otra vez, por una fuerte inclinación al mal. Debido a ello necesita de un esfuerzo extra y de una nueva determinación para enfrentar la nueva inclinación al mal que se levanta en su contra. Ello explica por qué, a veces, cuando la persona se inspira con el deseo de viajar hacia el Tzadik y hacia los hombres de la verdad, comienza con un gran entusiasmo que luego, al empezar el viaje, se debilita; y a veces, al llegar finalmente a estar con el Tzadik, se pierde por completo. Todo ello deriva del fenómeno antes descrito, es decir, que tan pronto como la persona se inspira para viajar y estar con el verdadero Tzadik elimina con ello la mala inclinación que tenía inicialmente. Consecuentemente, al comenzar el viaje, una nueva mala inclinación se presenta, más fuerte que la primera - dado que "Cuanto más grande es la persona más grande es su inclinación al mal" (*Suká* 52a). Por lo tanto, aquel que verdaderamente desee acercarse a Dios deberá fortalecerse constantemente, una y otra vez, contra la nueva mala inclinación que constantemente lo enfrenta.

2. La mala inclinación toma diferentes formas. La mayor parte de la gente tiene una mala inclinación que es inferior, groseramente física y una absoluta locura. Todo aquel que pueda pensar con algo de claridad y que posea una mínima concepción de la grandeza del Creador, indudablemente considerará esa clase de mala inclinación como una total locura y demencia. Incluso el desafío presentado por la pasión sexual le será una mera locura y no necesitará de esfuerzo alguno para resistirse a ello. Por otro lado, una persona como esa tiene una inclinación al mal diferente, mucho más elevada que la primera. Con sólo poseer verdadera inteligencia es posible percibir a la mala inclinación de la mayor parte de la gente como una gran locura [i.e., la persona no necesita ser un Tzadik ni haber alcanzado algún elevado nivel de pureza en particular para verla así].

3. Existen personas cuya mala inclinación es un aspecto de una "cáscara" (*klipá*) muy fina. Esa clase de mala inclinación sólo incita a la persona que tiene un gran poder de voluntad y que ha alcanzado un elevado nivel espiritual. Sin embargo, ésa no es la mala inclinación de los verdaderos Tzadikim, dado que ésta es literalmente un ángel sagrado.

8 Iyar

4. También existe una poderosa mala inclinación asociada con el acercamiento a Dios - es decir, que a veces el excesivo entusiasmo de la persona en estas áreas puede en verdad surgir de la mala inclinación. Esta idea está expresado en el versículo, "No sea que traspasen para ver la Divinidad" (Éxodo 19:21). Es necesario pedirle a Dios compasión para ser salvados también de ello.

5. La persona que se encuentre sujeta a los juicios estrictos (*dinim*), Dios no lo permita, y que esté sufriendo alguna dificultad, que Dios nos salve, deberá reunir, en ese momento en particular, toda su fuerza interior y fortalecerse con determinación para no caer víctima de la mala inclinación. Ello

se debe a que en ese momento la mala inclinación es especialmente poderosa, dado que la raíz principal de toda mala inclinación se encuentra en las severidades (*dinim*) y los juicios estrictos.

6. Hay personas que tienen pensamientos sexuales inmorales, Dios no lo permita, que las asaltan más que nunca en el momento de la plegaria. Hay otras personas a las que, al ponerse de pie para orar, se les presentan diferentes formas imaginarias -como imágenes de ídolos u otras imágenes negativas- cosa que las confunde terriblemente, produciéndoles un gran desasosiego. Esas personas desean sobreponerse a esos pensamientos y expulsarlos de sus mentes, por lo que sacuden la cabeza de un lado para el otro con la intención de lograrlo. Debes saber que cuanto más consternación sienta la persona y cuanto más trate de eliminar de la mente esos pensamientos, más fuertes se harán las distracciones e imágenes negativas. Pues está en su naturaleza el hecho de que cuanto más la persona piense en ellas para repelerlas, más se le apegarán. Por lo tanto, el mejor consejo para tratar con esas imágenes y pensamientos es no prestarles ninguna atención y no preocuparse por las imágenes y los pensamientos que se presenten delante de uno; y no escucharlos en absoluto. Más bien, uno debe concentrarse simplemente en lo que esté haciendo, así sea estudiando Torá, orando o llevando a cabo sus negocios, sin prestarles atención en absoluto. Tampoco se debe mirar para atrás, para comprobar si esos pensamientos e imágenes se han ido. Más bien, uno debe ocuparse de lo que esté haciendo y ellas lo dejarán de manera automática. Sin embargo, este consejo sólo provee de una solución temporal. La verdadera solución es que la persona santifique y purifique su cuerpo y que vaya a ver a los verdaderos Tzadikim, quienes la instruirán en los senderos de la verdad. Entonces, esas imágenes y pensamientos se alejarán de ella de una vez y para siempre.

9 Iyar

7. La depresión es extremadamente dañina y le da poder a la mala inclinación para dominar a la persona. La depresión también fortalece los pensamientos perturbadores que se levantan en contra de la persona, Dios no lo permita. Por lo tanto, uno no debe deprimirse por el hecho de experimentar semejantes pensamientos confusos y no molestarse ni asustarse por ellos. Más bien, es necesario prevalecer con determinación, para poder estar alegres, utilizando todos los métodos tratados en otras instancias del *Likutey Moharán*. Pues la fuerza interior y la determinación en estas áreas proviene principalmente de la alegría y del regocijo, como en, "Pues la alegría en Dios es tu fortaleza" (Nehemías 8:10). Y cuando la persona se fortalece para estar alegre, los pensamientos confusos la dejan automáticamente. Sin embargo, esto no debe ponerse a prueba mirando constantemente hacia atrás para verificar si en verdad esos pensamientos se han ido. Más bien, es necesario alejar la mente de ellos, por completo. Comprende bien esto.

73

1. Al orar con concentración y sentimiento, uniendo los pensamientos con las palabras de la plegaria, con un lazo fuerte y poderoso, la persona merece comprender el significado oculto e interno de la Torá; esta clase de plegaria trae un influjo de abundancia y de bendición al mundo. El Santo, bendito sea, desea las plegarias de esa persona, dado que Él desea darle Su bien a Sus criaturas.

Lección 74 — 10 Iyar

10 Iyar

74 - "¡Sé exaltado por sobre los cielos, oh Dios!"
(Salmos 57:6)

1. Existe una clase de sufrimiento que le llega a la persona proveniente del "juicio sagrado"; éstas son las "aflicciones de amor" aludidas en el versículo, "Aquel a quien Dios ama, Él reprende" (Proverbios 3:12); esas aflicciones comienzan alejando a la persona, pero ese alejamiento es en aras del acercamiento. También existe un sufrimiento que le llega a la persona proveniente de los "juicios de la impureza", Dios no lo permita. La manera de saber si los sufrimientos provienen de los juicios de la impureza o del juicio sagrado es mediante la plegaria. Es decir, si en medio del sufrimiento uno puede seguir orando, eso es señal de que el sufrimiento proviene de los juicios sagrados y que son "aflicciones de amor".

2. La plegaria está asociada con el Rostro de Dios (ver más en la lección del *Likutey Moharán*), mientras que la incapacidad de orar está asociada con el ocultamiento de Su Rostro, Dios no lo permita, como en, "Escondiste Tu Rostro y quedé conturbado" (Salmos 30:8).

3. Al ocuparse de estudiar Torá al punto de merecer conocerla y comprenderla, la persona cura su alma, la eleva hacia el lugar de su raíz y mitiga todos los juicios severos. También planta un árbol de vida arriba que contiene todos los remedios; sustenta y renueva a todos los mundos y revela el honor de Dios en el mundo. Pues éste es el propósito principal y el objetivo de todos los trabajos espirituales del hombre - para que el honor de Dios pueda ser revelado.

4. Si la persona se dedica al estudio de la Torá y no es capaz de comprender lo que está estudiando, eso es igualmente muy bueno. Ello se debe a que, al estudiar, cada palabra que emite asciende y en ella se regocija el Santo, bendito sea, haciendo de ella un aspecto de "sauce" (*arbei najal*).

5. Hoshana Raba y Simjat Torá corresponden, respectivamente, al habla carente de conocimiento - cuando la persona no es capaz de comprender lo que está estudiando - y al habla con conocimiento - como cuando la persona merece saber y comprender la sabiduría de la Torá. Este último tipo de habla constituye una cura para el alma (ver más en la lección del *Likutey Moharán*).

11 Iyar

75 - "Que Dios nos bendiga"
(Salmos 67:8)

1. El deseo de imponerse y de disputar deriva de la sangre que la persona aún no ha utilizado para servir a Dios. Pues cada uno debe ocuparse de servir a Dios con cada gota de sangre - con muchas palabras de Torá y de plegaria. Entonces merecerá la paz y eliminará todo rasgo de controversia y de disputa.

2. Al decir palabras de Torá y de plegaria la persona eleva todas las chispas de santidad caídas. De esa manera se rectifican y se renuevan todos los mundos caídos y esto es considerado como si la persona hubiese creado nuevamente el cielo, la tierra y todos los mundos. Por ello, sólo se deben decir palabras sagradas, para elevar así las chispa de santidad y rectificar todos los mundos. Con ello se acerca la llegada del Mashíaj.

3. Es necesario decir muchas palabras de Torá y de plegaria, hasta que el cuerpo quede completamente anulado y sea como una nada. Esto se merece mediante el rasgo del temor a Dios. Por medio de ese rasgo uno se hace digno de la paz y con ello se atraen todas las bendiciones.

76 - "Y fue después de esos eventos"
(Génesis 22:1)

1. Mediante la confianza en Dios, sólo esperando y confiando en Él, la persona crea un recipiente para captar el influjo de

abundancia, mereciendo así que ese influjo y el sustento le lleguen cuando los necesite. Ésta es la explicación del versículo, "Los ojos de todos miran a Ti" (Salmos 145:15); y con ello, "Tú les das su alimento en su tiempo" (Ibid.) - es decir, en el momento mismo en que lo necesitan.

12 Iyar

2. Existe un estado conocido como "Mi alma está sedienta" (Ibid., 42:3) en el que la persona es como alguien que se siente extremadamente sediento y que tomaría agua aunque no estuviese limpia. De la misma manera, en el servicio a Dios, hay gente que está siempre "sedienta", por así decirlo, y que constantemente estudia y se dedica a las devociones religiosas. Esas personas están perpetuamente "sedientas" porque sus almas constantemente anhelan el servicio a Dios. Sin embargo, su servicio no tiene un tiempo específico ni intelecto, dado que "A veces abandonar el estudio de la Torá es una manera de cumplirla" (Menajot 99b), y ello está expresado en el versículo, "Es tiempo de hacer por Dios; han transgredido Tu Torá" (Salmos 119:126). La causa principal de esa "sed" es el hecho de que tales personas se encuentran en un estado de "conciencia restringida" y no se hacen dignas de la renovación de sus facultades mentales. Son como ciegos en su servicio a Dios y "Los ciegos nunca están saciados", como enseñaron nuestros Sabios de bendita memoria (Ioma 74b). Consecuentemente, esas personas no pueden saciar sus almas ni calmar su sed en el servicio a Dios. Ésta es la ventaja de estar cerca de los Tzadikim. Pues mediante esa cercanía, el servicio de la persona obtiene visión e intelecto, de modo que posee entonces la regularidad y el tiempo específico necesario, como opuesto a esa cualidad de "sed" insaciable. Por lo tanto, es necesario acercarse a los Tzadikim porque, sin el Tzadik, ni siquiera aquél que estudia constantemente y que se dedica al servicio a Dios, sabe cómo comportarse en sus devociones.

3. Cuando la persona se arrepiente por amor no queda rastro

alguno de sus pecados. Entonces merece orar y estudiar con una mente lúcida -lo que es llamado "conciencia expandida"- y entonces es capaz de orar como debe y estudiar y comprender sin tener que profundizar demasiado. También se hace digna de renovar diariamente sus facultades mentales.

77

1. Como regla general, todo lo que debemos hacer, tanto con la plegaria como con el estudio de la Torá, tiene la finalidad de revelar el Reinado de Dios.

13 Iyar

78 - "Él le dará fortaleza a Su Rey"
(Samuel I, 2:10)

1. El habla sagrada -es decir, palabras de Torá, de plegaria y las conversaciones sobre el temor a Dios y Su servicio- es algo extremadamente exaltado y valioso. Ello se debe a que el habla sagrada está asociada con la Presencia Divina, que es la revelación del Reinado de Dios y de la fe en Él. El habla sagrada también está identificada con el espíritu del Mashíaj, con el espíritu sagrado de la profecía (*rúaj hakodesh*), con la resurrección de los muertos y con la unificación del Santo, bendito sea y de la Presencia Divina.

2. El habla también se identifica con la idea de "la madre de los niños" (Salmos 113:9). Esto significa que, así como una madre está siempre junto a sus hijos, incluso en los lugares inmundos, y nunca los olvida, de manera similar el habla acompaña siempre a la persona, incluso en los lugares inmundos y constantemente le hace recordar a Dios. En otras palabras, aunque la persona haya descendido a un nivel extremadamente bajo, Dios no lo permita, sea donde fuere que esté, mediante el habla, siempre podrá recordar a Dios. De acuerdo a ello, sea donde fuere que se encuentre, con el solo hecho de fortalecerse

con la intención de decir al menos algunas palabras sagradas de Torá, de plegaria o de conversación con su Creador -o de dialogar con su *Rav* o con su amigo sobre el temor a Dios y Su servicio- siempre podrá recordar a Dios, incluso en los lugares que están muy alejados de Él - que son llamados "lugares inmundos". Esto se aplica a toda situación, sea cual fuere el lugar en el cual haya caído, que Dios nos salve, porque el habla de la persona no le permite olvidar a Dios. A partir de esto podrás comprender el gran poder del habla, siendo éste un consejo maravilloso y asombroso para todo aquel que no quiera desperdiciar su vida, Dios no lo permita.

3. Sin estudiar Torá es imposible vivir. Hay veces en que la persona arde por Dios, pero su fervor es excesivo, al punto en que, debido a la intensidad de ese descontrolado y apasionado anhelo por Dios, puede consumirse completamente, Dios no lo permita. Sin embargo, mediante el estudio de la Torá se enfría ese fuego abrasador, que entonces arde sólo en la medida apropiada, permitiendo que la persona siga existiendo. Pero a veces, Dios no lo permita, la persona arde con los deseos de este mundo, al punto en que la intensidad de esos fieros deseos puede llegar a consumir todo su cuerpo, Dios no lo permita. Pero cuando la persona estudia Torá, la Torá la guarda y la rescata, extinguiendo ese ardiente fuego para que pueda seguir con vida. De aquí vemos que la vida proviene esencialmente de la Torá.

14 Iyar
79 - "Confía en Dios y haz el bien"
(Salmos 37:3)

1. Cada persona debe asegurarse de no ser responsable del atraso de la llegada del Mashíaj. Específicamente, debe ocuparse de rectificar sus acciones y de arrepentirse por completo, para no retrasar la llegada del Mashíaj debido a sus pecados.

2. En cada verdadero Tzadik hay una revelación de Mashíaj.

Cada verdadero Tzadik tiene al menos un aspecto de Mashíaj identificado con Moisés - es decir, una extrema humildad acompañada del saber de su verdadera bajeza y de la importancia y la grandeza del pueblo judío, al punto de dar su vida por ellos. El Tzadik verdadero merece todo eso por el hecho de haberse arrepentido completamente, al punto de haber expulsado totalmente el mal en él, habiéndose vuelto completamente bueno - y en verdad también ello es un aspecto de Moisés-Mashíaj.

3. Hay gente que no está firmemente establecida en el servicio a Dios y cuyo arrepentimiento no es aún completo. A veces tienen pensamientos de arrepentimiento y se embarcan en el servicio a Dios; más tarde caen, pero subsecuentemente vuelven a despertar una vez más. Tales personas están constantemente cambiando del mal al bien y del bien al mal - es decir, a veces están "impuras" y a veces están "puras", a veces son "inválidas" y a veces son "válidas", y así en más. Esa clase de arrepentimiento está asociado con los seis días de trabajo, en el hecho de que uno nunca descansa. Sin embargo, cuando la persona se arrepiente por completo, ese arrepentimiento está asociado con el Shabat, en el hecho de experimentar un absoluto descanso; el mal es totalmente expulsado y la persona se vuelve enteramente buena. Entonces puede percibir su propia y verdadera bajeza y la importancia y la grandeza del pueblo judío, hasta que, como resultado, es capaz de dar su vida por ellos. Éste es el aspecto de Moisés-Mashíaj.

4. Mediante la santidad del Shabat, la persona merece una verdadera humildad. Ello significa que puede percibir su propia bajeza y reconocer la importancia del pueblo judío y dar su vida por ellos, tal como hizo Moisés, nuestro maestro.

5. La esencia de la humildad es cuando la persona se considera a sí misma por debajo de su propio nivel e inferior a lo que realmente es. Esta idea está aludida en lo que dice la Torá con respecto al Shabat: "Que toda persona permanezca bajo su lugar; que no salga de su lugar" (Éxodo 16:29). "Bajo su lugar" significa

Lección 80   15 Iyar

más abajo de su nivel; y al menos, "que no salga de su lugar" - más arriba de su nivel [es decir, que no piense que está más arriba de lo que en verdad está].

6. Cuando la persona es humilde y de espíritu modesto, nadie puede sacarla o empujarla fuera de su lugar - en otras palabras, quitarle el sustento, Dios no lo permita.

15 Iyar
80 - "Dios le da fuerza a Su pueblo"
(Salmos 29:11)

1. La esencia de la paz es la unión de dos opuestos. Por lo tanto, no te preocupes si ves a una persona que tiene opiniones diametralmente opuestas a las tuyas y te parece absolutamente imposible que puedas llegar a estar en paz con ella. De manera similar, cuando veas a dos personas que son completamente disímiles, no digas que es imposible hacer la paz entre ellas. Por el contrario, la perfección más grande de la paz es buscar que haya paz entre los dos opuestos, tal como hace Dios, Quien hace paz en Sus alturas, entre el fuego y el agua, que también son dos opuestos.

2. Para merecer la paz es necesario tener la voluntad de entregar la vida en aras de la santificación del Nombre de Dios (para más explicaciones ver la lección en el *Likutey Moharán*). Como resultado, la persona se hace digna de decir palabras sagradas de Torá y de plegaria - es decir, puede poner toda su mente, su sabiduría y su conocimiento en las palabras que está diciendo y unir estrechamente sus pensamientos a esas palabras, hasta llegar a comprender y a oír claramente lo que está diciendo. Ésta es la esencia del habla sagrada de la que Dios siente un gran placer. Esto se merece gracias a la paz que se alcanza debido a la voluntad de entregar la vida en aras de la santificación del Nombre de Dios.

3. Hasta los más bajos de los judíos -hasta los pecadores judíos-

cuando los gentiles intentan forzarlos a traicionar su religión, Dios no lo permita, entregan sus vidas en aras de la santificación del Nombre de Dios - como hemos visto tantas veces. Por lo tanto, la persona debe recordar constantemente que tiene la voluntad de dar su vida en aras de la santificación del Nombre de Dios - pues ésa es la esencia de la santidad del judío y con ello alcanza la paz.

4. Éste es un consejo muy bueno para orar con concentración y sentimiento. Pues cada vez que la persona no pueda concentrarse en la plegaria debido a los muchos pensamientos que la perturben, deberá recordar que tiene la voluntad de dar la vida en aras de la santificación del Nombre de Dios - dado que incluso los pecadores judíos dan la vida por ello. Mediante la voluntad de entregar la vida en aras de la santificación del Nombre de Dios podrá unir los pensamientos con el habla y llegar a orar con concentración y sentimiento. Además de este consejo, la perfección esencial de la plegaria es orar con un total autosacrificio.

16 Iyar

81

1. A veces el Tzadik habla con la gente sobre cuestiones mundanas, lo que es muy beneficioso para las personas. Esto se debe a que hay gente que se encuentra extremadamente lejos de la Torá y del conocimiento de Dios, al punto en que es imposible hacerles llegar palabras de Torá. Más bien, es necesario acercarlas específicamente mediante las conversaciones mundanas en las cuales el Tzadik viste y oculta las enseñanzas de Torá que desea transmitirles. A veces esto también es beneficioso para el Tzadik mismo, dado que él necesita aclarar su mente y darse vida a través de esa clase de conversaciones. Entonces, de hecho, un gran beneficio recae sobre la persona que habla sobre temas mundanos con el Tzadik, pues ello le da vida al Tzadik.

82

1. La vergüenza está asociada con la *orlá* (el prepucio que cubre el órgano masculino), como está escrito, "No podemos darle nuestra hermana a un hombre que tiene la *orlá* porque es una vergüenza para nosotros" (Génesis 34:14). Ahora bien, la *orlá* está compuesta por tres capas de piel, paralelas a las tres fuerzas de la impureza espiritual conocidas como el "viento tormentoso", la "gran nube" y el "fuego centelleante" (Ezequiel 1:4). Cuando la persona se mantiene en silencio al ser avergonzada, repele esas tres fuerzas impuras - dado que no desea reñir y avergonzar al otro. Debajo del prepucio hay una cuarta membrana fina de piel que es un paralelo de la fuerza impura de *noga* [la interfase entre la santidad y las tres fuerzas completamente malas de la impureza]. *Noga* es un paralelo del *jashmal* (brillo) - es decir, *JaSh MaL*, dado que mantenerse en silencio (*laJaShot*) al ser avergonzado es también el concepto de la circuncisión (*MiLâ*), donde se retiran las tres *klipot* impuras.

Es sabido que *noga* está a veces incluida en la santidad y otras veces en lo opuesto [i.e., el lado de la impureza]. De modo que el silencio de la persona al ser avergonzada tiene también esos dos aspectos. A veces la persona se refrena de responderle a quien la avergüenza para producirle un mayor dolor a su antagonista; así, mediante su silencio, avergüenza mucho más al otro. Ese silencio -que corresponde a *noga*- está incluido entonces en el lado de la impureza, el lado de la vergüenza. Pero aquellos que son avergonzados y no responden, actuando por amor - es decir, se mantienen en silencio por amor, dado que no desean avergonzar ni humillar a la otra persona, entonces su silencio -que es *noga*- está incluido en el lado de la santidad.

Se enseña en los escritos del Ari, de bendita memoria, que en Erev Shabat la fuerza impura de *noga* está incluida en el lado de la santidad y que las tres fuerzas totalmente impuras también desean ascender y aferrarse a la santidad. Pero en ese momento una "llama de Dios" desciende y quema a las fuerzas impuras para que no puedan aferrarse a la santidad; ver la lección. Por lo tanto, nuestros Sabios, de bendita memoria, dijeron que aquellos que se mantienen en silencio por amor están descritos en el versículo, "Aquellos que Lo aman son como el sol que sale con toda su fuerza" (Jueces 5:31; *Shabat* 88b). En otras palabras, son como la "llama de Dios" mediante la cual *noga* está incluida en el lado de la santidad, como en el concepto del *JaSh MaL* - dado que esa clase de silencio representa la anulación de la *orlá* y de la vergüenza.

17 Iyar

83

1. Las emisiones nocturnas son causadas por la fuerza impura llamada *Lilit*, que se nutre de las seis letras del *Alef-Bet* que contienen incluidas en sus nombres completos la letra *Pei* (ó *Fei*).*

* Éstas son: *AleF*, *KaF*, *KaF* final, *Pei*, *Pei* final y *KuF*.

Seis veces la letra *Fei* [cuyo valor numérico equivale a ochenta] suma 480, que también es el valor numérico del nombre de esa fuerza impura (*LILIT*). Cuando la fuerza impura se nutre de esas letras, la letra *Fei* se transforma en *AF* (ira) y las fuerzas del juicio estricto se levantan para vengarse de la persona, Dios nos salve. La rectificación de ello es dar caridad en secreto, dado que de esa manera la persona redime las chispas de santidad, sacándolas del lado de la impureza, revirtiendo así *AF* (*Alef Fei*) en *Fe* (*Fei Alef*). Éste es el significado del versículo, "La caridad dada en secreto anula la ira" (Proverbios 21:14). Es decir, anula y revierte la *AF* y la vuelve a transformar en una letra *Fei*.

84

1. Está escrito en el santo *Zohar* (III, 123a), "No hay día que no contenga algo de bien" y (*Avodá Zará* 19b) "No hay otro bien más que la Torá". Esto significa que en cada día hay un bien oculto

- es decir, los secretos de la Torá que se relacionan con ese día en particular. Sin embargo, cuando la persona desea reflexionar y pensar sobre las ideas de la Torá -es decir, sobre los secretos de la Torá- y no es digna de hacerlo, las serpientes y los escorpiones confunden sus pensamientos para que no pueda entrar al lugar al que no está capacitada. Esos son los pensamientos que le llegan para distraerla y confundirla. Pero cuando la persona desea y anhela profundamente poder acceder a ese bien oculto y se apega a los buenos rasgos de carácter, esos mismos buenos rasgos le sirven como portales a través de los cuales puede ver y comprender el bien oculto contenido en cada día. Entonces cada día se vuelve mucho más largo y extendido, dado que ahora ve y comprende el bien oculto - es decir, los secretos de la Torá que se relacionan con cada día.

Éste es el verdadero significado de la frase "largo de días". Más que ningún otro rasgo de carácter, la persona merece este "largo de días" gracias a la cualidad de la docilidad con la cual cede frente a los demás en casos de disputas monetarias - ésta era la cualidad de Abraham, nuestro patriarca. Mediante la cualidad de la docilidad, caen y se anulan todas las serpientes y escorpiones -es decir, los pensamientos externos y confusos- la mente se vuelve clara y pura y la persona puede acceder, cada día, al bien oculto relacionado con ese día.

85

1. Mediante la percepción mental y el conocimiento de que "Dios es el Señor", la persona rectifica y acrecienta el Maljut para aceptar sobre sí el yugo del Reinado del Cielo (para más explicaciones ver la lección en el *Likutey Moharán*).

18 Iyar

86 - "Quien camina con pasos cortos"
(Canción para la Mesa del Shabat)

1. Durante los seis días de la semana, el principal dominio de las fuerzas externas se ejerce sobre los "pies" - es decir, no permiten que la persona camine en la senda de Dios. Sin embargo, en el santo día del Shabat los "pies" retoman la capacidad de caminar, tal cual está aludido en el versículo, "Si vuelves tus pies debido al Shabat" Isaías (58:3). Pero así como el niño que comienza a caminar necesita de una ayuda para sostenerse, de la misma manera, cuando la persona comienza a caminar en las sendas de Dios en el Shabat, también necesita de ayuda. Esa ayuda es el elemento de la verdad, que es parte integral de la santidad del Shabat, como dijeron nuestros Sabios, de bendita memoria, "Hasta el más inculto teme mentir en Shabat" (cf. *Demai* 4:1). Sin embargo, es necesario darles fuerza a los pies, para que puedan caminar bien. Ello se logra mediante la caridad del Shabat, cuando uno le da caridad a alguien para cubrir sus necesidades del Shabat o cuando recibe en su mesa a una persona pobre.

2. La caridad está asociada con el sol, como está escrito "Un sol de caridad" (Malají 3:20). La caridad que la persona hace durante los días de la semana corresponde al sol tal cual existe ahora. La caridad del Shabat corresponde al sol cuando sea renovado en el futuro, que será "como la luz de los siete días de la creación" (Isaías 30:26).

87

1. Cuando alguien se disponga a seguir el sendero de la rectitud, deberá tener temor a Dios - es decir, deberá sentir al menos temor al castigo. Esa clase de temor es llamado *tzedek* ("rectitud" o "justicia") y está asociado con los juicios estrictos. Así, en general, cuando la persona comienza a servir a Dios, se ve acuciada por los juicios estrictos y los sufrimientos, Dios no lo

permita. Sin embargo, cuando llega a la verdad - es decir, al temor a la grandeza de Dios, lo que es llamado "fe", entonces los juicios estrictos se mitigan en su raíz y desciende un gran amor y compasión sobre la persona.

88 - "Que cubre los cielos con nubes"
(Salmos 147:8)

1. El temor y el amor a Dios del Tzadik son sus "manos", con las cuales recibe todo el influjo de abundancia y todas las bendiciones, canalizándolas hacia el pueblo judío. Sin embargo, él cubre y oculta ese temor y ese amor para que los acusadores no lo denuncien y se apropien del influjo.

2. Pero cuando el Tzadik es muy conocido, los acusadores saben de él y se esfuerzan para impedir que haga descender el influjo de abundancia sobre el pueblo judío. Consecuentemente, el Santo, bendito sea, pone en el corazón de otro Tzadik la idea de oponerse al primer Tzadik, para ocultarlo; y para que, de esa manera, pueda hacer descender el influjo de abundancia.

19 Iyar

89

1. Cuando la persona sabe que todas sus carencias y todas sus necesidades también existen en la Presencia Divina, ciertamente siente una gran pena y tristeza y no puede servir a Dios con alegría. Por lo tanto, debe decirse, "¿Qué soy yo para que el Rey Mismo me deba decir lo que Le falta? ¿Acaso hay un mayor honor que éste?". De esa manera, alcanzará una gran alegría y se renovarán sus facultades mentales.

90

1. Cuando la persona se regocija en Dios, se completa todo aquello que falta en la Presencia Divina.

91

1. La fe debe ser extremadamente fuerte, al punto de extenderse por todos los miembros del cuerpo. Entonces, mediante esa fe, la persona llegará eventualmente a la comprensión intelectual. En otras palabras, merecerá entender con el intelecto aquello en lo cual inicialmente debía creer - porque no lo comprendía. Sin embargo, aún habrá cosas más elevadas que será incapaz de aprehender de manera intelectual. Entonces deberá fortalecerse más aún en la fe para creer en aquello que aún no comprende con el intelecto, hasta que también merezca entender esas cosas; y así, este proceso continúa por siempre.

92

1. Al caminar, deambulando ida y vuelta, incluso dentro de la propia casa, la persona puede mitigar los juicios estrictos y hacer que los muertos vuelvan a la vida (para más explicación ver la lección en el *Likutey Moharán*).

20 Iyar

93 – Llevando a Cabo los Negocios con Fidelidad

1. Al llevar a cabo sus negocios con fidelidad la persona hace que el Nombre del Cielo sea amado y cumple con la mitzvá positiva de "Ama a tu prójimo como a ti mismo" (Levítico 19:18) - que es la raíz de todos los otros preceptos, como está escrito en el *Tikuney Zohar* (#20).

2. Al llevar a cabo sus negocios con fidelidad, la persona alcanza también un nivel más allá y por sobre el tiempo y, como resultado, podrá orar con una mente clara.

94

1. Toda vez que quieras que Dios haga descender Su bondad sobre el pueblo judío, deberás tener fe en que existen en todas las cosas chispas de santidad; también tendrás que unir la fe con la sabiduría (dado que mediante la fe, la persona llega a la comprensión intelectual, tal cual se explicó más arriba, en la Lección #91). Entonces tendrás la clase de "mirada santa" (lit. "ojo santo") mediante la cual, al contemplar las cosas del mundo, se elevan las chispas de santidad - que son las letras que están en ellas. Al elevar esas letras, éstas conforman palabras sagradas con las cuales Dios hace descender abundante bien sobre el pueblo judío. Éste es el deleite más grande de Dios.

95

1. Cuando los líderes y los guías de la generación se vuelven orgullosos, el Santo, bendito sea, les envía gente para que se les oponga y hable en contra de ellos, para que no se vuelvan autoritarios.

96

1. Los pensamientos externos que le llegan a la persona cuando está orando -y particularmente al Tzadik que desea orar con un gran apego a Dios- derivan de las chispas de santidad que cayeron en el momento de la Rotura de los Recipientes. Esos pensamientos externos le llegan a cada persona de acuerdo al atributo y al nivel que haya alcanzado hasta ese momento. El Tzadik necesita saber de qué mundo y de qué atributo deriva

ese pensamiento en particular y también debe saber cómo elevarlo al mundo y al atributo en el cual reside en ese momento.

Sin embargo, a veces el Tzadik desea elevar un pensamiento en particular pero es incapaz de hacerlo. Ello se debe a que ese pensamiento se originó en un nivel que el Tzadik aún no ha alcanzado y por ello le es imposible elevarlo. ¿Cómo es posible entonces que un pensamiento le llegue a él antes de su tiempo? La explicación es que cuando hay oposición en contra de un Tzadik, los pensamientos extraños correspondientes a ese conflicto se levantan en la mente de otro Tzadik. Y debido a que el segundo Tzadik quiere elevar ese pensamiento, aunque es incapaz de ello, con el poder del deseo de hacerlo quiebra a todos los oponentes del primer Tzadik.

97

1. Cada judío puede, con sus plegarias, alcanzar el dominio y llevar a cabo lo que desee. Sin embargo, el mayor impedimento para ello es el falso orgullo y los pensamientos externos que se experimentan durante la oración. Pues hay personas que se sienten orgullosas de su linaje distinguido o del hecho de que han trabajado muy duro en el servicio al Creador; en tal caso, les es ciertamente imposible alcanzar el dominio mediante las plegarias. Por lo tanto, al ponerse de pie para orar, deberán prevalecer y quebrar todo eso y olvidar por completo su linaje distinguido o lo que han debido luchar en su servicio a Dios. En su lugar, deberán imaginar que han sido creadas hoy y que aún no se han esforzado en el trabajo del servicio a Dios. Más aún, deberán imaginar que están solas en el mundo y que no tienen ninguna conexión familiar distinguida. Deberán quebrar y anular todos los otros pensamientos externos que se levanten en su mente durante la plegaria, que vienen como resultado de los pecados que cometieron en otras épocas o de los pensamientos pecaminosos - entonces serán capaces de lograr el dominio mediante sus oraciones. En ese momento se cumplirá el deseo del Creador, pues Dios siente un gran placer

en la plegaria de esas personas. Consecuentemente, harán descender al mundo todos los influjos de abundancia.

22 Iyar

98

1. Uno no puede ver cuán lejos llega el daño generado por sus pecados. Pero el Tzadik tiene los "ojos de Dios", como está escrito, "Los ojos de Dios son para los Tzadikim" (Salmos 34:16) y él sí puede ver la amplitud del daño causado por los pecados de la persona. Así, cuando el Tzadik desea castigar a alguien, le da sus ojos para que también pueda ver la verdadera extensión del daño causado por sus pecados; dado que hasta ese entonces, ese conocimiento le estaba oculto. Y no hay castigo más grande que el hecho de que la persona vea el daño que ha producido.

99

1. La persona debe siempre fortalecerse en sus plegarias - así ore con una gran unión a Dios y con un sentimiento sincero o, por el contrario, aunque no sea capaz de orar con unión y sentimiento sincero y sus plegarias no sean fluidas, Dios no lo permita. En el segundo caso, aun así deberá fortalecerse para orar con todas sus fuerzas y con total concentración. Pues, cuando llegue a ser digna de orar con unión y con un sincero sentimiento y sus plegarias surjan fluidas, como debe ser, entonces todas sus otras plegarias ascenderán junto con la plegaria que está diciendo de la manera apropiada.

100

1. Cuando el Tzadik alcanza una gran iluminación proveniente de la luz de la Torá y sus acciones están al menos a la altura de su nivel de percepción de la Torá, entonces su rectitud y su comprensión de la Torá se encuentran en paz y

consecuentemente actúa de manera amigable con las otras personas. Pero en cuanto al Tzadik que ha alcanzado un nivel de sabiduría de Torá y de iluminación que son desproporcionadamente grandes en comparación con sus acciones - en él arde entonces el fuego sagrado de la Torá y le es imposible comportarse de manera amigable con las otras personas o de estar tranquilamente con ellas de la manera en que puede hacerlo el primer Tzadik.

23 Iyar

101

1. Todo judío posee la cualidad llamada "rostro radiante", que está asociada con el conocimiento y la percepción de la santa Torá en su aspecto de "elixir de vida". Esa cualidad constituye la santidad del pueblo judío, quien, en su raíz, se encuentra totalmente separado de todos los rasgos negativos y de los deseos físicos. Cada judío también contiene en sí la cualidad de las setenta naciones gentiles asociada con la Torá en su aspecto de "poción mortal" y de "rostro oscuro" - identificado con la oscuridad y el ocultamiento del conocimiento. Cuando se trabaja en el estudio de la Torá en aras del Cielo hasta merecer aprehender y comprender la sabiduría de la santa Torá, se pasa así del "rostro oscuro" al "rostro radiante". Se anula la esclavitud a los deseos físicos y a los rasgos negativos de las setenta naciones -que corresponden al "rostro oscuro"- y se es llamado *Adam* (un hombre), como en, "Ésta es la Torá, el hombre" (Números 19:14) y "Ustedes son llamados *adam* y los gentiles no son llamados *adam*" (Iebamot 61a). Pues es gracias a la sagrada Torá que uno merece ser llamado *adam*, lo que se identifica con el "rostro radiante" y con el haber quebrado y estar lejos de los deseos físicos y de los rasgos negativos. Con ello, la persona merece verse libre del yugo de la esclavitud de las naciones también en el plano físico, como enseñaron nuestros Sabios, de bendita memoria, "A todo aquel que acepte el yugo de la Torá le serán retirados el yugo del gobierno y el yugo de las responsabilidades mundanas" (Avot 3:5).

Lección 102-104 24 Iyar

102

1. Cada uno debe asegurarse de orar para despertar y traer un influjo de abundancia al mundo. Sin embargo, esa capacidad depende del temor a Dios, dado que "Cuando la persona tiene temor al Cielo, sus palabras son tomadas en cuenta" (*Berajot* 6b). Ahora bien, hay dos clases de temor. El primero es el "temor superior" que le llega a la persona de manera esporádica, cuando este temor lo desea. Para ese tipo de temor no hay recompensa Celestial dado que la persona no hizo nada para obtenerlo. Y en cuanto al segundo tipo de temor que le llega a la persona como resultado de sus propios esfuerzos - a esa clase de temor hace referencia el versículo, "Los Tzadikim gobiernan con el temor a Dios" (Samuel II, 23:3). Con ese tipo de temor, las plegarias son oídas, lo que hace descender un influjo de abundancia al mundo y se revela y se exalta el Reinado de Dios.

103

1. Esta lección explica el motivo por el cual Moisés llamó a las Tribus de Rubén y de Gad "una banda de pecadores" (Números 32:14), que Onkelos traduce como "discípulos de hombres culpables" (para más explicación ver la lección en el *Likutey Moharán*).

24 Iyar

104

1. Esta lección explica el motivo por el cual el Midrash afirma que debido a que Moisés llamó a las Tribus de Gad y de Rubén "una banda de pecadores", fue castigado con un nieto que sirvió al ídolo de Mica (Jueces 17 y sig.) (para mas explicación ver la lección en el *Likutey Moharán*).

105

1. El arrepentimiento depende principalmente de la Torá. Específicamente, cuando la persona estudia Torá, esforzándose en ello hasta merecer deducir una cosa a partir de otra y desarrollando nuevas ideas de Torá en aras del Cielo - eso es el arrepentimiento completo. Entonces hace retornar y une todas las letras y las combinaciones de letras que se encuentran en su porción de la totalidad de los mundos, uniéndolas con su raíz y con su lugar, haciéndolas retornar de los lugares a los cuales fueron expulsadas y diseminadas; se transforma en una nueva persona y su mente realmente se asienta. De esa manera se vuelve digna de despertar la compasión de Dios hasta llegar a merecer que Dios Mismo ore por ella - en otras palabras, que Dios, mediante Su nivel inferior de "compasión simple", despierte a Su Propio y elevado nivel de "compasión grande y abundante". Entonces la persona experimentará una salvación grande y total. Amén.

106

1. Cuando la persona se encuentre en un estado de conciencia restringida deberá fortalecerse y trabajar para llegar a un estado de conciencia expandida. Entonces, al alcanzar el estado de conciencia expandida se mitigarán los juicios estrictos y atraerá sobre sí el amor Divino y la compasión. Sin embargo, si no es capaz de llegar por sí misma a la conciencia expandida, la solución será enseñarles sabiduría a los demás. De esa manera, despertará su conciencia.

107

1. Cuando la mala inclinación se levante en tu contra para tentarte con el orgullo y para llevarte a pensar que ya te encuentras en la categoría de "El Tzadik gobierna con el temor a Dios" (Samuel II, 23:3) y que la voluntad de Dios, por así decirlo,

está en tus manos - dado que se nos ha enseñado, "¿Quién gobierna sobre Mí? El Tzadik" (*Moed Katán* 16b) - entonces deberás emplear ése mismo recurso como su propia respuesta y decir, "¿Cómo es posible que yo pueda gobernar cuando soy orgulloso y vanidoso y Dios no habita en mí?", como han dicho nuestros Sabios de bendita memoria (*Erjin* 15b; *Sotá* 5a).

108

1. Si la persona está orando con la apropiada unión a Dios o se encuentra recluida hablando con Dios en *hitbodedut* con el sentimiento adecuado y en medio de ello cae de su nivel, ello se debe a una falla en su fe. Entonces deberá quebrantar su corazón y avergonzarse por haber caído de esa manera y por haber sido arrojada del cielo a la tierra, y deberá sentir una gran piedad de sí misma hasta llegar a suspirar por ello. Mediante ese suspiro retornará a su nivel.

25 Iyar
109 - El Suspiro de Santidad

1. El suspiro de santidad es algo muy valioso en verdad. Ello se debe a que cuando la persona suspira por el hecho de encontrarse lejos de la santidad se separa de la "cuerda de la impureza", de la cual su alma ha estado tomando la vitalidad hasta ese momento y se conecta con la "cuerda de la santidad". Por el contrario, cuando la persona suspira por algún deseo físico o por alguna pasión que anhela satisfacer se separa entonces de la "cuerda de la santidad" hacia la dirección opuesta, Dios no lo permita.

2. El suspiro de la persona debido a sus pecados o a causa de sus pocos logros espirituales es más beneficioso que muchos actos de mortificación y de ayuno.

110

1. La Torá es espiritual y los entes espirituales no ocupan espacio. Por lo tanto, la persona cuyas acciones son puras y virtuosas y cuyo intelecto es espiritual es capaz de aprehender toda la Torá sin olvidar nada. Sin embargo, aquel que le imparte corporeidad a las palabras de la Torá y que las transforma en algo físico termina olvidando la Torá que estudió, Dios no lo permita

111

1. Las iniciales de las palabras "La cabeza de los Hijos de Israel (*Rosh Bnei Israel*)" (Éxodo 30:2), conforman el acróstico *RaBI* ("mi maestro"). Por otro lado, las iniciales de las palabras "Los malvados serán eliminados en la oscuridad (*Reshaim Bajoshej Idamu*)" (Samuel I, 2:9) también conforman el acróstico *RaBI*.

112

1. La enseñanza práctica más importante que emerge de esta lección concierne la gran exaltación de las palabras de la plegaria que son dichas con sinceridad y verdad. Mediante ello, Dios Mismo le irradia Su luz a la persona para que pueda percibir las aberturas que hay en la impureza que la rodea y así pasar de la oscuridad a la gran luz. Esta misma enseñanza fue tratada más arriba en la Lección #9; ver allí lo que está escrito.

En esta lección se explica con más detalle el hecho de que aquel que tenga inteligencia y comprensión deberá orar constantemente para llegar a merecer una vez en su vida decir una palabra de verdad delante de Dios, como corresponde. También se afirma allí que con el consejo ofrecido en esta enseñanza es posible llegar a ser un judío verdaderamente recto durante toda la vida. Ello se debe a que, no importa lo que suceda, la persona puede renovarse y fortalecerse con la verdad

- dado que la verdad es la luz de Dios Mismo pues, "Las tinieblas nada encubren de Ti" (Salmos 139:12). Porque no hay impureza ni fuerza del mal en el mundo que no contenga aberturas a través de las cuales se pueda salir - lo que sucede es que la persona no puede percibirlas debido a la gran oscuridad que allí reina. Pero mediante la verdad, Dios Mismo le irradia luz a la persona, e incluso en las profundidades de su caída llega a merecer poder ver y encontrar una abertura de esperanza a través de la cual salir de la oscuridad hacia la luz y acercarse verdaderamente a Dios, en todo momento. Amén.

26 Iyar

113

1. Dijo el santo Baal Shem Tov, "Antes de que se emita un decreto Celestial en contra de una persona se la consulta sobre el veredicto que le concierne. Si está de acuerdo con ello entonces la sentencia se ejecuta, Dios no lo permita. Es decir, primero se la consulta sobre una situación comparable a la suya, sobre la cual emite un veredicto y entonces el edicto se pasa en su contra". Es similar al episodio del rey David, cuando el profeta Natán le contó la historia del huésped y de la oveja (Samuel II, 12:1) y, de acuerdo con el propio veredicto del rey David sobre ese caso, el decreto fue emitido en su contra tal como él dictaminó. Así, cualquiera sea la conversación o la historia que la persona llegue a oír, deberá tener mucho cuidado de no sellar el veredicto, pues en ello hay una cuestión de vida o muerte - dado que las historias y las conversaciones aparentemente mundanas contienen en verdad temas muy elevados.

114

1. La idea tratada en esta lección ya fue enseñada más arriba en la Lección #88; mira lo que está escrito allí. Sin embargo, en esta lección se establece algo más: También puede haber

personas malvadas que se opongan al Tzadik y todo ello es ordenado intencionalmente desde arriba para que el Tzadik pueda traer un influjo de abundancia al mundo. La persona malvada puede querer matar al Tzadik, pero Dios no dejará que el Tzadik caiga en sus manos.

115

1. Cuando la persona que ha corrido toda su vida tras la materialidad se despierta y desea caminar en las sendas de Dios, el atributo Divino del juicio la denuncia y no le permite acercarse a Dios, presentándole todo tipo de obstáculos. Ahora bien, un tonto, al ver los obstáculos, se volverá atrás. Pero aquél que tenga comprensión se acercará a Dios precisamente en ese momento Pues al mirar encontrará al Creador en el mismo obstáculo - dado que, en verdad, Dios Mismo está oculto en ese obstáculo.

116

1. El que da caridad es salvado del pecado.

27 Iyar

117

1. El sábado a la noche, después de la conclusión del Shabat, comienza la revelación del profeta Elías; y esto, a su vez, elimina la mentira que está identificada con la serpiente primordial que trajo la muerte al mundo. Éste es el motivo por el cual la gente encuentra difícil dormirse en esa noche, dado que el concepto del sueño también es un aspecto de la mentira, de la muerte y de la serpiente (para más explicación ver la lección en el *Likutey Moharán*). Otra explicación es que la ceremonia de la *havdalá*, a la finalización del Shabat, se identifica con el concepto de comprensión (*daat*), dado que "Si no hay comprensión, ¿cómo puede haber *havdalá* ('diferenciación')?" (*Ierushalmi, Berajot* 5:2).

Por lo tanto, es difícil dormirse, porque el sueño implica la falta de comprensión.

118 - Sobre Explicar Lo Que Se Estudia

1. Cuando la persona estudia algo en la Torá, es bueno que lo explique en el idioma que comprenda - esta práctica también es beneficiosa para el mundo.

2. El Tzadik más grande de la generación es un aspecto de Moisés-Mashíaj. Ahora bien, cuando ese Tzadik trae nuevas ideas de Torá, ello equivale conceptualmente a "'El espíritu de Dios' - es decir, el espíritu del Mashíaj - 'sobrevolaba sobre la faz de las aguas' - agua es la Torá" (Zohar I, 192b). Y así como Mashíaj sufre aflicciones para expiar por todo el pueblo judío, el Tzadik más grande de la generación también sufre aflicciones en aras del pueblo judío, para facilitarles la comprensión. Pues, el hecho de que seamos incapaces de comprender las enseñanzas originales de Torá del Tzadik en su lugar y tal cual son -es decir de la manera en que salen de la boca del Tzadik en las alturas exaltadas- y el hecho de que ellos nos las deban explicar en una forma inferior en *idish* o en algún otro idioma - esto también es un aspecto de "'Él fue golpeado (*meJuLal*) debido a nuestras transgresiones' (Isaías 53:5) - en otras palabras, él se vuelve profano (*JoL*) debido a nosotros" (Zohar III, 280a). Y para el Tzadik también ello es considerado un sufrimiento para expiar por el pueblo judío.

28 Iyar

119

1. En Shabat, cada persona se impregna de conocimiento sagrado (*daat*). Con ello se fortalece su atributo de la compasión, lo que hace que actúe compasivamente con los demás, pues la compasión depende del conocimiento. Y debido a que tiene compasión, desde el Cielo se compadecen de ella.

120

1. Estudiar algo en un libro no tiene el mismo poder inspirador que oírlo directamente de boca del Tzadik. Este hecho es también reconocido explícitamente en la Torá (para más explicación ver la lección en el *Likutey Moharán*).

121

1. Sea lo que fuere que la persona esté leyendo en un libro o estudiando, siempre deberá verse a sí misma allí. En otras palabras, deberá tomar para sí las instrucciones morales y contemplar su propia pequeñez y bajeza. Ello es una señal de que desea cumplir con la voluntad de Dios.

122

1. El deseo de victoria (*nitzajón*) es un rasgo que no puede tolerar la verdad. Como resultado de ese atributo, aunque a uno se le demuestre la verdad patente, la rechazará de plano. Por lo tanto, todo aquel que quiera acceder a la verdad deberá deshacerse del deseo de victoria y entonces podrá contemplar la verdad, si así lo desea. Por otro lado, Dios es verdad, incluso en Su atributo de victoria. Ésta es la explicación del versículo, "Tampoco miente el Victorioso de Israel" (Samuel I, 15:29).

123

1. La esencia y el fundamento del cual todo depende es unirse al Tzadik de la generación y aceptar todo lo que él diga como un hecho absoluto, así sea algo pequeño o grande, y no apartarse de sus palabras, Dios no lo permita, ni a la derecha ni a la izquierda. Será necesario abandonar todas las nociones sofisticadas y dejar de lado el propio conocimiento, como si no se tuviese inteligencia alguna, excepto aquella que se recibe

del verdadero Tzadik y *Rav*. Mientras se mantenga algo del propio intelecto, se seguirá en un estado de imperfección y no se estará unido al Tzadik.

De manera similar, el factor esencial que permitió que el pueblo judío recibiese la Torá fue el hecho de que abandonaron todas sus nociones sofisticadas y "Ellos creyeron en Dios y en Moisés, Su siervo" (Éxodo 14:31). Esa misma idea se expresa en el versículo, "Una nación tonta y no sabia" (Deuteronomio 32:6) que el *Targúm* traduce como "Una nación que recibió la Torá y no actuó de manera sabia". Además, el componente básico en la aceptación del yugo del Reinado del Cielo es el hecho de abandonar y de anular toda clase de nociones sofisticadas y comportarse con sencillez y simpleza. Pues sólo la sagrada Torá es la verdadera sabiduría y todas las otras sabidurías son totalmente insignificantes frente a ella.

124

1. Cuando la persona habla delante de Dios, expresándose con ruegos y súplicas, y desea, por así decirlo, vencer al Santo, bendito sea, para que Él cumpla con sus pedidos - ello le da a Dios un gran placer y una gran alegría. Por lo tanto, Dios le envía a la persona las palabras que ella necesita para vencerlo. Porque de no ser así, es ciertamente imposible que mera "carne y hueso" puedan vencer a Dios; pero Dios Mismo ayuda a la persona en ese esfuerzo.

29 Iyar

125

1. Comer en Shabat es extremadamente valioso y santo, y es una obligación positiva servir cantidad de variadas comidas en el Shabat - pues comer en Shabat es pura Divinidad y santidad. De acuerdo a ello, uno debe cuidarse de que los días de la semana no tengan parte alguna en el comer del Shabat. Es decir,

no se debe comer simplemente porque se tiene hambre desde el día anterior o para no tener hambre al día siguiente - dado que, de esa manera, los días de la semana tendrían una parte en su comer. Por lo tanto, al comer en Shabat la persona sólo debe hacerlo en aras de la santidad del Shabat. Éste es el motivo por el cual la palabra "hoy" aparece tres veces en el versículo de la Torá que hace referencia a la comida del Shabat - para aludir al hecho de que la persona debe comer exclusivamente en aras de la santidad y del honor de ese día.

126

1. Inmediatamente después de comenzar el Shabat y a causa del enorme placer que se experimenta debido al "alma adicional" que llega en el Shabat, la persona comienza a anhelar y a dolerse por la pérdida de esa alma adicional una vez que termine el santo Shabat. Esto está aludido en el versículo, "Él cesó de trabajar y descansó (*Shavat VaINafaSh*)" (Éxodo 31:17), que recitamos al comienzo del Shabat y sobre lo cual comentaron nuestros Sabios, de bendita memoria, "Ahora que es Shabat, *Vai* (¡ay!) por la pérdida del *NeFeSh* (alma)" (*Beitzá* 16a). Esto es similar a lo que se cita en el santo *Zohar* cuando se relata que cada vez que los discípulos del rabí Shimón bar Iojai demostraban un gran deleite por las sagradas enseñanzas que les revelaba su *Rav*, en ese momento comenzaban a anhelar y a extrañar profundamente diciendo "¡Ay de la generación cuando usted fallezca!". Esto y lo que se trató sobre el Shabat son precisamente el mismo fenómeno.

127

1. Las ropas de la persona deben estar siempre en buenas condiciones y nunca rasgadas. Las mismas vestimentas reclaman en contra de la persona si ésta no se ocupa de protegerlas, de honrarlas de la manera apropiada y de mantenerlas limpias.

128

1. Hay ciertas personas que son de alguna manera piadosas y que, debido a que el temor a Dios ha tocado un poco sus corazones, bajan la vista y no miran a las mujeres. Sin embargo, observan disimuladamente y atisban de reojo. Ésta es una manifestación de lo que dicen nuestros Sabios, de bendita memoria, en conexión con la inclinación al mal, "Ellos la cegaron y la dejaron ir" (*Ioma* 69b). Porque esos hombres "ciegan" su mala inclinación al negarse a mirar pero, sin embargo, ésta permanece, porque subrepticiamente miran de reojo.

1 Sivan

129 - "Una tierra que come a sus habitantes"
(Números 13:32)

1. El hecho de que la persona tenga fe en el Tzadik y se acerque a él -aunque no reciba nada del Tzadik- es sin embargo muy bueno. Ello se debe a que mediante esa fe y esa unión el mal en la persona es "comido" por el Tzadik y se vuelve parte de él. Sin embargo todo esto se aplica sólo si la intención de la persona es en aras del Cielo. Pero si la persona viaja para estar cerca de los Tzadikim debido a otros motivos, su conexión con ellos no le será de beneficio alguno.

2. Si la persona viaja a la Tierra de Israel y su intención es en aras del Cielo -es decir, para retornar a Dios- la Tierra de Israel la ayudará enormemente. Ello se debe a que por el mero hecho de entrar a la Tierra de Israel la persona es "comida" por ella y se vuelve parte de ella y de su santidad. Por lo tanto, "Todo aquel que camine aunque más no sea cuatro codos en la Tierra de Israel tendrá garantizado el Mundo que Viene" (*Ketuvot* 111a). Pero si la persona no tiene deseo alguno de servir a Dios y de eliminar el mal en ella, su habitar en la Tierra de Israel no le será de beneficio alguno. Pues la Tierra la vomitará, como en, "Tal como la Tierra

vomitó a la nación que estaba antes de ustedes" (Levítico 18:28).

130

1. Mediante la humildad la persona se salva de la transgresión sexual y merece pureza en esa área. Por el contrario, debido al orgullo y a la vanidad, la mala inclinación ataca y prevalece sobre la persona a través de ese deseo.

131

1. Uno debe temer y recelar del honor, porque el honor a veces es extremadamente peligroso y puede poner en peligro la vida de la persona. Por lo tanto, cuando alguna clase de honor le llegue a la persona, deberá ser extremadamente cuidadosa y recibirlo de la manera apropiada, sólo en aras de Dios. Pues si, Dios no lo permita, llega a dañar el honor, así sea en el espesor de un cabello, puede fallecer debido a ello, Dios no lo permita.

132

1. Hay un Tzadik que es muy conocido en el lugar en donde vive pero que en la región vecina no es famoso ni respetado. No obstante, es célebre en un lugar más lejano. La verdad es que incluso en la región en donde no es famoso ni respetado, también allí, todo el sustento y la vitalidad llegan gracias a él; lo que sucede es que allí esa realidad está oculta. Este fenómeno se encuentra expresado en el santo *Zohar* como "Un arroyo que surge en un lugar y corre bajo tierra hasta que se desborda y emerge en otro lugar distante - pero incluso en el lugar por donde corre bajo tierra riega las raíces de los árboles" (*Zohar* III, 280a).

133

1. En verdad, la santa Torá y los verdaderos Tzadikim irradian una enorme luz a través de todos los mundos. Esta luz es miles y miles de veces más grande que el mundo entero y sus vanidades. Pero debido a que la gente está profundamente sumergida en las vanidades del mundo -dado que éstas se presentan de manera más inmediata ante sus ojos y dado que imaginan que no hay nada mejor que ello- por lo tanto, este mundo -que en verdad es muy pequeño y minúsculo y no tiene ninguna sustancia ni consecuencia- se yergue delante de sus ojos y les impide ver la luz grande y santa de la Torá y de los verdaderos Tzadikim.

Así como una pequeña moneda sostenida frente a los ojos impide ver una gran montaña -pese al hecho de que la montaña es miles de veces más grande que la pequeña moneda- de la misma manera, este pequeño mundo y los deseos de riqueza y de dinero se yerguen frente a los ojos de la persona y le impiden ver la gran luz de la Torá y de los Tzadikim. Pero si la persona reflexiona sobre este hecho y realmente reconoce que una cosa tan pequeña como ésa es la que le está bloqueando e impidiendo ver luces tan grandes -y todo porque está directamente frente a sus ojos- entonces, con un muy pequeño esfuerzo podrá fácilmente sacar a este mundo fuera de su campo visual.

Es decir, puede retirar la vista de este mundo y simplemente dejar de mirarlo. En su lugar, elevará su cabeza, levantará sus ojos y mirará por encima de este pequeño mundo que obstruye y bloquea su visión. Entonces merecerá contemplar en toda su plenitud la luz grande y exaltada de la Torá y de los verdaderos Tzadikim. Al igual que en la analogía de la moneda, donde la persona puede fácilmente retirar la moneda de delante de sus ojos y ver la gran montaña, lo mismo es literalmente así cuando se trata del mundo y de la Torá. El Baal Shem Tov también habló sobre esto al decir, "¡Ay! ¡Ay! ¡Ay! El mundo está pleno de maravillas y de resplandores asombrosos y tremendos. Pero una pequeña mano se encuentra delante de los ojos e impide ver las grandes luces".

134

1. Es necesario ser extremadamente cuidadosos al dar un discurso de Torá en público, tomando la precaución de que las palabras puedan dividirse; de esa manera cada persona sólo oirá aquello de lo cual tiene necesidad y nada más. De modo que aunque se hable en público y se digan las mismas palabras ante todos, aun así, lo que entre en el corazón de cada persona será sólo aquello que se aplique a ella y de lo cual tenga necesidad.

3 Sivan

135 - "Cuando tome el momento designado"
(Salmos 75:3)

1. Un método muy eficaz para salvarse del rasgo del orgullo es honrar a las Festividades y recibirlas con regocijo, con gozo y con un espíritu de alegría; deleitándose en ellas con la comida, con la bebida y con ropas especiales, de acuerdo a los medios de cada uno.

2. El apego al Tzadik también anula el orgullo. La humildad es una buena indicación de que la persona está genuinamente unida al Tzadik.

3. El amor es la esencia del apego al Tzadik. Es decir, uno debe sentir un total amor por el Tzadik y su alma debe estar tan íntimamente unida al alma del Tzadik que el amor por el Tzadik sobrepase por completo el amor por las mujeres, como en, "Tu amor fue maravilloso para mí, más que el amor de las mujeres" (Samuel II, 1:26).

4. Cuando la persona recibe las festividades de la manera

apropiada, ello es como si estuviese visitando a su *Rav* en la festividad, aunque el *Rav* pueda de hecho estar muy lejos de allí. Y a la inversa, si la persona está unida al Tzadik, podrá entonces sentir la santidad de las festividades. Con esto se eleva el Reinado de Santidad de entre las fuerzas de la impureza, se hace caer al Reinado del Mal y se anula el poder del reinado de las naciones.

5. En las festividades se debe retornar en arrepentimiento en medio de la alegría, dado que en cada una de las festividades el mundo es sometido a juicio, como enseñaron nuestros Sabios, de bendita memoria, "En cuatro instancias el mundo es juzgado: en Pesaj... en Shavuot... en Rosh HaShaná... y en Sukot" (Rosh HaShaná 16a). Por lo tanto, es necesario entonces retornar a Dios en arrepentimiento; con ello emerge el Reinado de Santidad de entre las fuerzas de la impureza y se acerca la Redención.

4 Sivan

136

1. Es necesario juzgar a todos de manera favorable. Incluso debemos buscar algún mérito en aquellos que se nos oponen -buscar el mérito en la cosa misma por lo cual se nos oponen- para juzgarlos de manera favorable. De esta manera es posible eliminar por completo la oposición o, alternativamente, producir la caída de los que se nos oponen.

137

1. El exaltado componente Divino dentro de mí me habla y me enseña a guardar Tus palabras.

138

1. La persona que tiene un "corazón puro" (Salmos 24:4), como

en, "Mi corazón está vacío dentro de mí", puede conocer el futuro a través de aquello que le dice su corazón. Pues ésas son las palabras de Dios, literalmente.

139

1. Durante los seis días de la semana reinan las fuerzas externas, de modo que cuando la persona lleva a cabo una mitzvá, las fuerzas impuras se alimentan de los pies de esa mitzvá para que ésta no pueda ascender y andar delante de Dios. Sin embargo, en el Shabat se elimina el reinado de las fuerzas impuras y la mitzvá puede elevarse y andar delante del Santo, bendito sea. Ese fenómeno está expresado en el versículo, "Si vuelves tus pies debido al Shabat" (Isaías 58:13). El Santo, bendito sea, se deleita con ello y siente un gran placer en esa mitzvá y hace con Sus Pies un sendero bien firme.

140

1. Es imposible comprender al Tzadik mismo. No podemos concebirlo pues el Tzadik está más allá de nuestro intelecto. Sólo es posible comprender las virtudes del Tzadik a través de sus seguidores, de aquellos que están cerca de él. Sólo a través de ellos es posible concebir las virtudes del Tzadik - pues la gente no se siente tan alejada de ellos y le es más fácil comprenderlos.

141 - "El Señor, tu Dios, circuncidará tu corazón"
(Deuteronomio 30:6)

1. Si uno llega realmente a ser digno de sentir el verdadero dolor por sus pecados -es decir, si circuncida su corazón al punto en que el corazón realmente siente la magnitud de su angustia-

se sentirá entonces colmado de pena y de remordimiento y verdaderamente retornará en arrepentimiento. Entonces, todos los corazones de todas las gotas de simiente surgidas de él -así sean las que se volvieron su descendencia humana o que fueron llevadas hacia otro lado, Dios no lo permita- también ellas tendrán sus corazones circuncidados y sabrán cómo han sido arrojadas a los lugares inmundos, al abismo más profundo. Esto producirá una gran conmoción en ellas y serán llevadas al arrepentimiento.

2. El momento más propicio para esto es durante el mes de Elul. Porque en ese momento, la persona puede merecer sentir en verdad el dolor de sus pecados, al punto en que también los corazones de su simiente sepan adónde han sido arrastrados - hasta que un gran clamor surja entre ellas y todas retornen a Dios en arrepentimiento.

142

1. Si la persona es incapaz de estudiar Torá -por ejemplo, si no ha sido educada o no posee ningún libro sagrado o se encuentra en el desierto- pero su corazón está encendido y anhela con fervor estudiar Torá, en tal caso, el deseo en su corazón por estudiar es en sí mismo un aspecto de estudiar de un libro sagrado (para más explicaciones ver la lección en el *Likutey Moharán*).

143

1. Aceptar los consejos de los verdaderos Tzadikim mitiga los juicios estrictos y con ello llegan la salvación y la ayuda que la persona necesita. Más aún, cuando uno no acepta el consejo de los Tzadikim, el mal puede llegarle, Dios no lo permita, debido a sus propias acciones, como en, "La locura del hombre pervierte sus caminos" (Proverbios 19:3). Pero cuando se acepta el consejo de los Tzadikim, entonces, aunque las cosas no resulten bien, uno sabe que es la voluntad del Cielo que ello haya sido así.

6 Sivan

144

1. Para el Tzadik que quiebra su deseo de comer incluso en los días en que el comer y el beber están permitidos -como dijeron nuestros Sabios, de bendita memoria, "En las festividades, la mitad del día para Dios y la mitad para ustedes" (Pesajim 68b; la mitad del día se pasa en plegaria, estudio de la Torá, etc., y la otra mitad disfrutando las comidas de la festividad)- que incluso en esos días, mantiene dominado y controlado su deseo de comer - para ese Tzadik no hay diferencia entre la vida y la muerte, pues siempre está sirviendo a Dios.

145

1. Cuando la persona restringe su deseo de disputa se vuelve digna de que se diga en su nombre una ley de la Torá. Consecuentemente, esa persona vive en dos mundos al mismo tiempo y es como si nunca muriese

146

1. La Torá está junto a la persona en el momento del ardor de su deseo y le advierte, "¿Hasta cuándo, tontos van a amar su tontería?" (Proverbios 1:22). Pero debido a la fuerza de los deseos y al espíritu de locura que la posee, la persona no oye su llamado y comete el pecado. Sin embargo, luego de que el deseo ha pasado, inmediatamente reconoce el llamado de la Torá y siente remordimientos por haber pecado.

147

1. Así como la persona que es insolente no tiene parte en la Torá, tampoco aquel que carece de audacia santa tiene parte en la Torá, dado que se debe poseer una audacia santa, como

dijeron nuestros Sabios, de bendita memoria, "Se audaz como un leopardo" (Avot 5:20). Por otro lado, el rasgo de la humildad no es contradictorio con esto, aunque se pudiera haber pensado que la humildad y la audacia santa interferirían una con la otra. La esencia del rasgo de la humildad es cuando la persona se encuentra en un nivel en el que puede vanagloriarse de ser humilde, tal como Moisés, nuestro maestro, que escribió sobre sí mismo en la Torá, "Pero el hombre Moisés era extremadamente humilde" (Números 12:3). De manera similar, encontramos que el rabí Iosef dijo, "No incluyan la humildad porque yo estoy aquí" (Sotá 49b). Éste es el nivel más elevado de humildad.

148

1. La cualidad del temor a Dios tiene infinitos niveles, uno más elevado que el otro (para más explicaciones ver la lección en el *Likutey Moharán*).

7 Sivan

149 - "En medio de la noche me levanto para agradecerte"
(Salmos 119:62)

1. Levantarse a medianoche para estudiar Torá y para orar mitiga los juicios estrictos y es tan eficaz como una redención (*pidion*) dada al Tzadik.

2. "Medianoche" es siempre seis horas después de la caída de la noche tanto en verano como en invierno. Entonces comienza el momento para recitar el *Tikún Jatzot* (el Lamento de Medianoche); y ese período se extiende hasta el final de la segunda guardia de la noche - en otras palabras, por un período de dos horas. Por la mañana es bueno mirar al cielo; de esta manera uno atrae conocimiento sagrado (*daat*) (Zohar II, 57a).

150

1. Cuando Iosef fue tentado por la esposa de Potifar, "Él vio el rostro de su padre" (Sotá 36b; Tanjuma, Vaieshev").

Cómo es que ese rostro se le apareció a Iosef es algo muy misterioso. Pues Iaacov ciertamente no sabía de ello, es decir, no sabía que Iosef estaba siendo tentado, dado que él creía que Iosef había sido devorado por un animal salvaje. Más aún, la enorme dificultad de esa prueba para Iosef, pese al hecho de haber visto el rostro de su padre, es algo misterioso y está oculto del hombre.

151

1. Una *segulá* (remedio divino) para asegurar la concepción es que antes de tener relaciones, el esposo y la esposa reciten el capítulo "Y en sus Lunas Nuevas" (Números 28:11-15). De manera similar, si un niño está enfermo, Dios no lo permita, el padre y la madre deberán recitar el mismo capítulo.

152

1. Cuando llega al mundo un alma santa junto con sus ramas asociadas, ésta se ve rodeada por las fuerzas del mal, quedando sólo una abertura frente a la fe.

La abertura frente a la fe está despejada. Pero a veces, debido al defecto de las ramas, Dios no lo permita, éstas son expulsadas de allí. Es decir son expulsadas de la fe. Entonces las fuerzas de la impureza se extienden por sobre esa abertura impidiéndoles a las ramas entrar allí y acercarse a su raíz, que es esa alma. Pero esa abertura -que es la fe- sólo está ocluida temporalmente, durante el tiempo necesario para alejar a aquellos que no son dignos de acercarse.

Inmediatamente después la abertura retorna y se abre como antes.

Pero cuando, Dios no lo permita, abundan las imperfecciones, las fuerzas circundantes de la impureza obtienen suficiente poder como para extenderse por sobre la abertura e impedir la entrada. Entonces se vuelve alarmante el hecho de que la abertura pueda ser sellada totalmente debido el fortalecimiento de las circundantes fuerzas del mal, Dios no lo permita. Pero en ese momento se aposta en la abertura a una persona temerosa de Dios, que monta guardia para que nadie pase. Ahora bien, pese al hecho de que la abertura aún continúa cerrada, ello sin embargo es beneficioso para combatir a las fuerzas circundantes de la impureza, dado que ahora es imposible que éstas puedan extenderse por sobre la abertura debido a que la persona temerosa de Dios se encuentra allí.

Si uno viaja para estar con el Tzadik y se esfuerza por acercarse a él con total sacrificio y devoción, es posible entonces que pueda unirse a él - aunque la persona temerosa de Dios siga apostada allí, cuidando la abertura, para que nadie pase. Sin embargo sigue siendo imposible que el Tzadik la ilumine con sabiduría - es decir, con el intelecto mismo del Tzadik.

153

1. El estudiante y su *Rav* corresponden, respectivamente, a la luna y al sol. Así, si el estudiante tiene un rostro -es decir, si posee la cualidad espiritual llamada "rostro radiante"- podrá recibir la luz del rostro de su *Rav* - al punto en que la luz del rostro del *Rav* pueda literalmente ser observada en su propio rostro, tal como la luna recibe y refleja la luz del sol. Éste es el significado profundo de lo que es llamado literalmente "recibir el rostro de un estudioso de Torá" [o idiomáticamente, "ir a saludar a un estudioso de Torá"] - es decir que la persona de hecho "recibe el rostro" del estudioso de Torá en su propio rostro. Sin embargo, si el estudiante no tiene un rostro - en

otras palabras, si se encuentra bajo la influencia del "rostro oscuro" debido a que está sumergido en el deseo de riquezas (ver más arriba, Lección #23), entonces, el rostro del *Rav* no puede ser visto en el suyo. De manera similar, la persona que es insolente no posee un rostro de santidad y tampoco puede recibir en su rostro el rostro del *Rav*.

154

1. La enseñanza práctica que emerge de esta lección es que con el *hitbodedut*, mediante el hecho de evaluarse y de juzgarse aquí y en este mundo, la persona evita ser juzgada desde arriba. Entonces no sentirá temor de nada en absoluto y elevará el temor a su raíz, que es el conocimiento (*daat*), sabiendo a Quién se debe temer. Esta idea ya ha sido explicada en extenso más arriba en la Lección #15; mira lo que allí está escrito.

9 Sivan

155 - La Tristeza es un Rasgo Extremadamente Malo

1. La fe es el poder que hace que las cosas crezcan y broten (para más explicación ver la lección del *Likutey Moharán*) y está íntimamente asociada con los atributos de la paciencia y de la tolerancia. Más explícitamente, cuando la persona tiene una fe completa, crece y florece en su servicio a Dios no importa lo que le suceda. Pues no hay confusión ni obstáculo que pueda confundirla, dado que espera con paciencia y sobrelleva todo lo que le sucede. En verdad, los motivos que hacen que tales cosas tengan el poder de impedir y de alejar a la persona del servicio a Dios y la causa por la cual la persona no se acerca a la gente temerosa de Dios, son la pereza, la tristeza y la indolencia que resultan de una falta de fe. Pues si la persona creyese plenamente en la verdad, como es debido, ciertamente correría con gran anhelo y celeridad para estar cerca de los

temerosos de Dios. Por lo mismo, el hecho de que la gente no ore de la manera apropiada se debe igualmente a la pereza y a la indolencia que resultan de la falta de fe. Pues sin lugar a dudas, si la fe de la persona fuese sólida y verdaderamente creyese que Dios está sobre ella, que oye cada palabra que sale de sus labios y que Él realmente escucha las plegarias, ciertamente oraría como se debe, con gran fervor y celo. Sin embargo, el principal motivo por el cual la gente no ora de la manera apropiada es la falta de fe. De manera similar, el hecho de que la gente esté lejos de los Tzadikim, de las personas temerosas de Dios y del verdadero servicio a Dios se debe a una falta de fe, que genera pereza, tristeza e indolencia. Pero nada puede detener a la persona que tiene una fe completa. Pues ella espera con paciencia y sobrelleva todo lo que le sucede, no importa lo que sea, creciendo y floreciendo en su servicio a Dios.

2. Esa fe y esa paciencia se alcanzan mediante la Tierra de Israel. Cada uno debe pedirle a Dios poder anhelar y añorar por la Tierra de Israel hasta merecer estar allí; y también debe pedir para que todos los Tzadikim anhelen por la Tierra de Israel. Éste es también un método eficaz para eliminar la ira y la tristeza, pues la fe y la paciencia de las que uno se vuelve digno en la Tierra de Israel son la antítesis de la ira y de la tristeza.

10 Sivan

156

1. Las sagradas enseñanzas que emergen de esta lección ya fueron registradas en forma abreviada más arriba, en la Lección #21; ver allí.

157

1. Para la persona que verdaderamente se une a las palabras de Torá que surgen de los labios del Tzadik y que realmente disfruta y aprecia esas enseñanzas, es ciertamente imposible más tarde

soportar ni tener ningún deseo por la vida en este mundo.

158

1. Los malvados están llenos de remordimientos. Esos remordimientos se juntan y le llegan a otra persona cuyo corazón, como resultado de ello, se enciende súbitamente por Dios y la lleva a andar por el camino del servicio Divino. Dependiendo del número de remordimientos que le lleguen, así será el tiempo en que arda su corazón por Dios. Pues están aquellos cuyos corazones arden súbitamente por Dios y comienzan a andar en Su servicio; pero luego de una hora o algo así, ese fervor se disipa y vuelven a ser como eran previamente. Otras veces ese fervor puede durar más -unos días o unas semanas- pero no perdura por siempre ni por un período extenso. Todo ello se debe al hecho de que el despertar provino de esos remordimientos. Pero hay otras personas cuyo fervor no les llega a partir de esos remordimientos sino de algún otro lado - dado que no todos son iguales en este respecto.

159

1. La santa Torá contiene dos poderes - fuego y agua. De manera similar, cuando la persona se dedica al estudio de la Torá o reflexiona sobre sus estudios, exhala vapores que contienen calor y humedad - o esencialmente, fuego y agua. Ahora bien, cuando la persona es digna de que su estudio de Torá ascienda hacia la Presencia Divina, los poderes de fuego y de agua se transforman en abundancia espiritual y material.

Pero no todos son dignos de que su estudio de Torá ascienda hacia la Presencia Divina. Cuando la Torá de esas otras personas sale y no puede elevarse a su lugar apropiado, se queda allí, suspendida en el aire. Entonces, en ese momento, los Celadores de la Ley (i.e., las fuerzas del mal; ver *Zohar* I, 203b) que reinan durante la noche salen y golpean esa Torá haciendo que caiga y se disemine por todo el mundo. Entonces, los habitantes del mundo inhalan el aire que está lleno de las enseñanzas de Torá que no fueron dignas de ascender y que se diseminaron por la atmósfera de todo el mundo. Ahora bien, cuando ese aire es inhalado por una persona grande y santa o por alguien que es virtuoso y temeroso de Dios, se crea a partir de ello el "rocío de Torá", con lo que algunas personas merecen alcanzar profundas percepciones y generar nuevas ideas de Torá. En cuanto a la gente más simple, que no es capaz de tener percepciones profundas ni originar nuevas ideas de Torá, ellas reciben una nueva inspiración y un profundo anhelo por la Torá. Y esto también es un aspecto de nuevas ideas, dado que el deseo y la inspiración se renuevan en ellas. Pero cuando la gente que no es virtuosa recibe esa Torá del aire, ésta se transforma para ellas en las treinta y nueve clases de tareas debido a lo cual experimentan un agudo deseo de trabajar y de ocuparse de este mundo. Esto es literalmente el reverso de *TaL Torá* (rocío de Torá) [dado que las letras de *TaL*, *Tet-Lamed*, se revierten para deletrear *Lamed-Tet*, el valor numérico de treinta y nueve] - es decir, las treinta y nueve clases de tareas.

160

1. El pulso late y golpea en el hombre. A veces el pulso le hace recordar el servicio a Dios, como en, "La voz de mi amado golpea" (Cantar de los Cantares 5:2) y otras veces le hace recordar lo opuesto, Dios no lo permita.

161

1. La controversia alza y eleva a la persona, al igual que las aguas de una inundación que levantan a un árbol que yace por tierra.

162

1. Mediante la humildad -cuando la persona se vuelve literalmente como una nada- uno se hace digno de alcanzar simultáneamente la sabiduría de la Torá y una gran riqueza. Sin embargo, sin humildad, es difícil que ambas -la Torá y la riqueza- puedan coexistir.

12 Sivan

163 - "Cuatro están obligados a dar las gracias"
(*Berajot* 54b)

1. Como resultado del deseo de comer y de beber, la persona es incapaz de expresar una sola palabra delante de Dios (ver más arriba, Lección #62).

2. "Cuatro están obligados a dar las gracias" (*Berajot* 54b). Esto alude a las diferentes aflicciones que experimenta el alma en el servicio a Dios. Esos cuatro tipos corresponden a "Extraviados en el desierto" (Salmos 107:4), a una persona enferma, a un prisionero y a "Ellos ascienden a los cielos, descienden a los abismos" (*Ibid.*, 107:26), que corresponde a los que viajan por el mar. El alma sufre tormentos, aflicciones, un gran deambular y extrañas penurias, pero Dios siempre la rescata de sus dificultades y por ello estamos obligados a agradecer, siempre.

164

1. Algunas personas van a ver al Tzadik, que es el médico de las almas enfermas, esperando que el Tzadik les dé una cura -es decir, prácticas y senderos espirituales- de acuerdo a lo que ellas saben. Pero en realidad, el Tzadik tiene otras curas preciosas y potentes y senderos adecuados totalmente diferentes, a través de los cuales necesita enviar a esas personas para efectuar su verdadera curación. Más aún, a veces el Tzadik no puede revelarle a sus "pacientes" la esencia interna de la

enseñanza de Torá necesaria para su curación, pues esa enseñanza de Torá podría volverse un "veneno mortal" para la persona, Dios no lo permita. Por lo tanto, debe "vestir" la esencia interna de la Torá en palabras diferentes de Torá. Otras veces el "paciente" no puede recibir ni siquiera eso y el Tzadik se ve obligado a "vestir" la Torá que desea impartir dentro de relatos mundanos, para que el "paciente" pueda recibir la cura apropiada.

165

1. Debes aceptar con amor todos los problemas y las aflicciones que te sobrevengan, Dios no lo permita. Porque es apropiado que sepas que, pese a tus acciones, Dios aún te trata con compasión - dado que, considerando tus acciones, merecerías más, mucho más, Dios no lo permita.

166

1. Cuando la gente está junto al Tzadik, éste tiene autoridad.

167

1. Debes saber y tener fe en que los Shabatot pasados en presencia del verdadero estudioso de Torá son como ayunos.

13 Sivan

168

1. Cuando la persona se ve dominada por el orgullo ello es señal de que le están por llegar dificultades, Dios nos salve. Por el contrario, si la persona es humilde y modesta, recibirá un gran honor.

169

1. Mediante el *hitbodedut* -cuando la persona evalúa y juzga su comportamiento, considerando si es correcto el estar actuando como lo hace y corrigiendo en concordancia sus acciones, para actuar de acuerdo con la ley y las ordenanzas de la Torá- se rectifican así los juicios estrictos. Consecuentemente, la persona alcanza la alegría y llega a bailar de puro regocijo.

2. La tristeza y la melancolía son las causas fundamentales de la impurificación sexual y de la transgresión. Por el contrario, cuando la persona está alegre, Dios Mismo cuida su pureza sexual - es decir, Dios Mismo la ayuda a mantener su santidad.

170

1. Por medio del sufrimiento y de los problemas que aquejan a la persona se anulan su materialidad y su cuerpo. Con ello, se realzan su esencia espiritual y su alma y se vuelven más luminosas. Como resultado, puede llevar consigo a mucha gente, establecerlas y elevarlas hacia su raíz.

171

1. Cuando se despierta y se revela una nueva comprensión en el servicio a Dios, ésta tiene dos aspectos. Por un lado tiene el aspecto de "los Tzadikim andarán en ella", cuando la persona puede servir a Dios con esa nueva idea; por otro lado tiene el aspecto de "los transgresores tropezarán en ella", cuando la persona no sirve a Dios con esa nueva idea; más bien la utiliza para denigrar y avergonzar a los demás, debido al hecho de que ella sabe de esa nueva comprensión y el resto del mundo no.

14 Sivan
172 - Completando las Carencias

1. Toda carencia que experimente la persona -así sea con respecto a los hijos, al sustento o a la salud- todo proviene enteramente de la persona misma. Pues la luz de Dios fluye continuamente sobre ella, pero debido al hecho de estar sumida en la materialidad y a causa de sus malas acciones, la persona se genera una sombra. Es por ello que no le llega la luz de Dios; y esto, a su vez, es la causa de todo lo que le falta. Por lo tanto, si la persona es digna de rectificar sus acciones y sus rasgos de carácter, y purifica su naturaleza física al punto de anularse completamente y entrar en el concepto de la "nada", sin conexión alguna con este mundo, cesará entonces de generarse una sombra. Merecerá entonces recibir la luz de Dios en toda su plenitud y alcanzará aquello que le falta.

2. Los Sabios de la Torá, que están asociados con ese concepto de la "nada", merecen el honor, que es la principal manifestación de la luz de Dios.

3. Cuando Dios -y de manera similar, el Tzadik- muestra un rostro alegre, ello significa vida y bien para el mundo. Lo opuesto también es verdad, Dios no lo permita.

173

1. El alma y la fe son una y la misma cosa. Ahora bien, existe el Mundo de la Fe, que es el lugar del que proviene el atributo de la fe; y el Mundo de la Fe también tiene a su vez fe en Dios. Esta fe es la raíz de toda fe -es la esencia interna de la fe- y es también la esencia interna del alma. Ahora bien, cuando la persona escribe, pone su alma en la escritura, como en, "Puse mi alma en la escritura" (*Shabat* 105a). Por lo tanto, al mirar la escritura de la persona, el Tzadik verdadero puede percibir el alma de la persona, la esencia interna de su alma, su fe y la raíz de su fe. Sin embargo, el habla con la cual la persona conversa con el

Tzadik verdadero, se encuentra en un nivel más elevado que la escritura. Ello se debe a que la escritura es sólo una actividad del alma, mientras que el habla es el alma misma. Por lo tanto, a partir del habla, el Tzadik puede discernir de hecho la esencia misma del alma.

174

1. Cuando los juicios estrictos acucian a una persona, Dios no lo permita, aquellos que oran por ella deben evitar mencionar su nombre, para que los juicios no se fortalezcan, Dios no lo permita (ver *Berajot* 34a; *Maguen Abraham* sobre *Oraj Jaim* 119:1).

15 Sivan

175

1. El principal beneficio de llorar se logra cuando ello se debe a la alegría y al regocijo. Incluso el remordimiento es muy bueno si está motivado por la alegría; es decir, cuando, debido a su gran alegría en Dios, la persona siente remordimientos y le duele grandemente el haberse rebelado en Su contra. Así y debido a su gran alegría se ve impulsada a llorar.

176

1. La persona debe actuar muy rápidamente para expulsar de su corazón el espíritu de locura - pues su corazón está lleno de un espíritu de locura que se apega a él. Al unirse al verdadero Tzadik -es decir, amando al Tzadik con el profundo amor del alma- la persona anula rápidamente el espíritu de locura en su corazón y merece, a su vez, un corazón quebrantado.

177

1. Hay Tzadikim verdaderos que, al beber vino ocasionalmente, merecen recibir mentalidades sagradas y niveles de sabiduría tan elevados, que pueden expiar y traer el perdón para los pecados del pueblo judío, como en el versículo, "Pero el sabio la perdonará" (Proverbios 16:14).

2. Uno debe anular totalmente su voluntad frente a la voluntad de Dios. No se debe tener ningún otro deseo más que la voluntad de Dios: ya sea que se tengan posesiones y descendencia o no, Dios no lo permita; nunca se debe desear otra cosa más que la voluntad de Dios. Cuando uno está satisfecho con ello y sólo desea lo que Dios desea, se establece a Dios como Rey.

178

1. Es necesario especificar los pecados. En otras palabras, la persona debe confesarse verbalmente y, en cada ocasión, articular en detalle todo lo que ha hecho en contra de la voluntad de Dios. Pero en esto hay muchos obstáculos. A veces la persona olvida su pecado; otras veces lo recuerda pero le es difícil articular la confesión. Mediante la alegría en el cumplimiento de una mitzvá -por ejemplo, la mitzvá de una boda o cuando la persona se alegra en el momento del cumplimiento de una mitzvá al punto de bailar de puro regocijo- mediante ello será capaz de articular una confesión verbal y de esa manera corregir el daño causado por sus pecados.

16 Sivan
179 - Sobre el Gran Beneficio del Ayuno

1. Ayunar anula los conflictos tanto físicos como espirituales. También es considerado un conflicto el no ser capaz de orar ni de hacer lo que se debe en el servicio a Dios. Ayunar es muy beneficioso en este respecto, pues subyuga el corazón,

uniéndolo al Santo, bendito sea, y haciendo la paz.

2. El ayuno revive a los muertos - es decir, le devuelve la vitalidad a los días que estuvieron en la oscuridad y que no tienen "vida". En otras palabras, cuando la persona malogra un día al no realizar en ese día ninguna mitzvá ni ninguna buena acción -y más aún si ha hecho algún mal en ese día, Dios no lo permita- entonces ese día no tiene "vida" y de hecho la persona le "ha quitado la vida" (ver más en la lección del *Likutey Moharán*). Sin embargo, el ayuno le devuelve la vida a esos "días muertos". Todo depende del ayuno; cuanto más se ayune, más "días muertos" que han estado en la oscuridad se podrán revivir.

3. Al ayunar uno merece la alegría; y cuantos más días se ayune más grande será la alegría.

180

1. Esta lección trata algunas de las ideas subyacentes a la eficacia de una redención (*pidion*) dada al Tzadik (ver más en la lección del *Likutey Moharán*).

181

1. Cuando varias personas se juntan en contra de un individuo -aunque ese individuo sea más grande que ellas- pueden hacerlo caer; siempre y cuando esas personas no sean malvadas, dado que "La unión de los malvados no es tomada en cuenta" (*Sanedrín* 26a). Pero si no son malvadas, pueden entonces hacer caer a la persona a la cual se oponen, aunque cada una de ellas sea individualmente inferior a ella. Sin embargo, si el individuo al cual se oponen es muy grande, entonces, por el contrario, ellas quedan anuladas ante él. Cada vez que alguien es "hecho caer" en la manera antes descrita, la esencia de esa caída es el hecho de hundirse en el anhelo por lo sexual, que Dios nos salve.

2. Todo lo que se dice en contra del Tzadik verdadero y en contra de sus seguidores es, en verdad, muy beneficioso para ellos, tanto física como espiritualmente, porque "Ésas son las cosas mismas que los mantienen en pie".

182

1. Todo lo que la gente dice durante los días de la Cuenta del Omer se relaciona exclusivamente con la *sefirá* asociada con cada día en particular. Aquel que comprenda será capaz de oír y de saber esto. Si escucha cuidadosamente sus conversaciones, oirá que sólo están hablando de la emanación Divina de ese día.

17 Sivan

183

1. Los Tzadikim de la generación se sientan en círculo y son como una corte de justicia con Dios a la cabeza. Ellos emiten los juicios para cada persona, sea para mérito o sea para culpa. También el sustento proviene de ellos; y lo distribuyen para cada persona de acuerdo a lo que merezca. Lo más importante es que haya un gran amor entre los Tzadikim, como si se estuviesen mirando siempre el uno al otro.

184

1. Cuando una persona le habla a su amigo sobre el temor a Dios, aunque su amigo no capte nada, la persona misma recibe inspiración espiritual proveniente de su amigo. Esto se debe a que cuando las palabras salen de su boca en dirección a su amigo, la luz de esas palabras le es devuelta, reflejada. Es posible que si la persona se hubiese dicho a sí misma esas mismas palabras, éstas no la habrían inspirado en absoluto. Pero dado que se las dice a otra persona -aunque esa otra persona no se

sienta inspirada por ellas- sin embargo, ella misma se ve inspirada debido a que las palabras le son devueltas en el aspecto de "impactar" - como cuando alguien arroja algo contra una pared, lo cual rebota y vuelve hacia quien lo arrojó.

185

1. Lo esencial de la plenitud (*shleimut*) es el temor a Dios. Ahora bien, existen dos clases de temor. Por un lado, está la persona que Le teme a Dios debido a Su grandeza y exaltación y porque Él es el Amo y Gobernante de todo. Por medio de esa clase de temor se completa el Santo Nombre de Dios. También hay un temor inferior a ése. Esto es cuando la persona siente miedo debido a temores inferiores; por ejemplo, porque tiene miedo de un animal o de la autoridad o de alguna otra cosa que cree que puede hacerle daño y, como resultado, recuerda a Dios y llega a temerlo. Mediante esta segunda clase de temor se hace descender abundancia al mundo.

Sin embargo, es necesario crear un recipiente para contener esa abundancia. Ese recipiente se forma mediante el anhelo y el deseo de la persona por viajar para estar con los verdaderos Tzadikim. Mediante ese anhelo se crea la forma de un recipiente y subsecuentemente, cuando la persona llega a estar con el Tzadik, se construye el recipiente mismo. Más aún, cuanto más trabajo deba encarar la persona al comenzar a acercarse a Dios, cuantas más barreras deba quebrar, más grande será el recipiente que podrá crear. Por ejemplo, al enfrentar barreras y antagonismos provenientes de su padre, de su suegro, de su esposa o similares, y al luchar y trabajar para fortalecerse y superarlos, creará un recipiente en el cual podrá recibir, más tarde, la santidad y la pureza. Al quebrar finalmente esos obstáculos y de acuerdo a cuán grandes hayan sido las luchas y las barreras, conformará un recipiente para contener la santidad y la pureza y acercarse a Dios. De esa manera la persona se vuelve digna de alcanzar el temor y de evocar todos los influjos buenos. De ese modo se merece completar el Santo

Nombre de Dios - pues lo esencial de la plenitud es el temor.

18 Sivan

186

1. Mediante la fe en las palabras del Tzadik, la persona podrá ver grandes maravillas provenientes del Tzadik, en todo momento. Pues indudablemente el Tzadik está pleno de maravillas - y cuando la persona tiene fe en el Tzadik verdadero, comprende sus dichos retrospectivamente. Puede comprobar que en todo lo que le sucede se confirma lo que el Tzadik le quiso decir con sus palabras. Pues las palabras que le dijo el Tzadik insinuaban que eso sería así. Puede entonces confirmar que todo lo que le sucedió después estuvo de hecho aludido en las palabras del Tzadik.

187

1. Es una gran bondad de parte de Dios el que le retribuya al hombre medida por medida. Como resultado la persona aprende a examinar sus acciones y a saber cuál fue la transgresión con la que hizo el daño, pudiendo así arrepentirse. La retribución de Dios, medida por medida, se lleva a cabo esencialmente en la Tierra de Israel, dado que allí son muy minuciosos para "retribuirle a cada hombre en la medida de sus acciones" (Salmos 62:13). Esto está aludido en el versículo en el cual la Tierra de Israel es denominada "una tierra que devora (*OJeLeT*) a sus habitantes" (Números 13:32). *OJeLeT* es un acróstico de "*Ata Teshalem Leish Kemaaseu* (Tú le retribuyes a cada hombre en la medida de sus acciones)".

188

1. Antes de que la persona salga al aire del mundo, se le enseña y se le muestra todo lo que necesita hacer, lo que necesita

trabajar y lograr en este mundo. Pero tan pronto como sale al aire de este mundo inmediatamente lo olvida. Éste es el motivo por el cual tiene que viajar para estar con el Tzadik - para encontrar lo que ha perdido. Pues todo lo que han perdido los hombres puede ser hallado en el Tzadik.

189

1. La tristeza y la indolencia son la esencia de la mordida de la serpiente. Por lo tanto, es necesario ser extremadamente cuidadosos y evitar esos estados.

19 Sivan

190

1. El verdadero Tzadik, que es un aspecto de Moisés, no tiene libertad de elección en aquellas cosas que Dios le ordena hacer de manera explícita, viéndose compelido a llevarlas a cabo. En su lugar, su libertad de elección se basa principalmente en determinar la voluntad de Dios en aquellas áreas en las cuales Él no se lo revela de manera explícita, como en, "Moisés agregó un día por su propia iniciativa" (*Shabat* 87a; en referencia a la Entrega de la Torá, cuando Dios le dijo a Moisés que preparase al pueblo durante dos días y Moisés agregó un día más por su propia iniciativa). Aquí yacía la libertad de elección de Moisés para decidir recibir o no la Torá. Porque sólo era posible recibir la Torá después de tres días -que es lo que de hecho sucedió- pero Dios no le dijo esto a Moisés; sólo le indicó dos días. Entonces Moisés tuvo que comprender por sí mismo y eligió recibir la Torá al agregar un día adicional.

191

1. Todos los placeres y los deleites del Mundo que Viene y todos los 310 mundos que el Santo, bendito sea, le dará a cada Tzadik, sólo se experimentan en el corazón. Pues el corazón puede

aprehender, en el pequeño espacio que ocupa, "aquello que es insondable... e inconmensurable" (cf. Job 9:10); y es allí, en el corazón, en donde se experimentan todos esos placeres y deleites. Por lo tanto, es posible que alguien esté en el Gan Edén, sentado junto a su compañero y que uno de ellos experimente toda clase de placeres y deleites y todos los 310 mundos, mientras que el otro - aunque esté sentado precisamente a su lado- no sienta absolutamente nada. Ello se debe a que el corazón de este último carece de todos los favores y deleites que su compañero, el Tzadik, siente en su corazón. ¡Feliz de él!

20 Sivan
192 - Sobre el Gran Beneficio de las Enseñanzas del Tzadik

1. Aquel que oye una enseñanza dicha por el verdadero Tzadik, que es una enseñanza verdadera, y en particular si ve al Tzadik en ese momento, recibe un aspecto del rostro del Tzadik y un aspecto de su intelecto y de su alma. Pero es crucial que la persona se cuide del olvido. Ello se debe a que un lapso en la memoria puede hacer que olvide todo. Ahora bien, cuando la persona es digna de recordar la enseñanza del Tzadik tal como fue dicha, o si repasa lo que oyó ciento y una veces, gracias a lo cual podrá recordarla - entonces, cuando repita la enseñanza en nombre del Tzadik, la imagen del rostro del Tzadik aparecerá delante de ella y será como si el Tzadik mismo la estuviese diciendo. Sin embargo esto sólo sucede si el recuerdo de la persona está verdadera y profundamente grabado en su memoria.

2. Si la persona oye una nueva idea de Torá de boca del *Rav*, en el momento mismo en el que el *Rav* revela la enseñanza, podrá recordarla perfectamente. Pero si no la oye de boca del *Rav* -y aunque la escuche más tarde de labios del mismo *Rav* pero no en el momento en el que fue generada- podrá olvidarla fácilmente.

3. En cada libro es posible encontrar la imagen del rostro del sabio que generó las enseñanzas contenidas allí.

4. Las verdaderas enseñanzas que salen de la boca del verdadero Tzadik -aunque traten de temas mundanos- son más valiosas que las palabras de Torá dichas por otro Tzadik. Ello se debe a que las palabras del otro Tzadik pueden contener una gran mezcla. Pero las palabras que salen de la boca del verdadero Tzadik son pura verdad. Y, debido a que son sólo verdad, sin ninguna mezcla, no hay nada más valioso.

5. La verdad es el rostro de todos los rostros de la santidad.

193

1. El pensamiento tiene un gran poder. Si uno se concentra y focaliza sus pensamientos en algo puede hacer que ello suceda, siempre y cuando piense en ello con gran intensidad. En verdad, el pensamiento es tan poderoso que la persona puede de hecho sacrificarse en el pensamiento. Es decir, es posible que llegue a sentir genuinamente la angustia de la muerte al aceptar concientemente la voluntad de sacrificar su alma, para santificar el Nombre de Dios, mediante la forma de muerte que pudiera ocurrirle, al punto de llegar a sentir, genuinamente, la angustia de la muerte. Pero es posible fallecer al hacerlo. Por lo tanto, cuando uno sienta que el alma lo está por abandonar, deberá detenerse y alejarse de ese pensamiento para no continuar, no sea que fallezca antes de tiempo. Dios no lo permita.

194

1. Aquél que desea el honor es un necio (ver más en la lección del *Likutey Moharán*).

21 Sivan

195 - "En mi angustia Tú me liberaste"
(Salmos 4:2)

1. Debes saber que todos los problemas y sufrimientos del mundo contienen en sí algún alivio. No sólo debes esperar que Dios, en Su bondad, te salve y elimine el problema definitivamente, sino que debes comprender que incluso dentro del problema mismo existe indudablemente un alivio. Es necesario que mires con cuidado para poder encontrar el alivio dentro de tus problemas. De esa manera podrás superarlos y aceptar todo lo que te suceda, sin disgustarte por nada. Así y a través de todo lo que te suceda, podrás siempre acercarte a Dios y, como resultado, Dios te salvará.

196

1. Está prohibido que, al orar, la persona exija obstinadamente que Dios haga precisamente lo que ella Le pide, porque ello es como tomar algo por la fuerza, como robarlo. En su lugar, se debe orar con ruegos de compasión y súplicas. Si Dios otorga lo que uno pide, lo otorga y si no, no.

197

1. La humildad no significa andar caminando con la cabeza gacha, de manera insensata, como si uno fuese humilde. Ello es una falsa humildad. La verdadera humildad debe contener sabiduría. Pero como resultado de las calumnias y de las habladurías de la gente, se produce una brecha entre la humildad y la sabiduría. Entonces es imposible que los Tzadikim sean humildes* - excepto aquel cuya humildad es tan profunda que ni siquiera le afecta el pecado de la calumnia cometido por otras personas.

* Nota del editor: A partir de esto podemos comprender el *Targúm Ionatán*: "Cuando Moisés vio la humildad de Hosea, lo llamó 'Ioshúa'" (*Targúm Ionatán* sobre Números 13:16). Y nuestros Sabios, de bendita memoria, enseñaron que Moisés le cambió el nombre de Hosea a Ioshúa (*IOShua*) como diciendo, "Que Dios te salve (*IOShiAja*) del consejo de los espías" (*Sotá* 34b). En otras palabras, Moisés oró para que la calumnia de los espías no dañase la humildad de Ioshúa.

198

1. Cuando alguien clama a Dios, se le dice que avance, como está escrito, "¿Por qué Me sigues clamando? ¡Diles a los hijos de Israel que continúen la marcha!" (Éxodo 14:15).

199

1. Cuando el hombre experimenta la dulzura de la Torá, se salva del castigo de quedar viudo, Dios no lo permita - es decir, su esposa no fallecerá.

200

1. Los Tzadikim de hoy en día son los mismos Tzadikim que vivieron en épocas anteriores, en el misterio de la reencarnación. Y dado que ya cumplieron con la Torá en la pobreza, ahora son dignos de cumplirla en la riqueza (cf. *Avot* 4:9).

22 Sivan

201 - "La caridad salva de la muerte"
(Proverbios 10:2)

1. En la traducción al arameo del versículo, "Hicieron oir una voz en la Casa de Dios, como en el día de la festividad"

(Lamentaciones 2:7), se alude a que en Pesaj la persona debe clamar durante sus plegarias.

2. El versículo, "La Caridad salva de la muerte (*Tzedaka Tatzil Mimavet*)", es un acróstico para la palabra *MaTzoT*.*

* Parece ser, a partir de esta afirmación, que dar caridad es eficaz para que la persona se salve, en Pesaj, de caer en la prohibición de tener *jametz* (levadura) -algo asociado con el lado de la muerte- y para ayudarla a comer la *matzá* en perfecta santidad. Esta afirmación también nos permite comprender parcialmente la costumbre basada en nuestras primeras autoridades y en las palabras de nuestros Sabios, de bendita memoria, de darles a los pobres *maot jitim* (dinero para comprar trigo) antes de Pesaj.

3. Dar caridad a los pobres es un remedio eficaz para curar la epilepsia (*jali NoPheL*), que Dios nos salve. Esto se encuentra aludido en la frase, "Ha esparcido y ha dado caridad a los pobres (*Pizar Natan Laevionim*)" (Salmos 112:9), cuyas iniciales forman la palabra *NoPheL*.

202

1. Cuanto más limitado sea el intelecto de la persona, más necesitará que se la honre. Por lo tanto, la persona deberá aumentar su conocimiento para no desear el honor sino, por el contrario, alejarse de él.

203

1. Mordejai solía "caminar frente al patio del harén para saber cómo estaba Esther" (Esther 2:11). Como es sabido, Esther está asociada con la Presencia Divina. Así, Mordejai podía conocer el estado de la Presencia Divina a través de las conversaciones de las mujeres.

204

1. El dinero que la persona le da a un estudioso de Torá es equivalente, literalmente, a estudiar Torá. Ni siquiera una transgresión puede eliminar el dinero que la persona le da a un estudioso de Torá, dado que "El pecado no puede extinguir la Torá" (*Sotá* 21a). Esto está indicado por el hecho de que las iniciales de las palabras *Veein Aveirá Mejaba Torá* ("El pecado no puede extinguir la Torá") forman la palabra *MAOT* (dinero).

23 Sivan

205 - El Remedio para una Emisión Nocturna

1. El remedio para una emisión nocturna, que Dios nos salve, es recitar diez capítulos de los Salmos, en el mismo día en que ello ocurra, Dios no lo permita - dado que recitar los Salmos tiene el poder de extraer las gotas de simiente de entre las fuerzas impuras que las atraparon. En el momento de decir los Salmos, la persona debe tener en mente que la palabra *TeHiLIM* (Salmos) tiene el valor numérico de 485, que es el mismo valor de los dos Nombres Divinos, *EL ELoHIM*, cuando se deletrean en pleno los nombres de cada una de las letras que los constituyen, de esta manera: (*EL*) *ALeF LaMeD*, (*ELoHIM*) *ALeF LaMeD Hel IUD MeM*. Por medio de estos dos Nombres Divinos las gotas seminales salen de entre las fuerzas impuras conocidas como *Lilit*, cuyo valor numérico es 480, que sumado a las cinco letras del nombre *LILIT*, da como resultado 485 (el mismo valor que la palabra *TeHiLIM*) - pues *Lilit* es la fuerza impura que gobierna el ámbito de las emisiones nocturnas. En cuanto a por qué es necesario recitar específicamente diez capítulos de los Salmos, ver esta lección en el *Likutey Moharán*.

Los Diez Salmos son: 16 - "Himno de David"; 32 - "Una canción de David, para enseñar"; 41 - "Feliz de aquel que considera sabiamente al necesitado"; 42 - "Como una cierva anhela"; 59 - "Al director de canto. Para no ser destruido"; 77 - "Al director de canto, para Iedutun"; 90 - "Una plegaria de Moisés"; 105 -

Lección 206   23 Sivan

"Alaben a Dios, proclamen Su Nombre"; 137 - "Junto a los ríos de Babel"; 150 - "¡Haleluiá! ¡Alaben a Dios en Su Santuario!". Estos Diez Salmos son un remedio extremadamente poderoso y una rectificación para la emisión nocturna. La persona que merezca recitarlos en el mismo día en que ocurra la emisión no tendrá nada que temer de ese terrible daño, dado que indudablemente habrá sido rectificada con esto.

206 - "Me he extraviado como una oveja perdida"
(Salmos 119:176)

1. Cuando Dios ve que una persona se aleja del sendero del intelecto la llama de inmediato. A algunas personas las llama con una alusión, a otras con un grito y a otras más las golpea para hacerlas retornar. Ahora bien, si la persona no se aleja demasiado puede retornar con facilidad. Ello se debe a que aún reconoce la voz que la está llamando, dado que está acostumbrada a ella - pues hasta hace poco se encontraba en la presencia de Dios y aún no ha olvidado Su voz. Pero si se aleja demasiado del sendero olvida entonces la voz de la Torá y la voz de Dios. No reconoce la voz y por lo tanto le es muy difícil retornar.

Es como un pastor al que se le ha extraviado una oveja. Mientras la oveja no se haya alejado demasiado, aún reconocerá la voz del pastor y cuando éste la llame lo seguirá de inmediato. Pero si la oveja se aleja demasiado del sendero, olvidará la voz del pastor y ya no la reconocerá. Más aún, el pastor perderá toda esperanza de encontrarla, dado el tiempo pasado desde que se alejó de él.

De modo que la persona debe buscar a Dios y clamar en voz alta desde lo más profundo de su corazón, "¡Me he extraviado como una oveja perdida! ¡Busca a Tu siervo!" (Salmos 119:176). En otras palabras, "¡Búscame rápido, mientras todavía recuerde la voz de la Torá y de las *mitzvot*!". Así, el versículo continúa, "pues no he olvidado Tus *mitzvot*" - es decir, todavía no. Por lo tanto, ¡ten piedad de mí y búscame rápidamente, para que no me pierda, Dios no lo permita!

24 Sivan

207

1. Todas las palabras son un aspecto del juicio estricto que es necesario mitigar. Esto se lleva a cabo a través del estudio de la Torá y de las buenas palabras que se digan. Por lo tanto, se debe cuidar el habla y no hablar mal. Es necesario ser particularmente cuidadosos y evitar la calumnia, Dios no lo quiera -especialmente la calumnia en contra del Tzadik de la generación, Dios no lo permita- para no darles poder a las fuerzas del juicio estricto, Dios no lo quiera. Pues, si el Tzadik de la generación no es lo suficientemente fuerte como para mitigar esos juicios estrictos, las palabras malas pueden hacer que caiga de su nivel, Dios no lo quiera; o, alternativamente, ese hablar puede hacer que fallezca, Dios no lo permita. Entonces, mediante su muerte, su alma mitiga esos juicios.

208 - "El malvado acecha al Tzadik"
(Salmos 37:32)

1. El hecho de que los malvados aflijan y persigan a los Tzadikim es, en verdad, obra de Dios, para que el Tzadik reflexione y examine sus acciones. Esos malvados son como guardianes que cuidan para que el Tzadik no sucumba ante la materialidad.

2. Además, el antagonismo que sufren los Tzadikim es de hecho beneficioso para ellos. Pues esa oposición les sirve de cobertura, para no revelarse ni ser reconocidos más de lo necesario. Pero sus opositores desean ocultarlos por completo y eliminarlos del mundo, Dios no lo permita. Sin embargo, Dios no abandona a los Tzadikim en manos de sus enemigos.

209

1. Toda persona tiene plegarias malas, como dijeron nuestros Sabios, de bendita memoria, "Incluso el ladrón al acecho clama a Dios" (Ein Iaacov sobre Berajot 63a). Debido a ello, cuando la persona se pone de pie para orar, sus malas plegarias la perturban. La rectificación para ello es recibir en el hogar a estudiosos de Torá.

210

1. Al dedicarse a los negocios con fidelidad, la persona cumple con el precepto positivo de la Torá, "Ama a tu prójimo como a ti mismo" (Levítico 19:18), pues hace que el Nombre del Cielo sea amado, como se explicó más arriba en la Lección #93. Entonces, como resultado de ello, el sustento le llega sin lucha y sin esfuerzo.

25 Sivan

211

1. El hecho de que la gente viaje para estar con los Tzadikim en Rosh HaShaná se debe a que la única manera de mitigar los juicios estrictos es a través de la santidad y la pureza del pensamiento; y la única forma de purificar y de santificar el pensamiento es mediante la unión con los Tzadikim. Rosh HaShaná es la raíz del juicio estricto para todo el año y es necesario purificar los pensamientos para mitigar esos juicios. Es por ello que la gente viaja para estar con los Tzadikim en Rosh HaShaná - es decir, para merecer la santidad del pensamiento y mitigar los juicios estrictos.

212

1. Aplaudir durante la plegaria permite expresar apropiadamente las alabanzas y las descripciones con las cuales llamamos y describimos metafóricamente a Dios. Esas descripciones son el concepto de "ver una imagen de Dios" (Números 12:8). Aplaudir es también un aspecto de "manos humanas bajo sus alas" (Ezequiel 10:21), dado que "alas" son "palabras", como en, "La criatura alada dirá la palabra" (Eclesiastés 10:20). Más aún, al aplaudir durante la plegaria, las oraciones se incluyen tanto en la Torá Escrita como en la Torá Oral.

2. El poder del habla proviene de la unión con los Tzadikim.

213

1. Hay un Nombre Santo, *S-A-L*, generado por las iniciales de la frase "Tú me ocultaste (*Ata Seter Li*)" (Salmos 32:7). Y cuando el Santo, bendito sea, desea rescatar a la persona de una sentencia de muerte que ya ha sido decretada sobre ella y ocultarla y cubrirla del Malo, la oculta y la cubre con ese Nombre. El Malo busca una manera de pasar debajo de esa cobertura y ocultamiento, pero tan pronto como ve a la persona, se queda sin poder debido a ese Nombre (ver más en la lección del *Likutey Moharán*).

2. [Al leer el versículo, "Tú me ocultase, Tú me guardaste del enemigo (*Ata Seter Li Mitzar Titzreni*)" (Salmos 32:7),] es necesario hacer una pausa entre las palabras *Ata Seter Li* y la palabra *Mitzar* para evitar generar la combinación de letras *S-M-A-L* [*SaMAeL*, el nombre del satán], Dios no lo permita (ver más en la lección del *Likutey Moharán*).

26 Sivan

214

1. Hoy en día vemos que a veces la gente fallece mientras está estudiando Torá - a diferencia de las primeras generaciones, cuando la persona que conocía el día de su muerte se dedicaba al estudio de la Torá y el Malo no tenía control alguno sobre ella.

Debes saber que si el estudio es apropiado, ciertamente el Malo no tendrá poder sobre la persona. Pero si el estudio no es como debe ser -en particular el estudio del Talmud- entonces el Malo recibirá un poder adicional proveniente de ese estudio. Pues el valor numérico de la palabra *TaLMUD* es el mismo que el del nombre de la fuerza impura *LILIT*. Por lo tanto, el estudio del Talmud tiene el poder de vencer a esa fuerza o de hacer lo opuesto, Dios no lo permita.

215

1. Hay veinticuatro clases diferentes de redenciones (*pidionot*) que pueden mitigar los juicios en las veinticuatro cortes Celestiales, cada una de las cuales tiene su propia y particular redención. También existe una redención única que engloba a las veinticuatro cortes y que sólo un Tzadik por generación conoce. A veces puede suceder que aunque ese Tzadik lleve a cabo una redención así, ésta no surta efecto. Ello se debe a que una redención de ese tipo -que puede mitigar los juicios en las veinticuatro cortes simultáneamente- no es algo que suceda muy a menudo. Por lo tanto, cuando les llega ese mitigar, lo utilizan para algo más - es decir, para hacer prosélitos. La explicación de esto es que, "Mientras haya idolatría en el mundo, habrá ira Divina en el mundo" (*Sifri* sobre Deuteronomio 13:18); de modo que, cuando los juicios estrictos y la ira Divina se mitigan por medio de esa redención, también se debilita y se mitiga la idolatría y así se hacen los prosélitos.

216

1. La plegaria de la *Amidá* contiene *Jai* (dieciocho) bendiciones [*Jai* significa literalmente "vida"; sus letras tienen el valor numérico de dieciocho], además de la bendición concerniente a los herejes. Esto alude al hecho de que mediante la plegaria anulamos a la "naturaleza", a la que los filósofos llaman "la madre de todo lo vivo (*Jai*)", y de esa manera también subyugamos y anulamos a los herejes.

27 Sivan

217

1. Las iniciales de la frase "Recuerda la Torá de Moisés (*Zijru Torat Moshé*)" (Malají 3:22) forman la palabra *TaMuZ*, escrita sin la letra *Vav*. Ello alude al hecho de que en el mes de Tamuz es necesario reforzar la memoria para rectificar el olvido que se produjo como resultado de la Rotura de las Tablas ocurrida en ese mes. Cuando se rompieron las Tablas, la *Vav* se fue de la palabra *TaMuZ*, pues "Las Tablas tenían seis palmos de largo por seis palmos de ancho" (*Bava Batra* 14a; seis es el valor numérico de la letra *Vav*).

218

1. A veces una persona viaja súbitamente a algún lugar lejano. Esto lo hace para ocultarse de algún decreto que ha sido emitido en su contra desde arriba. Y aunque la persona no lo sabe a nivel consciente, su alma sí lo sabe y es por ello que siente el deseo de viajar. Pero si la persona se hace famosa en ese lugar, ello puede serle dañino, Dios no lo permita. Que Dios nos salve.

219

1. Cuando la persona se oculta y se disminuye, con humildad y

recato, entonces Dios también, por así decirlo, se relaciona con esa persona con humildad y recato. Él restringe Su majestad y grandeza y Se disminuye, por así decirlo y habita con esa persona, como en, "Yo habito con el humilde" (Isaías 57:15). Pero cuando la persona es orgullosa y soberbia, Dios no lo permita, entonces también Dios muestra Su majestad y grandeza - y ¿quién puede soportar y ser capaz de recibir la gloria y la grandeza de Dios? Pues "He aquí, los cielos y los cielos de los cielos no Te pueden contener" (Reyes I, 8:27). Esto es lo que produjo en verdad la destrucción del Santo Templo, debido a nuestros muchos pecados.

220

1. Si la persona experimenta alguna dificultad, Dios no lo permita, y puede hablar de ello con un sabio, con un hombre poderoso o con un hombre rico, logrando despertar su compasión, se verá rescatada de ese problema.

28 Sivan

221

1. Cuando la persona da el *maaser* (diezmo), Dios extiende Su mano y la cubre bajo la sombra de Su mano, salvándola de sus enemigos.

2. Mediante el *maaser*, la persona también merece sentirse satisfecha con lo que posee.

222

1. Uno debe estar siempre contento y servir a Dios con alegría. Y si a veces se cae de ese nivel, será necesario fortalecerse y darse ánimos con aquellos momentos en los cuales alguna pequeña irradiación de la luz de Dios brilló sobre uno. Por el

momento deberá sustentarse con el despertar espiritual y la iluminación que experimentó anteriormente, hasta que Dios lo ayude y le vuelva a irradiar Su luz. Amén.

223

1. A veces puede suceder que el pedido de un Tzadik no sea respondido, porque "A veces Él oye y a veces Él no oye" (*Zohar* I, 105b). Pero hay un Tzadik que puede de hecho pasar decretos y declarar, "¡Yo digo que esto sea así!".

224

1. Incluso las personas que están lejos del Tzadik reciben de él vitalidad e iluminación.

225

1. Hay un infinito número de grados y de niveles de confianza en Dios y cuanto más intelecto se posea más grande será ese nivel de confianza. Y en la medida de la confianza que uno tenga, así será la caridad que se merezca dar. De esa manera, uno se hace digno de completar y de rectificar el habla, que es lo que define y distingue a un ser humano.

226

1. Existen canciones de lamento y de tristeza que derivan del Otro Lado y cuyas melodías arrastran a la gente. Sin embargo, es posible elevarlas si se cantan en Shabat.

227

1. Cuando la persona pasa junto a los que están cosechando en el campo y les dice, "¡Que Dios los ayude! ¡Que Dios los ayude!", ello produce la elevación espiritual de los malvados que están reencarnados en esos vegetales.

228

1. Cuando el Santo, bendito sea, mira en un alma y ve que es capaz de llevar a la gente hacia el arrepentimiento y de hacer prosélitos, Él Mismo se ocupa, por así decirlo, de que tenga antagonistas.

229

1. Hay ciertas clases de maderas que, al construir camas con ellas, son eficaces para concebir y criar a los niños, mientras que otras ejercen el efecto contrario.

230

1. La persona que tiene ojos para ver es capaz de percibir y de reconocer en el rostro de un estudiante quién es su *Rav* - siempre y cuando haya visto alguna vez a ese *Rav* (ver más arriba, Lección #153).

231

1. En el momento en que la persona dice, "Y todas las huestes del Cielo se inclinan ante Ti" (*Pesukey deZimra*, Plegarias de la Mañana) es apropiado que pida por todo aquello que necesite. Ello se debe a que, en ese momento, todas las huestes del Cielo vienen a postrarse, a alabar y a dar gracias a Dios. Por lo tanto, es bueno que la persona le pida a Dios, en ese momento, que les

ordene a Sus huestes para que canalicen hacia ella todo aquello que necesite. Por ejemplo, si necesita curación, debe tener la intención, al decir esas palabras, de que Dios les ordene a Sus huestes canalizar los poderes necesarios para su cura en el pan que coma y en el agua que beba. Lo mismo se aplica a todo lo que uno necesite (ver *Likutey Moharán* II, Lección #1).

30 Sivan

232

1. En el momento en que la persona dice, "¡Alaben a Dios desde los cielos!... ¡Alábenlo todos Sus ángeles!" (*Pesukey deZimra*, Plegarias de la Mañana) es apropiado que se inspire y ore con gran entusiasmo y fervor - dado que con sus plegarias está llamando a todos los ángeles, a los *Serafim*, a los *Ofanim*, a los seres sagrados superiores y a todos los mundos, ordenándoles y uniéndose a ellos en alabanza y en exaltación de Dios.

233

1. Los pensamientos puros pueden asemejarse a los animales ritualmente puros, mientras que los pensamientos impuros son como los animales ritualmente impuros. La batalla que tiene lugar en la mente, entre los pensamientos buenos y los pensamientos malos es, literalmente, una batalla entre animales puros e impuros. Ambos tipos de pensamientos le son enviados intencionalmente a la persona, desde Arriba, para que los haga luchar entre sí - dado que el Santo, bendito sea, siente un gran placer en esa lucha, cuando la persona logra dominar y vencer a los animales impuros.

2. El principio general es que es absolutamente imposible que dos pensamientos ocupen la mente al mismo tiempo. De acuerdo a ello, es posible liberarse fácilmente de los malos pensamientos simplemente "sentándose y no haciendo nada" - en otras palabras, no teniendo ese pensamiento en particular.

En su lugar, se debe pensar en alguna otra cosa, en la Torá y en las devociones o incluso en los negocios y demás. Simplemente se debe llevar a la mente hacia algún otro pensamiento y, de esa manera, automáticamente se eliminarán las cavilaciones y los malos pensamientos. Porque es absolutamente imposible que dos pensamientos existan simultáneamente. Ya se ha explicado que no es necesario sacudir la cabeza de un lado a otro para eliminar los malos pensamientos, dado que ello realmente no logra nada. En su lugar, sólo se debe pensar en algo diferente y no mirar hacia atrás, en absoluto.

1 Tamuz

234 - Relatando Historias Sobre los Tzadikim

1. El pensamiento es algo extremadamente exaltado. La persona que desee tener pensamientos sagrados y ascender así hacia el Mundo del Pensamiento, deberá mantenerse en completo silencio. Pues aunque la palabra que diga sea digna, aun así perderá esos pensamientos. Más aún, aunque se mantenga en total silencio, existen muchas perturbaciones que pueden confundir sus pensamientos - y es por ello que se necesita pureza de pensamiento.

2. La pureza de pensamiento se logra relatando historias sobre los Tzadikim. Específicamente, la persona debe relatar los eventos de las vidas de los Tzadikim y todos sus milagros. Esto es algo muy grande, porque mediante ello se purifican los pensamientos, se mitigan los juicios estrictos y la persona es rescatada de todos los problemas. Pero el único que puede realmente contar historias sobre los Tzadikim es aquél que sabe cómo distinguir entre la oscuridad y la luz - en otras palabras, entre las historias de los Tzadikim y las historias de los malvados y de los embusteros (ver más en la lección del *Likutey Moharán*). Esto se merece a través de la Tierra de Israel.

3. La Tierra de Israel incluye a todos los otros aspecto de la santidad. Allí, la persona merece verse libre de la sujeción a la naturaleza y saber y creer que todo lo que sucede es sólo Providencia Divina - porque ésa es la esencia de la santidad. Esto, a su vez, le permite ser como Dios, en el sentido de que es capaz de distinguir entre la oscuridad y la luz. Entonces puede relatar historias sobre los verdaderos Tzadikim, dado que sabe cómo distinguir entre ellos y su opuesto. Consecuentemente, merece la pureza del pensamiento, mitigar los juicios estrictos y ser rescatada de todos los problemas.

4. Existe un Nombre Santo que es usado Arriba cuando desean designar a un rey. Ese nombre es *K-M-H*, un acróstico de la frase "mira desde Tu santa morada (*Hashkifa Mimeon Kodsheja*)" (Deuteronomio 26:15). Ese Santo Nombre *K-M-H* también está presente en el versículo, "Él depone reyes y establece (*umHaKim*) reyes" (Daniel 2:21), al igual que en el versículo relativo a Iosef, "He aquí, mi gavilla estaba de pie (*KaMaH*)" (Génesis 37:7; describiendo el sueño profético sobre el ascenso futuro de Iosef a la realeza y al dominio).

2 Tamuz

235

1. Si la persona está caminando, tropieza y se cae, y la gente se ríe de ella, cosa que la avergüenza - todo ello sucede debido a que ha degradado la alegría de las festividades. A veces la caída le sirve como una expiación, mientras que otras no es una expiación sino más bien es para hacerle recordar que debe arrepentirse.

236

1. Aquel que, ocupando una posición rabínica, se comporte con rectitud y sinceridad merecerá, en sus últimos años, elevarse hacia aquello que esa generación considere grandeza. Si en esa generación, el honor más grande es ser considerado un Tzadik

famoso, tal persona merecerá en sus últimos años ser considerada como alguien de renombre. Aunque ello no sea realmente el caso -aunque sea un simple judío piadoso- igualmente le darán esa recompensa por sus buenas acciones, antes de dejar este mundo. Y después...

237

1. La melodía y los instrumentos musicales sirven para conectar dos cosas separadas (ver más en la lección del *Likutey Moharán*). Ésta es una de las razones profundas por la cual se ejecutan instrumentos musicales durante las bodas.

238

1. Cuando dos están en desacuerdo sobre algo y llega una tercera persona y concuerda con uno de ellos más que con el otro, ello se debe a que aquél con el cual está de acuerdo está más cerca de su raíz espiritual que el otro con el cual no concuerda.

3 Tamuz

239 - Sobre la Gran Importancia de la Paz

1. Como resultado de los conflictos se hace difícil orar y decir palabras de santidad. Por lo tanto, antes de orar, la persona debe aceptar sobre sí el precepto positivo de la Torá de "Ama a tu prójimo como a ti mismo" (Levítico 19:18), para evocar el amor y la paz - porque el habla emana principalmente de la paz.

2. Todas las palabras provienen del calor. La persona que posea un gran fervor sagrado tendrá la tendencia de hablar mucho ante Dios (ver más en la lección del *Likutey Moharán*).

240

1. Los influjos de abundancia sólo se canalizan a través del Tzadik verdadero. Por lo tanto, aquel que esté lejos del Tzadik recibirá su parte con gran dificultad. Hay gente que, aunque logra hacer descender un cierto grado de riqueza, fallece como resultado de ello. Lo que es más, en algunos casos también esa riqueza se pierde y no queda siquiera para sus hijos. Todo ello como resultado de estar lejos del Tzadik.

Pero a veces vemos que alguien se acerca al Tzadik verdadero y subsecuentemente pierde su riqueza. Ello se debe a que percibe algo extremadamente valiosos - es decir, la luz del Tzadik, que es más valiosa que el oro fino y las perlas. "Y aunque él no ve, su *mazal* ve" (Meguilá 3a) y es su *mazal* el que se despoja de la riqueza. ¡Cuánto más aún cuando la persona merece también sentir a nivel consciente el hecho de que estar cerca del Tzadik es más valioso que toda la riqueza del mundo! Entonces, ciertamente, no le prestará atención alguna al dinero y no tendrá ningún deseo de riqueza.

241

1. Cuando una persona está siendo acosada por los juicios estrictos, Dios no lo permita, y alguien la enfrenta y se le opone, los juicios estrictos se alejan de ella. Ello se debe a que las personas tienen un poder de venganza mayor que el de los poderes del juicio (ver más en la lección del *Likutey Moharán*). Por lo tanto, a veces, un gran Tzadik, que se ocupa y trabaja para la mejora y la rectificación del mundo, se opone a otro Tzadik intencionalmente, con el objetivo de hacer que se aleje de él el atributo del juicio. Pero más tarde, actúa con compasión y no hace sufrir al otro Tzadik.

4 Tamuz

242

1. Los pensamientos de lujuria son la fuente más poderosa de impureza espiritual, correspondiente al nivel de impureza generada por un cadáver. La caridad rescata de esos pensamientos. Sin embargo está prohibido que el hombre se apoye en esa protección y converse en exceso con las mujeres, Dios no lo permita. Pero en la medida en que necesite hablar con ellas, ello no lo dañará, debido al mérito y al poder de su caridad.

2. Existen ciertos pensamientos de lujuria que derivan de una fuerza de impureza tan poderosa que es extremadamente difícil escapar de ellos. Aunque la persona cierre sus ojos, los pensamientos seguirán allí. Sin embargo, la caridad rescata también de esos pensamientos.

243

1. Existe un Tzadik que es tan grande que el mundo no puede tolerar su santidad. Por ello se encuentra extremadamente oculto y la gente no percibe en él ninguna santidad ni ascetismo fuera de lo común.

244

1. Aquel que deba andar entre los gentiles -es decir, que tenga tratos comerciales con ellos- deberá cuidarse en extremo para no caer del nivel de judaísmo en el cual se encuentre. Deberá ser como una estaca firme, inamovible de su nivel de corrección y de práctica religiosa. Deberá buscar a Dios con mucho ahínco, para no aprender de sus acciones y de sus conductas.

5 Tamuz

245

1. Existen recintos de Torá. Cuando alguien que los merece comienza a desarrollar una enseñanza original de Torá, entra en esos recintos y pasa de uno al otro, tomando de allí tesoros extremadamente preciosos y hermosos. ¡Feliz de él!

Pero debe tener mucho cuidado y no engañarse pensando que ya ha alcanzado la plena comprensión de un concepto - porque a veces la persona imagina que ya ha entrado en el recinto interior de la comprensión de la Torá, cuando en verdad, aún esta fuera. Pues cuando se trata de las sagradas y verdaderas ideas de Torá, existen muchos niveles y aspectos (ver más en la lección del *Likutey Moharán*).

Pues hay muchas ideas y percepciones que parecen estar en un nivel muy elevado, cuando en verdad, sólo provienen de la Cámara de los Intercambios. Por lo tanto, es necesario ser extremadamente cuidadosos y no confundirse. Es así que el Tzadik verdaderamente grande, aunque realmente alcanza grandes niveles de comprensión sagrada, no los considera significativos comparados con su reconocimiento de la grandeza del Creador. Por lo tanto, trabaja y se fortalece en cada ocasión, esperando a que Dios comience a mostrarle la luz de la Torá, como si nunca antes en su vida hubiera comprendido algo, en absoluto.

246

1. A veces es necesario actuar como Ioshafat, de quien está escrito, "Su corazón se enorgulleció en los caminos de Dios" (Crónicas II, 17:6). Esto otorga el mismo beneficio que un ayuno. La explicación es que, cuando la persona necesita elevarse a un nivel mayor de comprensión, debe olvidar toda la sabiduría que adquirió previamente. Encontramos un ejemplo de ello en el rabí Zeira, quien ayunó al llegar a la Tierra de Israel para

olvidar lo que había aprendido en Babilonia (Bava Metzía 85a). El orgullo hace que la persona olvide su sabiduría, como dijeron nuestros Sabios, de bendita memoria, "Todo aquel que es orgulloso, su sabiduría lo abandona" (Pesajim 66b). Por lo tanto, a veces es necesario "enorgullecerse en los caminos de Dios" - es decir, ser orgulloso- para olvidar la sabiduría adquirida previamente. Sin embargo, esto requiere de una gran pericia. Pues sobre el orgullo cae ciertamente una prohibición muy grave y si la persona realmente se vuelve orgullosa, su sabiduría por cierto la abandonará por completo y no obtendrá ninguna percepción en absoluto. Por lo tanto, ello requiere de una gran habilidad. La persona debe "enorgullecerse" sólo para olvidar la sabiduría que tenía previamente, algo que evidentemente debe hacer - y pese a ello, debe ser verdaderamente humilde.

6 Tamuz

247

1. Está escrito en el santo *Zohar*: "La palabra *teiku* tal como es usada en el Talmud [significando 'indeciso' con respecto al dictamen final de una ley en particular], expresa la idea de la falta de *tikún* (rectificación)" (Zohar III, 27b). En otras palabras, falta la letra *Nun* de *TiKUN*, de modo que se vuelve *TeIKU*. Debes saber que cuando esa *Nun* final [la letra *Nun* tiene una forma alargada cuando se encuentra al final de una palabra] falta de la palabra *TiKUN* [i.e., del concepto de rectificación], esa *Nun* es entonces disminuida y doblada [cambiando así su forma hacia la forma más corta de la *Nun* cuando la letra no está al final de la palabra]. Entonces las letras de *TiKUN* se reordenan para formar la palabra *KiNOT* (lamentaciones). Sin embargo, cuando Dios nos redima, las *KiNOT* se transformarán en *TiKUN* y el *TeIKU* será entonces rectificado.

248

1. Al relatar historias sobre los Tzadikim el corazón se despierta y arde con una gran inspiración e intenso deseo por Dios. Muchos Tzadikim grandes y tremendos han contado que su despertar inicial a Dios se produjo relatando historias de Tzadikim. Esas historias encendieron por Dios sus corazones y luego de esforzarse en sus devociones religiosas llegaron a merecer lo que merecieron. ¡Afortunados ellos! (ver *Sabiduría y Enseñanzas del Rabí Najmán de Breslov* #138).

249

1. La esencia de la fuerza y del valor se encuentra en el corazón. La persona que posee un corazón valeroso no le teme a ningún hombre ni a cosa alguna y es capaz de realizar actos tremendamente valientes y ganar fieras batallas mediante la fortaleza y el temple de su corazón. No le teme a nada y corre directamente hacia el centro de la batalla. Lo mismo sucede en el servicio a Dios. Comprende bien esto.

250

1. El dolor y el sufrimiento sólo se deben a una falta de conocimiento, en el hecho de que la persona no sabe realmente ni percibe con claridad que todo sucede bajo la supervisión directa de Dios y que todo es para su propio bien. Cuando, en los momentos de dolor y de aflicción, la persona clama y llora delante de Dios, atrae sobre sí el conocimiento y la Providencia Divina y, consecuentemente, se anulan el dolor y el sufrimiento.

7 Tamuz

251 - "Será nuestra caridad"
(Deuteronomio 6:25)

1. Como resultado del conflicto, los pensamientos de los malvados, que son pensamientos heréticos, se abaten sobre las personas rectas. El remedio para ello es mantenerse en silencio y dejar la batalla [en manos de] Dios.

2. El hombre de verdad (*ish emet*) es aquél que lleva a cabo todas las *mitzvot*, en todos sus detalles, tanto cuando está solo frente a su Creador, como cuando se encuentra en presencia de otras personas. No establece diferencia alguna entre estar solo o no, dado que no tiene traza alguna de falsedad que lo llevaría, Dios no lo permita, a hacer alguna clase de gesto o movimiento, durante sus devociones religiosas, para que los demás lo vean. Ese hombre de verdad atrae para sí el poder de toda la caridad y anula de esa manera los pensamientos heréticos.

252

1. Si hay unidad entre los Tzadikim, dar caridad no daña en absoluto. De acuerdo con las leyes naturales al dar caridad se perdería aquello que se está dando. Pero como resultado de la unidad entre los Tzadikim es posible entonces que la persona dé mucho para caridad y aun así no pierda nada. Igualmente, mediante esa unidad, la persona puede genuinamente sacrificarse por algo y sin embargo, no ser dañada en lo más mínimo y seguir con vida.

253

1. Restringir el tiempo en que uno duerme disminuye el deseo sexual (ver más en la lección del *Likutey Moharán*).

254

1. Los ojos son algo muy sublime y exaltado en verdad. Constantemente están viendo grandes y tremendas cosas - es decir, asombrosas visiones y revelaciones. Si la persona mereciera tener ojos buenos y rectos, conocería grandes cosas sólo en base a lo que perciben sus ojos. Ello se debe a que los ojos están viendo constantemente esas cosas; lo que sucede es que la persona no sabe qué es lo que está viendo.

255

1. Si la persona tiene fe en el Tzadik pero no posee conocimiento, es posible que caiga de esa fe. Pero si, además de la fe, también tiene conocimiento para comprender la grandeza del Tzadik, entonces no caerá.

8 Tamuz

256

1. El nombre *Atáh* (Tú) es eficaz para calmar las olas cuando uno se encuentra en el mar.*

* Nota del Editor: Ver *Tzadik* #33, donde se explica que la persona debe escribir las palabras *Verav jesed* (abundante bondad) en cinco trozos de pergamino. Cinco veces el valor numérico de *VeRaV JeSeD* es 1400 [1400 es *Alef* (1000) + *Tav* (400)] y los cinco trozos de pergamino corresponden a la letra *Hei* [que tiene el valor numérico de 5]. Las letras *Alef*, *Tav*, *Hei* conforman el nombre *ATaH*. Uno debe arrojar esos cinco trozos de pergamino al mar en medio de la tormenta y de las olas, y entonces el mar se aquietará.

258

1. Es posible que la oposición aleje a la persona del sendero de Dios y la haga caer de su nivel, Dios no lo permita. La excepción a ello es la persona extremadamente grande que no le teme a eso, tal como el rey David que se honraba diciendo, "Muchos

son mis perseguidores y muchos son quienes me atormentan" -pero sin embargo- "no me he apartado de Tus estatutos" (Salmos 119:157).

259

1. Cuando la persona se recluye y expresa su dolor ante Dios, se confiesa y se arrepiente por la enormidad de los daños que ha cometido, entonces, la Presencia Divina Se expresa y manifiesta Su dolor frente a la persona. Pues con cada daño que uno le causa a su alma, también le causa un daño, por así decirlo, a la Presencia Divina. Entonces la Presencia Divina reconforta a la persona, diciendo que Ella buscará estrategias para rectificar todos los daños.

260

1. La principal unificación del Santo, bendito sea, y de la Presencia Divina se efectúa a través de los santos mártires que dan sus vidas por la santificación del Nombre de Dios, como los Diez Mártires que fueron ejecutados por los romanos. Ahora bien, el nombre de la persona es una y la misma cosa que su alma, como está escrito, "Un alma viviente es su nombre" (Génesis 2:19). Por lo tanto, hay Tzadikim que sacrifican su nombre y su reputación en aras de la santificación del Nombre de Dios. En otras palabras, arruinan intencionalmente su propio nombre y reputación, dado que todos hablan e inventan mentiras sobre ellos, y de esa manera su "sangre es derramada". Ello es equivalente a entregar literalmente la vida -dado que el nombre de la persona es su alma- y su "sangre es derramada" por ello. De esa manera, esos Tzadikim salvan al pueblo judío de lo que les podría haber sucedido, Dios no lo permita, para generar la unificación del Santo, bendito sea, y de la Presencia Divina.

9 Tamuz

261

1. Si uno cae de su nivel espiritual, debe saber que eso fue ordenado desde el Cielo. Pues el único motivo por el cual la persona se aleja de Dios es para que, en última instancia, pueda acercarse mucho más. Es por ello que cayó - para que pueda inspirarse mucho más y acercarse más aún a Dios. Lo que se debe hacer al caer es comenzar a servir a Dios nuevamente, como si nunca se lo hubiera hecho antes. Ésta es una regla esencial en el servicio a Dios, el hecho de que es necesario comenzar de nuevo, literalmente, cada día.

262

1. Aquel que merezca tener nuevas ideas de Torá que sean verdaderamente sustanciales, deberá llorar antes de hacerlo. Al llorar, evitará que las fuerzas del Otro Lado y de la impureza se alimenten de esas nuevas ideas.

263

1. Cuando la persona come en exceso, es como un animal. Ello se debe a que el ser humano, por definición, come sólo lo que necesita; y cuando come más de lo necesario, se comporta literalmente como un animal. Más aún, comer en demasía produce fiebre, que Dios nos salve. De manera similar, comer alimentos que aún no han sido refinados para consumo humano, también produce fiebre, que Dios nos salve.

2. Transpirar es una cura para la fiebre, que Dios nos salve.

264

1. Dar caridad es una rectificación para la transgresión sexual.

Sin embargo, es necesario ser muy cuidadosos y no darles dinero a personas pobres que no lo merezcan, porque con ello se intensifica el daño de esos pecados. Por lo tanto, uno debe pedirle a Dios ser digno de encontrar pobres meritorios a quienes darles caridad; y ésta es una rectificación extremadamente poderosa para los pecados sexuales.

10 Tamuz

265

1. El motivo por el cual se quiebra un plato de cerámica en el momento en que se finaliza el compromiso matrimonial es el siguiente: Las almas de la pareja son, arriba, una sola, mientras que abajo, nadie sabe de su unidad hasta que se comprometen en matrimonio. Pues en ese momento, se revela su unión. Pero la revelación de su unidad, que sale a la luz en el momento de escribir los *tenaim* (los términos contractuales del compromiso), está descrita en el versículo, "Las criaturas corrían y retornaban" (Ezequiel 1:14). Ello se debe a que tan pronto como se revela el lazo de unión de la pareja, éste se oculta inmediatamente, dado que ella le está prohibida a él hasta la ceremonia del matrimonio.

Ésta es la explicación del versículo, "Las criaturas corrían y retornaban, como la apariencia de un relámpago". En otras palabras, "Como la luz que emerge de recipientes de cerámica" (Rashi, loc. cit.), que es la chispa que brilla cuando se quiebra la cerámica y que es visible sólo de manera momentánea. Por lo tanto, en el momento del compromiso, cuando la luz de la unidad de la pareja se revela en la forma de "correr y retornar", la gente quiebra entonces un plato de cerámica, aludiendo al significado más profundo de "Las criaturas corrían y retornaban, como la apariencia de un relámpago".

266 - Sobre la Grandeza de la Mitzvá de la Suká

1. Cuando la persona no cumple con la mitzvá de la Suká de la manera adecuada, cae de la abundancia (*shefa*) que les corresponde a los seres humanos a la abundancia que les corresponde a los animales. Ello da como resultado que los animales domésticos y las bestias salvajes mueran antes de su tiempo, que Dios nos salve.

2. Al cumplir apropiadamente con la mitzvá de las Suká, la persona puede dedicarse a la actividad de la construcción y no sufrir daño por ello. Pues, como regla general, trabajar en la construcción es dañino para la persona, pero mediante la mitzvá de la Suká, uno se salva del daño.

3. Cuando uno entra en la Suká, se vuelve un aspecto de la Torá - dado que la Torá emana del concepto de la Suká.

267

1. En Shavuot se recibe la Torá y en ese momento es posible recibir nueva vitalidad y una cura para los pulmones.

268

1. Si la persona no considera el propósito último de su vida, ¿para qué vive?

2. El alma anhela constantemente hacer la voluntad de su Creador. Cuando el alma ve que la persona no está haciendo la voluntad de Dios, comienza a alejarse, retornando a su fuente y abandonando el cuerpo. Ello es lo que hace que la persona enferme. El hecho de que la persona recupere la salud al tomar remedios se debe a que el alma, al ver que la persona es capaz de subordinar su propio deseo y de tomar medicinas amargas

para alcanzar un cierto propósito, retorna a la persona con la esperanza de que también subordine sus deseos en aras del verdadero propósito - que es hacer la voluntad de su Creador.

269

1. El lugar en donde vive el Tzadik refleja las acciones de la generación.

270

1. Así como alguien se inspira al oír a otra persona recitar súplicas y plegarias con gran emoción y con un corazón quebrantado, comenzando también a recitar plegarias con fervor, de manera similar, la persona puede inspirarse a sí misma. A veces, cuando uno recita con fervor plegarias de ruego y de súplica y clama, "¡Ay de mí!", ello logra inspirarlo, porque comienza a considerarlo y piensa, "¿Quién está clamando así? ¿Acaso no está dicho '¡Ay de mí!' de manera literal?". Y entonces clama, "¡Ay de mí!" una segunda vez, con mayor fervor que antes.

271

1. Al trabajar duramente para Dios y servirlo con dedicación, la persona merece la audacia sagrada necesaria para hablar con el *Rav* y el Tzadik. Entonces, como resultado de hablar con el Tzadik, se ve inspirada a servir a Dios mas aún. Así, estas dos cosas dependen una de la otra. Hay muchas otras cosas en el servicio a Dios que son interdependientes; y uno no sabe por dónde empezar, dado que cada una de ellas comienza a partir de la otra.

12 Tamuz

272

1. Es una regla esencial en el servicio a Dios que la persona sólo tome en cuenta el día presente. Ello se aplica a la manera en la cual se ocupa del sustento y de las necesidades materiales, no debiendo pensar de un día para el otro, tal como se enseña en la literatura sagrada; y también se aplica al servicio a Dios, donde sólo hay que considerar el día y la hora presentes. Ello se debe a que cuando la persona desea entrar en el servicio a Dios, siente que es como una carga muy pesada, como si le fuese imposible sobrellevar semejante peso. Pero si piensa que sólo tiene el día de hoy, no le será una carga en absoluto. Más aún, uno nunca debe dejar las cosas de un día para el otro diciendo, "Mañana comenzaré. Mañana recitaré las plegarias con concentración y sentimiento" o cosas similares. Pues la persona no tiene nada en este mundo excepto el día y la hora en la cual se encuentra; mañana es un mundo absolutamente diferente. Ésta es la explicación del versículo, "¡Hoy! Si oyesen Su voz" (Salmos 95:7) - específicamente, "¡Hoy!".

273

1. Hay Tzadikim muy grandes que les dan a sus hijos almas más elevadas que las 600.000 almas del pueblo judío.

274

1. Hay personas malvadas que trabajan y se esfuerzan durante toda su vida para desarraigarse por completo de Dios. Ello lo hacen porque, debido al punto sagrado de santidad judía que aún está en ellas, no sienten placer alguno en sus pecados y deseos - y consecuentemente, se esfuerzan para alcanzar un completo ateísmo. Pero la judeidad que yace dormida en ellas no les permite lograrlo. Debes saber, además, que algunas de esas personas, cuando finalmente alcanzan un completo

Lección 275-277   13 Tamuz

ateísmo, más allá de toda duda, mueren al instante y entonces ven la verdad.

275

1. Cada mitzvá que la persona lleva a cabo en este mundo se transforma en una vela con la cual puede sondear en los tesoros del Rey después de dejar el mundo. Afortunado aquel que lo merece, dado que ése es el placer más grande del Mundo que Viene.

2. El Tzadik que sacrifica su vida merece sondear en los tesoros del Rey incluso mientras está con vida - que es el más grande de los deleites del Mundo que Viene.

13 Tamuz

276

1. Comer en Shabat no es para satisfacer el hambre sino para que sean bendecidos los otros seis días de la semana.

277 - "El Tzadik florecerá como la palma"
(Salmos 92:13)

1. Al encontrar oposición la persona no debe confrontar a sus enemigos diciendo, "Yo les haré a ellos lo que ellos me hacen a mí". Pues esto simplemente les permitirá a sus enemigos obtener lo que buscan - es decir, hacer que le suceda lo que ellos quieren que le suceda, Dios no lo permita. Más bien, por el contrario, es apropiado que la persona juzgue a sus enemigos de manera favorable y que les otorgue toda clase de favores. De esa manera, frustrará las intenciones de sus enemigos y entonces, por el contrario, ellos mismos se volverán víctimas de su propio plan malvado.

2. Todo esto se aplica cuando los opositores son malvados. Pero

Lección 277 — 14 Tamuz

si son Tzadikim, sus intenciones serán indudablemente buenas y elevarán a la persona mediante la oposición; y por el hecho de oponérsele mitigarán los juicios estrictos en su contra. Así, es necesario saber que cuando uno enfrenta oposición por parte de los Tzadikim, ello es enteramente para el propio bien. Deberá rogarle a Dios para no cometer el error de pensar que ello es un ataque abierto en su contra, Dios no lo permita, para que no derive en un genuino conflicto que proviene del Otro Lado, Dios no lo permita.

3. El conflicto trae pobreza y debido a las disputas la gente no puede curarse de sus enfermedades. Por otro lado, la paz trae curación y abundante sustento.

4. La principal manera de honrar el Shabat es mediante la comida del Shabat. Ello se debe a que el comer en el Shabat es algo muy valioso; es pura Divinidad y pura santidad. Por lo tanto, es una gran mitzvá comer abundantemente en Shabat, lo cual es una rectificación para toda desacralización del Shabat.

14 Tamuz

5. La profanación del Shabat [i.e., hacer trabajos prohibidos durante el Shabat] es como el fallecimiento de la primera esposa, que Dios nos salve. Comer en el Shabat es una rectificación para ello.

6. Todas las *mitzvot* que la persona realiza durante los seis días de la semana sólo pueden elevarse hacia Dios en el Shabat. En ese día, esas *mitzvot* ascienden y andan delante de Dios, Quien se deleita en ellas, aunque hayan sido realizadas por el judío más bajo y sin la concentración y la perfección correspondientes a una mitzvá. Esas *mitzvot* establecen un sendero firme a través del cual es posible acercarse a Dios. Todo ello se logra mediante la comida del Shabat, que es la manera principal de honrar al Shabat.

7. "¡Ay de mí que habité en Meshej!" (Salmos 120:5). Era la manera del rey David el sentirse dolorido durante sus plegarias por pensar que abrigaba "temores caídos". Esos temores están representados por la palabra *Meshej*, dado que derivan de los 320 juicios estrictos [*Mi Shaj* también significa "proveniente de los 320"; más aún, la palabra *garti* (habité) también significa "temí"]. Así, el versículo, "¡Ay de mí que habité en Meshej!", también puede significar "¡Ay de mí que tuve temor de los 320 juicios!".

278

1. En un buen cuchillo de faena *kosher* es posible percibir cómo eran los utensilios sagrados del Santo Templo.

2. Hay un Tzadik que se encuentra en un nivel tan elevado que no siente celos de ningún otro Tzadik, tanto en este mundo como en el Mundo que Viene. Más bien, sólo puede sentirse celoso de Dios Mismo, tal como está expresado en el versículo, "Por ser celoso de Mi celo" (Números 25:11).

279 - "Y habló mi boca cuando estaba en angustia"
(Salmos 66:14)

1. Hay gente cuyas enseñanzas de Torá son extremadamente "amplias" hacia abajo, en la medida en que expanden y amplían el tema que están tratando - pero que hacia arriba son realmente muy "estrechas", dado que en el ámbito de la santidad, sólo queda de ellas una pequeña chispa. Por el contrario, los verdaderos Tzadikim enseñan lecciones que hacia abajo parecen "estrechas" - pero que arriba son extremadamente amplias y grandes. ¡Afortunados ellos!

2. Incluso si uno es totalmente incapaz de hablar delante de Dios -y siente que, debido a la densa materialidad y a la pesada carga de los problemas espirituales y físicos que lo agobian, no puede ni siquiera abrir los labios en plegaria o *hitbodedut*- sin

embargo, debe fortalecerse con determinación precisamente en ese momento en particular y forzarse a clamar a Dios desde los problemas en los cuales se encuentra. Pues la esencia del despertar espiritual es cuando la persona se inspira a partir de las mismas dificultades. Con ello logrará, en la mayoría de los casos, una gran expansión de la conciencia hasta llegar a ser capaz de orar y de expresarse delante de Dios, como corresponde. También alcanzará algo similar al espíritu de profecía (*rúaj hakodesh*) - precisamente porque despertó a Dios de entre tales dificultades y amarguras.

15 Tamuz

280

1. Todas las actividades comerciales son Torá. Por lo tanto, al dedicarse a los negocios uno debe unir sus pensamientos exclusivamente a la Torá y a las leyes de la Torá que están encubiertas y ocultas allí. Pero si, en el momento en que lleva a cabo sus negocios no une sus pensamientos a la Torá, su castigo será el que deberá presentarse ante los jueces en una corte legal de Torá. Todo depende del daño que haya realizado. Está la persona cuyo castigo es sólo el hecho de tener que presentarse ante la corte, pero que finalmente gana el caso. Y está la persona que, al haber separado mucho más sus negocios de la Torá, ni siquiera gana el juicio.

2. En el momento en que la persona realiza sus negocios se lleva a cabo una batalla. Ello se debe a que, en ese momento, debe luchar contra el Otro Lado para separar y elevar las chispas de santidad que se encuentran allí - dado que la función esencial del comercio y de los negocios es elevar esas chispas. Al llevar a cabo los negocios con fidelidad, en su nivel más simple -es decir, diciendo la verdad, donde el "sí" significa "sí" y el "no" significa no"- la persona también une sus pensamientos a la Torá. Pues los pensamientos deben estar puestos en los negocios sólo de manera superficial. Los pensamientos más internos deben estar unidos únicamente a la Torá. Al comportarse de

esa manera, merecerá separar y elevar muchas chispas y elementos de santidad. Mediante sus actividades comerciales ascenderán los mundos espirituales y se producirán grandes rectificaciones, al igual que con la plegaria.

281

1. Incluso la persona común, si se sienta ante un libro sagrado y observa cuidadosamente las letras de la Torá, podrá ver cosas nuevas y asombrosas. Sin embargo uno no debe hacer la prueba de esto (ver más en la lección del *Likutey Moharán*).

16 Tamuz

282 - "Cantaré a Dios con lo poco que me queda"
(Salmos 146:2)

1. Si la persona comienza a observarse y percibe que se encuentra lejos de Dios y llena de pecados, puede llegar a perder el ánimo y volverse totalmente incapaz de orar. Por ello está obligada a buscar, procurar y encontrar en ella algún poco de bien. Pues, ¿cómo es posible que nunca haya hecho ni siquiera una mitzvá ni nada bueno en toda su vida? Y aunque al comenzar a considerar lo bueno que hizo, pueda percibir que eso mismo está lleno de fallas y de imperfecciones -pues es posible que el bien en ese acto esté mezclado con motivos ulteriores y con muchas impurezas- sin embargo, ¿cómo es posible que ese pequeño bien no contenga algún punto bueno? La persona deberá continuar buscando en ella hasta encontrar algún otro bien. Y aunque ese bien también esté mezclado con mucha impureza, en definitiva, también tendrá en sí algún punto bueno. Y así deberá continuar buscando, hasta encontrar más puntos buenos. De ese modo, al hallar algún mérito y bien en ella, se trasladará en verdad desde el lado de la culpa hacia el lado del mérito y podrá retornar a Dios. De esta manera la persona podrá darse vida y alegría, sea quien fuere y orar, cantar

y agradecerle a Dios. Pues, en la mayoría de los casos, cuando la persona se pone de pie para orar, su mente se ve invadida por todo lo malo que ha hecho y, como resultado de ello, se desanima y es incapaz de orar con la vitalidad y el anhelo apropiados. Por lo tanto, es necesario que se dé vida antes de orar buscando, procurando y encontrando los puntos buenos en ella; de este modo llegará a orar como debe.

2. Es necesario ser extremadamente cuidadosos y seguir el sendero descrito en esta lección, pues éste es un principio fundamental y un importante cimiento para todo aquel que desee acercarse a Dios y no malgastar su vida por completo, Dios no lo permita. Pues lo más importante es alejarse lo más posible de la depresión y de la melancolía - dado que la mayor parte de aquellos que están lejos de Dios lo están debido a la melancolía y a la depresión. La causa de su depresión es el desánimo que sienten al ver la enormidad de sus imperfecciones y el hecho de que la mayor parte de sus acciones carecen de bien - pues cada persona, en lo más íntimo, conoce las aflicciones y el dolor de su propio corazón. Debido a ello, se desaniman y abandonan completamente, que Dios nos salve. Entonces, no oran con concentración y sentimiento y ni siquiera hacen aquello que son capaces de hacer en el servicio a Dios. Por lo tanto, es necesario actuar de manera inteligente en esta área, pues muchas almas han zozobrado como resultado de ello - dado que la pérdida de la esperanza, Dios no lo permita, es más dañina que cualquier otra cosa. Consecuentemente, la persona deberá fortalecerse con absoluta determinación para seguir este sendero y buscar los puntos buenos en ella una y otra vez, para darse vida y animarse constantemente. De esta manera, siempre podrá orar con entusiasmo, vitalidad y alegría, y retornar verdaderamente a Dios.

17 Tamuz

3. El líder de la plegaria (*sheliaj tzibur*), que ora al frente de la congregación, debe poseer la exaltada cualidad de ser capaz de

Lección 282 — 17 Tamuz

recolectar todos los puntos buenos presentes en cada uno de los que allí están orando. Todos esos puntos buenos deberán estar entonces incluidos en él y con todo ese bien, se pondrá de pie y orará. ¡Afortunada la congregación que merece un líder así!

4. En cada generación existe un pastor del pueblo judío que es un aspecto de Moisés, el "pastor fiel". Ese pastor construye un tabernáculo. A partir de ese tabernáculo los niños pequeños que estudian la Torá reciben el aliento puro de sus bocas y desde allí comienzan a leer y a estudiar la Torá. Éste es el motivo por el cual, tradicionalmente, los niños judíos comienzan a leer a partir del primer versículo del Libro de Levítico, que comienza, "El llamó (*Vaikrá*)" (Levítico 1:1) - dado que desde ese punto la Torá continúa luego de la construcción del Tabernáculo.

Debes saber, además, que cada uno de los Tzadikim de la generación posee un aspecto de Moisés, que cada uno de ellos es un aspecto de un pastor y que cada uno construye un tabernáculo. Más aún, cada uno, de acuerdo al tabernáculo que construya, tiene un cierto grupo de niños que reciben de allí el aliento de sus bocas. Pero la única persona que puede saber todo esto, es decir, qué niños pertenecen a cuál Tzadik y cuánto reciben de él, al igual que todos los otros diferentes factores y detalles implícitos en este tema y las generaciones que se desarrollarán a partir de esos niños, hasta el mismo final - la única persona que puede saber todo esto es aquella que puede juzgar a todos de manera favorable y que busca y encuentra los puntos buenos que están presentes en cada judío, incluso en los pecadores de Israel. Pues aquél que tiene esa capacidad posee la sublime cualidad que le permite ser el líder de la plegaria y el cantor; tiene un completo conocimiento de todo este tema, que incluye a los niños, a los tabernáculos y a los Tzadikim. Éste es el significado profundo de la afirmación de nuestros Sabios, de bendita memoria, "El cantor ve dónde están leyendo los niños".

18 Tamuz

5. **Es necesario juzgar a toda persona de manera favorable.** Incluso con respecto a aquel que es un completo malvado, Dios no lo permita, es necesario buscar hasta encontrar algún poco de bien en donde no es un malvado. Al encontrar ese poco de bien en él, en el cual no es un malvado y al juzgarlo favorablemente, uno lo eleva y lo traslada hacia el lado del mérito. De esa manera, puede hacer que retorne a Dios en arrepentimiento. Ésta es la interpretación del versículo, "Un poco más y el malvado no existirá" es decir, al encontrar en él "un poco" en donde no es malvado - "observarás su lugar y él ya no estará" (Salmos 37:10) - significando que ya no estará en su lugar original, porque se habrá elevado y habrá pasado hacia el lado del mérito. De la misma manera, la persona debe hacer lo mismo consigo misma, de modo que aunque vea que se encuentra muy lejos de Dios, también deberá buscar algo de bien en ella misma, en donde no es malvada y de esa manera se trasladará genuinamente hacia el lado del mérito.*

* Nota del Editor: Ver *Likutey Halajot, Hiljot Eruvey Tejumin* 6, donde se explica que la redención de Egipto se logró principalmente mediante el sendero tratado en esta lección, tal como se expresa en el versículo, "En verdad, He visto el sufrimiento de Mi pueblo" (Éxodo 3:7). Nuestros Sabios, de bendita de memoria, explican el versículo como sigue: "Yo veo dos cosas. Veo que al final pecarán; y sin embargo, 'He visto el sufrimiento de Mi pueblo'". La explicación de nuestros Sabios concuerda con la enseñanza de esta lección, en que incluso aunque "Veo que al final pecarán, sin embargo, Yo sólo contemplo el bien en ellos y no miro el mal. De acuerdo a ello, son dignos de la redención". Este camino de buscar siempre el bien en el pueblo judío y encontrar siempre puntos a su favor es algo muy exaltado y profundo. Moisés nuestro maestro -aunque era totalmente bueno- no supo inicialmente cuán lejos llegaba en verdad la compasión de Dios. Al comienzo no quiso embarcarse en su misión, hasta que Dios le mostró el milagro del bastón. Dios le dijo a Moisés que arrojase el bastón al suelo, donde éste se transformó en una serpiente; y cuando Moisés subsecuentemente aferró la cola de la serpiente, ésta volvió a ser un bastón. Mediante esa señal, Dios le hizo saber a Moisés que no debía hablar mal del pueblo judío, como enseñaron nuestros Sabios, de bendita memoria, dado que Él le mostró que la serpiente podía fácilmente volver a ser un bastón, como está escrito, "Extiende tu mano y toma su cola... y volvió a ser un bastón en su mano" (Éxodo 4:4). De esa manera Dios le insinuó a Moisés que aunque la persona esté profundamente hundida en la impureza de la serpiente primordial, aun así es posible tomar algún punto bueno y, como resultado, la serpiente volverá a ser un bastón; ver esta lección en el *Likutey Halajot*. Se explica además en el *Likutey Halajot, Hashkamat HaBoker* 5, que la rectificación final y la redención por parte de nuestro recto Mashíaj también vendrán principalmente gracias al camino enseñado en esta lección. Pues Mashíaj encontrará mérito en cada judío hasta que todos se eleven y pasen hacia el lado del mérito; y esto, a su vez, traerá la Redención. Que venga pronto y en nuestros días. Amén.

19 Tamuz

283

1. A veces puede haber conflictos entre dos Tzadikim, aunque ambos provengan de la misma raíz espiritual y aunque ambos hayan alcanzado niveles espirituales extremadamente elevados. La única razón del conflicto es que uno de ellos es el aspecto de "la bondad que fluye hacia afuera" -pues él les revela sus enseñanzas de Torá a los demás- mientras que el otro es el aspecto del bien, pero su bien "permanece con él" (ver más en la lección del *Likutey Moharán*). Así, el conflicto entre los Tzadikim de hecho surge de la Torá. Pero también hay conflictos entre los malvados, lo que no está enraizado en absoluto en la Torá. Así, en verdad, la persona debe orar a Dios para que, si es la voluntad de Dios el que deba ser perseguida y sufrir confrontaciones, que sean al menos del primer tipo, implicando a los Tzadikim. Esta idea se expresa en el versículo, "Que sólo bien y bondad me persigan" (Salmos 23:6).

284

1. Uno debe arrebatar y robar algún tiempo cada día para dedicarlo al estudio de la Torá.

285

1. Una vez que la persona ha saboreado el bien del verdadero Tzadik, entonces, aunque más tarde se aleje de él -lo cual es un

estado conceptualmente asociado con la noche y la oscuridad, queriendo decir que se ve subsecuentemente impedida de volver a acercarse al Tzadik- sin embargo, la luz de las enseñanzas de Torá que saboreó cuando estuvo con el Tzadik verdadero siempre irradiará sobre ella.

286

1. Al estudiar los Codificadores y el *Shuljan Aruj*, uno merece ser "señor de la casa" y "gobernador de la tierra". A su vez, se vuelve digno de elevar las puertas del Jardín del Edén y de comprender la Sabiduría Superior y la Sabiduría Inferior, que es el deleite esencial del Jardín del Edén. Ver *Sabiduría y Enseñanzas del Rabí Najmán de Breslov* (#29), donde está escrito que es extremadamente importante que cada judío estudie los Códigos de la Ley Judía todos los días, sin falta. Aunque se encuentre en dificultades -como cuando la persona no tiene un momento libre o está viajando- igualmente deberá estudiar al menos un párrafo de alguna sección del *Shuljan Aruj*. Incluso si lo que estudia no sigue su orden regular de estudio, aun así ningún día de su vida deberá pasar sin el estudio del *Shuljan Aruj*. Sin embargo, en circunstancias normales, cuando la persona no está bajo presión, deberá estudiar una cierta cantidad del *Shuljan Aruj*, cada día, avanzando desde el comienzo hasta el final y, al terminar, deberá volver a comenzar nuevamente. Esta práctica es un remedio espiritual muy poderoso para separar y rectificar todos los daños que la persona ha generado mediante sus pecados. Pues al estudiar los Códigos, uno separa el bien del mal, que es el mismo proceso que subyace a toda rectificación espiritual.

Aquí se ha finalizado y completado el
Kitzur Likutey Moharán - Parte I

SÍNTESIS DEL LIKUTEY MOHARÁN

Parte II

Suplemento

"Abraham era uno" (Ezequiel 33:24). El significado de este versículo es que Abraham sirvió a Dios mediante el hecho de que era "uno". En otras palabras, actuó como si hubiera sido la única persona en el mundo y no se ocupó de mirar a los demás que discrepaban de la voluntad de Dios y que lo obstaculizaban; ni le prestó atención a su padre ni a los que se le oponían. En su lugar, actuó como si hubiese estado solo en el mundo. Éste es, entonces, el significado del versículo, "Abraham era uno".

De la misma manera, es imposible que alguien que desee entrar en el servicio a Dios pueda lograrlo a no ser que adopte este camino. Debe pensar que no hay nadie en el mundo más que él y no debe prestarle atención a ninguna persona que pretenda impedírselo, tal como su padre o su madre, su suegro, su esposa, sus hijos o demás. Ni debe prestarle atención a los obstáculos provenientes de la gente que se burla de él, tentándolo o impidiéndole servir a Dios. Pues no se debe tomar en cuenta a esas personas ni considerarlas en absoluto. En su lugar, hay que cumplir simplemente con "Abraham era uno" - como si fuese la única persona en el mundo.

Lección 1   Parte II   20 Tamuz

20 Tamuz

1 - "Sonad el shofar" (Salmos 81:4); Dominio

1. El judío fue creado para tener dominio sobre los ángeles. Ése es el propósito final y el destino del pueblo judío y cada uno debe ocuparse de alcanzar ese objetivo. Sin embargo, los ángeles son extremadamente celosos de aquel que tiene dominio sobre ellos. Por lo tanto, es necesario cuidarse mucho y asegurarse de que se tiene el poder de mantener ese dominio, para que los ángeles, en su celo, no lo hagan caer, Dios no lo permita.

2. Para asegurarse de ello es necesario unirse a todas las almas judías. Ahora bien, las almas judías están agrupadas bajo los líderes de la generación, dado que cada líder de la generación es responsable de un cierto número de almas. Por lo tanto, la persona debe unirse a todos los líderes de la generación pues, de ese modo, quedará automáticamente unida a todas las almas de Israel. Como resultado, será rescatada de los celos de los ángeles y su dominio sobre ellos perdurará.*

* Nota del Editor: A partir de esto se comprueba que los ángeles sólo tienen poder para luchar con un alma judía individual. Pero con respecto a las almas judías como un todo -para quienes fue creado el mundo entero, tal cual es sabido- los ángeles no tienen poder para enfrentarlas, lo que es una indicación del poder de la unidad.

3. Sin embargo, es necesario saber quiénes son esos líderes y poder reconocerlos. Pues hay muchos líderes cuya posición y dominio es enteramente resultado de su insolencia, como dijeron nuestros Sabios, de bendita memoria, "La insolencia es un reinado sin corona" (Sanedrín 105a).

4. Es posible reconocer a esos falsos líderes gracias al mérito de reconstruir a Jerusalén (IeRuShaLaIM), que está conceptualmente asociada con el temor perfecto a Dios (IRá ShaLeM). En otras palabras, la persona debe alcanzar un perfecto temor a Dios, lo que depende del corazón, como dijeron nuestros Sabios, de bendita memoria, "Con respecto a los temas que le

419

han sido entregados al corazón, la Torá dice, 'Temerás a tu Señor'" (Kidushin 32b). Una vez que la persona haya alcanzado ese temor perfecto a Dios, caerá ante ella la insolencia de esos líderes y podrá entonces unirse a los verdaderos líderes bajo los cuales se agrupan todas las almas de Israel. Entonces, quedará unida automáticamente a todas las almas de Israel y su dominio sobre los ángeles perdurará.

5. Mediante los deseos de dinero, de placer sexual y de comida -los cuales están enraizados en el corazón- se socava y se daña el temor a Dios que se encuentra en el corazón.

21 Tamuz

6. La intensidad del deseo sexual de la persona está determinada por la leche con la cual se nutrió en su infancia. Por lo tanto, es necesario tener extremo cuidado para que el niño sólo se alimente de una mujer modesta. Pues si se nutre de una mujer que no es modesta, su deseo sexual será muy poderoso, Dios no lo permita, lo que socavará el temor a Dios en su corazón. Por el contrario, si se nutre de una mujer modesta, no arderá con ese deseo sino que sólo tendrá lo necesario como para cumplir con el precepto de procrear dado por Dios.

7. Cuando la persona cae en esos tres deseos, el Cielo no lo permita, socava su temor a Dios. Entonces, debido a ello, el Santo, bendito sea, se sienta y ruge como un león.

8. Al honrar como corresponde a las Tres Festividades, con comida, bebida y ropas finas, con lo mejor de nuestras posibilidades, con santidad y pureza de pensamiento, con alegría y regocijo, con una plegaria concentrada y ferviente y con todas las otras cosas conectadas con la santidad y la alegría de las Festividades -especialmente con las diversas *mitzvot* santas que están asociada con cada Festividad- se alcanza el conocimiento de Dios y se merece llevar ese conocimiento hacia el corazón. De esa manera, se rectifica el corazón y se lo purifica

de los tres malos deseos, volviéndonos dignos de alcanzar el perfecto temor a Dios, que depende del corazón. Esto es lo más importante de todo, porque es lo que lleva al judío hacia su objetivo final, que es el hecho de que perdure su dominio sobre los ángeles.

9. En cada una de las Tres Festividades se rectifica uno de los tres deseos. A saber: En Pesaj, se rectifica el deseo de dinero; en Shavuot, se rectifica el deseo de placer sexual; y en Sukot, se rectifica el anhelo de comida (de aquí que la palabra *SUKáH* tenga el mismo valor numérico que *MaAJaL* [comida]). De acuerdo a ello, la persona debe ser muy cuidadosa en cómo lleva a cabo las *mitzvot* asociadas con cada una de las Festividades y en honrar grandemente a cada una de ellas, para merecer quebrar esos tres dañinos deseos y liberarse de ellos. Pues la esencia toda del judaísmo es temer el Reverenciado Nombre de Dios y escapar de los celos de los ángeles -no sea que hagan caer a la persona en el pecado, Dios no lo permita- y hacer perdurar el dominio sobre ellos. Todo esto depende únicamente de la rectificación de esos tres deseos dañinos.

10. Al alcanzar en el corazón un temor perfecto a Dios, la persona se vuelve digna de evocar un influjo de inspiración profética. Sin embargo deberá ser extremadamente cuidadosa y resistir el deseo de ser nombrada líder para gobernar sobre el pueblo judío (que es lo opuesto del dominio sagrado, con el cual se merece tener dominio sobre los ángeles). Ello se debe a que una posición de poder y de autoridad hace que cese el influjo profético.

22 Tamuz

11. Mediante ese influjo de inspiración profética la persona alcanza una plegaria perfecta. Pues, debido a nuestros muchos pecados, la plegaria se encuentra actualmente en el exilio. La plegaria es algo extremadamente exaltado pero la gente la menosprecia; y cuando se ponen de pie para orar lo único que desean es terminar de una vez. Sin embargo, mediante el temor

perfecto a Dios, que se alcanza rectificando los tres deseos, la persona merece traer un influjo de inspiración profética -y aunque hoy en día no haya nadie que pueda de hecho profetizar- la plegaria es redimida de su exilio. Entonces la plegaria alcanza su total perfección y es como la profecía - que es la Palabra de Dios. Pues Dios Mismo abre entonces los labios de la persona y le envía palabras sagradas para orar ante Él. Este fenómeno está expresado en la frase "Dios, abre mis labios", que se dice antes de comenzar la plegaria de la *Amidá*. Éste es también el significado profundo del concepto de "unir la redención con la plegaria" [que hace referencia a la costumbre de que la plegaria de la *Amidá* siga inmediatamente después de la Bendición de la Redención] - es decir, para redimir a la plegaria de su exilio.*

* Nota del Editor: Esto responde a la pregunta presentada en el Talmud, "¿Cómo podemos unir la redención con la plegaria? ¿No dijo acaso el rabí Iojanan, 'Al comienzo de la plegaria de la *Amidá* uno debe decir, "Dios, abre mis labios"'? (*Berajot* 4b). El Talmud responde allí diciendo que dado que fueron los Sabios quienes decretaron que debemos intercalar esa frase, se considera como si fuese una sola plegaria. La enseñanza en esta lección explica el motivo por el cual esa frase no es considerada una interrupción en absoluto -dado que toda la idea que subyace al hecho de que la redención deba ser unida a la plegaria es que la plegaria debe ser la Palabra de Dios- y ésta es la misma idea expresada por la frase "Dios, abre mis labios".

12. Cuando la plegaria es liberada y redimida de su exilio se vuelve innecesario el tratamiento de doctores y médicos, dado que es posible ser curado por todo lo que uno ingiera -incluso pan y agua- tal como por los remedios.

13. A veces una enfermedad está latente en la persona y no se manifiesta. Entonces, ningún médico puede curarla dado que ni siquiera sabe que existe. Pero cuando la persona merece rectificar los tres malos deseos y alcanzar así el temor perfecto a Dios y la plegaria perfecta, puede entonces curarse aunque la enfermedad no se haya manifestado todavía. Se cura de la enfermedad incluso antes de que se manifieste y no es afectada en absoluto por ella.

Lección 1   Parte II   23 Tamuz

23 Tamuz

14. Sin embargo, hay tres características negativas que impiden la plegaria. La primera es "No desprecies a ninguna persona" (*Avot* 4:3) (es decir, nunca se debe despreciar a otra persona, ni siquiera en el pensamiento) - y si no se es cuidadoso en esto se menoscaba la plegaria. La segunda característica es una fe dañada, es decir, cuando la persona tiene una fe imperfecta e incompleta, algo que está asociado con la idolatría. La tercera característica es el daño sexual. Cuando uno merece liberarse de esas tres características negativas, alcanza la plegaria perfecta. Entonces, no requiere de ningún remedio, pues puede ser curado por todo aquello que ingiera - incluso por el pan y el agua. Éste es el significado profundo de lo que se dice sobre Ezequías, que "unió la redención con la plegaria" -pues él redimió la plegaria de su exilio- y consecuentemente, ocultó el Libro de los Remedios (*Berajot* 10b).

15. Cuando la persona merece redimir la plegaria de su exilio - que es el concepto de "unir la redención con la plegaria"- ello constituye una vislumbre de la luz de Mashíaj.*

* Nota del Editor: Esto te permitirá comprender la raíz de lo que está escrito en el *Likutey Moharán* II, 102, que el significado profundo de la historia de Boaz y Ruth está íntimamente conectado con el concepto de "unir la redención con la plegaria"; ver esa lección. Pues lo que sucedió con Boaz y Ruth fue una vislumbre de la luz del Mashíaj, como es sabido.

16. Cuando, a través de todas las rectificaciones, la persona se hace digna de la plegaria perfecta -es decir, mediante la santidad de las Tres Festividades que rectifica los malos deseos de riqueza, de placer sexual y de comida, mereciendo entonces el temor a Dios, trayendo el influjo de inspiración profética, la plegaria perfecta y la curación- y cuando también elimina las tres características negativas que inhiben su capacidad de orar, entonces, todas las huestes del Cielo, todas las estrellas y las constelaciones y todos los ángeles superiores se subordinan a ella. Entonces, esa persona encuentra favor a los ojos de todos y todos son sus deudores - dado que todos toman prestado y

reciben su poder de ella quien es el Gran Acreedor. Por lo tanto, será capaz entonces de reconocer a los líderes cuyo dominio proviene enteramente de la insolencia. Esto se debe a que su insolencia caerá ante ella, dado que "La persona no se comporta de manera insolente ante su acreedor" (*Bava Metzía* 3a). Entonces sabrá quiénes son los verdaderos líderes bajo quienes se agrupan todas las almas judías, podrá unirse a ellos y quedar automáticamente unida a todas las almas del pueblo judío. Escapará entonces de los celos de los ángeles y su dominio sobre ellos perdurará.

24 Tamuz

17. Cuando la persona se sienta y se pone a hablar sobre alguien, es como Rosh HaShaná, el Día del Juicio - dado que, en efecto, se sienta a juzgar a otra persona. Hay que ser muy cautelosos en esto y analizarse con mucho cuidado para ver si se es apto para juzgar a otra persona, "Pues el juicio le pertenece a Dios" (Deuteronomio 1:17). Nuestros Sabios, de bendita memoria, hablaron de esta manera cuando dijeron, "No juzgues a tu compañero hasta no estar en su lugar" (*Avot* 2:4). Y, ¿quien puede conocer y alcanzar el lugar de su prójimo? Sólo Dios puede hacerlo, dado que "Él es el Lugar del mundo y el mundo no es Su lugar" (*Bereshit Rabah* 68:9). Cada persona tiene un lugar en Dios. Sólo Él es capaz de estar en el lugar de cada una de las personas y juzgarlas favorablemente.

18. La persona que merece unirse a todas las almas judías por medio de las rectificaciones tratadas en esta lección se transforma en el "lugar del mundo" y también ella es capaz de celebrar Rosh HaShaná y de juzgar a todos de manera favorable.

19. Rosh HaShaná es una gran bondad de parte de Dios. Pues, ¿cómo podríamos levantar nuestros rostros y pedirle a Dios la expiación? Por lo tanto, Dios nos hizo una gran bondad con el Día del Juicio y ordenó que el Día del Juicio -Rosh HaShaná- debiera caer en el día de la Luna Nueva. Pues Dios Mismo, por

así decirlo, experimenta arrepentimiento y pide perdón, como en, "Traigan una expiación para Mí por haber disminuido a la luna" (*Julín* 60b) - dado que la disminución de la luna es el origen de todos los pecados. Consecuentemente, no nos avergonzamos en el Día del Juicio por arrepentirnos de nuestras malas acciones y pedir expiación por ellas, dado que en ese día, también Dios siente arrepentimiento y pide el perdón.

20. El shofar representa el concepto del temor a Dios. Más aún, está asociado con el influjo de inspiración profética, con la plegaria redimida de su exilio y con la manera en que toda la vegetación de los campos canaliza su poder hacia la plegaria de la persona - que es el requisito previo para poder celebrar Rosh HaShaná de la manera antes descrita.

25 Tamuz

2 - Los Días de Jánuca

1. Los días de Jánuca son días de agradecimiento y el agradecimiento es, en sí mismo, el deleite del Mundo que Viene.

2. El principal deleite del Mundo que Viene es agradecer y alabar el Bendito Nombre de Dios, conocerlo a Él y ser conscientes de Su Presencia. Como resultado de ese conocimiento la persona estará cerca de Dios - dado que cuanto más uno conoce y es consciente de Dios, más cerca está de Él. Pues en el futuro, todo dejará de existir y nada permanecerá excepto este concepto de agradecer, alabar y conocer a Dios y ese será el total deleite del Mundo que Viene.

3. El estudio de los Códigos de la Ley Judía -particularmente si la persona es digna de desarrollar ideas originales en esa área- también está asociado con el deleite del Mundo que Viene.

4. Al expresar agradecimiento a Dios, al igual que al estudiar los Códigos de la Ley Judía, se ayuda a que las mujeres puedan dar a luz con facilidad y que la gente se vea libre de todas sus dificultades.

5. Cuando uno se encuentra sumido en algún problema, Dios no lo permita, la verdad se oculta. Por lo tanto, en ese momento, es necesario cuidarse con una medida extra de precaución para no caer en algún error o mentira debido a esos problemas, Dios no lo permita.

6. Cuando la persona obliga a los estudiosos de Torá a interrumpir sus estudios, enferma de los pies.

7. Cuando la persona es digna de elevar plegarias y agradecimientos a Dios, en todo momento y por todo lo que le suceda, especialmente cuando se ve liberada de algún problema, Dios no lo permita -y también cuando se dedica regularmente al estudio de los Códigos de la Ley Judía- merece entonces las tres columnas de la verdad. Esto significa que será capaz de orar con verdad, que es el factor esencial en la perfección de la plegaria. Será digna también de recibir enseñanzas verdaderas de Torá de un *Rav* verdadero - es decir, uno que le muestre el sendero recto mediante sus verdaderas enseñanzas de Torá. Y tercero, será capaz de hacer verdaderos compromisos matrimoniales, a través de lo cual Dios les enviará a la persona y a sus hijos sus verdaderas parejas matrimoniales. Entonces la verdad brillará y completará las cuatro facetas del habla (explicado más adelante en el párrafo #8) y como resultado, la persona se hará digna de llevar la bendición, la santidad y la alegría del Shabat hacia los seis días de la semana. De esa manera y de entre medio de todos los diversos fenómenos del mundo se revelará la Unidad Absoluta, para creer y saber realmente que todos los diferentes fenómenos provienen de la Unicidad Absoluta de Dios. Esa revelación es extremadamente valiosa arriba, en todos los mundos superiores y es extremadamente valiosa, importante y maravillosa incluso para Dios Mismo.

26 Tamuz

8. Las cuatro facetas del habla son las siguientes: La primera faceta del habla es el "habla de caridad", dado que la

Lección 2   Parte II   27 Tamuz

característica que define al ser humano es su capacidad de hablar y ese hablar, a su vez, proviene de la caridad, pues la caridad y la bondad también definen al hombre. En otras palabras, la cualidad que define al hombre -quien es capaz de hablar- es su capacidad de hacer el bien a los demás. Más aún, todo aquel que no practica la caridad ni hace el bien a los demás, daña grandemente el poder del habla; no es más que un animal y no es en absoluto un ser humano. Pues el ser humano es llamado así sólo debido a la caridad y a la bondad que les demuestra a los demás.

La segunda faceta del habla es el "habla de arrepentimiento", mediante la cual la persona dice palabras de arrepentimiento delante de Dios. La tercera faceta es el habla de aquellas personas adineradas que disfrutan de buenas relaciones con las autoridades gobernantes, a quienes Dios les envía palabras de gracia para que puedan anular todos los decretos severos y lograr actos de salvación y otras cosas buenas para el pueblo judío. La cuarta faceta del habla es el "habla de reinado", cuando Dios nos traiga a nuestro recto Mashíaj y seamos dignos de oír palabras sagradas, puras y tremendas provenientes de sus labios.

9. Todo el mantenimiento y la perfección del habla proviene de la verdad.

27 Tamuz

10. Aquellos que sustentan el estudio de la Torá proporcionando dinero a los estudiosos de Torá tienen en verdad un gran mérito. Ello se debe a que el dinero que le facilitan a los estudiosos de Torá les permite a estos dedicarse al estudio y generar leyes y nuevas ideas de Torá. Así, esos benefactores tienen una porción en la Torá que es generada y revelada gracias a su ayuda. Además, todo el dinero que la persona les de a los estudiosos de Torá -aunque luego le falte por un tiempo- eventualmente le será devuelto. Ello se debe a que, como resultado de las leyes

generadas e innovadas gracias a la ayuda del donante, se evoca la bondad Divina por medio de la cual le es devuelto el dinero que le falta debido a sus donaciones. Tal persona merecerá el deleite del Mundo que Viene, cuando se completarán todas las carencias (ver más en la lección del *Likutey Moharán*). También será digna de que las tres columnas de la verdad iluminen a las cuatro facetas del habla y lograr así todas las rectificaciones espirituales tratadas anteriormente en esta lección.

11. El pueblo judío es llamado con el Nombre Divino *El* debido a las plegarias que elevan con sinceridad y verdad. La explicación para esto es que el Santo, bendito sea, es llamado con el Nombre *El* que describe Su gran poder e ilimitada capacidad. Mediante nuestras plegarias tomamos para nosotros ese poder de Dios, dado que con ellas anulamos Sus decretos - de ese modo, también nosotros somos llamados con el Nombre *El*.

12. Al encender las velas de Jánuca y mediante las alabanzas y agradecimientos que Le expresamos a Dios en Jánuca -que es el principal deleite del Mundo que Viene- uno se vuelve digno también de que las tres columnas de la verdad iluminen a las cuatro facetas del habla y que el habla llegue entonces a la perfección. Se merece entonces llevar la santidad y la alegría del Shabat hacia los seis días de la semana y, con ello, ayudar a que se revele la Unidad Absoluta de Dios de entre medio de los diversos fenómenos del mundo. ¡Afortunada la persona que es digna de una fiesta de Jánuca así y de traer todas esas tremendas rectificaciones!

13. La persona que alcance la perfección y la plenitud del habla a través de esas tres rectificaciones podrá hacer lo que desee mediante el habla. Es decir, por medio del habla perfecta podrá alterar el curso de la naturaleza de acuerdo a su voluntad.

14. Es beneficioso para la mujer con dificultades de parto recitar y hacer que otros reciten "Un Salmo de Agradecimiento" (Salmos 100), una y otra vez.

Lección 3-4   Parte II   28 Tamuz

3 - Redención del Alma (*Pidion Nefesh*)

1. Sólo después de darle una redención (*pidion*) al Tzadik para mitigar los juicios estrictos, el médico recibe permiso para curar, pero no antes. Ello se debe a que la redención es el factor primordial para una curación.

28 Tamuz
4 - "Les he ordenado a los cuervos"
(Reyes I, 17:4)

1. El principal trabajo espiritual involucrado en la caridad es el hecho de que la persona deba quebrar su crueldad y transformarla en misericordia y así dar de su dinero para caridad. Pues aquél que es compasivo por naturaleza y que da caridad debido a su compasión innata realmente no lleva a cabo la devoción de la caridad. Por lo tanto, todos aquellos que sean benevolentes y que deseen cumplir apropiadamente con la mitzvá de la caridad deberán primero pasar por esa etapa. Es decir, deberán primero quebrar su crueldad natural y transformarla en misericordia, para luego dar caridad, porque ésa es la esencia del trabajo espiritual de la caridad. De esa manera la ira de Dios también se transforma en buena voluntad.

2. Todas las *mitzvot* y las buenas acciones de la persona y todo su servicio a Dios pueden ser comparados con el dar a luz, dado que "La principal descendencia de los Tzadikim son sus buenas acciones" (*Rashi* sobre Génesis 6:9). Y así como la mujer en trabajo de parto sufre muchos dolores antes de dar a luz y clama muchas veces *"¡Ay de mí!"* y *"¡Oi!"*, lo mismo sucede en el servicio a Dios, cuando la persona desea llevar a cabo alguna devoción espiritual o arrepentirse. Inevitablemente deberá pasar por mucho esfuerzo y fatiga. Deberá clamar *"¡Ay!"* y *"¡Oi!"* y gemir muchas veces y encorvarse muchas veces y retorcerse de diferentes maneras - particularmente al comienzo de su servicio, cuando es en verdad muy difícil, porque "Todos los comienzos son difíciles" (*Mejilta, BaJodesh* 2). Así, antes de

comenzar algo nuevo, es necesario clamar y gemir más que nunca. Luego, incluso después de haber comenzado, el servicio a Dios tampoco llega con facilidad y hacen falta muchos trabajos y contorsiones antes de llegar a ser dignos de llevar a cabo un acto de santidad realmente correcto. Sin embargo, las etapas iniciales son difíciles en extremo. Por lo tanto, no dejes que tus pensamientos se inquieten por lo que te suceda, porque inevitablemente tendrás que pasar por todo ello - y "De acuerdo al esfuerzo es la recompensa" (*Avot* 5:23).

3. La caridad agranda todos los pasajes hacia la santidad. En otras palabras, cuando la persona se aboca a un sendero en particular o a una devoción especial en el servicio a Dios, debe crear una apertura allí a través de la cual pasar hacia ese camino - y es por ello que "todos los comienzos son difíciles". Mediante la caridad, se amplía la entrada. Y aunque ya exista un pasaje, la caridad amplía mucho más y expande más aún todas las puertas que llevan hacia la santidad. Por lo tanto, antes de comenzar cualquier mitzvá o devoción religiosa, es bueno dar caridad para ampliar los pasajes hacia la santidad que la persona debe realizar mediante sus devociones. De esa manera no le será tan difícil y oneroso el entrar.

29 Tamuz

4. El comienzo de la caridad es extremadamente difícil y costoso, pero los beneficios son muy grandes en verdad. La explicación de esto es que el cuerpo tiene muchas necesidades. Incluso las más básicas como la comida, la bebida, la vestimenta y el refugio son numerosas y su adquisición dificulta grandemente el servicio a Dios. Sin embargo, mediante la caridad, todas esas dificultades desaparecen porque, al dar caridad, la persona se vuelve digna de que Dios haga descender Su bondad y, de ese modo, no tenga que dedicarse a ningún negocio ni tarea para ganarse el sustento. Pues su trabajo será hecho por otros y podrá dedicarse al servicio a Dios.

Lección 4   Parte II   1 Av

5. Es imposible recibir mucha bondad pues la gente en general no puede recibir una abundancia de bien. Así, es necesario crear un recipiente y un conducto a través del cual poder recibir la bondad. Mediante el temor a Dios se crea el recipiente y el conducto con el cual es posible recibir la bondad.

6. La revelación de que todo sucede de acuerdo a la voluntad de Dios y que no hay tal cosa como fuerzas naturales independientes, genera como resultado el temor a Dios. Ello se debe a que en ese momento, la gente llega a saber que existe la recompensa y el castigo y que, por lo tanto, hay motivos para temer a Dios. Pero cuando la gente cae en la herejía, tal como en la creencia de que todo sucede de acuerdo a las leyes de la naturaleza, el temor a Dios se vuelve entonces un concepto irrelevante, Dios no lo permita.*

* Nota del Editor: Ver Job 15:4 donde Elifaz le dice a Job, quien atribuía todo a los dictados de los cuerpos celestes, "En verdad, estás anulando el temor a Dios".

1 Av

7. Esa revelación de la voluntad de Dios, es decir, que todo sucede sólo debido a Su voluntad, se produce a través de las Festividades. Ello se debe a que cada una de las santas Festividades proclama, anuncia y revela la voluntad de Dios - es decir, que sólo la voluntad de Dios dirige todas las cosas y que las leyes de la naturaleza no gobiernan en absoluto. Pues en cada una de las Festividades, Dios realizó tremendas maravillas para nosotros, milagros que contradicen directamente las leyes de la naturaleza. En Pesaj, el Éxodo de Egipto se llevó a cabo cuando Dios nos sacó de Egipto en medio de grandes milagros. En Shavuot, la Entrega de la Torá tuvo lugar cuando Dios nos dio la Torá en medio de tremendas maravillas. En Sukot recordamos las Nubes de Gloria que rodearon a los judíos en el desierto. Todas esas formidables señales y maravillas que Dios llevó a cabo para nosotros en cada una de las Tres Festividades revelan que todo sucede

exclusivamente a través de la voluntad de Dios y que las fuerzas naturales realmente no determinan nada. La persona deberá prestar mucha atención para oír el sonido de esa proclama sagrada y así volverse digna de regocijarse en las Festividades. Pues cada persona, en la medida en que oiga en su corazón la proclama de las Festividades -es decir, que todo ocurre exclusivamente a través de la voluntad de Dios- merecerá experimentar la alegría de las Festividades.

8. Hay animales depredadores muy peligrosos. Estos son los filósofos y los proponentes de las teorías del determinismo natural que quieren demostrar, mediante su fallido intelecto, que todo sucede de acuerdo a las leyes de la naturaleza, Dios no lo permita. Esos animales han atacado y devorado a muchos de nuestro pueblo. Pues muchas almas judías se han hundido en esas herejías, que Dios nos salve - y esas almas son como pájaros atrapados en una red. Por lo tanto, todo aquel que sienta piedad de su alma deberá huir y escapar de esos animales, para que su alma no sea desgarrada y devorada por ellos, Dios no lo permita. Pues su ataque es muy fuerte en verdad y sus rugidos se elevan y ahogan el llamado de las Festividades que promulga, exclama y revela la voluntad de Dios. Por lo tanto, Dios no permita que alguien llegue a mirar en esos libros que entran en disquisiciones filosóficas o científicas de esa clase. Ello incluye también los libros compuestos por los grandes hombres de Israel, pues no hay un mal más grande que éste.

9. Cuando los ancianos de la generación carecen de perfección, las teorías del determinismo natural ganan fuerza, Dios no lo permita. La explicación de esto es que cada persona debe agregar, cada día, más santidad adicional y más conocimiento de Dios; cada día sucesivo deberá irradiar más santidad y conocimiento de Dios. Sólo aquel que haga esto podrá ser llamado en verdad un anciano santo. Pero si uno daña los días de su vida y no agrega más santidad y conocimiento en cada día, aunque esté entrado en años, no será llamado "anciano", en absoluto. Por el contrario, se dice que tiene una vida muy corta. Y cuando el conocimiento sagrado de los "ancianos" cae, las teorías del determinismo

natural se alimentan y toman su vitalidad de ellos e influyen más aún en el mundo, Dios no lo permita.

2 Av

10. La caridad es la rectificación para ello. Esto se debe a que la caridad rectifica la imperfección de los ancianos de la generación que no son lo que deberían ser; ello, a su vez, anula la raíz de las teorías del determinismo natural. Entonces se hace posible oír las proclamas de las sagradas Festividades que claman y revelan la voluntad de Dios -es decir, que todo está determinado únicamente por la voluntad de Dios- y es posible experimentar, a su vez, la alegría de las festividades. Por lo tanto, es necesario dar mucha caridad antes de las Festividades, para vivir la alegría de la Festividad en su plenitud. Cuando la persona merece oír el llamado de la Festividad proclamando y revelando la voluntad de Dios, alcanza el temor a Dios. Con el temor a Dios podrá recibir el influjo de la bondad de Dios, por lo que no tendrá que realizar ninguna clase de actividad para ganarse el sustento. Su tarea será hecha por otros y podrá dedicarse al servicio a Dios, sin ningún impedimento proveniente del hecho de tener que ganarse la vida. Es evidente entonces que el beneficio de la caridad es muy grande, tanto para uno -en el hecho de que le permite a la persona dedicarse sin impedimentos al servicio a Dios- como para el mundo en su totalidad - en el hecho de que ello revela la voluntad de Dios en el mundo. Entonces, todas las almas que están atrapadas en las teorías del determinismo natural, como pájaros apresados en una red, saldrán de sus trampas y escaparán hacia un lugar seguro, todo como resultado de la caridad.

11. A veces, aunque la persona suprima a los proponentes del determinismo natural, éstos siguen retornando y levantando dudas en cuanto al absoluto predominio de la voluntad de Dios. Entonces se hace necesario dar nuevamente mucha caridad, pues la caridad suprime y anula sus teorías y revela que todo ocurre exclusivamente a través de la voluntad de Dios.

12. La caridad es una cura para todas las enfermedades.

3 Av

5 - "Sonad el shofar" (Salmos 81:4);
Fe

1. La fe es lo más importante de todo. Cada uno debe analizarse para comprobar si su fe es completa y fortalecerse constantemente en ella. Pues debido a la falta de fe se presentan terribles aflicciones ante las cuales no es efectiva la medicina ni las plegarias ni el mérito ancestral. Ello se debe a que la medicina se basa en las hierbas y las hierbas sólo crecen gracias a la fe. Más aún, el poder terapéutico de cada hierba depende de factores relacionados con el lugar y con el tiempo y la manera en que cada hierba y cada semilla reaccionan a esos dos factores. Más específicamente, las hierbas deben ser recolectadas en el lugar apropiado - dado que sólo tienen el poder de curar cuando crecen en un cierto lugar, pero cuando crecen en un lugar diferente carecen de ese poder. De manera similar, deben ser recolectadas en el momento apropiado - dado que algunas hierbas sólo pueden curar cuando son recogidas antes de haber alcanzado un tercio de su crecimiento y no después, mientras que otras sólo pueden curar cuando han alcanzado su madurez completa y caen por sí mismas, pero no antes. La fe mantiene el orden natural del reino vegetal, para cosechar las plantas en su lugar apropiado y en su tiempo adecuado, para que tengan el poder de curar. Pero debido al derrumbe de la fe, esas mismas hierbas son cosechadas con propósitos curativos en el lugar y en el tiempo equivocado y consecuentemente, no tienen poderes terapéuticos. La fe es también el factor principal para la revelación del mérito ancestral, mediante el cual la persona puede curarse; y también la eficacia de la plegaria para lograr lo que la persona busca depende totalmente de la fe. Más aún, debido a la caída de la fe, ni siquiera el clamar "¡Ay!" ni el gemir le ayudan al enfermo, algo que a veces logra despertar la misericordia del Cielo. Debido al derrumbe de la fe tampoco esto sirve.

Lección 5 Parte II 4 Av

2. Cuando la persona cae de la fe y ni siquiera un grito inarticulado le es de ayuda, debe clamar desde lo más profundo de su corazón, como en, "¡Desde las profundidades clamé a Ti, oh Dios!" (Salmos 130:1) - es decir, desde las profundidades del corazón. Mediante ese clamor, se revela un profundo consejo a través del cual cada persona llega a saber lo que necesita hacer. A su vez, la fe aumenta y se rectifica al igual que la curación, el mérito ancestral y la plegaria.

4 Av

3. El aumento de la fe se encuentra expresado en la frase "y Tu fe en las noches" (Salmos 92:3). En otras palabras, a medida que la noche se disipa y la luz del día comienza a manifestarse, la fe crece más y más - hasta que en plena luz del día la fe alcanza su dimensión total, como en, "Nuevas son cada mañana, grande es Tu fe" (Lamentaciones 3:23). En ese momento brota la curación, como está expresado en el versículo, "Entonces brillará Tu luz como la mañana y brotará rápidamente Tu remedio" (Isaías 58:8). De manera similar, mediante la revelación del consejo -que también está asociado con la revelación de la luz a partir de la oscuridad- también aumenta la fe; y la fe es el factor más importante para la curación.

4. Como resultado de la caída de la fe sagrada, se instauran y se fortalecen las falsas creencias. Por el contrario, cuando la fe sagrada se eleva y se rectifica, las falsas creencias se debilitan y caen. Entonces las naciones idólatras abandonan sus creencias falaces y retornan a nuestra fe sagrada, generando así a los prosélitos. Esto se manifiesta a veces en la forma de "prosélitos potenciales" - es decir, aunque los gentiles no vengan y se conviertan, reconocen sin embargo a Dios, allí en donde ellos están y saben y creen que hay Un Dios Primordial. Otras veces, se vuelven verdaderos prosélitos que vienen y se convierten literalmente.

5. En el comienzo, esos prosélitos son difíciles y perjudiciales para el pueblo judío, porque infunden orgullo y arrogancia en nuestra nación.

6. Como resultado del orgullo y de la arrogancia instiladas en el pueblo judío por esos prosélitos, los falsos líderes de la generación -quienes gobiernan con arrogancia y sin mandato alguno- reciben la "espada del orgullo", como en, "La espada de Tu orgullo" (Deuteronomio 33:29). Pues su rango no les fue dado desde el Cielo. Esos líderes tienen incluso el poder de castigar a aquellos que no desean someterse a su mandato. En verdad, lo que ellos hacen no es llamado realmente "castigo", sino "abuso" - porque no son otra cosa que agresores y reciben todo su poder de la "espada del orgullo".

5 Av

7. Como resultado de la arrogancia de esos falsos líderes aumenta en el mundo la inmoralidad sexual, Dios no lo permita. Esto lleva, a su vez, a la emisión en vano de simiente, Dios no lo permita, que es descrita por la frase "su carne estaba sellada (*eJTiM*) debido a su emisión" (Levítico 15:3) - dado que la pasión sexual es el sello (*JoTeM*) del Otro Lado, que es impuesto sobre la persona para que no pueda escapar de allí. En verdad, es imposible escapar excepto mediante el poder de los defensores de la generación - estos son los Tzadikim y los piadosos de la generación que son llamados los "defensores de la tierra". Esos "defensores de la tierra" libran una guerra en contra de ese pecado y elevan el aspecto de "su carne estaba sellada" hacia el aspecto de "sello de santidad". Este "sello de santidad" corresponde, como es sabido, a los *Tefilín*, que encarnan y manifiestan el brillo de la mente para saber y para hacer saber de la presencia de Dios en el mundo. A su vez, la persona se ve imbuida por la iluminación de los Siete Pastores, que corresponden a las siete cabezas de las dos *Shin* que se encuentran en los *Tefilín* de la cabeza [los *Tefilín* de la cabeza tienen grabadas dos imágenes de la letra *Shin* - una con tres cabezas y la otra con cuatro, correspondientes a los Siete Pastores], que encarnan y representan los poderes mentales.

Pues la principal rectificación de la mente depende de que la persona quiebre su pasión sexual. Esto significa que cuando los pensamientos sexuales asaltan furiosamente a la persona, quien se ve entonces pasible de caer en la emisión nocturna, Dios no lo permita, tal cual está descrito por la frase "su carne estaba sellada" - pero se impone con determinación y quiebra y anula esos pensamientos, atrayendo pensamientos de santidad - entonces se eleva desde el estado impuro de "su carne estaba sellada" al estado de los *Tefilín*, que es el "sello de santidad" y el brillo de la mente [con lo cual la mente irradia con el conocimiento y la percepción de la Divinidad]. Cada persona debe recibir de esos "defensores de la tierra" el poder para imponerse sobre los pensamientos sexuales y transformarlos en intelecto de santidad. Más aún, cada uno debe saber que cuando los pensamientos sexuales lo asaltan con furia y uno lucha con valentía en su contra, huyendo de ellos y quebrándolos, efectúa así una tremenda rectificación. Eleva de esa manera la santidad de entre la fuerza de impureza y evoca la santidad de los *Tefilín*, que es el brillo de la mente para saber y para hacer saber de la presencia de Dios en el mundo. Cuanto más intenten abrumarlo esos pensamientos y cuanto más prevalezca contra su poderoso ataque, más grande será la rectificación efectuada asociada con los *Tefilín*. El único motivo por el cual el mal, los pensamientos espurios y las nociones como ésas son enviados a la persona es, en primer lugar, precisamente para que puedan ser transformados y que mediante ellos se efectúe la rectificación asociada con los *Tefilín*.

6 Av

8. Luego de la rectificación de los poderes mentales será necesario controlar la mente y no dejarla pasar más allá de sus propios límites. Incluso en el ámbito de la santidad y en conexión con el brillo de la Divinidad que posee la persona, no se deberá exceder de los propios límites, Dios no lo permita, no sea que llegue a niveles de conocimiento que le sean dañinos.

9. Al cumplir con la mitzvá de los *Tefilín* atraemos el brillo de la mente al igual que su control.

10. Al quebrar la pasión sexual, la persona merece decir palabras correctas y aptas para revivir y resucitar las almas de los que han caído. Pues es necesario revivir y resucitar esas almas caídas con toda clase de delicias vivificantes. Más aún, mediante la pureza sexual -que efectúa la rectificación de los poderes de la mente- la persona se ve dotada de palabras correctas y aptas para revivir y resucitar a esas almas caídas.

11. Aquel que quiebre los pensamientos inmorales merecerá rectificar su mente de la manera descrita, se hará digno de tener sueños enviados por medio de un ángel y será llamado un "hombre". Por el contrario, cuando la mente no está pura, los sueños llegan a través de un demonio, Dios no lo permita; y entonces la persona se asemeja a un animal.

12. Los alimentos también juegan un papel en los sueños de la persona. Pues a veces, como resultado de los alimentos que se ingieren, los sueños pueden estar dañados, como los sueños enviados por medio de un demonio, Dios no lo permita; y así se puede llegar a una polución nocturna, Dios no lo permita. Esto se previene por medio de la alegría - es decir, fortaleciéndose para estar siempre alegres. Ello se debe a que la alegría le da fuerza a los ángeles y a los poderes espirituales que reciben la energía espiritual del alimento y suprime a los demonios y a las fuerzas espirituales impuras para que no tomen de esa energía más de lo que deben. Como resultado, la persona se salva de las emisiones impuras, Dios no lo permita, que a veces son causadas por el alimento cuando los ángeles no son lo suficientemente fuertes - dado que la alegría es el método principal para fortalecer a esos ángeles.

7 Av

13. El poder de los ángeles se intensifica durante el mes de Nisán (ver más en la lección del *Likutey Moharán*). Así, Nisán está asociado con la pureza sexual. La alegría sirve para extender la santidad del regocijo de Nisán a todo el año, con lo cual la

Lección 5 Parte II 7 Av

persona merece la pureza sexual, así como también verse libre de las emisiones nocturnas, Dios no lo permita.

14. Sin embargo a veces la polución nocturna, Dios no lo permita, también puede deberse a la existencia de rabinos que no son aptos y de jueces que pervierten la justicia. La rectificación para ello es llamada la "unión de la Carroza".* Éste es el motivo de la tradicional práctica de recitar antes de ir a dormir, durante el "*Shemá* junto a la Cama": "En el Nombre del Señor... a mi derecha está Mijael, a mi izquierda está Gabriel, etc." - dado que ello describe la "unión de la Carroza" y es eficaz para evitar la polución nocturna que resulta de la perversión de la justicia debido a los jueces indignos.

* Ver *Likutey Halajot, Hiljot Jodesh* 7, donde se explica que "unir la Carroza" significa unir los pensamientos en un solo lugar - es decir, sólo en Dios y en Su santa Torá. Y como también se explica en el *Tikuney Zohar*, los malos pensamientos están identificados con los animales impuros mientras que los pensamientos sagrados están identificados con los animales de la Carroza; ver esa lección.

15. Rosh HaShaná es el aspecto de la rectificación de la fe. Ello se debe a que, como resultado de las grandes asambleas que tienen lugar cuando las santas congregaciones se juntan en Rosh HaShaná -particularmente cuando se reúnen alrededor de los verdaderos Tzadikim- todos los fragmentos de la sagrada fe son recolectados y redimidos y la fe se rectifica plenamente. También las facultades mentales irradian y se rectifican en Rosh HaShaná. De manera similar, durante cada uno de los Diez Días de Arrepentimiento, el arrepentimiento de la gente evoca esa luminiscencia mental - que esta asociada con los *Tefilín* y con el "sello de santidad"; y en Iom Kipur, se completa la etapa final del "sello de santidad", cuando la mente irradia con el conocimiento y la percepción de la Divinidad.

En Sukot, se atrae la alegría que rectifica el alimento para que éste no pueda dañar los sueños y no llegar así, como resultado de lo que se ingiere, a la polución nocturna, Dios no lo permita. Shmini Atzeret es el tiempo en el cual se rectifican los juicios, con lo que la persona se salva de las emisiones nocturnas impuras causadas por los jueces indignos. Y todas estas rectificaciones espirituales se efectúan de una manera específica en el mismo Rosh HaShaná, por medio de los tres sonidos del shofar, *tequía*, *terúa* y *shevarim*. Pues mediante *tequía*, la persona merece la rectificación de la fe; mediante *terúa*, merece atraer la santidad de los *Tefilín*, que es el brillo de la mente; y mediante *shevarim*, se produce la rectificación de los sueños y de la justicia, salvando así a la persona de las emisiones nocturnas, en todo sentido.

8 Av

16. También la reunión del verdadero *Rav* con sus discípulos efectúa todas las rectificaciones espirituales. Para empezar, la rectificación de la fe. La fe está asociada con el concepto de "una tierra habitada" (Éxodo 16:35), en contraste con "una tierra que no fue sembrada" (Jeremías 2:2) - que está asociada con la falta de fe que perturba el orden natural del reino vegetal. El verdadero *Rav* se ocupa de todos los fragmentos de fe que se encuentran en las personas, recolectándolos y elevándolos. Es por eso que el lugar en el cual el *Rav* estudia con sus discípulos es llamado una *ieShiVá* - es decir, debido a los fragmentos de fe que allí se reúnen y que están asociados con "una tierra habitada (*noShaVet*)". Además, la reunión del *Rav* con sus discípulos efectúa la rectificación de la pureza sexual, que va de la mano con la rectificación de las facultades mentales, al igual que con la rectificación del sueño para que éste sea en santidad y pureza. Esta última rectificación salva a su vez de la polución nocturna, inducida tanto por el alimento como por los jueces indignos.

Más aún, los cinco sentidos se rectifican estando con el Tzadik que es el verdadero *Rav*. El sentido de la vista se rectifica simplemente con ver al *Rav* - dado que el solo hecho de ver al *Rav* es algo muy grande. Oír la instrucción moral del *Rav* rectifica el sentido del oído. El esfuerzo y el trabajo que conlleva viajar para estar con el *Rav* -dado que es imposible estar con el *Rav* y recibir y nutrirse de su santa sabiduría a no ser que se

Lección 5   Parte II   9 Av

trabaje y se luche por ello- rectifica el sentido del olfato. Cuando la persona es digna de saborear y de vivenciar las agradables palabras del *Rav*, se rectifica su sentido del gusto. Finalmente, mediante las erogaciones que hace la persona para estar con el *Rav*, cuando gasta del dinero producto del trabajo de sus manos, se rectifica el sentido del tacto. Rosh HaShaná es el momento más importante para la reunión con el verdadero *Rav*, dado que es el tiempo en el cual los cinco sentidos alcanzan su rectificación. Entonces todas las rectificaciones espirituales se realizan de una manera asombrosa. Pues la rectificación de los cinco sentidos a través del *Rav* reunido con sus discípulos y la rectificación de los cinco sentidos por el mismo Rosh HaShaná, se iluminan y se fortalecen entre sí.

9 Av

17. Al ayunar la persona se hace digna de la alegría. Y el nivel de alegría que alcance estará en relación con el número de días de su ayuno. Ahora bien, la principal rectificación de los sueños se produce a través de la alegría. Ése es el motivo por el cual se ayuna al tener un mal sueño (*Shuljan Aruj, Oraj Jaim* 220:2) - es decir, para despertar la alegría, que es la principal rectificación de los sueños. Por lo tanto, aquellos dedicados a rectificar el sueño de la persona que no desea ayunar por un mal sueño le dicen, "¡Anda y come tu pan con alegría!" (Eclesiastés 9:7) - pues la alegría es la principal rectificación para los sueños.

18. Es necesario dejar de lado las propias ideas sofisticadas y servir a Dios con simpleza e inocencia. Pues las acciones deben sobrepasar al conocimiento (*Avot* 3:9) y "No es el estudio lo más importante, sino la acción" (*Ibid.*, 1:17). Ahora bien, se sobrentiende que uno debe descartar la así llamada "sabiduría" de la gente común, que es de hecho tontería y estupidez; ciertamente, uno debe rechazarla totalmente. Pero incluso con respecto a la sabiduría real -incluso para una persona que tiene una gran mente- cuando se trata de llevar a cabo una devoción religiosa, se debe dejar de lado toda intelectualización y

dedicarse al servicio a Dios con simpleza e inocencia. Es necesario incluso, en aras del servicio a Dios, llegar a actuar y a comportarse de una manera aparentemente tonta, pues a veces es necesario hacer cosas que parezcan dementes para poder llevar a cabo la voluntad de Dios. Se debe estar dispuesto a rodar y a arrastrarse por el polvo y el barro en aras del servicio a Dios y de Sus *mitzvot*. Y ello no sólo se aplica a las *mitzvot* explícitas. Todo lo que Dios quiere que hagamos también es llamado una "mitzvá" y la persona tiene que estar dispuesta a revolcarse en el barro y en el polvo para hacer la voluntad de Dios y cumplir con ella. Cuando el amor por Dios es así de grande, la persona es entonces como un hijo muy querido y amado por Dios. Entonces Él se compadece de ella y le permite contemplar los tesoros más profundos y ocultos del Rey, hasta que merece que se le revele la respuesta a la pregunta de por qué los rectos sufren y los malvados prosperan. Entonces se vuelve digna de los secretos de la Torá, de elevar el juicio que ha caído al abismo y de rectificarlo.

6 - Mediante una Buena Transpiración

1. Cuando uno transpira al llevar a cabo un acto sagrado, merece con ello la alegría y también la curación.

10 Av

7 - "Pues aquél que se compadezca de ellos los guiará"
(Isaías 49:10)

1. Aquel que es compasivo puede llegar a ser líder del pueblo judío. Pues aquello que demanda más compasión y piedad, más que cualquier otra cosa, es el pueblo judío, la nación santa, cuando sucumbe al pecado, Dios nos salve. Ésta es en verdad la cosa más lamentable. Pues todo el dolor y la angustia del mundo no son nada en comparación con la pesada carga del pecado, Dios no lo permita - pues dada la gran santidad del pueblo judío en su raíz y su exaltado carácter y sensibilidad espiritual, no

puede sobrellevar la pesada carga del pecado, ni siquiera por un día. Ahora bien, el verdadero líder es extremadamente compasivo y se apiada del pueblo judío, de la nación santa y busca extraerla de sus pecados. Pero, ¿cómo es que una persona llega a pecar en primer lugar? Ello sólo sucede debido que no sabe que hay un Dios que controla el mundo - dado que "La persona no peca a no ser que haya entrado en ella un espíritu de locura" (Sotá 3a). Por lo tanto, toda la compasión del verdadero líder del pueblo judío se expresa en sus esfuerzos para infundirles conocimiento y temor al Cielo, para extraerlos del pecado, que Dios nos salve. El líder se aboca por lo tanto al establecimiento del mundo, para que el mundo pueda estar habitado por seres humanos - es decir, por seres con conocimiento (*daat*). Pues el conocimiento es la esencia de los seres humanos; y aquel que no tiene conocimiento no es parte de la civilización y no es llamado un ser humano en absoluto; más bien, es meramente un animal con forma humana.

2. Incluso cuando ese líder deja el mundo y su alma asciende al lugar al cual asciende, no alcanza su propósito final y su perfección si su alma sólo está unida arriba a algún lugar sublime y exaltado. Más bien, la verdadera perfección del alma se logra sólo si, en el momento en el que está arriba, también está abajo. Por lo tanto, ese líder deberá dejar bendiciones en la forma de un hijo o de un discípulo, para que su conocimiento también quede abajo cuando deba partir para las alturas celestiales. Entonces, mediante ese conocimiento sagrado que permanece después de él en sus hijos y discípulos, rescatará al pueblo judío de los pecados, por generaciones. Todo aquel que tenga un mínimo conocimiento de Dios sabe que si bien Dios tiene *Serafim, Jaiot, Ofanim* y muchas otras clases de elevados seres espirituales que Lo sirven, sin embargo Su deleite y placer más grande sólo tienen lugar cuando nosotros, desde este bajo mundo, exaltamos y santificamos Su Nombre Bendito. Es por ello que el verdadero líder se ocupa de dejarles su conocimiento sagrado a sus hijos y a sus discípulos, para que ellos hagan brillar ese conocimiento en el mundo en las generaciones por venir y rescatar así al pueblo judío del pecado, por siempre.

Cuando ello sucede, se considera como si él mismo permaneciese en el mundo.

11 Av

3. Cada persona debe llevar a cabo esto - es decir, ser compasiva con el pueblo judío y extraerlo del pecado; y saber y hacer saber que hay un Dios que controla el mundo y que no existe otro propósito y objetivo en el mundo más que hacer la voluntad de Dios. Pues nada permanece de la persona luego de su fallecimiento excepto el conocimiento que le inculque a sus congéneres. Cuando una persona habla con otra sobre el temor al Cielo, utilizando palabras provenientes de su corazón, haciendo brillar sobre ella el conocimiento sagrado que recibió de su *Rav*, para alejarla así de sus pecados, la otra persona es considerada entonces como su discípulo. Por otro lado, si la otra persona hace brillar el conocimiento Divino sobre uno, éste es considerado entonces como su discípulo. Así, cuando llegue el momento en que deba partir del mundo, quedará investido, por así decirlo, en esas palabras que hizo brillar sobre su compañero y será como si uno mismo aún siguiese en el mundo. Ése es el estado perfecto del alma. Le incumbe a cada uno dedicarse a ello, porque "Él no lo creo [al mundo] para estar desolado; Él lo formó para ser habitado" (Isaías 45:18). Y así como se le ordena a la persona traer hijos al mundo para la perpetuación de la especie humana, igualmente se le ordena inculcar conocimiento y temor al Cielo en otras personas - dado que ante la falta de ese conocimiento, no son consideradas seres humanos, en absoluto.

4. Cuando alguien quiera hablar con otra persona sobre el temor al Cielo también deberá compadecerse de sí y salirse del pecado; también deberá sentir temor al Cielo. Entonces sus palabras serán oídas y permanecerán con la otra persona y no abandonarán su corazón.

5. Al dedicarse a hablar con la gente sobre el temor al Cielo, la

persona se vuelve digna de comprender las Luces Circundantes. Ello significa que merece aprehender y comprender aquello que no aprehendió ni comprendió inicialmente; y así merecerá, en cada ocasión, comprender conceptos cada vez más elevados, en la medida de su nivel.

6. Los niveles más elevados de todos son los exaltados *Makifim* (Niveles Circundantes de Conocimiento) del sabio de la generación. Ahora bien, cuando ese excepcional sabio inculca su conocimiento en sus discípulos y se dedica a hablar con ellos sobre el temor al Cielo, comprende entonces sus propios *Makifim*, que están identificados con el Mundo que Viene. Pues el Mundo que Viene se encuentra más allá del tiempo; y todo el tiempo del mundo entero -pasado y futuro- no es absolutamente nada en comparación con un día, incluso con un momento, del Mundo que Viene, que es el "día que es totalmente largo". El Mundo que Viene trasciende al tiempo y el tiempo no existe allí, en absoluto. Más bien, las divisiones del tiempo que allí existen corresponden a esos *Makifim*, con niveles que equivalen a los días y niveles que equivalen a los años. La comprensión de esos *Makifim* son el placer y el deleite más grande del Mundo que Viene y son aquello que está descrito en el versículo, "¡Cuán grande es Tu bien que Tú has guardado para aquellos que Te temen!" (Salmos 31:20). ¡Feliz de aquel que merece comprenderlos!

12 Av

7. El sabio y Tzadik que merezca comprender esos *Makifim* deberá ser capaz de enseñarles tanto a "aquellos que habitan arriba" como a "aquellos que habitan abajo". Ello significa que deberá ser capaz de mostrarles a aquellas personas que se encuentran en un elevado nivel espiritual que en verdad no saben nada en absoluto de Dios, como en, "¿Qué has visto? ¿Qué has comprendido?". Por otro lado, deberá ser capaz de mostrarles a "aquellos que habitan abajo" -es decir, a aquellas personas que, debido a sus pecados, residen literalmente "en

la tierra", en la fosa más profunda de la declinación espiritual- que Dios aún está con ellos, junto a ellos y cerca de ellos. Debe fortalecerlos para que no abandonen totalmente, Dios no lo permita, bajo ninguna circunstancia. El Tzadik verdadero sólo es llamado Tzadik cuando tiene el poder de enseñarles tanto a "aquellos que habitan arriba" como a "aquellos que habitan abajo". Más aún, debe unir esas dos maneras, mostrándoles a "aquellos que habitan abajo" algo de lo que les enseña a "aquellos que habitan arriba", y debe mostrarles a "aquellos que habitan arriba" algo de lo que les enseña a "aquellos que habitan abajo". De esa manera, él los sustenta a todos con la enormidad de su poder, para que puedan sentir temor a Dios (ver la lección en el *Likutey Moharán* para más explicación).

8. Ese sabio de la generación también deberá saber cómo hablar con cada persona y cómo "hacer una cerca en torno a sus palabras" (*Avot* 6:6). Ello significa que debe saber cómo mantener silencio cuando es necesario, para que quienes lo escuchan no alberguen preguntas o explicaciones que están prohibidas para ellos (ver la lección en el *Likutey Moharán* para más explicación).

9. Mediante las alusiones que el verdadero *Rav* les transmite a sus discípulos -dado que cuando el *Rav* estudia con sus discípulos y les inculca el conocimiento y el temor al Cielo, hay cosas que él no puede explicar de manera explícita, de modo que hace una "cerca en torno a sus palabras" y les da a entender esas cosas por medio de sugerencias que están asociada con las manos, porque les transmite a sus discípulos alusiones e indicaciones con sus manos- mediante esas alusiones, se evoca el sustento.

10. El que quiera hacer descender el sustento para aquellos que dependen de él deberá ser un hombre de valor y no lo contrario (que la gente llama un *shlim mazelnik*, un "perdedor"). Ello se debe a que la persona debe poseer algo de dominio, lo que le permitirá a su vez hacer que el sustento descienda.
13 Av

Lección 7   Parte II   13 Av

11. Maljut recibe el sustento de las manos y de las alusiones que están presentes en el Mar de la Sabiduría. Ésas son las alusiones que el sabio les transmite a sus discípulos. En esas alusiones irradian los *Makifim*. Pues esas alusiones hacen referencia al elevado intelecto del sabio, quien no tiene libertad para revelárselo de manera explícita a sus discípulos, porque con ello podría hacer que desciendan exaltados *Makifim* que no deben ser hechos descender. Esos *Makifim* están descritos en la frase, "El objetivo del conocimiento es saber que no se sabe". Así, todo aquel que sea también un hombre de valor recibirá ese sustento del sabio; y consecuentemente, al comer, podrá merecer una "iluminación del deseo". Ello significa que, específicamente en el momento en el que esté comiendo se verá imbuido de un enorme deseo por Dios. Deseará y anhelará a Dios con un anhelo tan intenso y poderoso, más allá de toda medida o comprensión, al punto en que ni siquiera sabrá qué es lo que desea. Experimentará un simple y avasallante deseo por Dios, desde lo más profundo de su alma. La explicación de ello es que todo el alimento de la persona proviene en última instancia de los *Makifim*, que también están identificados con "El objetivo del conocimiento es saber que no se sabe". Todo ello se merece a través del Tzadik verdadero y de aquellos discípulos que absorbieron el conocimiento sagrado del Tzadik. Por lo tanto, cada persona debe compadecerse de sí y rogarle a Dios, con ríos de lágrimas, que llegue a ser merecedora de encontrar a un líder compasivo como ése, que pueda sacarla de sus pecados y llevarla hacia todo aquello que ha sido explicado anteriormente.

12. El pueblo judío es una nación santa, y dado su elevado carácter espiritual y sensibilidad no puede sobrellevar la carga del pecado ni siquiera por un día. Es por ello que el pueblo judío necesita del Santo Templo - porque "La ofrenda diaria de la mañana expiaba por los pecados de la noche y la ofrenda diaria de la tarde expiaba por los pecados del día" (Rashi sobre Isaías 1:21). Éste es también el motivo por el cual Moisés nuestro maestro se entregó tan completamente en aras del pueblo judío al pedirle a Dios que perdonase sus pecados. Pues él sabía que

es absolutamente imposible que el pueblo judío cargue con el peso de los pecados, ni siquiera por un día. Por lo tanto, la persona que ha tropezado y cometido algún pecado, Dios no lo permita, deberá arrepentirse y pedirle a Dios el perdón y la expiación - porque un pecado es una carga muy pesada en verdad para el alma judía y es imposible que el alma judía pueda sobrellevar esa carga ni siquiera por un día.

14 Av

13. En la medida en que la persona merezca que sea aceptado en Iom Kipur su ruego de "¡Por favor perdona!", asimismo alcanzará la santidad de Jánuca, que está asociada con el Santo Templo. Ahora bien, la esencia de la santidad del Santo Templo evocada en Jánuca consiste en alcanzar el conocimiento sagrado para saber y hacer saber que Dios es el Señor, dado que "Cuando la persona adquiere conocimiento, es como si el Santo Templo se construyera en sus días" (Berajot 33a). Más aún, ello implica que, como resultado de ese conocimiento, abandonará los pecados, podrá inculcarles ese conocimiento a sus hijos y a sus discípulos, para todas las generaciones y percibirá los santos *Makifim*, que es el deleite del Mundo que Viene. Esos *Makifim* son hechos descender mediante el encendido del sagrado aceite de las luces de Jánuca; y con el encendido de ese sagrado aceite, es posible también recibir el sustento que proviene de la fuente del deseo. A través de ese sustento se podrá merecer, al comer, ser imbuido de un enorme deseo por Dios, con el cual se anhelará por Dios con un deseo profundo e ilimitado. Se entiende que no es posible experimentar una festividad de Jánuca así si no se está cerca de un *Rav* y líder verdaderamente compasivo. ¡Feliz de aquel que merece encontrarlo!

14. Cuando uno estudia y habla sobre una nueva idea de Torá revelada por el sabio de la generación, se despierta y se revela el Mar de la Sabiduría del cual recibe el sustento Maljut - y Maljut es la fuente del temor a Dios. Como resultado, también se despierta el temor a Dios del sabio que ha revelado esa nueva

idea de Torá, y es ese temor el que hace que sus palabras sean oídas y perduren por generaciones. Consecuentemente, un gran temor a Dios le sobreviene también a la persona que estudia las ideas de Torá de ese sabio.

8 - "Sonad el shofar" (Salmos 81:4); Amonestar

1. Si bien amonestar moralmente es algo muy grande y, de hecho, todo judío está obligado a corregir a su compañero cuando percibe que no está actuando de la manera correcta, sin embargo, no todos están capacitados para hacerlo. Pues la amonestación dada por aquél que no es apto para hacerlo, no sólo es inefectiva sino que puede hacer que las almas que reciban su reproche emitan un mal olor. Ello las debilitará e interrumpirá el flujo de abundancia que les llega a todos los mundos que dependen de esas almas. Pues la única persona realmente capacitada para amonestar al pueblo judío por sus pecados es aquella que puede instilar una buena fragancia en las almas que oyen su reproche - y el único que puede hacerlo es aquél que ha alcanzado "La voz que irriga el Jardín del Edén" (cf. Génesis 2:10), de la cual emergen todas las fragancias y todos los temores a Dios. Esa "voz" es la canción que será entonada en el futuro (ver la lección en el *Likutey Moharán* para más explicaciones).

2. Mediante el "alimento del cuerpo" -que es el deseo de comidas y bebidas innecesarias- se debilita el "alimento del alma" y se daña el temor a Dios. El temor a Dios es idéntico a una buena fragancia y es el principal "alimento del alma".

15 Av

3. La mente y la comprensión protegen de la lujuria. La explicación para ello es que existen tres facultades mentales que actúan como barreras entre la persona y su deseo. Pues el

deseo domina a la persona cuando ésta es poseída por un espíritu de locura. Por lo tanto, cada persona debe saber y recordar que toda vez que los pensamientos de lujuria intenten abrumarla, Dios no lo permita, deberá huir de esa fatuidad de una vez por todas y levantar las barreras de la mente ante ese deseo - dado que la verdadera inteligencia protege contra el deseo al igual que un muro. Comprende bien esto, pues es imposible explicarlo plenamente. Aun así, cada uno entenderá por sí mismo cómo huir y alejar la mente de ese espíritu de locura y volcarse hacia el intelecto y la comprensión que sirven como una barrera ante el deseo.

4. Las súplicas y los ruegos de compasión constituyen lo esencial de la plegaria; y la compasión depende principalmente del conocimiento y de la comprensión. Pero cuando el Otro Lado se alimenta de la compasión, Dios no lo permita (es decir, cuando el Otro Lado se "compadece" de una persona, induciéndola a sacudirse el yugo del estudio de la Torá y a dedicarse solamente el estudio de los idiomas y demás, pensando así ganarse un abundante sustento; o cuando, a través de su "compasión", tienta a la persona para que haga del estudio de la Torá algo secundario y del trabajo algo esencial), entonces la compasión se daña y se transforma en ira y crueldad. Ello restringe la comprensión y la persona es atacada por la pasión sexual, Dios no lo permita. En ese momento, la plegaria se encuentra en un estado de juicio estricto (lo que significa que la persona ora con demandas en lugar de súplicas y de ruegos de compasión, y cuando se pone de pie para orar, lo único que desea es terminar rápidamente), entonces el Otro Lado se alimenta de esa plegaria y la devora.

En esa situación, se necesita de un Tzadik muy poderoso capaz de orar en un estado de juicio estricto y, mediante su plegaria, disputar con su Creador. Ahora bien, el Otro Lado también se traga esa plegaria, pero ésta se atraviesa en su garganta haciendo que vomite lo que tragó previamente. De esa manera, el Tzadik también priva al Otro Lado de su fuerza vital y así rectifica todo. Como consecuencia de ello se generan conversos al judaísmo y aumenta y se magnifica el honor de Dios. Y esto hace que prevalezca la profecía, refinando la imaginación, con lo cual la gente alcanza una fe perfecta. Como resultado de esa fe, se entona la canción que será cantada en el futuro, que es idéntica a la voz de la persona apta para amonestar. Entonces, mediante su amonestación, podrá agregarles y darles una buena fragancia a las almas.

16 Av

5. Cuando se agrega una persona a una reunión de Israel -por ejemplo, cuando hay un grupo de judíos dedicados a la plegaria y se les suma un alma adicional- aumenta y se magnifica el número de casas de plegaria. Ello se debe a que las santas combinaciones aumentan en enormes proporciones y se construyen grandes cantidades de casas en un nivel exaltado de santidad, conformando sumas astronómicas que son imposibles de describir o de concebir. Ello produce, a su vez, un deleite muy grande y maravilloso arriba. Como resultado de todo ello, los pecados son perdonados, se evoca la curación y desaparecen todas las enfermedades.

6. El líder verdadero de cada generación posee un espíritu de profecía. También hoy en día, aún cuando haya cesado la profecía y un líder así no pueda obtener literalmente el regalo de profetizar, debe igualmente tener alguna clase de espíritu de santidad extraordinario que las otras personas no poseen y que es el mismo concepto del espíritu sagrado de la profecía. Ese espíritu profético del verdadero Tzadik y líder refina y purifica principalmente la imaginación de las personas, lo que lleva a su vez a la perfección de la sagrada fe. Pues la fe sólo alcanza la perfección en el grado en que se haya refinado la imaginación. Por lo tanto, cada uno debe buscar arduamente ese líder verdadero para acercarse a él y poder así alcanzar la fe perfecta - que significa creer en la renovación del mundo y en el hecho de que Dios creó Su mundo a partir de la nada. Pues no es posible comprender este concepto de la renovación del mundo de manera intelectual, sino sólo a través de la fe que se logra gracias al Tzadik verdadero.

Sin embargo no debes pensar que es fácil ser digno de acercarse a un líder verdadero. En verdad, es necesario investigar y buscar muy arduamente un líder así y rogarle a Dios ser digno de encontrar un líder verdadero con el cual sea posible alcanzar una fe perfecta. Ello se debe a que también existen falsos líderes. Cuando la persona se acerca a ellos, entonces, por el contrario, llega a albergar falsas creencias. Por lo tanto, es necesario buscar muy arduamente al verdadero líder para merecer alcanzar, a través de él, la fe perfecta - porque esa fe es la esencia de todo y de ello depende el mundo entero. Mediante esa fe, la persona merece la renovación del mundo en el futuro y alcanzar la melodía y la canción que serán entonadas en el futuro cuando Dios renueve Su mundo. Esa canción es la melodía que será ejecutada en un instrumento de setenta y dos cuerdas y de ella emanarán todas las buenas fragancias y el buen temor a Dios. Esa melodía es la principal recompensa de los Tzadikim en el futuro. ¡Feliz de aquel que lo merezca!

17 Av

7. Cuando uno se acerca al verdadero Tzadik se elimina el veneno de la serpiente primordial. Por el contrario, mediante el apego a un falso líder, ese veneno envuelve a la persona, Dios no lo permita.

8. Con fe, uno merece experimentar la bondad de Dios. Con ello, el mundo será renovado en el futuro, se anularán las leyes de la naturaleza y el mundo estará dirigido exclusivamente por la Providencia Divina y los milagros. Entonces se entonará la nueva canción.

9. En Rosh HaShaná, es necesario esforzarse para orar con gran concentración. Además, uno debe unir su plegaria al Tzadik verdadero, quien es extremadamente poderoso y que puede orar en un estado de juicio estricto, tal como es necesario hacerlo en Rosh HaShaná. Con ello, el Tzadik merece extraer del Otro Lado toda la vitalidad y la santidad que ha tragado. Pues mediante la plegaria de ese poderoso Tzadik, el Otro Lado se ve forzado a

Lección 8   Parte II   18 Av

vomitar y a liberar a las plegarias, a la compasión y a la santa comprensión que tragó previamente. Con ello y debido a los prosélitos que se convierten al judaísmo, aumenta el honor de Dios en el mundo, prevalece la profecía, la fe sagrada alcanza su perfección y desaparecen las falsas creencias. Esto lleva a la renovación del mundo en el futuro, cuando las leyes de la naturaleza serán anuladas y el mundo estará dirigido por el aspecto de la santidad de la Tierra de Israel - es decir, exclusivamente a través de la Providencia Divina y de los milagros. Entonces se entonará la canción y la melodía que serán cantadas en el futuro, que es el deleite principal del Mundo que Viene.

10. Por medio de los sonidos del shofar -*tequía*, *shevarim*, *terúa*- también se llevan a cabo las rectificaciones tratadas en esta lección. El sonido de *tequía* efectúa la revelación del honor y de la gloria de Dios, mientras que *terúa* efectúa la difusión de la profecía que resulta de la revelación de la gloria de Dios. El sonido de *shevarim* hace que desaparezcan las falsas creencias y que se rectifique la fe sagrada. Mediante los sonidos de *shevarim* la persona también merece alcanzar una confianza sagrada en Dios, tal cual está expresado en el versículo, "Los ojos de todos esperarán (*iSaBeRu*) en Ti" (Salmos 145:15; la palabra *iSaBeRu* tiene las mismas letras en su raíz que *SheVaRim*). Todas las otras rectificaciones espirituales que resultan de aquellas recién mencionadas están aludidas en las ideas de Rosh HaShaná y Tishrei, el mes en que cae Rosh HaShaná (ver esta lección en el *Likutey Moharán* para más explicaciones).

18 Av

11. Hay insensatas vanidades mundanas descritas por el versículo, "Ellas son vanidades, obras de la ilusión" (Jeremías 51:18) que están identificadas con la idolatría. Es necesario abandonar esas vanidades ("vientos") para merecer el "viento" o aliento sagrado del estudio de la Torá y de la plegaria. Este cambio de una clase de "viento" a otro también está asociado con la idea de los conversos al judaísmo, a través de los cuales

se revela el honor y la gloria de Dios y mediante lo cual se logran todas las rectificaciones.

12. Todas las descripciones y los términos de alabanza que Le atribuimos a Dios surgen de la imaginación que empleamos cuando comparamos una cosa con otra. Pues en verdad, Dios está absolutamente separado y es totalmente diferente a todas las descripciones y alabanzas que Le adscribimos. De acuerdo a ello, cuando la imaginación se refina y rectifica, es posible ordenar las alabanzas y descripciones de Dios. Pero cuando la imaginación no está rectificada la persona no tiene idea de cómo describir a Dios, por así decirlo.

9 - "Donde iba el espíritu, allí iban ellos"
(Ezequiel 1:12)

1. Los Tzadikim, los verdaderos líderes de la generación, se identifican con el concepto de "viento" o "espíritu" (*rúaj*), como está escrito, "Un hombre en el cual hay espíritu" (Números 27:18) - es decir, "que sabe cómo tratar con el espíritu de cada individuo" (Rashi, loc. cit.). Por otro lado, el pueblo judío está identificado con el corazón, dado que ellos son el "corazón del mundo entero" (Zohar III, 221b). Los líderes de la generación deben soplar con ese viento o espíritu (ver *Likutey Moharán* I, 8) sobre cada judío para limpiarlos y sacarles el polvo. Ese "polvo" es la tristeza y la depresión que los abruma, Dios no lo permita. Pues como resultado de la tristeza y de la depresión, el judío -que corresponde al corazón- es incapaz de encenderse y de arder por Dios. De esa manera, los verdaderos Tzadikim encienden los corazones judíos para que se inflamen por Dios.

2. A veces la persona también puede arder por Dios con un fervor excesivo y ello tampoco es bueno. Ese fervor excesivo se identifica con un "viento tormentoso" y es llamado "destructor". Los verdaderos Tzadikim también toman en cuenta este problema subyugando el "viento tormentoso" para que esas personas no se inflamen por Dios con un fervor excesivo. Más

bien, se ocupan de que el corazón de cada judío arda por Dios en el grado apropiado y equilibrado.

19 Av

3. También existen malvados que se identifican conceptualmente con "la multitud mezclada". Cuando esas personas asaltan el corazón -es decir, el pueblo judío- también son como "polvo". Pues cuando el polvo y el hollín se acumulan en una vela y las partes del fuego provenientes del elemento "fuego" se separan y no pueden arder, la vela se extingue. Es por ello que cuando uno sopla suavemente sobre una vela, el soplido limpia a la mecha del polvo y del hollín, permitiendo que las partes del fuego se vuelvan a conectar y la vela pueda arder nuevamente. Otras veces, al soplar sobre la vela, ésta se extingue, dado que el viento arrastra al fuego y lo separa de la mecha. Así como es posible extinguir una vela soplando sobre ella y separando el fuego de la mecha, de la misma manera los líderes de la generación deben soplar y limpiar el "polvo" del corazón - es decir, de cada judío. Entonces las partes del fuego que se encuentran en cada judío pueden conectarse nuevamente y el pueblo judío puede unirse para volverse el "corazón". Entonces, cada judío se torna el corazón para aquella parte en la que necesita ser el corazón y nuevamente vuelve a arder por Dios de la manera apropiada.

10 - "Con alegría saldrán"
(Isaías 55:12)

1. El único motivo por el cual la gente se encuentra alejada de Dios y no se acerca a Él es debido al hecho de que no tienen una "mente asentada" (*ishuv hadaat*) - es decir, no están tranquilos. Es esencial esforzarse para pensar con claridad sobre el propósito final de todos los deseos y los asuntos mundanos - tanto los deseos y los placeres experimentados por el cuerpo como los anhelos de las cosas que no son físicas tales como el honor y demás. De esta manera ciertamente se retornará a Dios.

2. La alegría es la manera esencial de lograr y de mantener una "mente asentada". Ello se debe a que cuando la persona está contenta puede dirigir su mente en la dirección que desee y es capaz de "asentarla" para pensar sobre el propósito último y final de la vida. Pues la alegría es el ámbito de la libertad y cuando la persona une la alegría con la mente, ésta queda libre y sale del exilio. Entonces es posible alcanzar una "mente asentada".

3. Pero con la tristeza y la depresión las facultades de la mente y de la comprensión se encuentran en el exilio y es difícil alcanzar la presencia mental como para retornar a Dios. Surge entonces que la depresión es una barrera muy grande en el servicio a Dios. Cuando uno está contento, se vuelve un "hombre libre" y deja el exilio, como está escrito, "Con alegría saldrán" (Isaías 55:12). El exilio, por otro lado, hace que la mente se vuelva inestable, como dijeron nuestros Sabios, de bendita memoria, sobre los amonitas y los moabitas: "Ellos tenían tranquilidad mental debido a que no habían ido al exilio, como está escrito, 'Moab disfrutó de la paz desde su juventud... no fue al exilio; por lo tanto, mantuvo su sabor'" (Jeremías 48:11; *Meguilá* 12b).

20 Av

4. En la Lección #48, más adelante, encontramos la siguiente afirmación: "Y debes saber que tan pronto como alguien desea entrar al servicio a Dios y ser un judío piadoso, inmediatamente se vuelve un grave pecado el caer en la depresión, Dios no lo permita. Ello se debe a que la depresión es el Otro Lado y Dios odia la tristeza y la melancolía, Dios nos salve".*

* Ver el Santo *Tikuney Zohar*, al comienzo de la página 59: "La persona que desee ir a Jerusalén para la Festividad de la Peregrinación deberá cuidarse de la depresión, que es *Lilit*, la oscuridad y la melancolía... Pues la depresión es considerada un daño (*mum*), sobre lo cual se ha dicho, 'Todo aquel que tenga un daño no podrá acercarse' (Levítico 21:18) - y la persona deprimida está dañada, Dios nos salve".

5. Es necesario fortalecerse, de la manera que fuera, para estar constantemente alegres, buscando siempre algún punto bueno en nosotros mismos, para llegar así a la alegría, como se enseñó sobre el versículo, "Cantaré a Dios con lo poco que me queda" (Salmos 146:2; *Likutey Moharán* I, 282). Siempre será posible encontrar la alegría al menos en el hecho de haber merecido ser judíos y porque Dios no nos hizo gentiles. Éste solo hecho es por cierto motivo de una maravillosa e ilimitada alegría pues no hay nada en ello que pueda desmoralizar a la persona, porque ello es obra de Dios Mismo. Pues el Malo siempre intenta encontrar alguna manera de enturbiar las cosas mediante la depresión y la tristeza. Pero la alegría generada por el hecho de que Dios no nos hizo gentiles no puede tener tal mezcla, pues es obra de Dios Mismo. Pues no importa lo que suceda, el hecho mismo de haber merecido ser un judío y no haber sido creado como un gentil es de hecho motivo para una grande e ilimitada alegría. Es apropiado que la persona esté constantemente alegre debido a este hecho, pase lo que pase - y deberá tomar la costumbre de decir con alegría en voz alta y con todo su corazón, "Bendito sea nuestro Señor, Quien nos creó para Su honor, Que nos separó de aquellos que se equivocan y Que nos dio Su Torá de verdad... Quien nos santificó con Sus mandamientos y en cuyo Grande y Santo nombre nos llamamos".

21 Av

6. Habrá también muchos momentos en los cuales la persona tendrá que lograr la alegría mediante las tonterías y las bromas. Debido a los muchos problemas físicos, espirituales y financieros que cada uno debe enfrentar, en la mayoría de los casos la única manera de alegrarse será mediante las tonterías -es decir, actuando de manera tonta- para alcanzar así la alegría* de la cual depende toda la vitalidad física y espiritual.

* Nota del Editor: Ver *Ketuvot* 17a: "La tontería fue beneficiosa para Saba". Rashi explica que Saba actuaba como un tonto para alegrar así a la novia y al novio. En *Eruvin* 54b, Rashi también comenta: "Por su amor, te harás como un tonto y dejarás los negocios y correrás a estudiar la Ley". También podemos ver a partir del versículo, "Todos los que se cobijan en Ti se regocijarán y cantarán por siempre... y aquellos que aman Tu Nombre se regocijarán con alegría" (Salmos 5:12), que la alegría en Dios está íntimamente unida con el amor a Él, como se explica en los textos sagrados.

Más aún, una gran unificación espiritual se lleva a cabo arriba cuando la persona une la alegría con la mente y con la comprensión; entonces su mente se libera y alcanza una "mente asentada". Éste es el concepto de la alegría de la mente (*Shabat* 77b), que es algo muy grande en verdad. Dios nos permita ser siempre dignos de ello. Amén, que así sea Su voluntad.*

* Ver *Taanit* 22a, donde Elías le comentó a Rav Broka sobre dos hermanos que habían ganado el Mundo que Viene. Cuando Rav Broka les preguntó a esos hermanos qué habían hecho, le contestaron que siempre estaban contentos y que constantemente alegraban a las otras personas sacándolas de su depresión. También le dijeron que buscaban hacer la paz entre las personas esforzándose por hacer bromas y tonterías para reconciliarlas. Rashi explica que hacer la paz entre dos personas es una de las acciones por las cuales uno disfruta los dividendos de su recompensa en este mundo mientras que el capital de su recompensa lo espera intacto en el Mundo que Viene.

11

1. Cuando uno ora en el campo, todas las hierbas y los arbustos del campo entran en su plegaria, ayudándolo y dándole fuerza a su oración. Este fenómeno está aludido en el versículo, "Itzjak salió a orar al campo" (Génesis 24:63) - es decir, la plegaria de Itzjak tuvo la ayuda y el poder de las hierbas del campo. Ésta es la explicación de lo que se dice en la maldición, "La Tierra no dará su producto" (Deuteronomio 11:17) - es decir, el producto de la Tierra no le dará su poder a la plegaria - dado que *IeVUL* (producto) es un acróstico de *Vaietzé Itzjak Lasuaj Basadé* (Itzjak salió a orar al campo).

22 Av

12 - "¿Dónde está el lugar de Su gloria?"

Lección 12   Parte II   22 Av

1. Si la persona sigue su propio intelecto y sabiduría puede caer en muchos errores y trampas y llegar a un gran mal, Dios no lo permita. En verdad, mucha gente ha tropezado y caído de una manera terrible al seguir su propia sabiduría, pecando y haciendo que muchos otros pecasen, que Dios nos salve - y todo debido a su mala "sabiduría". En verdad, la esencia del judaísmo es actuar con sencillez y simplicidad, sin ninguna clase de sofisticación. Uno debe asegurarse de que Dios esté presente en todo aquello que haga, sin preocuparse por su propio honor personal. Si ello acrecienta el honor de Dios, deberá hacerlo, si no, no. Entonces ciertamente, nunca tropezará.

2. Cuando alguien cae de su nivel, a veces ese descenso y caída pueden ser en verdad muy severos, que Dios nos salve. Pues hay gente que cae en lugares extremadamente degradados - llamados "lugares inmundos"- hundiéndose en las dudas y en los pensamientos malsanos y extraños. Esas personas experimentan una gran confusión y sus corazones se conturban debido a las fuerzas impuras que los rodean con toda clase de nociones distorsionadas y profundamente confusas (en *idish*: *es iz far dreit das hartz*). Y aunque en esos lugares es imposible encontrar a Dios, incluso allí es factible alcanzar una poderosa rectificación. Es decir, en ese mismo lugar, la persona puede buscar a Dios preguntando, "¿Dónde está el lugar de Su gloria? ¿Dónde está Su santidad? ¿Dónde está Su pureza?". Cuanto más perciba lo lejos que se encuentra de la gloria de Dios, más dolor sentirá y más deberá preguntar y buscar, "¿Donde está el lugar de Su gloria?". Entonces, mediante el hecho mismo de que siente dolor y busca y anhela por la gloria de Dios, y clama y pregunta, "¿Dónde está el lugar de Su gloria?", mediante eso mismo, experimentará un gran ascenso. Pues con ello merecerá elevarse a un nivel extremadamente exaltado de santidad llamado "¿Dónde?" (ver la lección en el *Likutey Moharán* para más explicaciones). Ésta es la esencia del arrepentimiento (*teshuvá*) - es decir, que la persona busque constantemente y pregunte,

"¿Dónde está el lugar de Su gloria?". Porque mediante ello, su descenso se transformará en un gran ascenso. Ésta es la idea de "el descenso en aras del ascenso", tratada en los libros sagrados. Estudia esta lección en el *Likutey Moharán* y compréndela bien, porque es en verdad muy profunda.

23 Av

13

1. Si la persona tiene enemigos y es perseguida por los demás, puede usar eso mismo para acercarse a Dios. Pues cada vez que la persigan podrá huir hacia Dios, dado que Dios está presente en todo lugar. Y cuanto más se le opongan, más cerca de Dios la llevarán.

14

1. Así como la persona puede tener enemigos abajo [en el mundo físico], también puede tener enemigos arriba.

15

1. Existen verdaderos Tzadikim que han alcanzado niveles tremendamente elevados y que tienen la costumbre de hablar sobre las grandes y maravillosas cosas que han hecho. Pues en verdad, esos Tzadikim pueden hacer grandes cosas y servir a Dios con todo lo que existe en el mundo, incluso con su comer y beber y demás. También hay Tzadikim que pueden realizar una redención del alma (*pidion*) por medio de su comer. Dado que realmente existen Tzadikim como ésos, consecuentemente, también hay impostores que se vanaglorian de las grandes cosas que pueden hacer. Algunos de esos impostores son líderes de la generación y engañan al mundo haciendo pensar que no hay nada que ellos no puedan hacer y que son capaces de todo. El hecho de que puedan engañar a la gente se debe efectivamente a que existen verdaderos Tzadikim que realmente

tienen ese poder. Por lo tanto, esos impostores imitan a los verdaderos Tzadikim, tal como un simio imita a un ser humano. Esos impostores son llamados "falsos profetas".

De hecho, esos impostores les hacen un favor a los verdaderos Tzadikim. Pues hay gente malvada y depravada que da caridad que puede ser dañina para el Tzadik verdadero si se la dan a él. Por lo tanto, es algo bueno que esos impostores existan, porque la gente malvada les da a ellos su caridad. Pues Dios extravía a esas personas para que les den caridad a los impostores. De esa manera, el Tzadik verdadero se salva de esa caridad.

2. El Tzadik verdadero recibe el habla sagrada de aquellos que le dan caridad.

16

1. Ver esta lección en el *Likutey Moharán* para la respuesta a la pregunta que se hizo en el lugar en el cual se la hizo: ¿Por qué, cuando la persona va tras su sustento, no se le otorga de una vez? Y ¿Por qué cada uno lo recibe mediante una causa o medio diferente?

17

1. Mediante la alegría del Shabat la persona alcanza la libertad, su comprensión se vuelve completa y no se confunde ni se altera. Alcanza, a su vez, el temor con inteligencia, sin insensatez, elevando todos los temores caídos, al punto en que ya no siente miedo por nada, ni de los oficiales, ni de las autoridades y demás - sino que sólo tiene temor a Dios.

2. La persona debe ocuparse de estar muy contenta y alegre en el Shabat. Ello se debe a que la exaltación y la santidad del Shabat es algo muy grande y valioso, tal como se explica en la literatura sagrada y particularmente en el libro *Reshit Jojmá*, al comienzo de la sección titulada "El Portal de la Santidad". Es en verdad muy apropiado estudiar esa sección del *Reshit Jojmá* y

prestarle mucha atención a todo lo que allí se dice sobre el nivel tremendamente elevado de la santidad del Shabat, para que el corazón se inspire a recibir el Shabat con tremenda alegría. Pues la alegría es la esencia de la mitzvá de honrar el santo día del Shabat - es decir, estar muy alegres en el santo Shabat y no exhibir ninguna clase de tristeza, depresión o preocupación, Dios no lo permita. También se debe disfrutar de toda clase de delicias, tales como comer y beber y llevar ropas finas, de acuerdo a los medios de cada uno. Pues comer en Shabat es pura santidad, pura espiritualidad y pura Divinidad, y ello asciende a un lugar completamente diferente al del comer durante la semana. ¡Afortunado aquel que se esfuerza por estar alegre en el Shabat, pues la alegría es lo principal para honrar el Shabat!

3. Es la manera de Dios el observar las cosas buenas que hace la gente. Y aunque a veces algo no tan bueno pueda estar mezclado con ello Dios no lo contempla. Por lo tanto y cuánto más aún, está prohibido que la persona mire el mal en su compañero, que sólo tome en cuenta aquello que no está bien y busque fallas en el servicio a Dios de la otra persona. Por el contrario, uno está obligado a contemplar sólo el bien.

18

1. Es muy peligroso ser una persona famosa y líder. Está demás decir que esta afirmación se aplica a alguien que no es apto para la tarea y que lleva un manto que no le corresponde. Pero incluso en el caso de personas que genuinamente sirven a Dios y que son grandes líderes de su generación, también en su caso existen grandes peligros en el hecho de ocupar una posición de liderazgo. Ello se debe a que, siendo líderes y debido a las ideas originales de Torá que generan, pueden literalmente transgredir, en cualquier momento, la prohibición de robar, de la inmoralidad sexual y del asesinato, que Dios nos salve.

25 Av

19

1. Lo más importante en el servicio a Dios es la total simpleza y sencillez, sin ninguna clase de justificación intelectual ni sofisticación. Ése es el verdadero objetivo. De hecho, está absolutamente prohibido dedicarse a cualquier clase de especulación filosófica, Dios no lo permita, ni estudiar libros de sabiduría secular. Sólo un Tzadik muy grande puede abocarse a la tarea de estudiar las Siete Sabidurías (ver *Likutey Moharán* I, 64). Ello se debe a que en cada una de las áreas de la sabiduría existe un obstáculo identificado con Amalek -que era un filósofo, un especulador y un ateo- y ese obstáculo puede hacer que la persona caiga, Dios no lo permita. Pero cuando ese Tzadik muy grande -que está identificado con Moisés, nuestro maestro- profundiza en las Siete Sabidurías, mediante la fe se mantiene en pie e incólume, como está expresado en el versículo, "El Tzadik vivirá por su fe" (Habakuk 2:4).

Pues "Siete veces cae el Tzadik y se levanta" (Proverbios 24:16). En otras palabras, el Tzadik muy grande pasa a través de las Siete Sabidurías y aunque es posible tropezar y caer allí debido al obstáculo asociado con Amalek, sin embargo, el Tzadik "se levanta" mediante la fe. De acuerdo a ello, las letras finales de las palabras *shevA ipoL TzadiK vakaiaM* (Siete veces cae el Tzadik y se levanta) conforman la palabra *AMaLeK*. Pues Amalek es el obstáculo en las Siete Sabidurías que hace caer a la gente, Dios no lo permita. Pero el Tzadik se mantiene en pie mediante su fe. En cuanto a la gente común, les está absolutamente prohibido estudiar textos filosóficos.

Incluso está absolutamente prohibido mirar en los libros de origen judío que tratan sobre esas clases de especulaciones filosóficas, dado que son extremadamente dañinos para la fe - y la fe es el fundamento de todo. Pero y gracias a Dios, ahora hay una gran cantidad de libros sagrados repletos de instrucciones morales y de temor al Cielo, absolutamente desprovistos de toda especulación filosófica. Esos libros no se fundamentan en las opiniones de los sabios griegos, que sus nombres sean borrados, sino sobre "montañas santas" - es decir, sobre las palabras de nuestros Sabios, de bendita memoria, en el Talmud y en el Midrash y particularmente en las enseñanzas del rabí Shimón bar Iojai y de sus discípulos. "Repásala a ella una y otra vez" (*Avot* 5:22) - específicamente a "ella" y no a esos libros que tienen mezcladas las opiniones de los ateos de las naciones - siendo Amalek el más prominente de ellos. ¡Rápido! ¡Huye de ellos y de sus cohortes! ¡Huye por tu vida! De esa manera ganarás tu alma como un tesoro de vida eterna, para siempre y por siempre.

26 Av

20

1. Cuando uno entra al servicio a Dios debe esperar pacientemente antes de ser bien conocido en el mundo. Pero como resultado de la controversia que existe en el mundo puede llegar a ser famoso antes de tiempo. Eso puede producirle un gran daño y una gran pérdida, o alternativamente también puede causarle daño al camino de servicio a Dios que desea revelar en el mundo. Ello, a su vez, da como resultado la muerte de aquellos que se le oponen. Otras veces, cuando el daño no es tan severo, puede hacer que sus opositores empobrezcan. Ése es el significado profundo del versículo, "Si dos hombres se pelean" (Éxodo 21:22) (ver más en la lección del *Likutey Moharán*).

21

1. Cuando alguien quiera desarrollar nuevas ideas de Torá, deberá estudiar los Códigos antes y después de hacerlo.

22

1. El mundo está muy equivocado con respecto a la humildad.

Se requiere de una gran comprensión para saber cómo ser humilde y no todos pueden ser humildes de la manera apropiada. Sólo Moisés, nuestro maestro, pudo ser "más humilde que cualquier otro hombre" (Números 12:3). Y nuestros Sabios, de bendita memoria, llamaron a la clase impropia de humildad, "adulación" (Sotá 41b).

23

1. Cuando se está contento se dejan de lado la melancolía y el sufrimiento. Sin embargo, un nivel más grande es perseguir la melancolía y transformarla en alegría. Es como alguien que llega a una fiesta y debido a la gran alegría y regocijo que allí reinan, transforma todas sus preocupaciones, sus tristezas y melancolías en alegría. La persona inteligente comprenderá con facilidad cómo encontrar alguna "expansión" o favor en medio de todos sus problemas, sufrimientos y preocupaciones - y con ello podrá transformar su melancolía en alegría. ¡Ésta es la verdadera perfección de la alegría!

27 Av

24

1. Es una gran mitzvá estar siempre alegres y prevalecer con todas nuestras fuerzas para expulsar la depresión y la tristeza y estar contentos todo el tiempo. La alegría es una cura para todas las enfermedades, dado que todas ellas, que Dios nos salve, son resultado de la depresión y de la melancolía. Uno deberá utilizar toda clase de estratagemas para mantenerse contento y, en la mayoría de los casos, deberá recurrir a la tontería, tal como se explica en otra instancia (ver más arriba, Lección #10:6). Aunque un corazón quebrantado es una cualidad muy buena, la persona sólo debe quebrar su corazón durante una hora por día, al expresarse delante de Dios en *hitbodedut*, como se explica en nuestros escritos. Pero el resto del día deberá estar alegre.

Ello se debe a que es mucho más fácil y más probable que la persona caiga en la melancolía debido a un corazón quebrantado que el hecho de que pueda tropezar debido a estar contenta y así caer en alguna forma impropia de frivolidad, Dios no lo permita. Por lo tanto, es necesario estar constantemente alegres, todo el tiempo; y sólo quebrantar el corazón durante una hora determinada, cada día.

25

1. *Hitbodedut* es una práctica altamente beneficiosa y es el sendero correcto y apropiado para acercarse a Dios. Todos deben disponer de un cierto tiempo cada día durante el cual se expresarán delante de Dios en el idioma que les sea más familiar - que en nuestras tierras es el *idish*. Ello se debe a que es mucho más fácil expresarse plenamente en el idioma que uno habla cotidianamente y abrir el corazón delante de Dios - así sea para lamentarse y arrepentirse por el pasado, o para pedir y suplicar que seamos dignos de acercarnos verdaderamente a Dios, desde hoy mismo. Y si uno es incapaz de hablar delante de Dios entonces deberá llorar y rogarle a Dios por ese mismo hecho - por estar tan lejos de Él al punto en que le es imposible siquiera hablar delante de Dios. Deberá implorarle a Dios con ruegos de compasión y súplicas para que Él se apiade y abra sus labios, hasta que pueda llegar a expresarse delante de Él. Así, cada persona, en la medida en que sepa de las heridas de su propio corazón y de cuán lejos se encuentra de Dios, deberá conversar con Él y confesarle todo. La enorme elevación de esta práctica se encuentra más allá de toda descripción y medida, dado que sobrepasa todo lo demás y engloba a todas las áreas del servicio Divino. Ello se debe a que, mediante esta práctica, es posible alcanzar todo el bien en este mundo y en el Mundo que Viene. Pues todo puede lograrse mediante la plegaria y la súplica. Los grandes Tzadikim alcanzaron sus niveles sólo gracias a esta práctica. Más aún, aquel que lo entienda bien comprenderá por sí mismo su enorme beneficio. ¡Afortunado aquel que merezca disponer cada día de una hora para el *hitbodedut*! ¡El resto del día estará contento!

2. También es muy bueno transformar las lecciones de Torá en plegaria. Mira esto en la lección del *Likutey Moharán* y comprende lo que allí está escrito.

28 Av

26

1. Es necesario evitar la borrachera y asegurarse de no beber más de la cuenta. Ello se debe a que al beber demasiado la persona se intoxica y ello fortalece a las fuerzas del Otro Lado, haciendo que la persona se enoje y pueda llegar a un mal comportamiento, Dios no lo permita. Debes saber además que Moisés, nuestro maestro, está investido dentro de cada uno de los miembros de cada judío y que le hace recordar a cada miembro que debe cumplir con el precepto que le corresponde - dado que los 248 preceptos positivos de la Torá corresponden a los 248 miembros del cuerpo. Sin embargo, debido a la borrachera, la persona olvida esos preceptos.

27

1. Aquel que sea un administrador o un líder de la comunidad, deberá guiar a los demás de la manera apropiada y honesta, asegurándose de imponer la carga impositiva de manera equitativa sobre cada uno, como corresponde - cargando más a uno que a otro, de acuerdo a las situaciones particulares- de esa manera anulará los cuatro rasgos negativos: la Idolatría, la inmoralidad sexual, el asesinato y la calumnia.

28

1. Hay diferencias entre las diversas enseñanzas de Torá. Algunas enseñanzas tienen el objetivo de ser registradas por escrito mientras que otras no. La persona que sabe cómo distinguir y reconocer la diferencia entre las enseñanzas de

Torá que tienen el objetivo de ser registradas por escrito de aquellas que no lo son, también será capaz de reconocer a un judío incluso si se encuentra en medio de muchos gentiles.

29 Av

29

1. Cuando se presenta una duda en el hogar de una persona concerniente a la mezcla no intencional de comida prohibida con comida permitida y no hay suficiente cantidad de comida permitida en la mezcla como para hacer que la porción prohibida se vuelva insignificante, permitiendo así el consumo de la mezcla - ello es señal de que la persona ha producido un daño en una unificación espiritual arriba.

30

1. Existen enseñanzas originales de Torá que son generadas debido a las lágrimas. Pues es necesario llorar antes de generar ideas de Torá, tal como se explica en el *Likutey Moharán* I, 262. Entonces, cuando un nuevo libro llega al mundo, esas lágrimas de las cuales fue hecho el nuevo texto se levantan en contra de los decretos de las naciones y los anulan.

31

1. Mediante la melodía es posible reconocer si una persona ha aceptado el yugo de la Torá.

32

1. Todo judío, en la medida de su pureza y santidad, posee un aspecto de Mashíaj. La persona debe cuidarse en extremo para no dañar ese aspecto de Mashíaj. Ello se logra principalmente

cuidándose de la inmoralidad sexual. Deberá también cuidarse constantemente del mínimo atisbo de ese pecado, dado que ello daña el aspecto de Mashíaj de la persona.

2. Pues el espíritu de Mashíaj se vuelve un espíritu celoso que descarga sus celos en todo lugar en el que exista la inmoralidad sexual. Incluso en donde no hay inmoralidad sexual, sino sólo una mínima falla en ese aspecto, también allí ese espíritu descarga su ira. Pues dada la enormidad de la santidad y pureza del Mashíaj, su espíritu no puede tolerar el mínimo daño en esa área y desahoga su celo en su contra, que Dios nos salve.

3. Cuando los miembros de una pareja -es decir un hombre y una mujer- son rectos, sin traza alguna de imperfección y su unión se produce con una gran pureza y santidad, entonces esa relación produce una elevada unificación espiritual y es algo muy valioso en verdad.

30 Av

4. Ese espíritu de celo del Mashíaj descansa sobre la faz de la Torá - es decir, sobre los libros sagrados que revelan los rostros de la Torá, como en, "El espíritu de Dios sobrevolaba sobre la faz de las aguas" (Génesis 1:2) - siendo el agua la Torá. Ahora bien, ese espíritu de celo también puede estropear la paz que reina en un matrimonio recto, pues aunque el hombre y la mujer puedan ser muy santos, su unión aún se lleva a cabo en este mundo. Es por ello que los grandes Tzadikim ocultan sus libros y a veces los queman - para que el espíritu de celo del Mashíaj que descansa sobre ellos se aleje automáticamente del mundo y no quiebre, Dios no lo permita, la paz que existe en esa pareja recta.

Ahora bien, un texto de Torá está identificado con el Nombre de Dios (Zohar I, 37b) y está asociado con "Mi Nombre que está escrito en santidad" (Shabat 106a). Cuando los Tzadikim ocultan o queman sus libros, Arriba se llega a la conclusión lógica siguiente: "Si la Torá dijo, 'Mi Nombre que está escrito en santidad (que en nuestro contexto se refiere a los libros sagrados de la Torá) puede ser borrado con el propósito de traer la paz entre el hombre y su esposa' ¡cuánto más aún deberán ser borrados, destruidos y desarraigados del mundo los libros de los heréticos, que traen el odio y la disputa entre el pueblo judío y su Padre en el Cielo!". Así, surge que cuando se pierden los libros sagrados de los verdaderos Tzadikim, ello trae un bien al mundo, en el hecho de que muchos libros heréticos también son destruidos y desarraigados y es posible entonces acercarse a Dios.

33

1. Todos los momentos de alegría, tales como una boda o una circuncisión, lo son en su momento. Si la persona considera el final de cada cosa no verá ninguna alegría en el mundo, en absoluto, porque "El final del hombre es morir" (Berajot 17a). Pero si la persona contempla el final de todos los fines, entonces de hecho se sentirá muy feliz. Pues el final de todos los fines -en otras palabras, el propósito final y el objetivo de todo- es muy bueno (ver esta lección en el *Likutey Moharán* para más explicaciones).

1 Elul

34

1. La persona debe centrar sus pensamientos en contemplar siempre la raíz de todas las cosas, que es la fuente conjunta de todas las bondades y alegrías. Entonces podrá realmente ser feliz, porque al contemplar la raíz de todo, que es enteramente buena, todas las bondades y las alegrías se vuelven una y brillan con una luz muy grande.

35

1. Aquellos que estudian la Torá están más capacitados para conocer el futuro.

36

1. Tan pronto como se hace un libro, se le dan coberturas y ocultamientos, y su luz pura y tremenda es tapada y encubierta. Las páginas de la encuadernación son de hecho aquello que lo oculta.

37

1. El propósito de la vida es servir a Dios y andar en Sus caminos sólo en aras del Nombre de Dios, para ser dignos de conocerlo - pues eso es lo que Dios desea. Pues se dice de la persona que sirve a Dios para alcanzar la recompensa en el Mundo que Viene que está "llenando su vientre", dado que desea llenar su propio vientre, por así decir, con la recompensa del Mundo que Viene. Aunque es ciertamente mucho mejor servir a Dios en aras de la recompensa del Mundo que Viene antes que correr detrás de este mundo, Dios no lo permita, y la persona que sirve a Dios incluso por la recompensa del Mundo que Viene es ciertamente mucho más sabia que aquélla que batalla todos sus días por este mundo -dado que la primera elige para sí un mundo que perdura- sin embargo, el propósito real y verdadero de la vida es servir a Dios sólo para merecer conocerlo - pues eso es lo que Dios desea.

2 Elul

2. Si la persona no se santifica y corre detrás de los bajos deseos y de los excesos en aras de obtener riquezas, malgastando su vida para dejarles una herencia a sus hijos - cuando finalmente les lega esos bienes, es como alguien que se ha ensuciado y que toma más basura y cubre con ella la suciedad que ya tiene, como se explica con más detalle en esta lección del *Likutey Moharán*. Incluso si desea dejarles el mérito de sus buenas acciones, ello tampoco es totalmente correcto. Los Tzadikim perfectos no eligen ninguna de esas cosas en absoluto, sino más bien sólo cumplir con la voluntad de Dios.

38

1. A veces la luz del Tzadik llega a ser tan intensa que es imposible que una persona de pequeña estatura espiritual pueda recibirla en el propio lugar del Tzadik, debido a la sobreabundancia de luz que allí existe. Por lo tanto, ese gran Tzadik se ve compelido a descender y a subordinarse ante esa persona e ir hacia ella para que la luz disminuya un poco y pueda ser recibida. Y ello es similar a lo que encontramos en el Talmud: "En el lugar de Su grandeza, allí encontrarás Su humildad" (*Meguilá* 31a).

2. Lo más importante que debe hacer el Tzadik para iluminar a sus discípulos es expandir sus mentes y llevarlos de la conciencia restringida a la conciencia expandida. A veces lo logra mediante un "rostro radiante", reconfortándolos y mostrándoles un aspecto cálido. Si sus discípulos no pueden recibir la luz de esa manera deberá irradiárselas mediante el sufrimiento. En otras palabras, deberá reprenderlos y humillarlos para anularlos, para que así puedan recibir su luz, como en la frase, "Si la madera no se enciende, es necesario atizarla" (*Zohar* III, 168).

3. A veces el Tzadik se ve compelido a descender y a anular en algo su grandeza, con la finalidad de que la persona de pequeña estatura espiritual pueda recibir de él, pero ello es sólo una medida temporal, pues luego retorna a su nivel. Pero al descender temporalmente, el Tzadik rectifica y eleva completamente a esa persona. Hay muchos aspectos y clases diferentes de deficiencias y muchas variaciones en la forma en la que la persona grande se subordina a la pequeña para permitirle recibir su luz. Porque a veces el acto de disminuirse no es más que un pequeño gesto, mientras que otras la persona grande debe de hecho movilizarse y viajar hacia la persona pequeña. Todo depende de los detalles particulares de la situación.

3 Elul

39

1. Absolutamente todo lo que existe fue creado sólo en aras del pueblo judío; y la creación del pueblo judío sólo fue en aras del Shabat, que es el objetivo final. Pues el Shabat fue el objetivo y el propósito de la creación del cielo y de la tierra, y el Shabat es el Mundo de las Almas - el "mundo que es enteramente Shabat". Pues allí, en el Mundo de las Almas, percibiremos apropiadamente a Dios, sin ningún velo que nos separe de Él, y cada persona señalará con el dedo y dirá, "Éste es Dios, en Él hemos esperado", como dijeron nuestros Sabios, de bendita memoria (Taanit 31a). Pero es imposible alcanzar plenamente ese objetivo sin que el alma pase primero por este bajo mundo que fue traído a la existencia en los seis días de la creación - y ésta es en verdad una de las maravillas del Creador (ver la lección del *Likutey Moharán* para más explicaciones). La persona debe profundizar para saber y reconocer la grandeza del Creador en cada una de las cosas que percibe, en su forma y en su apariencia única, en sus diferentes partes, en su estructura y demás. Debe servir a Dios con ello hasta llegar al objetivo de esa cosa, que es el aspecto del Shabat. La gente de poca valía - tal como nosotros hoy en día, pues nos encontramos en un nivel extremadamente inferior en el cual nos es imposible alcanzar ese conocimiento- debe anhelar y desear profundamente: ¡si tuviésemos un líder de la generación, un pastor fiel que pudiese hacer brillar ese conocimiento y percepción incluso en nosotros, para poder llegar a merecer el objetivo final!

2. La afirmación de nuestros Sabios, de bendita memoria, "Hubiese sido mejor para el hombre no haber sido creado" (*Eruvin* 13b), se aplica sólo a este mundo. Pues dados los problemas y sufrimientos que cada persona debe sobrellevar en este mundo, ciertamente habría sido mejor no haber sido creados. Sin embargo, desde la perspectiva del Mundo que Viene, es ciertamente mejor el haber sido creados, dado que sólo a través de ello el hombre alcanza su objetivo final.

4 Elul

40

1. Aquel que conozca la Tierra de Israel -es decir, que haya experimentado verdaderamente el sabor de la Tierra de Israel- será capaz de discernir en otra persona si es que ha estado con un Tzadik para Rosh HaShaná. Ello se debe a que si alguien estuvo con el verdadero Tzadik para Rosh HaShaná, allí adonde mire, transformará el aire en el "aire de la Tierra de Israel". Por lo tanto, la persona que conozca el sabor de la Tierra de Israel -cada uno de acuerdo a su propio nivel- deberá necesariamente sentir el gusto de la Tierra de Israel cuando se encuentre en presencia de aquel que haya estado con el verdadero Tzadik para Rosh HaShaná, pues esa persona transforma el aire que la rodea en el "aire de la Tierra de Israel".

2. La gran santidad de la Tierra de Israel se debe a la directa supervisión de Dios - dado que Dios contempla constantemente la Tierra de Israel, como está escrito, "Los ojos de Dios están siempre sobre ella, desde el comienzo del año hasta el final del año" (Deuteronomio 11:12). Los ojos están asociados con la sabiduría (Rashi sobre Génesis 3:7) y es por ello que la Tierra de Israel es santa y su aire hace sabia a la persona (Bava Batra 158b).

3. El Tzadik verdadero que se ocupa de acercar a la gente a Dios es la esencia del orgullo que Dios siente por el pueblo judío (que es el aspecto de los "tefilín de Dios"), pues por su intermedio se producen el acercamiento a Dios y Su orgullo. Consecuentemente, cuando uno mira a ese Tzadik verdadero, es como si estuviese contemplando y mirando la luz de los "tefilín de Dios". El momento más oportuno para ello es cuando el pueblo se junta alrededor del Tzadik para oír la palabra de Dios, y particularmente en Rosh HaShaná, que es el momento de la reunión más grande - pues entonces el orgullo de Dios se encuentra en su apogeo dado que mucha gente se ha congregado con el deseo de acercarse a Él. En ese momento, se magnifica y aumenta el esplendor y la belleza del Tzadik, dado que él mismo es la esencia del orgullo de Dios. Así, cuando la

persona mira al verdadero Tzadik, recibe con ello el aspecto de los "*tefilín* de la mente" y sus ojos toman la cualidad de los "ojos de Dios". Entonces, allí adonde mire evocará la santidad de la Tierra de Israel, como en, "El aire de la Tierra de Israel hace sabia a la persona".

41

1. A veces Dios hace milagros a través de los sabios expertos en la ley de la Torá. Ello se debe a que, dado que sus opiniones son aceptadas en temas relacionados con lo que está prohibido y lo que está permitido, sus opiniones también son aceptadas arriba cuando declaran que algo debe ser de una determinada manera. Esta conexión se expresa en el versículo, "Sus milagros y los juicios de su boca" (Crónicas I, 16:12).

42

1. Las iniciales del versículo, "Pues Yo soy Dios Quien te cura (*Ki Ani IHVH Rofeja*)" (Éxodo 15:26), son las mismas que las de "Amén, que así sea Su voluntad (*Amén Ken Ihi Ratzón*)".

43

1. Como resultado de un corazón débil, la persona se ve sujeta al temor. Esto se explica de la siguiente manera: El asiento del coraje se encuentra en el corazón y son los de corazón débil quienes sienten miedo. Ello se refleja en el versículo, "Un hombre temeroso y de corazón débil" (Deuteronomio 20:8), sobre lo cual Rashi comenta, "Un hombre que tiene miedo" - pues la persona siente miedo debido a la debilidad del corazón.

5 Elul

44

1. Si alguien cae de la fe, Dios no lo permita, el consejo para ello es decir palabras de fe. Es decir, debe expresar su fe con palabras. Pues el hecho mismo de que dice palabras de fe es un aspecto de la fe. Más aún, mediante esa proclama verbal merece alcanzar una fe completa. Pues la fe depende de la boca; y es necesario articular la fe de manera verbal, como está escrito, "Con mi boca haré conocer Tu fe" (Salmos 89:2).

2. Por esa misma razón es necesario ser muy cuidadosos y nunca decir palabras heréticas o ateas, Dios no lo permita, ni siquiera en broma. Es decir, aunque uno tenga fe en su corazón y sólo esté diciendo esas palabras de herejía y de ateísmo en nombre de otra persona, burlándose de ello, sin embargo, está absolutamente prohibido debido a que de esa manera daña su propia fe (ver *Sabiduría y Enseñanzas del Rabí Najmán de Breslov* #237). Pues está prohibido hacer chanzas sobre Dios, ni siquiera en broma. También es necesario ser extremadamente cuidadosos y nunca consultar libros que traten de cuestiones filosóficas, porque dañan profundamente la fe sagrada. Esta advertencia ya ha sido explicitada en otra instancia, pero debe ser repetida una y otra vez para que la persona no pierda en un instante todo su mundo, es decir el Mundo que Viene, Dios no lo permita.

3. También es necesario mantenerse bien lejos de las sofisticaciones intelectuales en el servicio a Dios. Esto hace referencia a la manera en que algunas personas miden y evalúan con una exagerada meticulosidad el hecho de estar cumpliendo apropiadamente con sus obligaciones religiosas y se ocupan de llevar a cabo rigores innecesarios. Esta clase de elucubraciones intelectuales es extremadamente dañina para el servicio a Dios; y todos esos pensamientos no son más que vanas distracciones y engaños sin fundamento enviados por el Malo para hacer que la persona abandone su servicio a Dios. Pues "El Santo, bendito sea, no gobierna sobre sus criaturas como un tirano" (*Avodá Zará* 3b); y se enseñó sobre personas así,

"'Vivir en ellas' (Levítico 18:5) - pero no morir en ellas" (*Ioma* 85b); dado que la gente que sirve a Dios de esa manera no recibe vitalidad de sus devociones ni de las *mitzvot* que llevan a cabo, debido a los innecesarios rigores y a la depresión que ello conlleva. La sabiduría más grande de todas es no ser sabio en absoluto - sólo servir a Dios con simpleza y sencillez, dado que lo que Dios realmente quiere es el corazón.

6 Elul

45

1. El Tzadik está asociado con el Shabat, que es el punto interior dentro de los círculos que corresponden a los seis días de la semana; y los seis días de la semana son los círculos que rodean el punto central (ver *Zohar* II, 204b). Ahora bien, el Malo se levanta en contra de la persona y le envía obstáculos para que no se acerque al punto interior, que es el Tzadik, del cual todo toma su vitalidad. Pero mientras la persona se mantenga dentro del pueblo judío -es decir, que siga dentro de esos círculos y no salga completamente de ellos- habrá esperanzas de que pueda acercarse al punto interior.

46

1. Todo judío entrega su vida cada día. Un ejemplo de ello es el judío que da su dinero para caridad. Pues el dinero es una y la misma cosa que el alma (*nefesh*), dado que "Por ello, él arriesga su vida" (Deuteronomio 24:15). Por lo tanto, cuando la persona da su dinero en aras de Dios, está en esencia entregando su vida. Lo mismo sucede con respecto a la plegaria, pues en el *Midrash HaNeelam* se explica que el versículo, "Por Ti, somos muertos cada día" (Salmos 44:23), hace referencia a la plegaria (*Zohar* I, 124b). Ello se debe a que la persona lleva a cabo una gran batalla en contra de los pensamientos y distracciones que la perturban durante la plegaria y debe huir de ello. De modo que también la plegaria implica entregar la vida.

2. Aunque la persona tenga la impresión de que los obstáculos que la confrontan en su servicio a Dios son muy grandes y que le es imposible superarlos, en verdad, ello no es así. Porque no hay obstáculo que uno no pueda quebrar si realmente lo desea. Más aún, Dios sólo le envía a la persona obstáculos en la medida de su propia capacidad y fuerza para superarlos si realmente lo desea, como corresponde. Más todavía, si uno presta atención será capaz de comprender que Dios está oculto incluso dentro del obstáculo mismo, como se explica en otra instancia (ver *Likutey Moharán* I, 115). Por lo tanto, la verdad es que no existe tal cosa como un obstáculo, en absoluto, dado que todos los obstáculos no son más que una ilusión.

7 Elul

3. El obstáculo más grande es la mente de la persona - es decir, cuando su corazón está dividido y no lo dirige, junto con su mente, a comprender la importancia del acto sagrado que desea llevar a cabo. Por ejemplo, cuando la persona desea viajar para estar con el Tzadik verdadero y la enfrentan grandes obstáculos, si su mente y su corazón permanecen firmes en la convicción de que toda su vitalidad y todo lo que quedará de ella después de la muerte depende de ello -tanto para la persona misma como para todos sus descendientes- entonces, sin lugar a dudas, ningún obstáculo la detendrá; y en comparación con ello, todas las barreras que enfrente serán insignificantes. El principal obstáculo sin embargo es la barrera generada por la propia mente, cuando la persona no está suficientemente segura en su convicción y en su saber de que de ello depende todo lo que quedará de ella, por siempre. De manera similar, incluso si la persona merece llegar a estar con el Tzadik verdadero, superando todos los obstáculos que le impedían llegar, pero aún mantiene dudas y cuestionamientos sobre el Tzadik, y su corazón sigue dividido con respecto a él, ello constituye en verdad la barrera más grande de todas. Lo mismo sucede con respecto a la plegaria. Pues al comienzo, la persona enfrenta muchos obstáculos que le impiden orar. Pero si más tarde, al

superarlos y comenzar a orar, aun así su corazón continúa dividido y se ve abrumada por dudas y cuestionamientos sobre Dios, que el Cielo no lo permita, ello constituye de hecho la barrera más grande. Si la persona llega a tener cuestionamientos y dudas sobre Dios y sobre los verdaderos Tzadikim, el remedio será clamar a Dios con una voz poderosa desde las profundidades del corazón.

4. Lo más importante es tener un corazón firme y fuerte; entonces no existirá barrera alguna. Ello es particularmente así cuando se trata de los impedimentos materiales, tales como la falta de dinero o la oposición por parte de la esposa, de los hijos, de los suegros o de los propios padres - y ni hablar de otra gente que intenta impedir con sus palabras y sus burlas acercarnos a la verdad. Ciertamente, todos esos impedimentos se anulan y desaparecen por completo para la persona que fortalece y fortifica su corazón en Dios.

47

1. Es muy peligroso enseñar Torá. Ello requiere de un gran esfuerzo y de una gran habilidad para ser capaz de sopesar las palabras con exactitud, para que cada una de las personas que están escuchando sólo oiga aquello que necesita y no más. Pues si la persona oye más que lo que su mente y su comprensión son capaces de recibir, las fuerzas impuras se alimentarán del exceso (ver la lección en el *Likutey Moharán* para más explicaciones). El verdadero Tzadik siente un enorme temor al enseñar Torá, más aún que el temor de Rosh HaShaná y Iom Kipur.

8 Elul

48

1. La persona debe fortalecerse con una tremenda determinación para no desalentarse al percibir que aunque hayan pasado muchos días y muchos años y aunque todavía

continúe luchando en el servicio a Dios, aunque siga clamando a Dios una y otra vez, rogando y orando delante de Él para que la ayude en sus devociones religiosas, sin embargo, aun así se encuentra muy lejos - y por lo tanto, siente como si Dios no la quisiera en absoluto. Es necesario fortalecerse con una gran determinación y no tomar en cuenta nada de ello. Esto también les sucedió a los verdaderos Tzadikim. Y si no se hubiesen fortalecido para no prestarle atención en absoluto, simplemente se habrían quedado en donde estaban y no habrían alcanzado lo que alcanzaron. Por lo tanto, querido hermano, fortalécete con la mayor determinación y mantente firme, con toda tu fuerza, para continuar en el servicio a Dios y no contemples ni le prestes atención alguna a nada de esto.

2. Si te encuentras muy lejos de Dios y sientes que has transgredido en Su contra, a cada hora del día, debes saber, por otro lado, que para una persona así, tan burdamente materialista, cada uno de los gestos que haga para separarse poco a poco de su materialidad y volverse hacia Dios será algo extremadamente grande y valioso. Aunque haya sido un minúsculo paso para alejarse de lo material y volverse hacia Dios, será como si hubiese corrido miles y miles de millas en los mundos superiores. Sabiendo esto, la persona podrá estar muy contenta y mantenerse muy lejos de la depresión - porque la depresión es extremadamente dañina.

3. Tan pronto como la persona desea entrar en el servicio a Dios, se torna un grave pecado el estar deprimida, Dios no lo permita. Ello se debe a que la depresión es el Otro Lado y el Santo, bendito sea, la odia.*

* Ver más arriba, Lección #24: "Es una gran mitzvá estar siempre alegres". Porque si bien la depresión es un gran pecado, la alegría es una gran mitzvá. ¡Afortunado aquel que merezca estar contento todo el tiempo, dado que ello cura a la persona tanto física como espiritualmente!

9 Elul

4. Es necesario ser extremadamente tenaces en el servicio a Dios, para no abandonar el poco trabajo espiritual que uno haya comenzado, no importa lo que suceda. Recuerda bien estas palabras, pues las necesitarás cuando comiences en el servicio a Dios - dado que la persona debe inevitablemente experimentar innumerable subidas y bajadas. Más aún, a veces también sucede que el Cielo a propósito hace caer a una persona de su servicio a Dios. Por todas esas razones es necesario fortalecerse con una gran determinación y mantenerse firmes en el servicio a Dios, en base a la pura obstinación - y en verdad ello requiere de una muy grande tenacidad.

5. A veces uno se encuentra frente a la entrada misma de la santidad pero retrocede debido que el Otro Lado y el Malo se han levantado en su contra con un ataque grande y terrible cerrándole el paso, que Dios nos salve. Consecuentemente, la persona se desalienta y vuelve atrás, Dios no lo permita. Porque ésa es la manera del Malo y del Otro Lado: cuando ven que la persona se encuentra ante las puertas de la santidad y está por pasar, la asaltan con un furioso ataque, que Dios nos salve. Por lo tanto y precisamente entonces, uno deberá fortalecerse con una gran determinación para mantenerse firme y no prestarle ninguna atención a las caídas y descensos que experimente. En su lugar, deberá simplemente hacer lo que pueda en el servicio a Dios y en el curso de muchos días y de muchos años, podrá entrar con seguridad, con la ayuda de Dios, a través de los portales de la santidad. Pues Dios está lleno de compasión y desea nuestro servicio. Debes saber también que todos los gestos y movimientos que hagas para alejarte y separarte de la materialidad, en vistas del servicio a Dios, todos se reunirán, se combinarán y se juntarán para venir en tu ayuda cuando los necesites - es decir, cuando se presente alguna gran necesidad o dificultad, Dios no lo permita. Ello se aplica tanto a las necesidades y problemas en el ámbito físico, como al ámbito espiritual, en medio de los feroces ataques del Malo, que Dios nos salve.

10 Elul

6. Debes saber, además, que existe un árbol cuyas hojas necesitan cien años para desarrollarse. Ahora bien, es razonable asumir que en el curso de esos cien años, cada hoja indudablemente deberá pasar por grandes dificultades. Sin embargo, luego de todo ello, al final de los cien años, la hoja emite un sonido muy fuerte, como un disparo. El significado de esta alegoría es obvio.

7. Y debes saber que, en este mundo, la persona debe cruzar por un puente muy angosto y que lo más importante es no tener miedo, jamás. La persona debe fortalecerse y alegrarse constantemente, encontrando en ella algún mérito y algún punto bueno -dado que, ¿cómo es posible que nunca haya hecho nada bueno en toda su vida?- y regocijarse por el hecho de que "Dios no me hizo un gentil" (Plegarias de la Mañana). También será necesario bailar y saltar para alcanzar la alegría, hasta que, mediante esa alegría se tenga el mérito de retornar a Dios. De esta forma todos los pecados intencionales se transformarán en méritos (Ioma, 86b).

49

1. Dada la grandeza y la enorme exaltación de Dios y considerando Su honor, hasta un pequeño movimiento o gesto impropio por parte de la persona debería atraer sobre ella lo que le corresponda, Dios no lo permita. Pero Dios está lleno de compasión y siente misericordia del mundo entero* y lo desea. Por lo tanto, la persona deberá fortalecerse en el servicio a Dios, en la medida de sus posibilidades, sin importar quién sea, y sólo confiar en la abundante e ilimitada compasión de Dios. Pues sin lugar a dudas, Dios no la abandonará, aunque haya transgredido lo que haya transgredido. Lo que está hecho, hecho está y lo más importante es no volver a pecar más. Al menos, la persona deberá "sentarse y no actuar" [es decir, abstenerse de hacer el mal aunque no haga el bien] tanto en la acción como

en el pensamiento y no prestarle atención a nada de lo que le suceda.

* Como en, "Quien dirige Su mundo con bondad y a Sus creaciones con misericordia" (Plegaria de la Mañana del Shabat).

Debes saber además que la esencia del arrepentimiento completo se produce cuando la persona pasa por los mismos lugares y situaciones en los que estuvo previamente y le vuelve la espalda a la tentación y no repite lo que hizo, ni con la palabra ni con el pensamiento. Ésta es la esencia del arrepentimiento completo. De hecho, es muy beneficioso que la persona siga teniendo la mala inclinación, pues entonces podrá servir a Dios precisamente mediante la mala inclinación, prevaleciendo en medio de su fiera pasión y alejándose de ella para volcarse hacia alguna devoción en el servicio a Dios. En otras palabras, podrá servir a Dios con su mala inclinación, deteniendo y conteniendo su pasión en el momento en el que sus deseos ardan pero dejándola salir en el momento de la plegaria y de la devoción, para orar con fervor y con un gran entusiasmo.*

* Ver *Likutey Etzot, Hitjazkut* 33, donde está escrito, "Si la persona no tuviese la mala inclinación el servicio a Dios no valdría nada en absoluto. Es por ello que Dios le da a la mala inclinación un poder tan grande sobre el hombre, especialmente sobre aquellos que buscan genuinamente acercarse a Él. El ataque de la mala inclinación lleva a los hombres hacia toda clase de pecados y de devastaciones. Pero aun así, a los ojos del Santo, bendito sea, todo esto es aceptable debido al valor de los gestos que la persona hace al verse atacada con toda la fuerza de la mala inclinación - gestos de lucha y de liberación. Esto es mucho más valioso a los ojos de Dios que si la persona Lo hubiese servido durante mil años sin la mala inclinación" (ver más en la lección).

11 Elul

50

1. Los pensamientos se encuentran en poder de la persona, para dirigirlos tal como lo desee y hacia donde quiera; es imposible que dos pensamientos existan simultáneamente. Incluso si a veces se escapan y vagan hacia temas extraños, aún está en poder de la persona el forzarlos de retorno al

sendero correcto, para tener los pensamientos apropiados. Es lo mismo que sucede con un caballo que se desboca y corre alejándose del camino - el jinete lo sujeta de las riendas y lo fuerza a retornar al sendero. De la misma manera la persona puede aferrar su pensamiento y llevarlo de vuelta al sendero correcto.

51

1. La mala inclinación instiga a la persona, una y otra vez, incitándola a la transgresión. Y aunque la persona no la escuche, ésta vuelve a incitarla una y otra vez y más todavía. Pero si la persona es de mente firme y no le presta atención, ésta simplemente se aleja y la abandona. Sucede lo mismo durante la plegaria, cuando los pensamientos perturban muchas veces la oración; pero si la persona está decidida a no prestarles ninguna atención, entonces la abandonarán, tal como se explica en otra instancia (*Likutey Moharán I, 72*).

52

1. No te preocupes por el hecho de albergar preguntas difíciles sobre los verdaderos Tzadikim. Pues "los Tzadikim se asemejan a su Creador" y así como hay preguntas difíciles sobre cómo Dios se relaciona con nosotros, de la misma manera e inevitablemente hay preguntas difíciles sobre los Tzadikim. Ahora bien, con respecto a las preguntas sobre la manera en que Dios se relaciona con nosotros, debes saber que es debido a Su enorme grandeza que es imposible llegar a concebirlo. Si Su manera de relacionarse con nosotros estuviese de acuerdo con los dictados de nuestra comprensión, Dios no lo permita, entonces ¡Su comprensión, Dios no lo quiera, sería igual a la nuestra! Así, de hecho, habla muy bien del Creador el que Sea tan exaltado y elevado, más allá de nuestro entendimiento.

Lección 53-55   Parte II   12 Elul

53

1. Es inestimable el gran valor del pensamiento. Pues a partir de los pensamientos se crean entidades completas que existirán tanto como perduren los mundos, por siempre jamás. Sin embargo, la sabiduría es más valiosa aún que el pensamiento. Ello se debe a que el pensamiento es meramente algo que se eleva en la mente de la persona, mientras que la sabiduría es lo que la persona utiliza para construir los edificios de su intelecto - y esto es valioso en extremo. Lo más importante es que todo sea con verdad. Incluso la simple explicación de alguna idea que la persona haya generado es algo muy grande - pero también ello debe ser hecho con verdad. Por el contrario, cuando esto no se lleva a cabo con verdad, ello produce resultados de naturaleza opuesta.

12 Elul

54

1. La libertad de elección está en manos del judío, para hacer lo que desee. Pues puede que haya ciertas cosas que los gentiles se vean compelidos a hacer, pero para el judío, todo lo que haga -por ejemplo, viajar a cierto lugar y demás- todo implica el servicio a Dios. Por lo tanto tiene libertad de elección en absolutamente todo.

55

1. El beneficio de este mundo se encuentra más allá de toda estimación - es decir la ganancia que uno pueda cosechar en este mundo. Más aún, no es necesario invertir nada propio para cosechar esa ganancia. Más bien, con solo utilizar lo que el Creador ha preparado para uno, será posible acumular enormes beneficios. "Ningún ojo lo ha visto" (Isaías 64:3).

56

1. Cuando la persona tiene un corazón, no hay lugar que pueda impedirle servir a Dios, y no puede excusarse diciendo que en un cierto ámbito le es imposible dedicarse al servicio a Dios. Ello se debe a que cuando la persona tiene un corazón judío, todos los lugares del mundo le pertenecen.

57

1. Como resultado de las maravillosas y tremendas enseñanzas de Torá reveladas por el Tzadik grande y verdadero, la persona de pequeña estatura espiritual obtiene una posición elevada. Y debido al gran tumulto creado por las enseñanzas originales de Torá reveladas por el Tzadik grande y verdadero, todos irán a esa persona para oír enseñanzas de Torá. Más aún, de esta manera también una persona en el Otro Lado obtendrá una posición elevada.

58

1. Cuanto más grande y elevado sea el nivel del Tzadik y cuanta más perfecta sea su humildad -de modo que verdaderamente sea una "nada"- más capaz será de prestarle atención al mundo y de interesarse por él. Y no es como alguna gente dice, equivocadamente, que debido a su grandeza el Tzadik está alejado del mundo (ver la lección en *Likutey Moharán* para más explicaciones).

59

1. Hay gente que actúa con presteza y es recompensada por ello y hay otras personas que actúan con prontitud y pierden debido a ello. La explicación de esto es que, cuando la persona

que es recta desde su juventud y que anduvo por el sendero correcto durante toda su vida, actúa con demasiada prisa, pierde debido a ello. Pues si esa persona pasara de mitzvá en mitzvá con un paso más lento y medido, podría percibir la santidad que se encuentra también entre las *mitzvot*. Pero cuando corre hacia la mitzvá, entonces pasa por alto y salta por sobre la percepción de santidad (ver la lección en el *Likutey Moharán* para más explicaciones). Por otro lado, la persona que necesita arrepentirse debe actuar con gran celeridad y correr por su vida. Para esa persona está prohibido demorarse o detenerse. En su lugar, debe correr y saltar por sobre todo lo que deba saltar y brincar hacia la santidad con gran velocidad. Una persona así actúa con presteza y es recompensada por ello.

60

1. Las guerras y el derramamiento de sangre traen aparejada la sequía, Dios no lo permita, al igual que la inflación, Dios no lo quiera.

2. También trae sequía el hecho de que la persona enseñe Torá en público y haya estudiantes indignos entre los oyentes.

3. El respeto por la Torá trae lluvia.

4. Cuando la persona enseña Torá en público y hay estudiantes indignos entre los oyentes, su castigo es ser puesta en prisión.

61

1. Toda la existencia del tiempo es consecuencia de la pequeñez de nuestro propio intelecto (*daat*) y cuanto mas grande sea el intelecto, más disminuirá el tiempo. Ello es comparable a una persona que duerme y sueña, pues en ese momento, su intelecto la abandona y todo lo que queda es el poder de la imaginación. En ese estado, puede parecerle que han pasado setenta años de

su vida cuando en realidad no ha sido más que un cuarto de hora. Pues durante el sueño, la persona tiene la sensación de que transcurre mucho tiempo cuando de hecho es un corto lapso. Subsecuentemente, al despertar y volverle el intelecto, puede comprobar que todo el tiempo y los años que pasaron en el sueño fueron en realidad sólo un corto lapso y reconoce lo que son setenta años "reales" en términos de su propio intelecto. De manera similar, la verdad es que lo que nosotros consideramos setenta años no es más que un cuarto de hora o menos para un intelecto que se encuentra en un nivel superior al nuestro - sólo que no podemos comprenderlo. Al igual que en un sueño, si alguien se nos acercara y nos dijera que todos esos años son en realidad sólo un cuarto de hora, no podríamos creerle, pues así es nuestro presente estado de conciencia.

De manera similar, existe un intelecto tan elevado que para él no existe en absoluto el tiempo. Es por ello que Dios le dirá finalmente al Mashíaj -que desde el día de la creación del mundo ha perdurado todo lo que ha perdurado y que ha sufrido todo lo que ha sufrido- "Hoy te he hecho nacer" (Salmos 2:7). Todo ello se debe al nivel absolutamente tremendo del intelecto del Mashíaj, que será tan grande que todo el tiempo, desde el día de la creación del mundo, no será nada para él y será como si hubiese nacido "hoy".

14 Elul

62

1. Los viajes del pueblo judío, al andar de un lugar a otro, expían por la falta de fe.

2. Una falta en la fe, Dios no lo permita, es un aspecto de la idolatría y "si hay idolatría en el mundo hay ira Divina en el mundo". Pero mediante los viajes del pueblo judío, que expían por esa falta, se mitiga la ira Divina y desciende la compasión al mundo. La esencia de la compasión está descrita en el versículo, "Que *El Shadai* (Dios Todopoderoso) te dé a ti

compasión" (Génesis 43:14) - específicamente, "a ti", en el hecho de que Dios nos otorgue la clase de compasión que nosotros entendemos como compasión (ver la lección en el *Likutey Moharán* para más explicaciones).

63

1. Debes saber que cuando Iaacov, nuestro padre, envió a sus hijos hacia Iosef en Egipto, los envió con la melodía de la Tierra de Israel (ver las asombrosas enseñanzas al respecto en la lección del *Likutey Moharán*).

64

1. El dinero es el estado caído de la riqueza de los profetas, dado que "Todos los profetas eran ricos" (*Nedarim* 38a). Ahora bien, cuando la profecía descendía sobre el profeta éste parecía enloquecer, dado que perdía el control de sus sentidos, como explica Rashi: "'Él profetizó' (Samuel I, 18:10) - es decir, se volvió loco". Es por ello que las personas extremadamente ricas se comportan de una manera literalmente demente, pues el dinero las vuelve completamente locas.

65

1. Cuando la persona actúa debido a un apasionado celo por el Señor de las Huestes, ello es considerado como caridad. Como está escrito en *Tosafot* (*Bava Batra* 10b), "Nabuzaradán actuó con celo por el Santo, bendito sea, y ello le fue considerado como caridad".

15 Elul

66

1. El Tzadik se ve compelido a arrepentirse por todo el pueblo judío. Ello se debe a que, así como todos los castigos que Dios

le inflige a la persona afectan a Dios Mismo, como está escrito, "Pues en toda su aflicción Él fue afligido" (Isaías 63:9), lo mismo sucede con el Tzadik. Pues los cuatro elementos de los cuales está formado el hombre emanan de un "elemento simple y fundamental" que es el aspecto del Tzadik, como en, "El Tzadik es el fundamento del mundo" (Proverbios 10:25). Por lo tanto, "El castigo tampoco es bueno para el Tzadik" (Ibid., 17:26), dado que cuando Dios castiga a una persona, ello afecta al Tzadik mismo. Por lo tanto, cuanto más cerca se encuentre la persona del Tzadik, más fácil le será arrepentirse, dado que el Tzadik se arrepiente por ella.

2. Todos los rasgos de carácter derivan de los cuatro elementos [i.e., fuego, aire, agua y tierra]. Por lo tanto, al ver al Tzadik - que es el aspecto del "elemento simple y fundamental" del cual emanan los cuatro elementos- es apropiado que la persona lo contemple con detenimiento para darse cuenta en dónde se encuentra en conexión con cada uno de los rasgos de carácter que derivan de los cuatro elementos que emanan del Tzadik, que es el elemento fundamental; y es apropiado que también retorne a Dios en completo arrepentimiento por las faltas en esos rasgos de carácter.

3. Ésta es la explicación de por qué el día siguiente a Iom Kipur es llamado "El Nombre de Dios": Todos los castigos que la persona recibe debido a sus pecados afectan el Nombre de Dios. Después de Iom Kipur, luego de que Dios perdona al pueblo judío de sus pecados, los judíos se salvan de todos los castigos y de todos los decretos severos - y de ésta manera se engrandece el Nombre de Dios [i.e., por la anulación de los castigos que hubieran eclipsado y dañado el Nombre de Dios, por así decirlo]. Por lo tanto, el día siguiente a Iom Kipur es llamado "El Nombre de Dios", porque mediante el perdón que se lleva a cabo en Iom Kipur, se engrandece el Nombre de Dios.

Lección 67   Parte II   16 Elul

16 Elul

67 - "En el comienzo" (Génesis 1:1); "Ante los ojos de todo Israel" (Deuteronomio 34:12)

1. El verdadero Tzadik es el esplendor, la belleza y la gracia del mundo, él es "el señor de la casa" (*baal habait*) del mundo entero. También es el "señor de la casa" del Santo Templo, dado que le irradia luz al Santo Templo y al mundo entero. Pues él es la luz, el esplendor, la belleza y la gracia del mundo entero. Ahora bien, cuando ese Tzadik se vuelve famoso y su nombre se engrandece en el mundo, el Nombre de Dios se magnifica también. Cuanto más se engrandece y se embellece el nombre del Tzadik más se engrandece y se embellece el Nombre de Dios. Todo aquel que esté incluido en el nombre de ese Tzadik verdadero, que es el esplendor y la gracia del mundo entero -es decir, todo aquel que se acerque a él y esté incluido en su nombre- podrá abrir los ojos y mirarse a sí mismo y comprobar cuán cerca se encuentra de todos los buenos rasgos de carácter y retornar a Dios en arrepentimiento por los malos rasgos en los que está sumido. También merecerá contemplar la grandeza del Creador y la rectificación del mundo y será digno de que desciendan sobre él facultades mentales santas y puras provenientes del nombre sagrado del verdadero Tzadik.

2. Por otro lado, Dios no lo permita, cuando el nombre del Tzadik verdadero se oculta y parte del mundo y toda clase de falsas figuras obtienen prestigio y renombre, personajes que no tienen conexión alguna con el Nombre de Dios, entonces, por así decirlo, el Nombre de Dios se disminuye y se oculta. Debido a ello prevalecen los hechiceros y los encantadores y se hacen presentes en el mundo cosas que sólo pueden ser combatidas efectivamente utilizando nombres impuros y hechizos, Dios no lo permita. Como resultado, estallan incendios en el mundo, que Dios nos salve, y se va la luz de los ojos. Éste es el concepto del incendio del Santo Templo, que también ocurrió como resultado de la partida de esa luz radiante, pues fue debido a ello que se fortaleció la luz del fuego (ver la lección en el *Likutey*

Moharán para más explicaciones). Así, cuando el Tzadik verdadero parte del mundo, ello corresponde al incendio del Santo Templo y es como si arrojasen fuera el pueblo judío, para que se arrastre por las calles, Dios no lo permita.

17 Elul

3. En está época, cuando hace tanto que vivimos en el exilio y Dios está esperando para retornar a nosotros y para reconstruir nuestro Santo Templo, es adecuado que no retrasemos su reconstrucción, Dios no lo permita; más bien, debemos trabajar para ello. Por lo tanto, es necesario levantarse a medianoche, todas las noches y lamentarse amargamente por la destrucción del Santo Templo. Pues quizás, en una encarnación anterior, hemos sido responsables de su destrucción. Y aunque no sea así, es posible que estemos retrasando su reconstrucción ahora mismo, debido a nuestros pecados - lo que también es considerado como si fuésemos la causa de su destrucción. Así, cada noche, a medianoche, la persona deberá llorar y lamentarse amargamente por ello y de esa manera será considerada como si estuviese trabajando en la reconstrucción del Santo Templo. Así merecerá acercarse a la verdad - es decir, a los verdaderos Tzadikim y a los judíos devotos y verdaderamente temerosos de Dios, quienes son la esencia del verdadero esplendor, de la gracia y de la belleza del mundo.*

* Nota del editor: Éste parece ser el significado de la contigüidad de los dos versículo, "Me levantaré a medianoche para agradecerte" y "Amigo soy de todos aquellos que Te temen" (Salmos 119:62-3).

Con esto la persona podrá abrir los ojos y mirarse a sí misma y comprobar cuán cerca se encuentra de todos los buenos rasgos de carácter, retornar a Dios en arrepentimiento por los malos rasgos en los que aún está sumida y volverse digna de saber y de reconocer el gran Nombre de Dios.

4. Al levantarse a medianoche y lamentar la destrucción del Santo Templo, la persona se salva de los incendios.

68

1. La principal perfección del Tzadik es el hecho de ser capaz de hacerle ver a una persona elevada, que imagina que está en un nivel espiritual muy alto que, de hecho, es todo lo contrario. De la misma manera, el Tzadik debe ser capaz de mostrarle a aquél que se encuentra abajo, en un nivel espiritual muy bajo, que aún tiene esperanzas y que incluso desde allí puede unirse a Dios y retornar a Él - porque no hay tal cosa como la falta de esperanza (ver más arriba, Lección #7). Ya hemos dicho que cuando la persona percibe que está muy lejos de Dios es apropiado que se dé ánimo con el hecho de que al menos sabe cuán lejos está. Pues antes estaba tan alejada que ni siquiera sabía que estaba tan lejos. Pero ahora que al menos sabe que está muy lejos, esto es, de por sí, un acercamiento. Ello, en sí mismo, es muy apropiado para darse ánimos y retornar a Dios.

18 Elul

69

1. Mira esta lección en el *Likutey Moharán* con respecto a la costumbre de otorgar el honor de decir la bendición al hombre que trae las bebidas a los huéspedes o en una boda y demás.

70

1. Cuanto más grande sea la persona más lejos deberá ir para encontrar lo que busca. Es por ello que Moisés, nuestro maestro, que fue tan grande, tuvo que buscar una esposa en Midian - dado que, debido a su grandeza, lo que buscaba estaba muy lejos.

71 - "Mis porciones han caído en lugares agradables"
(Salmos 16:6)

1. La esencia del poder mental y de la sabiduría se centra exclusivamente en la Tierra de Israel. Incluso los judíos que están fuera de la Tierra reciben y absorben todo su poder mental y sabiduría de la Tierra de Israel. Cada judío tiene una porción en la Tierra de Israel y, de acuerdo a su porción, así absorberá y recibirá la sabiduría de la Tierra de Israel. Pero cuando la gente daña el honor de Dios, el Cielo no lo permita, cae del estado mental asociado con la Tierra de Israel y sus mentes quedan en un estado asociado con "fuera de la Tierra". Ello, a su vez, trae conflictos y disputas, dado que el estado mental asociado con "fuera de la Tierra" es un aspecto del conflicto.

2. Toda la creación tuvo lugar sólo en aras del honor de Dios. De modo que todo fue creado sólo para los seres humanos, dado que el aumento del honor de Dios depende específica y exclusivamente de los seres humanos. Es por ello que si a una persona le llega alguna clase de honor, deberá ser muy cuidadosa y no tomarlo para sí. En su lugar, deberá asegurarse de retornarlo y de elevar todo el honor a Dios. De esa manera rectificará y sostendrá al mundo entero, dado que el mundo entero y todo lo que contiene sólo fueron creados en aras del honor de Dios.

3. El estado mental asociado con la Tierra de Israel se identifica con los "agrados (*neimot*) de la Torá" y con la paz, mientras que el estado mental asociado con "fuera de la Tierra" se identifica con la disputa y el conflicto. Mediante la caridad -y particularmente mediante la caridad dada a la gente en la Tierra de Israel- se crea un recipiente para poder captar un influjo de ese "agrado". La concepción y el nacimiento emanan del "agrado superior" (*noam haelion*) mediante el cual la persona merece tener hijos; con ello se revela el honor de Dios en el grado más elevado, dado que son los seres humanos el medio principal a través del cual se revela el honor de Dios en el mundo. Esto, entonces, efectúa la rectificación del estado mental

asociado con "fuera de la Tierra", pues su deterioro se debió, en primer lugar, a un daño en el honor de Dios. Por lo tanto, mediante la revelación del honor de Dios se rectifica ciertamente ese estado mental. Pero cuando, Dios no lo permita, el estado mental asociado con "fuera de la Tierra" es un estado extremadamente deteriorado debido al hecho de que el honor de Dios ha sido muy dañado, entonces ya no es posible rectificarlo. Por el contrario, el estado mental de "fuera de la Tierra" también daña al estado mental asociado con la Tierra de Israel -que está asociado con la paz- y consecuentemente también estallan las disputas en la Tierra de Israel. Éste es el motivo subyacente al conflicto que existe hoy en día fuera de la Tierra y en la Tierra de Israel.

4. Cuando la persona no daña el honor de Dios, mereciendo así el estado mental asociado con la Tierra de Israel y conocido como "agrado", se vuelve digna entonces de sentir los "agrados de la Torá". Pues en verdad existe un "agrado de la Torá" y ello es lo más importante, es decir, merecer experimentar ese "agrado de la Torá". ¡Afortunado aquel que es digno de ello!

19 Elul
72 - Vida Eterna

1. Cuando la persona merece verse a sí misma con el Tzadik verdadero, recibe grandeza y autoridad. Y la esencia de la grandeza es la humildad, pues encontramos con respecto a Dios: "Allí en donde encuentres la grandeza del Santo, bendito sea, allí encontrarás Su humildad" (*Meguilá* 31a). En la futura Resurrección de los Muertos, cuando los fallecidos se levanten y vivan por siempre, será la humildad la única parte de cada persona que vivirá entonces. En otras palabras, sólo la humildad de cada persona vivirá y se levantará en la futura Resurrección de los Muertos. Pues la esencia del maravilloso deleite que es la vida eterna del Mundo que Viene sólo puede ser experimentada por la verdadera anulación y humildad de cada persona; y en la medida de la humildad y de la anulación de

cada uno, así mismo merecerá vivir y recibir el deleite del Mundo que Viene.

2. Cuando la persona merece verse a sí misma con el Tzadik verdadero, su mente y sus facultades mentales brillan, recibiendo entonces grandeza y autoridad de acuerdo con el fulgor de su mente. Se hará digna a su vez de generar nuevas ideas de Torá, de la manera apropiada, de acuerdo al estado y al carácter de sus propias facultades mentales.

3. Mediante nuevas ideas de Torá, la gente se llena de vergüenza. En verdad, cada uno debe sentirse profundamente avergonzado de sí. Pues una transgresión es ciertamente una vergüenza, que Dios nos salve, dado que la transgresión no tiene relación alguna con el judío y no le corresponde en absoluto; y dada la gran santidad del judío en su raíz, ciertamente no le sienta en absoluto cometer una transgresión.

Sin embargo, más allá de esto, también es apropiado que el judío que desee llevar a cabo una mitzvá sienta una enorme vergüenza. Pues, ¿qué mérito tiene para que merezca llevar a cabo una mitzvá? ¿Cómo tiene la osadía de entrar en la Cámara del Rey para realizar una mitzvá? Es necesario que la persona considere delante de Quién está llevando a cabo esa mitzvá y la gran exaltación de la mitzvá misma, pues el valor de cada mitzvá está más allá de toda estimación. Así, es ciertamente apropiado que uno sienta una gran vergüenza al llevar a cabo una mitzvá. ¿Cómo puede venir y tomar los *tefilín*, que son la Corona del Rey y sin más ponérselos sobre la cabeza? Sin lugar a dudas, es apropiado que se sienta totalmente avergonzado. Si realmente tiene vergüenza deberá turbarse delante de Dios incluso cuando lleva el alimento a su boca - pues, ¿qué ha hecho para merecer ese alimento? Uno se vuelve digno de llegar a sentir esa vergüenza principalmente al verse a sí mismo con el verdadero Tzadik, dado que con ello, su mente brilla y recibe grandeza, mereciendo nuevas ideas de Torá. Así, se dice que en la Entrega de la Torá, Moisés hizo descender la Torá al pueblo judío, "Para que sientan el temor a Él y no pequen" (Éxodo

20:17); y nuestros Sabios, de bendita memoria, enseñaron sobre ese versículo, "Esto hace referencia a la vergüenza" (*Nedarim* 20a).

20 Elul

4. Mediante la vergüenza la persona se vuelve digna del arrepentimiento, dado que el arrepentimiento, tras lo cual dejamos de pecar, proviene principalmente de la vergüenza, como está escrito, "Para que sientan el temor a Él y no pequen". Ahora bien, el arrepentimiento está asociado con la vida eterna del Mundo que Viene, como está escrito, "¡Retornen [a Dios en arrepentimiento] y vivan!" (Ezequiel 18:32); aun así esa vida eterna sólo será experimentada por la humildad de cada persona. De acuerdo a ello, mediante el arrepentimiento es la humildad de cada uno la que vuelve a la vida y se levanta en la Resurrección de los Muertos. Pues cada uno de los 248 órganos de cada judío está enraizado en la humildad de Moisés, nuestro maestro. Sin embargo, esa humildad está oculta en cada judío como si estuviese muerta y, como resultado, la persona misma no la siente y está por lo tanto lejos de ella. Pero cuando se acerca al Tzadik verdadero y lo ve - y más aún, cuando merece de hecho oír enseñanzas de Torá provenientes de su boca, se vuelve digna de desarrollar ideas originales de Torá y merece la vergüenza y el arrepentimiento. A su vez, la humildad que estaba dormida en ella vuelve a la vida y, como consecuencia, cada uno ve y siente su propia humildad.

5. Es necesario orar y rogarle mucho a Dios para merecer alcanzar la verdadera humildad. Pues no tenemos idea de lo que sea realmente la verdadera humildad. El objetivo final no es ciertamente andar abatido e indolente (lo que la gente llama un *shlem mazelnik*, un "perdedor"). ¡Pues la humildad es la fuerza vital de todos los miembros de la persona y constituye el deleite del Mundo que Viene! Ciertamente, no es posible que el objetivo final del Mundo que Viene sea andar abatido e indolente o algo similar, Dios no lo permita. Por lo tanto, la persona debe rogarle mucho

a Dios para que la ayude a merecer la verdadera humildad, que es la esencia de la vida y del deleite del Mundo que Viene.

6. El verdadero líder de la generación, a través del cual uno merece todas las rectificaciones espirituales tratadas más arriba, debe ser ascético y santo en extremo, grande en santidad y completamente separado de todo deseo sexual. Entonces será apto para liderar al pueblo judío. Con sólo posar su mirada sobre los integrantes del pueblo judío, hará que brillen sus mentes, que reciban la grandeza que les corresponde, que merezcan ideas originales de Torá y que sean dignos de la vergüenza, del arrepentimiento y de la humildad, que es un aspecto de la vida eterna en el Mundo que Viene. Además y a través del verdadero líder, descenderá sobre cada judío la santidad y el alejamiento de todo deseo sexual. Pero cuando el pueblo judío no tiene un guía así, Dios no lo permita, entonces el mundo entero se halla en confusión y todo aquel que quiera puede arrogarse el título de líder.

7. En síntesis, si la persona está con el Tzadik y oye enseñanzas de Torá de su boca y debido a ello se avergüenza y comienza a sentir su propia humildad, ello es señal de que está en presencia de un Tzadik verdadero. Pero si la persona está con algún famoso rabí y oye enseñanzas de Torá de su boca y se llena de orgullo y sentimientos de importancia... (la conclusión opuesta es fácil de concebir).

21 Elul

73

1. Aquel que quiera retornar a Dios en arrepentimiento deberá tomar la costumbre de recitar los Salmos, pues éstos son el medio más efectivo para ello. Pues hay muchas cosas que impiden el retorno. Por un lado, hay personas que ni siquiera despiertan al arrepentimiento. Por otro lado, incluso aquél que sí despierta puede encontrar numerosas barreras. Hay gente que encuentra cerrada la puerta del arrepentimiento, mientras

que otros pueden no saber cómo alcanzar aquella que les es apropiada, la que deben atravesar para retornar a Dios. También existen muchas otras barreras que impiden que la persona llegue a retornar, malgastando su vida entera y llegando a su fin sin poder arrepentirse, Dios no lo permita. Sin embargo, el recitado de los Salmos es una ayuda para todos ellos, dado que incluso la persona que no ha despertado al arrepentimiento podrá merecerlo con ello. Los Salmos también la ayudarán a alcanzar la puerta correspondiente a su alma y a mantenerla abierta, hasta ser digna de retornar a Dios en perfecto arrepentimiento. Éste es el motivo por el cual durante el mes de Elul y los Diez Días de Arrepentimiento, todo el pueblo judío se dedica a recitar Salmos - para merecer con ello el retorno. Sin embargo, también es necesario recitar los Salmos durante todo el año, para llegar así al arrepentimiento.

2. Los cuarenta y nueve días de la Cuenta del Omer corresponden a las Cuarenta y Nueve Puertas del Arrepentimiento, que corresponden a su vez a las cuarenta y nueve letras de los nombres de las doce tribus - y es mediante esas letras y esas puertas que debemos retornar a Dios. Además, Shavuot corresponde a la Puerta Número Cincuenta, que encarna la idea de Dios retornando a nosotros en Su compasión, como se expresa en el versículo, "Retornen a Mí y Yo retornaré a ustedes" (Malaji 3:7). Mediante el recitado de los Salmos uno merece alcanzar todas esas puertas y abrirlas. Por lo tanto, es necesario ser particularmente cuidadosos durante los cuarenta y nueve días de la Cuenta del Omer y recitar los Salmos con concentración y sentimiento, para poder así alcanzar las Cuarenta y Nueve Puertas del Arrepentimiento. Pues esas puertas corresponden a los cuarenta y nueve días de la Cuenta del Omer, cuando necesitamos purificarnos de la suciedad espiritual y retornar a Dios - para que, en Shavuot, Dios retorne a nosotros, como en, "Dios descendió sobre el monte Sinaí" (Éxodo 19:20).

74

1. Purim es una preparación para Pesaj; y mediante el cumplimiento de las *mitzvot* de Purim mereceremos ser protegidos contra la posesión de *jametz* (levadura) en Pesaj.

22 Elul

75

1. Mirar meramente los rostros de los Tzadikim es algo muy grande. Si bien es cierto que es mejor cuando la persona merece hablar con el Tzadik, el solo hecho de mirar su rostro es algo excelente y muy beneficioso para alcanzar la santidad.

76

1. Incluso la persona que viaja de un lugar a otro y que a veces llega a lugares que están muy lejos del servicio a Dios -tales como las casas de los malvados o incluso las casas de los gentiles- sin embargo, como judío, tiene el poder de elevarlos hacia Dios. Por lo tanto, le incumbe a esa persona hacer su parte y dirigirse hacia Dios de la forma en que pueda, donde sea que se encuentre.

77

1. Cada judío -incluso un gran Tzadik- debe inevitablemente experimentar cada día algún dolor o sufrimiento - y cuanto más grande sea el conocimiento que tenga más grande será el dolor que experimente. Sin embargo, al comer en santidad y con temor al Cielo, ese dolor se mitiga para que no llegue a abrumarlo, Dios no lo permita.

2. Cuando uno come en santidad y con temor al Cielo, su boca entra en la categoría de la "estatura del hombre" y como

recompensa merece un nivel mucho más elevado, en el aspecto de la Presencia Divina que habla desde su garganta. Pero cuando la persona no come en santidad, su boca entra en la categoría de "animal" y es exactamente como un animal, Dios no lo permita.

3. El temor a Dios le llega a la persona principalmente cuando está comiendo. Por lo tanto, es necesario ser extremadamente cuidadosos al comer en santidad y aceptar sobre uno el temor a Dios que llega precisamente en ese momento. De esa manera merecerá alcanzar todo lo que ha sido tratado en los párrafos #1 y #2.

23 Elul

78

1. Incluso un gran Tzadik debe a veces ser un hombre común y simple y separarse de la Torá y de sus elevados niveles de perfección, dado que también debe atender a las necesidades del cuerpo. Si es así, sin embargo, ¿con qué se mantiene con vida durante ese tiempo? ¿Acaso no es la Torá la esencia de la vida?

Debes saber, sin embargo, que en ese momento, el Tzadik se mantiene vivo a partir de aquello que sustentó al mundo antes de la Entrega de la Torá. Pues también entonces la Torá ciertamente existía, dado que la Torá es eterna. Sin embargo, en ese momento, la Torá -que está incluida en los Diez Mandamientos- estaba oculta dentro del mundo que fue creado mediante Diez Expresiones. Cuando el Tzadik se separa de la Torá y es como un hombre común, recibe la vida y la vitalidad de esa dimensión de "antes de la Entrega de la Torá" - es decir, de la Torá Oculta, y con ello, mantiene con vida a todas las personas comunes del mundo (que son llamadas *prustoks*, simplones).

Pues toda la gente común e incluso los malvados -y también las naciones del mundo- todos reciben su vitalidad y su vida sólo de la Torá, que es la esencia de la vida. Pero, ¿cómo puede ser, dado que están muy lejos de la Torá? La respuesta es que debe haber un gran hombre simple por sobre ellos a través del cual puedan recibir la vitalidad. Es por ello que el gran Tzadik se ve compelido a descender y a caer en la simpleza y a ser una persona común durante un tiempo - manteniéndose vivo a partir de la Torá Oculta. De esa manera, también mantiene con vida a toda la gente simple y común del mundo. Cuanto más cerca se esté de la santidad y de ese Tzadik, más elevado será el nivel de vitalidad que se reciba a través de él, proveniente de la Torá Oculta. Así, incluso alguien que sea una persona simple -por ejemplo, que sea incapaz de estudiar Torá o que se encuentre en un lugar en donde le sea imposible estudiar- deberá sin embargo fortalecerse en ese momento con el temor al Cielo, como pueda, dado que todos reciben vitalidad de la Torá Oculta a través del gran Tzadik que a veces actúa con simpleza (ver la lección en el *Likutey Moharán* para más explicaciones).

2. Incluso para alguien que haya caído profundamente, Dios no lo permita, y que se encuentre habitando en las profundidades del infierno, Dios no lo quiera - también para él habrá una gran esperanza debido al Tzadik grande y verdadero. Pues a través de ese Tzadik cada uno puede recibir la vitalidad proveniente de la santidad, allí en donde se encuentre. Por lo tanto, no existe tal cosa como perder la esperanza. Sea quien fuere la persona y sin importar dónde haya caído, que Dios nos salve, mientras logre mantener su decisión, aún tendrá esperanzas de retornar a Dios. Lo más importante es, "¡Desde el vientre del infierno clamé!" (Jonás 2:3). Pues incluso el llorar desde las profundidades del infierno es algo que nunca se pierde. La persona debe clamar delante de Dios, una y otra vez, no importa lo que suceda, hasta que Dios mire desde el Cielo y vea.

24 Elul

3. La sofisticación intelectual es extremadamente dañina y tales

"hombres sabios" están atrapados en su propia "sabiduría". Es necesario alejarse totalmente de las ideas sofisticadas propugnadas por aquellas personas que imaginan que saben cómo servir a Dios - porque la sofisticación intelectual es absolutamente innecesaria. Lo más importante es la simpleza, la sencillez y una completa fe en Dios y en los verdaderos Tzadikim. Si bien la persona debe cuidarse en esa simplicidad y no actuar de manera insensata, aun así, la sofisticación es totalmente innecesaria. Es posible llegar a una gran alegría mediante la simpleza y la fe. ¡Afortunado aquel que anda en simpleza!

4. Es necesario rogarle mucho a Dios para merecer acercarse al Tzadik verdadero. ¡Afortunado aquel que merezca acercarse al Tzadik verdadero mientras aún esté en esta vida! ¡Afortunado él y buena será su porción! El Malo trata con todas sus fuerzas de confundir al mundo con respecto a esto, dado que el pueblo judío se encuentra muy cerca del final de su exilio y alberga un gran anhelo y deseo por Dios, de una intensidad sin precedentes. Consecuentemente, el Malo ha dispuesto engañosamente de muchos y famosos falsos líderes y ha introducido el conflicto entre los verdaderos Tzadikim, al punto en que ya nadie sabe dónde se encuentra la verdad. Por lo tanto, es necesario rogarle mucho a Dios para merecer acercarse al Tzadik verdadero.

79

1. Mediante el arrepentimiento, la persona merece anular el tiempo al igual que todos los problemas, los juicios estrictos y el Otro Lado, que sólo existen en el ámbito temporal. A su vez, merecerá oír la voz de la santidad y anular la voz del Otro Lado. Todo eso está expresado en el versículo, "Cuando estés angustiado y finalmente te ocurran todas esas cosas, al final de los días, retornarás hacia el Señor tu Dios y oirás Su voz" (Deuteronomio 4:30). "El final de los días" alude al tiempo y entonces, "retornarás hacia el Señor tu Dios y oirás Su voz" - dado que cuando merezcamos "retornar a Dios" seremos dignos

de anular el tiempo y todos los problemas, y mereceremos "oír la voz" de la santidad. Esta idea también se aplica a las *mitzvot* asociadas con el tiempo, mediante las cuales elevamos el tiempo al ámbito que está por sobre el tiempo.

25 Elul

80

1. Las primeras generaciones, que eran Tzadikim, deseaban ocupar cargos de autoridad en aras del Cielo; y todo aquel que quería tal posición llegaba a ser líder de la generación. Pero hoy en día, la gente desea esos cargos en aras de su propio honor. Así, los Sabios han decretado que nadie deba buscar cargos de autoridad sino más bien huir de ellos.

81

1. Cuando uno estudia Torá o lleva a cabo una mitzvá con tal alegría que llega a bailar de felicidad, se elevan con ello todas las personas que apoyan financieramente el estudio de la Torá. Más aún, ese bailar rectifica el hablar maligno de la persona, que se identifica con el *ReGueL* ("pierna" o "pie") como en, "Él no calumnió (*RaGaL*) con su lengua" (Salmos 15:3). Mediante esa danza, la persona también asciende en el aspecto monetario, dado que el dinero también es llamado "pies" como en, "El sustento que está a sus pies (*beRaGLeiem*)" (Deuteronomio 11:6).

Más aún, mediante esa danza la persona merece tener hijos - que también se identifican con las piernas, dado que "El hijo es el muslo de su padre" (cf. *Eruvin* 70b); y también merece la fe - que es llamada "pierna" como dijeron nuestros Sabios, de bendita memoria, "Habakuk vino y *sostuvo* todo sobre un solo principio: 'El Tzadik vive por su fe'" (*Makot* 24a). De manera similar, cuando la persona baila de alegría se elevan también todas las cosas que son llamadas piernas o pies y que están asociadas con ello.

82 - "Cuando salgas a la guerra"
(Deuteronomio 20:1)

1. Si la persona ve que las cosas no suceden como le gustaría que sucedieran, debe saber que ello se debe al orgullo. Por lo tanto deberá arrepentirse, ser humilde y llevarse al nivel de "¿Qué?" [como en, "¿Qué soy yo?"]. Entonces las cosas volverán a suceder como lo desea.

2. El mes de Elul es el momento más propicio para el arrepentimiento. Ello se debe a que esos son días de favor Divino, cuando Moisés ascendió para recibir el segundo juego de Tablas y cuando abrió un claro sendero por el cual andar. Ese sendero de arrepentimiento iluminado por Moisés es el hecho de que la persona debe unirse incluso al más bajo de los judíos. Pues hasta el más bajo de los judíos ciertamente posee algo de Divinidad y es por medio de esa Divinidad que es posible unirse y conectarse con él. Más aún, cada vez que uno experimente alguna clase de ascenso, deberá siempre buscar a Dios allí. Ello se debe a que, a veces, cuando la persona asciende -por ejemplo, si se vuelve rica- se olvida del Santo, bendito sea. Incluso en el ámbito del servicio a Dios vemos que Elisha-Ajer se elevó a un exaltado nivel espiritual y que subsecuentemente se volvió un herético, que Dios nos salve. Aunque sería correcto que tal ascenso produzca el resultado opuesto, debes saber que existe un fenómeno llamado "Sus ojos se oscurecieron de mirar" (Génesis 27:1). Ello significa que cuando la persona se acerca mucho a la luz de la Divinidad -y todo bien, incluso en el ámbito físico, es Divinidad, como está escrito, "Dios es bueno para todo" (Salmos 145:9)- la luz oscurece sus ojos y los daña, de la misma manera en que se dañan los ojos cuando se mira directamente al sol. Por lo tanto, es necesario pedirle a Dios que podamos acercarnos a Él de una manera que no nos dañe.

26 Elul

3. Cuando alcances el nivel de "¿Qué?" y atraigas sobre ti la

Divinidad, uniendo constantemente tus pensamientos con Dios, se anularán todos los conflictos y los demás deseos que se oponen a tu anhelo.

83

1. Cuando la persona alcanza la pureza sexual se vuelve capaz de emitir las palabras de sus plegarias como flechas disparadas por un arco; y ello marca entonces el comienzo del germinar de las semillas del Mashíaj. Esa persona alcanza la santidad del Shabat, se vuelve alguien libre y merece acceder al conocimiento más elevado. Abandona así su cuerpo impurificado por la lepra, que es la "piel de la serpiente" y se cubre con las vestimentas del Shabat - es decir con un cuerpo sagrado proveniente del Jardín del Edén. Su fortuna asciende y alcanza la riqueza, su buena inclinación se fortalece y desaparecen de ella la depresión y la burla. De ese modo levanta a aquellos que han caído en los malos amores y temores y los eleva hacia los amores y los temores santos. Hace que la oscuridad desaparezca de sus ojos, haciéndolos percibir maravillas, lo que le es considerado como si hubiera creado el mundo. De esa manera eleva todas las peticiones y los ruegos de nuestras plegarias, las que despiertan la redención que depende del corazón, anulando la "levadura" de la mala inclinación en el corazón del hombre, que está allí desde su juventud. Entonces su corazón puede arder apasionadamente en el estudio de la Torá, con una "llama de amor" y las grandes aguas -que son los amores y los temores externos- no pueden extinguir ese fuego. Con ese amor, la Presencia Divina cubre con sus alas la sangre de Israel, para que la "simiente de los malvados" -que son las aguas del Diluvio- no tenga control sobre ella. Todo esto se merece a través de la pureza sexual.

2. La "levadura" en el corazón incita a la persona a poner en duda la autenticidad de los sabios de Torá de la generación y a decir, "Ésta enseñanza es buena y ésta no es buena". Pero mediante la pureza sexual se anula esa "levadura".

27 Elul

84

1. La plegaria es el principal medio para conectarse y unirse a Dios. Pues la plegaria es el portal a través del cual uno asciende hacia Dios y mediante el cual se Lo llega a conocer.

2. Durante casi todo el tiempo de la plegaria la persona se ve plagada de pensamientos de orgullo y de vanidad, lo que está asociado con el exilio de la Presencia Divina. Al orar con energía, la persona se sobrepone a sus motivos ulteriores y a sus pensamientos de vanidad y los anula. De esa manera saca a la Presencia Divina del exilio y La rectifica, produciendo la unificación del Santo, bendito sea y de la Presencia Divina. Además, al orar con energía, se renueva el juramento que Dios les hiciera a los Patriarcas y es como si Él acabase de jurárselo a nuestros ancestros.

85

1. Existe un hueso en el cuello de la persona llamado *luz*, que permanecerá luego de que el cuerpo se haya desintegrado por completo. A partir de ese hueso se iniciará la reconstrucción del cuerpo en el tiempo de la Resurrección de los Muertos y ése es nuestro consuelo más grande (ver la lección en el *Likutey Moharán* para más explicaciones).

86

1. Cuando hay poca fe y ésta está dañada, es necesario llevar a cabo devociones difíciles tales como el ayuno y demás. Pero cuando la fe es plena y completa, es posible servir a Dios a través de todas las cosas, porque "El Santo, bendito sea, no gobierna sobre Sus criaturas como un tirano" (*Avodá Zará* 3b).

87

1. Debido al daño en la pureza sexual se le hace difícil a la persona encontrar una pareja matrimonial. Y aunque la encuentre, ella se le opondrá y le será difícil hacer que haga lo que desea. Mediante las intenciones místicas del mes de Elul se rectifica el daño sexual, por lo que la persona merecerá encontrar su pareja matrimonial y estará dispuesta a hacer lo que desee (ver *Likutey Moharán* I, 6 para una explicación de las intenciones místicas del mes de Elul).

88

1. Es necesario ser extremadamente cuidadosos y no comer frutas antes de que hayan madurado plenamente en el árbol, dado que al hacerlo, se puede perder el alma. Más aún, está prohibido recolectar frutas antes de que estén maduras, al igual que está prohibido cortar un árbol antes de su tiempo.

2. Cuando uno recita la bendición sobre las frutas con gran concentración y temor a Dios, como es apropiado, se salva de perder el alma por haber comido una fruta no madura. Es necesario ser extremadamente cuidadosos con respecto a las bendiciones sobre la comida y la bebida, y particularmente las bendiciones sobre la fruta - porque las frutas contienen muchas chispas de santidad caídas que necesitan ser separadas y elevadas.

3. Hay gente que, como resultado de sus deseos físicos, pierde chispas de santidad, como en, "El deseo de los malvados se perderá" (Salmos 112:10). Incluso un Tzadik también puede perder algo, como en, "A veces el Tzadik pierde en su rectitud" (Eclesiastés 7:15). Más aún, incluso los Tzadikim que cavan y buscan esas chispas caídas de santidad también se pierden a veces, como en, "Ellos cavaron y perdieron" (Salmos 83:18). Y debes saber que hay un ángel que tiene agentes a su cargo. Esos ángeles tienen *shofarot* en sus manos y constantemente

cavan y buscan esas chispas caídas de santidad y hacen sonar *tequía-terúa-tequía*. Cuando encuentran algo que estaba perdido se produce una gran alegría.

28 Elul

89

1. Si la persona no puede encontrar su pareja matrimonial, el remedio será tratar de oír enseñanzas originales de Torá provenientes de una persona de sabiduría y comprensión.

90

1. La costumbre de quebrar un recipiente de cerámica durante el compromiso matrimonial tiene por objetivo aludir y hacerle recordar al novio que existe Gueinom, para que sea consciente de ello y no se involucre demasiado en el deseo sexual, santificándose en sus relaciones maritales, como corresponde. También le insinúa al novio que, si la novia resulta ser una mala mujer, aun así no deberá traicionarla o divorciarse de ella, porque debido a ella nunca verá el Gueinom, como enseñaron nuestros Sabios, de bendita memoria (*Eruvin* 41b). Pues el hombre no debe nunca divorciarse de su esposa.

91 - "Y Dios dijo"

1. Uno debe conectar todas las cosas y todas las sabidurías con Dios; y aquel que no conecta todo con Dios se identifica con "El que murmura separa a los amigos íntimos" (Proverbio 16:28), pues separa los fenómenos por un lado y el Señor del Mundo por otro y produce el "eclipse de luna", Dios no lo permita, que es el exilio de la Presencia Divina. Pues cada persona, sea quien fuere, debe unir su intelecto, allí en donde se encuentre, con la Torá y con Dios. Todo ello se rectifica y se logra mediante la unión con los verdaderos Tzadikim, dado que los verdaderos

Tzadikim elevan y unen a todas las cosas con Dios mediante sus conversaciones casuales relativas a temas mundanos. Porque incluso las conversaciones mundanas de los verdaderos Tzadikim son extremadamente valiosas, dado que es precisamente a través de esas conversaciones que ellos conectan con Dios incluso a aquellos que están muy lejos. Entonces, "Se eliminan todos los juicios estrictos, se anulan todos los malvados y se encuentra toda la luz y la perfección" (*Zohar* I, 206b).

2. Al unirse a los verdaderos Tzadikim, la persona se hace digna de un completo arrepentimiento y de la expiación de sus pecados, merece entonces mitigar y anular todos los juicios estrictos. Ello efectúa, a su vez, la unificación del Santo, bendito sea y de la Presencia Divina.

29 Elul

92

1. Una poderosa rectificación para la emisión nocturna, Dios no lo permita, es recitar los diez Salmos en el mismo día en el que ello ocurra. Estos Salmos son: 16 - "Himno de David"; 32 - "Una canción de David, para enseñar"; 41 - "Feliz de aquel que considera sabiamente al necesitado"; 42 - "Como una cierva anhela"; 59 - "Al director de canto. Para no ser destruido"; 77 - "Al director de canto, para Iedutun"; 90 - "Una plegaria de Moisés"; 105 - "Alaben a Dios, proclamen Su Nombre"; 137 - "Junto a los ríos de Babel"; 150 - "¡Haleluiá! ¡Alaben a Dios en Su Santuario!". La persona que merezca recitar estos Salmos en el mismo día en que se haya producido la emisión nocturna no deberá temer por el terrible daño causado por ello, Dios no lo permita, porque ciertamente esto lo habrá rectificado. Y en el mérito de la rectificación de este pecado, pueda venir pronto nuestro recto Mashíaj para reunir a los exiliados. Pronto y en nuestros días. Amén.

106

1. La persona debe tener pensamientos de Torá en el momento de sus relaciones maritales. Y aunque en ese momento su mente esté unida a la Torá, igualmente podrá concebir hijos. Es algo excelente en verdad acostumbrarse a esta práctica.

107

1. El Rebe Najmán estaba hablando cierta vez sobre lo desagradable del deseo universal -es decir, del deseo sexual- y sobre cómo uno debe alejarse de ello. Dijo, "Al menos comer le da a la persona más fuerza y vitalidad. Pero este deseo es lo opuesto. En verdad desgasta y daña grandemente la vitalidad de la persona, quitándole mucha fuerza. Sin lugar a dudas, no hay necesidad alguna de este deseo, excepto para la propagación de la especie".

125

1. Cierta vez el Rebe Najmán estaba hablando con alguien sobre el recitado de los Salmos. El Rebe le dijo que lo más importante al recitar los Salmos era que la persona los recitase en referencia a ella misma y que se encontrase a sí misma en cada uno de ellos. El hombre con quien el Rebe estaba hablando le preguntó cómo hacerlo. El Rebe le explicó brevemente que uno debe considerar como propias todas las batallas sobre las cuales el rey David le pidió a Dios que lo salvase, es decir, en términos de la propia batalla en contra de la mala inclinación y sus cohortes. Y lo mismo se debe hacer con todas las otras situaciones y expresiones que se encuentran en los Salmos (esta misma idea está explicada más arriba en la Lección #101).

El hombre le preguntó entonces al Rebe Najmán cómo era posible expresar los propios sentimientos con respecto a los versículos de los Salmos en los cuales el rey David se alababa, tal como "Guarda mi alma porque soy piadoso" (Salmos 86:2) y demás. El Rebe le respondió explicando que uno también debe aplicarse esos versículos a uno mismo. Pues la persona debe juzgarse a sí misma de manera favorable y encontrar en sí misma algún mérito y algún punto bueno tal que, en relación a ese punto bueno, es en verdad "piadosa" y demás.

El Rebe le dijo entonces, "¿Acaso no está escrito sobre Ioshafat, 'Su corazón se elevó en los caminos de Dios'? (Crónicas II, 17:6). En otras palabras, en los caminos de Dios y en el servicio a Dios fue que él elevó un poco su corazón". El Rebe agregó, "En la Plegaria de la Mañana primero decimos, '¿Qué somos nosotros? ¿Qué es nuestra vida?' y de esa manera nos empequeñecemos. Sin embargo, seguidamente decimos, 'Pero nosotros somos Tu pueblo, los miembros de Tu pacto', pues luego, nos fortalecemos y nos elevamos y hablamos con orgullo de nuestra grandeza en el hecho de que somos el pueblo de Dios, los miembros de Su pacto, los hijos de Abraham, de Itzjak y de Iaacov. Porque así es como uno debe comportarse en el servicio a Dios".

Ver lo que está escrito sobre este tema en el *Likutey Moharán* I, 282, sobre el versículo, "Cantaré a Dios con lo poco que me queda" (Salmos 146:2).

Aquí se completa la Parte II del Kitzur Likutey Moharán
Alabado sea Dios Altísimo, Señor del Cielo y de la Tierra

www.ingramcontent.com/pod-product-compliance
Lightning Source LLC
Chambersburg PA
CBHW070732170426
43200CB00007B/501